O homem que aprendeu o Brasil

Ana Cecilia Impellizieri Martins

O homem que aprendeu o Brasil

A vida de Paulo Rónai

todavia

Para Nora e Gilda (in memoriam),
mulheres contra a Babel

Eu sei que é por causa de um favor muito singular do destino que, enquanto tantos irmãos estão sofrendo e morrendo, ele me permitiu viver em um país hospitaleiro e amável, em condições propícias. Assim, eu tenho sempre tentado não abusar dele — e, desde que eu estou aqui, eu não paro de trabalhar: trabalho para merecer meu destino.

Paulo Rónai, 1944

O que fez Pál Rónai ser Paulo Rónai? **11**
1. Notas de um amante das letras **17**
2. Correio Universal **47**
3. Fazendo mel sobre o abismo **93**
4. A costura do mundo **125**
5. "Trabalho para merecer meu destino" **187**
6. O arremate **225**
7. Pois É, a pátria pequena e definitiva **279**
8. Nota biográfica: Uma vida contra Babel **293**
Por fim, o meio **299**

Paulo no sítio Pois É
Carlos Drummond de Andrade **307**

Agradecimentos **311**
Notas **313**
Bibliografia de Paulo Rónai **341**
Referências bibliográficas **347**
Índice remissivo **355**
Créditos das imagens **379**

O que fez Pál Rónai ser Paulo Rónai?

Muitas vezes uma certa simplificação da história e a cristalização de versões resumidas de acontecimentos acabam ocultando pequenos eventos, detalhes biográficos e de personalidade que, juntos, são capazes de fornecer a verdadeira chave de entendimento de uma trajetória pessoal. Esse me parece ter sido o caso de Paulo Rónai, sobretudo no que diz respeito à leitura usual de seu percurso da Hungria para o Brasil e do consequente processo de integração ao país. Sua chegada é comumente explicada como fruto da publicação em Budapeste, às vésperas da Segunda Guerra Mundial, de uma antologia de poesia brasileira, o que teria lhe garantido, em pouco tempo, a obtenção de um visto brasileiro por intervenção do diplomata Ribeiro Couto e um convite oficial do Ministério das Relações Exteriores para uma temporada no Brasil. Embora sejam fatos corretos, sozinhos eles reduzem mais do que explicam esse percurso biográfico e o que dele resultou.

Paulo Rónai vem sendo lembrado no campo da história cultural brasileira sobretudo por seu trabalho como tradutor, o que pode ser explicado pelos grandes projetos que empreendeu nessa área, como a coordenação da tradução de toda *A comédia humana*, de Balzac, e a organização, ao lado de seu bom amigo Aurélio Buarque de Holanda, de *Mar de histórias*, uma vertiginosa antologia do conto mundial feita ao longo de quatro décadas e publicada em diversas edições.

Foi também por meio de seus textos veiculados na imprensa que Rónai acabou ocupando lugar de destaque no meio literário nacional e se aproximando de personagens centrais da nossa literatura. Vale lembrar que, como crítico, Paulo foi pioneiro na divulgação e análise da obra de notáveis autores nacionais, como Cecília Meireles, Carlos Drummond de Andrade e Guimarães Rosa. Tornou-se interlocutor e amigo de todos eles. Estava inserido profundamente no meio editorial brasileiro, era admirado por escritores e tradutores, professor respeitado, e consolidou uma admirável carreira no país.

Diante de todo esse quadro, não parecia que essa impressionante integração ao Brasil tivesse sido um favor do destino ou apenas obra de um gênio; e um exame mais atento esclarecia que se tratava, sobretudo, do resultado do trabalho árduo de um homem determinado e inegavelmente capaz tanto por suas virtudes inerentes como também por uma formação ampla de filólogo, tradutor, professor, humanista lato sensu. Mas foi como um curioso, quase exótico, estudioso de português, que o jovem judeu húngaro foi recebido no Rio de Janeiro, ao desembarcar sozinho em 1941, aos 33 anos de idade. Tinha uma mala, uma máquina de escrever, pouco dinheiro e uma caderneta repleta de nomes e telefones.

Pois o que se esconde, ou não se olha, nesse trajeto é exatamente aquilo que garante conhecer e compreender Paulo Rónai assim como a extraordinária obra que edificou nesse movimento de assimilação no e do país. Eis a contribuição que este livro pretende oferecer ao seguir de perto seu itinerário de engajamento no Brasil com base em um cruzamento de diversas fontes. Uma, em especial, foi decisiva. Informações trazidas por Nora Tausz Rónai, viúva de Paulo e guardiã, ao lado das filhas do casal, Cora e Laura, do acervo de livros e documentos reunidos no sítio Pois É, em Nova Friburgo (RJ), indicaram a existência de pequenos cadernos de Paulo Rónai: seus diários. Um pouco encantada com o arquivo que ele organizou e um tanto afogada nessas dezenas de pastas de cartas, postais e recortes, eu ainda não havia topado com esses caderninhos. Alertada por Nora, por fim os encontrei em uma das visitas à biblioteca de Paulo (a "Brilhoteca", como indica a placa na entrada), quando abri as pequenas gavetas de uma estante localizada ao fundo de um quarto anexo. Havia ali agendas de bolso e cadernetas cobertas por uma espessa camada de poeira. Ao abrir o primeiro caderno, datado de 1928, instalou-se a decepção: as extensas palavras em húngaro eram absolutamente incompreensíveis para mim. Se o desconhecimento da língua natal de Paulo significou de imediato uma desvantagem — e, por vezes, também uma limitação para esta empreitada —, logo ela seria contornada. Por ter sido um homem "contra Babel", Paulo havia optado por escrever sua vida em vários idiomas, a maior parte em francês e português.

Foi na língua de Balzac, sua paixão, que Paulo Rónai registrou seu cotidiano de 1928, marco inicial deste trabalho, a 1992, ano de sua morte, com uma letra miúda e escrita com muitas abreviações. A exceção foram os primeiros meses de 1928 e os anos de 1945 e 1946, em que, marcado pela morte da primeira mulher e do pai, pelo desaparecimento do irmão caçula e pela visão de uma Hungria mais uma vez devastada pela guerra, Paulo buscou refúgio no idioma natal no ambiente íntimo de sua escrita diária. Seu abrigo temporário.

Desse modo, os pequenos diários — por vezes (ou anos) mínimas agendas — surgiram como um convite à reconstrução desse perfil biográfico de Paulo Rónai desde os tempos de juventude entre Budapeste e Paris — quando ainda era Pál, seu nome em sua língua natal —, permitindo um mapeamento de suas leituras, seu circuito de trabalho e sociabilidade, assim como os contornos de sua formação e as perspectivas mais íntimas.

Paulo não tratava de temas pessoais em sua produção ensaística. Dessa maneira, é também por meio desses registros capazes de recompor seus ambientes que se tem a dimensão da luta árdua que empreendeu para se salvar, através de numerosas tentativas de articulação com instituições, diplomatas e intelectuais de diversos países, imprensa local e estrangeira, encontrando no Brasil uma alternativa mais promissora. Do momento em que percebe a necessidade de escapar da Hungria — a partir do início de 1938, sentindo a hostilidade crescente contra os judeus — até sua chegada ao país passaram-se cerca de dois anos, período em que viveu em extrema aflição, com medo e privações, sobretudo nos dias em que esteve confinado no campo de trabalho numa ilha do Danúbio no início do conflito mundial.

Nos primeiros tempos no Brasil, sua busca por integração foi intensa, e a descrição mais detalhada de cada dia e de cada personagem que se juntava à sua rede de trabalho e afeto é como um fio nessa costura à qual Paulo se dedica para se estabelecer profissional e existencialmente na nova pátria.

Quando a integração, a meu ver, se realizou plenamente, os detalhes cotidianos já não representam informação de mesmo peso, e os diários, dessa forma, possuem menos relevância. Às vésperas de Paulo Rónai completar vinte anos de Brasil, as abordagens de ordem temática servem melhor ao objetivo de focalizar o caminho de seu abrasileiramento. Para isso, eventos como as publicações de seus livros de ensaios, o reconhecimento de seu papel no meio literário e sua interlocução com escritores, destacando a relação com Guimarães Rosa, são abordados como índices inegáveis dessa admirável inserção no ambiente cultural e espiritual brasileiro.

Dois momentos são entendidos como a marca de conclusão desse processo de fixação no país: a construção do sítio Pois É, a pátria pequena e definitiva de Paulo, como definiu seu amigo Carlos Drummond de Andrade, e o reencontro com a Hungria em 1964, quando então reconhece que seu eixo de gravidade não estava mais na Europa. Paulo sentia-se brasileiro. Sua casa estava solidamente fincada na montanha de uma pequena cidade no Rio de Janeiro.

Nora Rónai, companheira de Paulo por quatro décadas, aparou todas as arestas de entendimento sobre eventos e temas impossíveis de esclarecer em outro lugar senão em sua — prodigiosa — memória. Por essa razão, sem Nora este livro não seria possível. Viajamos juntas algumas vezes para o sítio Pois É em Nova Friburgo e nos encontramos em várias outras ocasiões, nas quais ela iluminou, com imensa generosidade, diversos aspectos da pesquisa.

Foi Nora quem usou uma metáfora tão acertada para resumir a abordagem pretendida por esta investigação: quem admira uma pérola, na maioria das vezes, não se dá conta do tempo e do processo necessários para que ela viesse a se tornar uma pérola. A pergunta que este livro tenta responder vai na mesma direção: "O que fez Pál Rónai ser Paulo Rónai?".

Para isso, acompanhamos seu percurso sem pular os episódios mais difíceis e menores, uma vez que a marcha de sua vida é o que possibilita a compreensão do personagem, seja como intelectual humanista, seja como homem empenhado em sobreviver. E tanto para sobreviver como para merecer seu destino — diferentemente de muitos de seus amigos escritores, professores e também de sua primeira mulher e de sua primeira sogra, todos executados pela fúria antissemita de Adolf Hitler —, Paulo quis construir uma vida de trabalho. Essa determinação resultou, para sorte nossa, em uma produção de fronteiras largas que promoveu o diálogo do Brasil com outras culturas — línguas e literaturas —, a defesa dos valores humanistas e a confiança no mérito como caminho legítimo para um projeto de vida bem-sucedido.

No itinerário de Paulo Rónai, biografia e obra caminham em um mesmo movimento contra Babel.

I.
Notas de um amante das letras

Rónai Pál Budapest V. Alkotmány U., 12.
1º de janeiro de 1928

Com a letra mínima, curvilínea, o jovem Pál anota em tinta preta a primeira página de seu diário, uma agenda de capa de couro preta, folhas pautadas com as laterais douradas, medindo sete por dez centímetros, para acomodar intimamente no bolso da calça ou no paletó de inverno. Fazia frio em Budapeste. A temperatura chegara a -13°C naquele inverno.

No alto da página de 1º de janeiro, sublinhou seu nome. Embaixo, escreveu *bölcsészhallgató*, para indicar sua ocupação no momento: estudante da faculdade de filosofia. Ao lado, anotou seu endereço: Budapeste, Quinto Distrito, Alkotmány utca, 12 (rua da Constituição, 12), quarta escadaria, primeiro andar, apartamento 10. Ali, em um prédio imponente de estilo eclético, construção típica da virada do século, Paulo, nascido em 13 de abril de 1907, morava com os pais, Miksa Rónai e Gisela Lövi Rónai, e os cinco irmãos mais novos: Clara, Jorge, as gêmeas Eva e Catarina, e o caçula Francisco.[1] No fim da rua larga com traçado de avenida, voltada para o rio Danúbio, avistava-se o Parlamento húngaro, construído entre 1885 e 1902, apenas cinco anos antes de seu nascimento. O edifício se impunha em agigantado estilo neogótico aos moldes do Parlamento inglês de Westminster, fundindo ainda referências magiar medieval, renascentista francesa e neobarroca.[2]

O número 12 da Alkotmány utca achava-se solidamente fincado a menos de cinco minutos a pé do imenso Danúbio, que cortava a cidade entre Buda, a parte mais antiga — com suas colinas, banhos turcos, igrejas, palacetes e o próprio Castelo Real —, e Peste, mais jovem e densa, com inúmeros edifícios residenciais, lojas, clubes, restaurantes e hotéis. Em Peste, as construções em sua maioria datavam do período entre 1810 e 1850, exibindo orgulhosas seus traços neoclássicos. Ali morava grande parte dos judeus húngaros, distribuídos nos diferentes distritos (correspondentes a grandes bairros) e concentrados principalmente em áreas como o Segundo Distrito e os distritos Thereza e Elizabeth, que levavam os nomes das rainhas dos Habsburgo — marca viva dos tempos áureos do Império Austro-Húngaro do qual Budapeste, ao lado de Viena, era capital gêmea, desde 1867 ao fim da Primeira Guerra Mundial.

No Quinto Distrito, Lipótváros, havia uma série de prédios públicos, muitos dos quais localizados no entorno da grande praça Szabadság (Szabadság Ter.), além de escolas e alguns cafés. Verdadeiros patrimônios culturais da cidade, os cafés[3] de Budapeste reuniam, desde o começo do século XX, quando contabilizavam mais de seiscentas casas, toda sorte de intelectuais, artistas, políticos. Eram, ainda, ponto de encontro de universitários e jovens com aspirações intelectuais, funcionando como uma espécie de academia paralela, e reforçando a formação de seus jovens frequentadores em matérias como sociabilidade, conversação intelectual e conhecimento da produção artística e literária das grandes figuras do período que frequentavam igualmente esse circuito. Em 1928, os cafés viviam sua época áurea, que se estenderia até 1940, embora desde o começo do século já se espalhassem pela capital e ostentassem essa mesma reputação. Como se sabia, "toda pessoa inteligente tinha passado uma parte de sua juventude na cafeteria [...] sem o que a educação de um rapaz seria imperfeita e incompleta".[4]

Eram nesses estabelecimentos localizados em toda a Budapeste e nos dois lados do Danúbio que Paulo se encontrava com amigos da faculdade, professores e poetas. Aos vinte anos, 1,64 metro de altura, ar sóbrio, postura sempre contida, Paulo já era um apaixonado por poesia e idiomas. Arriscara alguns versos ainda no ginásio (entre 1917 e 1925 na instituição pública Bérzsenyi Dániel, a menos de três quilômetros de sua casa), publicando poemas de sua autoria no jornal escolar. Sua primeira tradução foi feita nessa época: apresentou ao grêmio literário do colégio sua versão húngara de "A minha mãe", do poeta alemão Heinrich Heine,[5] autor que adorava antes de se encantar com os latinos. Quando ingressou na Faculdade de Filosofia da Universidade Pázmany Péter,[6] nos cursos de filologia e línguas neolatinas, Paulo já trabalhava como tradutor. E a partir de 1926, aos dezenove anos, dedicou-se à tradução de poesia latina, vertendo para o húngaro poemas de Virgílio, Horácio, Catulo, entre outros clássicos, publicados sobretudo na revista *Új Idök*, de nome sugestivo: "Tempos Novos".

No começo, a gramática me assustou; mesmo depois, mais tarde, quando nos faziam ler César, Salústio, Tito Lívio e Cícero, eu partilhava ainda da ojeriza da maioria de meus companheiros de turma. O deslumbramento veio com Virgílio no dia em que logrei escandir sozinho um hexâmetro. Comecei a encontrar prazer quase sensual naqueles versos que, aparentemente iguais, eram de extrema variedade musical; decorava-os, saboreava-os, recitava-os para mim mesmo. Transplantar poesia latina era, aliás, costume de grande tradição no país.[7]

A intimidade de Paulo com o latim era mérito maior de sua educação ginasial, que refletia, na solidez e extensão das áreas do conhecimento estudadas, todo o movimento húngaro de consolidação cultural, educacional e política. A vida nos liceus húngaros era a prática dessa realidade. Ali a formação dos jovens se dava baseada em um currículo exigente, de amplo caráter humanista e transmitido por professores de notável formação intelectual — muitos deles doutores em filosofia, literatura e demais disciplinas, que comumente iniciavam as aulas convocando alunos para a declamação, o que exigia que estivessem sempre muito bem preparados e adotassem rotina de intensa disciplina e estudo. A exigência era imensa, sendo bem ilustrada pelo surpreendente C que o futuro bioquímico e Prêmio Nobel Albert Szent-Györgyi recebera em física e pelo B aplicado a Béla Bartók em composição musical. Assim, desde 1855, durante o governo que determinou escolaridade compulsória até os doze anos, no âmbito das chamadas reformas Thun,[8] os ginásios de Budapeste se firmavam como instituições de excelência, comparados aos melhores da Europa. As universidades não ficariam atrás, acompanhando esse movimento de aprimoramento e expansão. Entre 1892 e 1905 o número de professores universitários dobrou,[9] e praticamente na mesma proporção se incrementou o número de alunos e a qualidade de sua formação.

Na grande maioria dos liceus, o currículo básico compreendia de seis a oito anos de latim, três anos de grego, alto nível de matemática, grande ênfase na história da literatura magiar e da história húngara, além de história grega e romana.[10] Esse mesmo currículo, com matérias variadas e ênfase nos estudos de línguas (no caso do latim, seis aulas semanais durante oito anos), é o que constava na certificação do curso ginasial de Paulo, exemplo bem-acabado da extraordinária conjuntura educacional húngara do início do século XX. O aplicado aluno saberia tirar proveito desse ambiente estimulante — e exigente — não apenas nas carteiras escolares, mas também por toda a Budapeste do começo daquele século, cenário de um movimento de afirmação cultural húngara empreendido por artistas e intelectuais. Chama-se de geração de 1900 a feliz confluência de húngaros brilhantes nascidos nesse arco da virada do século e que atuaram nas mais diferentes áreas.

Pois foi por volta dessa época que, dos ginásios e universidades, dos lares burgueses e das famílias da pequena nobreza dessa então obscura e relativamente pequena nação, uma geração extraordinária de eruditos, cientistas, escritores, pensadores, inventores, filósofos, financistas, *faiseurs* [empreendedores], pintores, compositores, músicos [...] revelou-se no mundo exterior que sabe o nome de muitos deles até hoje.[11]

Entre 1875 e 1905 nasceram na Hungria nada menos que cinco futuros ganhadores do Prêmio Nobel. Além do já citado Albert Szent-Györgyi, os físicos Eugene P. Wigner, Georg Békésy e Dennis Gábor, e o médico Robert Bárány. No campo da literatura, fizeram parte dessa notável geração Endre Ady, Ferenc Molnár, Gyula Krúdy, Dezsö Szabó, Deszö Kosztolányi, grupo ao qual se credita a fundação da moderna literatura magiar. Muitos deles gravitavam em torno da revista *Nyugat*, que circulou entre 1908 e 1941, veículo seminal para a divulgação e experimentação dessa nova literatura local, e do desejo manifesto dos jovens intelectuais húngaros de se conectar com a Europa. *Nyugat* é a palavra húngara para Ocidente. A revista alcançou notoriedade internacional. Entre seus principais articulistas estavam os escritores Mihály Babits e Ernö Szép,[12] que absorviam diferentes vertentes das expressões que emergiam na Hungria e se irmanavam na reverência absoluta que o nome de Endre Ady (1877-1919) se tornara em 1906 depois do lançamento de seu livro *Novos poemas*, cujos versos de abertura surgiam como expressão inaugural de uma nova Hungria: "Abrirei caminho por baixo do Dévény/ Como novas canções para os novos tempos?".

Dévény era a aldeia a oeste da Hungria mais vizinha à Europa ocidental e por onde o Danúbio penetrava o território húngaro. Ady era o retrato de uma Hungria desejosa de se libertar do atraso social e da estagnação intelectual,[13] para estar conectada ao mundo. Poucas vezes na história um poeta causou tamanho impacto como Ady naquele momento em sua terra natal. Tornou-se de imediato uma importante referência intelectual para a nação, sobretudo para aqueles que, como ele, queriam se desvencilhar das louvações fáceis e românticas de uma Hungria de belezas e tradições passadistas, arcaica e muitas vezes opressora. Sua fúria lírica clamava pela reação do país que havia sido dramaticamente mutilado depois do fim da Primeira Guerra Mundial, que vivia, além de sentidas perdas humanas, a supressão de dois terços de seu território. Ady cantou a guerra:

Do alto do céu um anjo enraivecido
tocou o alarme para a terra triste.
Endoidaram cem jovens pelo menos,
caíram pelo menos cem estrelas,
pelo menos cem virgens se perderam:
foi uma estranha, estranhíssima noite de verão.

Nossa velha colmeia pegou fogo,
nosso potro melhor quebrou a pata,
os mortos, no meu sonho, estavam vivos
e Burkus, nosso cão fiel, sumiu,
nossa criada Mári, que era muda, esganiçou de pronto uma canção:
foi uma estranha, estranhíssima noite de verão.[14]

É certo que no contexto de um atoleiro patriarcal cômodo e quentinho, Ady esbarraria em forte resistência.

Depois da Primeira Guerra Mundial [...] sua figura cresceu bastante, a despeito de muitos dos que estavam interessados em manter o atoleiro, mesmo diminuído, o acusarem de ter sido o causador do processo de dissolução de que fora apenas o anunciador.[15]

Para além do contexto político, Ady se convertera na mais absoluta, íntima e definidora referência literária de Paulo Rónai: "Nenhuma obra literária, estou certo, exerceu sobre mim influência igual. Muitas palavras têm para mim o sentido que Ady lhes deu; não raro meus sofrimentos e alegrias, sem que eu o queira, moldam-se nas fórmulas definitivas em que seus sofrimentos e alegrias se cristalizaram".[16] Os versos de Ady, "de tão decorados, recitados e meditados, se tornaram parte integrante da minha própria sensibilidade".[17]

Ady encarna uma postura assumida também por Paulo, tendo em mira a busca pela integração da Hungria num contexto mais europeu e moderno, promovendo esse avanço de fronteiras por meio da palavra. Ady opera essa vontade de Europa e modernidade pela poesia. Paulo, pela tradução. Ambos tinham ainda outro traço em comum, a relação com a França, que revelara um universo rico de experiências e futuro, tornando o regresso a Budapeste uma experiência de "vácuo insuportável". É certo que para Ady, nascido numa pequena aldeia na Transilvânia e que visitara Paris pela primeira vez em 1906, o embate com o ambiente húngaro em oposição a uma capital moderna como a francesa no começo do século XX era muito mais radical. Paulo transitava com mais suavidade entre os dois cenários. Mas, assim como Ady, o jovem Rónai assumiu o compromisso de lutar por meio da palavra contra o isolamento húngaro; e tinha suas armas. "Preocupados com a sua integração espiritual na comunidade europeia, os intelectuais de todas as épocas não somente estudavam línguas, mas se empenhavam em traduzir obras-primas das literaturas estrangeiras",[18] afirma Rónai. Assim, ao lado dele e de Ady, outros húngaros buscariam essa integração ao mesmo tempo cultural e política do país. No campo da tradução, que na Hungria se tornava também o campo de uma tradição, escritores notáveis levantavam a mesma bandeira nesse ofício bifronte.

A bagagem poética dos maiores poetas magiares sempre inclui traduções: Csokonai verteu Pope; Vörösmarty, Arany, Petöfi transplantaram Shakespeare; Baudelaire teve tradutores como Ady, Árpád Tóth e Babits. Este último consagrou, aliás, parte da existência à versão de Dante, como já antes dele Arany não julgara perder tempo levando anos a interpretar Aristófanes. Na Hungria, as traduções eram sempre comentadas e discutidas, pelo menos tanto quanto as obras originais.[19]

O momento notável desse início de século na Hungria não era exclusividade do mundo das letras. Afinal, a tal nobre geração de 1900 incluía, além dos físicos já citados, matemáticos igualmente notórios, como Frigyes Riesz e Lipót Fejér, além do filósofo György Lukács, dos compositores Béla Bartók, Emmerich Kálmán, do arquiteto Marcel Breuer, do designer, fotógrafo e pintor László Moholy-Nagy e de um time de fotógrafos que, fora da Hungria (caminho, aliás, percorrido pela maior parte desses húngaros), se transformariam em grandes nomes da fotografia mundial: André Kertész, Márton Munkácsi e Brassaï. No campo das artes plásticas, pintores como Károly Ferenczy, János Vaszary e József Rippl-Rónai erguiam uma autêntica escola de pintura húngara moderna e de cores próprias.

O que irmanava esses homens, além de serem produto de uma mesma época e de uma sociedade atenta à educação e que incentivava e prestigiava atividades intelectuais, era o desejo incontido de todos por modernização. De um lado, expandindo e afirmando uma cultura húngara independente e valiosa; de outro, inclinando-se mais para o Ocidente ao afirmarem o cosmopolitismo e um novo caráter urbano que buscava aproximar a Hungria da Europa. Delineava-se um retrato de efervescência intelectual de múltiplas proporções, possibilitado pelo ambiente favorável cultural, social e também econômico de Budapeste. Para essa expansão de fronteiras geográficas e culturais, esse grupo de intelectuais húngaros se valeu de uma extraordinária vantagem: sua acentuada relação com idiomas diversos, vocação histórica do caráter poliglota húngaro, sobretudo os nascidos em Budapeste. Durante muito tempo, sob os auspícios da monarquia dual austro-húngara, o alemão foi a língua corrente na capital. "Em 1851 o alemão era a língua principal de uma pequena maioria em Peste e de cinco entre seis pessoas em Buda."[20] Aos poucos essa configuração foi mudando, sobretudo depois de 1860,[21] deixando de ser o alemão a língua usada pelos judeus que em grande número habitavam Peste.[22] Assim, a referência magiar-judia de Peste começou a se sobrepor à herança alemão-húngara de Buda.

Nesse contexto, enquanto o grego, o latim e o alemão eram línguas obrigatórias nas escolas, muitas famílias que ascendiam à alta e média burguesia húngara complementavam a formação de seus filhos com aulas particulares de línguas europeias, sobretudo a francesa, a mais popular entre todas. Assim, a característica poliglota dos húngaros não se deveu apenas ao caráter hermético de sua língua-mãe — a língua magiar solitária e órfã, sem parentescos com linhagens europeias, seja latina, germânica ou eslava, e a consequente necessidade de ampliação do cardápio de idiomas —, mas também ao grande "apetite cultural" que se tornara a marca do povo húngaro e de uma expectativa de refinamento das classes mais abastadas.[23]

Em 1928, Paulo, filho de família judia de classe média e intelectualizada, já ostentava o certificado emitido dois anos antes pela Aliança Francesa para lecionar francês. A aproximação com o idioma não se deu, no entanto, em aulas particulares, mas na livraria de seu pai, Miksa, localizada no térreo do número 10 da mesma Alkotmány utca, para onde a família se mudou, ocupando um apartamento no mesmo edifício.[24] Miksa, que havia trabalhado como vendedor em outra livraria, conseguira abrir seu próprio estabelecimento graças ao dote de casamento oferecido pela família de sua mulher, Gisela Lövi. Montou um misto de livraria e papelaria, onde comercializava, além de muitos livros didáticos, material escolar. A livraria de Miksa Rónai contava também com uma farta seleção de títulos jurídicos, puro tino comercial do livreiro para aproveitar a proximidade de sua loja com o fórum de Justiça da cidade. A livraria se transformou em ponto de encontro de advogados e juristas de diversas áreas, que ali se juntavam para tomar café e bater papo.[25] E para comprar livros, é certo. Escadas móveis alcançavam os pontos mais altos das estantes, e era lá em cima que, desde pequeno, Paulo se sentava para descobrir livros e se concentrar em suas leituras até alguém precisar da escada.

Depois de receber de presente um exemplar de Balzac — o tempo mostraria quanto esse primeiro contato seria decisivo em sua vida intelectual —, Paulo começou a buscar outras edições de autores franceses na livraria do pai. A condição favorável de ter uma livraria inteira à sua disposição e pais que cultivavam ardorosamente o hábito da leitura[26] levaram Paulo a desenvolver uma paixão inesgotável pelos livros.

No primeiro dia de 1928, Paulo anotou o que lia no momento: *La Cousine Bette*, daquele que já era seu romancista predileto. Antes de Balzac, no entanto, sua contabilidade pessoal é que ganhou destaque na folhinha em que estreava suas anotações, hábito de controle financeiro que conservaria por toda a vida. No primeiro dia daquele ano, calculou o que havia poupado entre o dinheiro que recebera do pai e outro pequeno montante que guardava na poupança. O resultado foi 1044 pengös.[27]

Paulo Rónai, Budapeste, anos 1920.

Diário: primeira anotação, em húngaro, 1º de janeiro de 1928.

Nos dias que se seguiram, as anotações de Paulo tomaram as páginas de ponta a ponta, desenhando com detalhes, na língua natal, seu cotidiano de jovem estudante: idas à faculdade, estudos na biblioteca, visitas de amigos; e a vida em família, as partidas de xadrez com o pai, as sessões de cinema com Clara, sua irmã mais próxima, e os passeios com os irmãos mais novos na pista de gelo para patinação.[28]

Com muitas vogais (15, para 24 consoantes), as tônicas marcando as primeiras sílabas de todas as palavras, mesmo as mais longas, o húngaro é usado com a desenvoltura típica de um nativo que se aproveita de sua língua elástica, capaz de criar palavras de forma aglutinante, ao sabor do desejo de expressão. Aos olhos de quem a desconhece, é primordialmente uma língua de imensa força sonora, musical. Sabe-se que devido à sua origem, na verdade à origem do povo húngaro — pastores, nômades, guerreiros —, a língua se cunhou para ser entendida nas circunstâncias mais diversas, o que explicaria sua conformação. É o que nos explica o mestre das línguas, existentes e próprias, Guimarães Rosa:

> Que assim, sempre em dispersão, pastores no país plano, precisavam de que os radicais das palavras se afirmassem preponderante e primeiramente, sem deformações como as que ocorrem nas nossas, indo-germânicas. Do que, não terem preposição. Por outro lado, constantes guerreiros, carecendo de se comunicarem e se entenderem, desabridamente, por entre gritos, eias, cuquiadas e tropel, correndo à descrição de cavalos, exigiam-se vocalização nítida, acentuação enérgica, e finais de palavras cortantes, pontudos, ou cheios, nunca surdos.[29]

É curioso pensar que, se no delineamento da língua estava a necessidade de comunicação, com o tempo o idioma húngaro se viu isolado, sem vizinhança com quase nenhum outro, por pertencer "ao ramo ugriano-finês da grande família turaniana, tanto quanto o finlandês e o turco", como pontua Guimarães Rosa. "Mas seus mais parentes, mesmo assim não muito próximos, com esses formando porém o magiar um subgrupo linguístico, são os idiomas falados por pequenos grupos de nômades da rena ou pescadores, na Sibéria: o ostiaco e o vogul."[30] Vê-se que nem mesmo as origens parecem tão claras. Paulo Rónai sintetiza de forma um tanto mais nítida, porque resumida, confirmando, porém, seu caráter de isolamento:

> Conservado milagrosamente no ponto de confluência de três grandes blocos linguísticos — o eslavo, o latino e o germânico —, o magiar mantém-se estranho e desirmanado, numa independência que constitui enigma para estudiosos. Extremamente rico de possibilidades de expressão, mais manejável do que outra qualquer língua civilizada (pois cada bom escritor a recria constantemente), esse idioma por isso mesmo rodeia os que dele se servem de uma barreira quase intransponível.[31]

E o húngaro se fez um idioma para dentro, daqueles do qual não se apreende nem ao menos meia palavra. Uma língua para se falar com o diabo, como versa a história então mítica do rei espanhol Carlos V, também lembrada pelo mestre de Cordisburgo.

> Donde bem, por essas e outras, contam que Carlos V, que desde muito menino teve que estudar uma porção de idiomas, por quantas terras e povos em que reinar, costumava dizer que: o espanhol era para se falar com os reis, o italiano com a mulher amada, o francês com o amigo, o holandês com serviçais, o alemão com os soldados, o latim com Deus, o húngaro com... o diabo.[32]

Nessa língua quase oculta, porém bela, Rónai foi desenhando os eventos de seus dias com um registro profundamente pessoal. Para si. Abrevia palavras, sejam verbos ou nomes próprios, enumera por vezes banalidades ("me barbeei") — faz uma agenda a posteriori. Aos poucos, expectativas e breves impressões foram reivindicando espaço nas pequenas páginas. Paulo se preparava para uma esperada viagem.

O dia 17 de fevereiro foi destacado com um retângulo preto, conferindo ênfase à data. Paulo partiria de trem rumo a Viena, como primeira escala. Por quatro dias permaneceria na capital austríaca, seguindo depois para Salzburgo e, em seguida, para Munique. O destino do aplicado universitário da Europa Central era Paris, onde complementaria seus estudos de francês graças a uma bolsa que recebera para frequentar a Sorbonne.

Em 28 de fevereiro, depois de percorrer oitocentos quilômetros, chegou à capital francesa — era a segunda vez que ia a Paris. Antes passara um período estudando na Sorbonne e na Aliança Francesa.[33] Ali falaria a língua que amava, que lia com imenso apetite e que àquela altura já havia se tornado, ainda que de maneira parcimoniosa, matéria de seu ofício de tradutor. Passou a primeira noite na Rue St. Jacques, 214, no Quinto Arrondissement, perto da Sorbonne e do Sena. Na manhã seguinte caminhou pelo Boulevard St. Germain, depois parou em um café para ler jornais. Um dia tipicamente parisiense, que descreveu em um francês sem tropeços. Era a primeira vez que deixava o húngaro de lado em seu diário, gesto que marcaria uma inflexão. E não apenas por ser um dia bissexto, mas porque a partir dali o idioma francês seria seu aliado na memória diária de seu trabalho, tarefas, angústias, segredos, leituras, planos, contabilidades. No fim do dia seguinte, 29 de fevereiro, Paulo estava feliz e celebrava a novidade de seu novo endereço parisiense: *"D'abord j'ai loué une chambre — 3, Rue Champollion!"*.[34]

Mas o jovem húngaro não estava em Paris a passeio, devia tomar providências, matricular-se na universidade, inscrever-se na Associação de Estudantes e na Biblioteca Central. E ainda encomendar cartões de visita, o que fez por cinquenta francos, interessado em estabelecer contatos. A temporada parisiense foi marcada por trabalhos e estudos. Chegou a permanecer muitas horas diárias na biblioteca. Traduziu Ovídio, preparou a tradução de obras do historiador romano Salústio e do romance de época *Theodóra*, trabalho que revisou ao longo de semanas. Paulo também se dedicava bastante à tradução, afinal precisava fazer dinheiro. Havia dias em que contabilizava em seu diário o número de páginas que vertia do francês para o húngaro. Em 28 de março, foram 33 de *Le Coeur et les chiffres*, de Georges Imann.

Escrever em francês em seu diário poderia ser uma maneira de manter uma proximidade contínua com o idioma, de saborear a língua também em seus registros íntimos, como se não bastasse vivê-lo no cotidiano de suas atividades acadêmicas e pessoais. Mas poderia ser também um hábito assumido em consonância com a tradição intelectual e social do período, que tinha o francês como a língua dos literatos e eruditos. Ou então para reproduzir o gesto tipicamente húngaro, de um povo "atormentado pelo conflito incessante de suas origens asiáticas e de suas aspirações europeias",[35] comportamento comum das gerações que se seguiram à dos anos 1900 em Budapeste. No caso de Paulo Rónai, o desejo de se manter tão próximo do francês significava um pouco de tudo isso e também a vontade de se aprimorar na literatura que o fascinava, desejando não só traduzi-la para sua língua natal como percorrer o caminho inverso, traduzindo sua literatura natal para a língua de Balzac.

A leitura dos autores franceses se intensificava exponencialmente. Grandes escritores eram sua companhia constante, como Xavier de Maistre (*Les Prisionniers du Caucase*), Maupassant (novelas *Le Rosier*, *L'Héritage*, *Les Contes de la bécasse*), Alfred de Vigny (conjunto de novelas *Servitude et grandeur militaires*[36] e o romance *Stello*), Musset (*Les Deux Maîtresses*), Georges Duhamel (*Confession de minuit*). Balzac, presença certa (a peça *Vautrin* e o romance *Le Vicaire des Ardennes*), e ainda sátiras de Horácio, além de livros mais teóricos ou técnicos, como volumes sobre regência francesa e gramática.

Tantas leituras, no entanto, não tiravam de Paulo o tempo para o teatro, outra paixão que conservava desde cedo. O menu teatral parisiense era fartíssimo e o rapaz aproveitava o que podia. Na Comédie Française, no Théâtre Mogador, no Théâtre de la Michodière, na ópera cômica ou até no Moulin Rouge, assistia a Molière, Beaumarchais, Victor Hugo, com sua peça *Ruy Blas*, e ainda às óperas *Sansão e Dalila* e *Madame Butterfly*. Estava à vontade e satisfeito com sua vida francesa.

Em 13 abril de 1928, uma sexta-feira, Paulo completou 21 anos sem grandes eventos. Acordou cedo, leu jornal, tomou banho, foi ao salão cortar o cabelo e ao Théâtre de L'Oeuvre comprar ingressos. Com o amigo húngaro Polongi, caminhou até a biblioteca central da universidade e percorreu a cidade, passando pela Place des Vosges, pela Rue Saint Antoine, Bastille, voltando depois para sua residência. Escreveu cartas e se deitou.

Os dias não variavam muito, seguindo um roteiro conhecido: biblioteca, passeios, traduções e leituras em casa, cartas, teatro com amigos. Também visitava museus, indo repetidas vezes ao Louvre, ao Musée Indochinois em Trocadéro e, sempre que podia, fazia uma escala no meio do dia no Jardim de Luxemburgo. Lia. Fez pequenas viagens a Rouen, Chantilly, Fontainebleau, Reims, Luxemburgo. E, em agosto, uma maior por Bruges, Bruxelas, Antuérpia, Colônia, Frankfurt, Nuremberg.

Em setembro, depois de um banho de cultura francesa in loco, Paulo voltou para Budapeste. Começou a estudar alemão, como registrou em 7 de setembro (*"Commencé l'étude allemande — Keller"*), e retomou os estudos na universidade. Com toda a energia da juventude, sua rotina era intensa, inteiramente voltada para encontros relacionados com trabalho e estudo. À noite, em casa, dedicava-se à leitura da *Ilíada* e ao xadrez com o pai.

O costume de Paulo anotar os livros que lia delineava seu perfil de leitor. E, assim, é possível percorrer a biblioteca que ia tomando corpo no quarto do jovem Rónai. Com 21 anos, Paulo já era um leitor eclético, versátil, imprevisível. Em sua mesa de cabeceira dividiam espaço Cícero, Sainte-Beuve (*Portraits littéraires*), Rabelais (*Gargantua*), Laurence Sterne (*Voyage sentimental à travers la France et l'Italie*), Zola (*Le Roman expérimental*), Duhamel (*Civilisation*), o poema épico francês *La Chanson de Roland*, H. Taine (*Nouveaux Essais de critique et d'histoire*). Balzac estava presente em um estudo do crítico Émile Faguet.

Em novembro daquele ano, 1928, Paulo Rónai teve publicada sua tradução da novela *Theodóra*[37] e começou a rascunhar a primeira página de sua tese, com a qual obteria, no ano seguinte, seu diploma de doutor em filologia e línguas neolatinas.

Ainda tão novo, Paulo já asseverava com solidez seu perfil de intelectual. No fim de 1928, encerrou o ano inscrevendo uma nova assinatura em seu diário. Em vez do "Pál" de 1º de janeiro, trocou seu nome húngaro de batismo pelo francês "Paul":

Fin de 1928
Paul Rónai

O francês, um intermediário

Nesses anos de juventude, os diários revelam quanto, ainda rapaz, Paulo já estava inserido no universo das letras entre Budapeste e Paris e dedicado à tarefa de tradutor. Após o período parisiense, sentia-se ainda mais próximo das letras francesas, e suas leituras são prova dessa aderência. No dia 8 de janeiro de 1929, estava lendo sete livros ao mesmo tempo. O inverno era de lascar, tendo chegado a −26°C em fevereiro. *"Froid terrible!"*, ele anotou, sem escapar de um duro resfriado.

Era no calor de sua casa que Paulo mergulhava no universo dos grandes autores, Rousseau, Victor Hugo, Stendhal, e na poesia de Baudelaire e Ronsard. Não deixava de lado os latinos Virgílio (as "Éclogas"), Terêncio, Cícero e Lucrécio. O estudo do francês, por meio dos romances e também de gramáticas, continuava constante.

Em novembro daquele ano de 1929, Paulo voltou a Paris para mais um período de estudos na Sorbonne e na Aliança Francesa. A nova temporada, de oito meses, foi até junho de 1930. Paulo participava das atividades universitárias (conferências, exames orais e, certa vez, um animado baile, onde arriscou uma dança com uma colega polonesa), frequentava a biblioteca com assiduidade, traduzia versos do latim, mantendo seu invejável fôlego de leitor. Naquele ano sua lista incluiu Flaubert (*Un Coeur simple*), André Gide (*L'Immoraliste*), Alphonse Daudet (*Sapho*), Dostoiévski (*Crime et châtiment*). De Balzac leu mais: *La Recherche de l'absolu, Illusions perdues, Le Médecin de campagne, César Birotteau*.

Já bem acomodado à língua francesa, em julho deixou Paris[38] em direção a Perugia, para fazer um curso rápido de italiano, por um mês. Antes, havia passado por Avignon, Tarascon, Marseille, Gênova, Florença e Assis. A mudança de fronteiras geográficas também alterou o território particular de suas anotações e o fez adotar a língua local para descrever os dias de seu curso de férias na Universidade para Estrangeiros de Perugia (Università per Stranieri): *"La vita nuova comincia!"*.[39]

Quando, em meados de agosto de 1930, retorna à sua velha vida em Budapeste, o francês também reaparece em seus diários, registrando os dias na universidade e o trabalho concentrado na tese francesa, à qual ele poria um ponto-final pouco

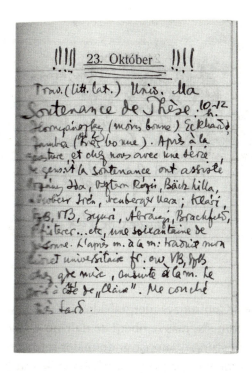

mais de um mês depois. Com o título *À margem dos romances de mocidade de Honoré de Balzac*, resultado de tantos anos de estudo sobre o autor francês, ela foi apresentada na Universidade Pázmány Péter de Budapeste em 23 de outubro. Sua felicidade era extrema, e ele a expressou com uma profusão de pontos de exclamação desenhados em seu *journal*. Aos 23 anos, Paulo obtinha o título de doutor em filologia e línguas neolatinas — gramática e literatura francesa, latina e italiana.

O título lhe caía bem. Achava-se estampado no verso da capa de seu diário do ano seguinte, 1931 — *Dr. Rónai Pál. Paris Vème, 1 bis, Rue Lacépède* —, e também no novo cartão de visita que rapidamente providenciou.

No começo de 1931, Paulo estava novamente em Paris. Caminhava pela Rue des Bernardins, Rue de Varenne, pelo Jardin

Carteira de estudante da Sorbonne, 1929-30.

des Plantes. Continuava mergulhado nos estudos, agora não apenas de francês, mas também de italiano. Passou a adotar uma nova postura, demonstrando maior interesse em construir uma rede voltada para sua atividade de tradutor, capaz de erguer uma ponte entre Hungria e França. Traduzia e vertia artigos, poemas e romances, num fluxo de mão dupla. Traduzia para o francês autores húngaros como Kálmán Mikszáth, Zsigmond Móricz, Ferenc Molnár, Dezsö Kosztolányi.[40] Publicava artigos na revista literária francesa *Revue Mondiale*, voltada, como o próprio nome indica, para a produção mundial.

Nos relatos desse período, há uma mistura de acontecimentos prosaicos, como uma aula de dança na Rue de L'Odeon, um baile de estudantes húngaros no Hotel Lutetia, a leitura de Ady quando Paulo se viu melancólico depois do insucesso de um possível relacionamento amoroso, e de uns poucos episódios extraordinários. Entre estes, uma conferência que Thomas Mann deu sobre Freud na Sorbonne, em 11 maio, sobre a qual Paulo comentou: "não entendi muito" ("*pas trop compris*").[41]

Ao fim de mais uma temporada parisiense, Paulo já possuía uma considerável biblioteca, resultado de suas leituras e estudos, que haviam se estendido por novas línguas e territórios.[42] Mais uma vez preparou seu retorno, encaixotou seus livros para partir. Eles seguiriam mais tarde, em agosto, em grande volume, o que fez com que decidisse montar um catálogo de sua coleção. Na primeira noite de volta à casa dos pais, passeou com os dois pelas ruas do bairro até o Danúbio. Mais tarde registrou: "Uma vida termina, uma outra começa".[43]

Essa vida que começava era feita de uma rotina dedicada ao trabalho, com maior engajamento e preocupação com carreira e dinheiro. Paulo já se achava articulado com editores de livros, editores de revistas e jornais, e se ocupava de traduções para diversas publicações da imprensa. Também dava aulas particulares. Vendeu a uma editora local a tradução para o húngaro de *Marion des neiges*, do escritor francês Jean Martet, que havia feito em Paris. Ela lhe rendeu 226 pengös, não muito, como anotou.

Seus amigos, assim como ele, eram homens das letras. Nos cafés da cidade, o jovem tradutor se encontrava regularmente com Kosztolányi, Bálint, Endre Gelléri, Antal Szerb (quando este último não estava em Londres, estudando). Certa vez foi assistir a uma conferência de Georges Duhamel e emendou com ele uma conversa em um café local. Paulo circulava com várias figuras que já gozavam de prestígio intelectual, mas que, como ele, ainda não tinham conseguido fazer da atividade literária um meio de vida.

Por essa razão, quase todos escritores se desdobravam em outras ocupações. Paulo não se considerava propriamente um escritor, via-se mais como crítico e tradutor, mas estava inserido na mesma realidade de intenso trabalho dos que buscavam sobreviver e se estabelecer profissionalmente. Também dava início de forma mais assídua a suas atividades como professor. Em 1932, além de dar aulas particulares, lecionou na

Società Dante Alighieri de Budapeste. Naquele ano, recebera o diploma de professor secundário nas cadeiras de língua francesa, latina e italiana, depois de ser aprovado nos exames na Real Comissão do Estado Húngaro.

Para dar conta dessas várias funções, que levava à frente com muita responsabilidade, ao fim do dia precisava se dedicar, em casa, ao estudo de linguística, gramática e vocabulário. Sentia-se exausto, e anotou repetidas vezes em seu diário: "muito cansado" ("*très fatigué*"), "o dia todo trabalhando" ("*toute la journ. trav.*").

Por vários dias, parte de seu trabalho consistiu em acompanhar, como assistente, o professor Paolo Calabrò,[44] titular do ensino de línguas no Liceu Bérzsenyi, um dos mais prestigiados da cidade, e diretor do Instituto Italiano de Cultura em Budapeste. No dia 27 de fevereiro, em razão da ausência do mestre, pela primeira vez Paulo assumiu a aula sozinho. No Bérzsenyi e no Liceu Markó, ginásio para meninos, onde dava aulas avulsas desde janeiro, ele passou a ministrar cursos e aulas, experiência que marcou o começo de sua atividade regular como professor ginasial. Em outubro, assumiria outra turma ginasial, agora no Liceu Glücksthal.

Eram tempos bicudos na Hungria, com economia vacilante e altos índices de desemprego. A família Rónai, um casal com seis filhos, vivia com dificuldades, e Paulo se desdobrava para ajudar nas finanças da casa. Nos intervalos de suas leituras italianas de Ariosto, Torquato Tasso e Goldoni, traduzia para o francês poetas húngaros como Lörinc Szabó e Endre Ady, além de Mihály Babits, buscando vender seu trabalho a revistas parisienses. Babits, seu amigo, era a companhia mais frequente em algumas tardes nos cafés. Paulo transitava no circuito literário de Budapeste com desenvoltura, desempenhando o importante papel de divulgador dessa produção efervescente para além da geografia húngara. "Levar alguém pela mão para o outro lado." É o próprio Paulo que lembraria a etimologia do latim *traducere*. "O sujeito do verbo é o tradutor, o objeto direto, o autor do original a quem o tradutor introduz num ambiente novo."[45]

Mesmo com a vivência do idioma acumulada em seus tempos de Paris, Paulo sentia dificuldade em verter para o francês a poesia de seus conterrâneos. Trabalho de Sísifo ou de Tântalo, é como muitos definem a tarefa de traduzir, sobretudo poesia. No caso de Paulo, o desafio tivera início ainda em Paris, onde se dedicara a apresentar em francês poemas[46] e contos de autores de sua terra.

> Foi quando descobri a inexistência de equivalentes perfeitos entre essa língua e a minha. Os tersos vocábulos franceses, alisados e desbastados por séculos de uso culto, não correspondiam às palavras húngaras, umas rústicas com sabor de terra, outras muito novas, recém-criadas para satisfazer necessidades urgentes. Todo o sistema de derivação era radicalmente diverso, as famílias de palavras constituíam-se de outros elementos e carregavam sugestões totalmente diversas.[47]

Nem dicionários bilíngues nem a experiência cotidiana e acadêmica adquirida na França davam conta dos problemas do jovem tradutor. Paulo não demorou a recorrer à ajuda de dois amigos franceses, Maurice Piha e Jean François-Primo, inaugurando, assim, uma nova maneira de trabalhar: a quatro mãos — ora com um, ora com outro.

A experiência serviu para que ele se tornasse colaborador fixo da *Nouvelle Revue de Hongrie*, revista húngara editada em francês, que circulou mensalmente, em Budapeste e Paris, entre 1932 e 1944. A *NRH*, como Paulo a chamaria dali em diante, estava aberta ao Ocidente e era, portanto, mais um instrumento da luta pela integração cultural húngara encampada por jovens não conformistas que buscavam driblar o anacronismo local a fim de inserir a Hungria na modernidade. Para isso, apostavam na comunhão de espírito com amigos franceses, editando, sob a dupla direção de Georges Ottlik e Joseph Balogh, sempre em língua francesa, expoentes da moderna literatura magiar e artigos capazes de "autorizar" a entrada do país no "concerto universal" da modernidade.[48]

Em maio de 1932, Paulo já havia feito cinco traduções para a *NRH*. A partir daquele mês, passou a frequentar a redação quase diariamente. Sua missão era traduzir um conto húngaro para o francês todos os meses, além de artigos e ensaios de temáticas locais e, de forma mais esporádica, poemas. Foi, sem dúvida, uma grande escola para Paulo, que, nesse exercício voltado para as versões francesas, via-se obrigado a trabalhar na ordem dos enunciados, reordenando-os de forma oposta à das estruturas formadoras de seu húngaro natal (de estruturas orientais, fino-úgricas), a fim de seguir o uso linguístico ocidental.[49] O trabalho recebia sempre a colaboração dos parceiros franceses.

Sua participação na revista, que se estenderia até 1940, rendia-lhe algum dinheiro, porém não o suficiente para cobrir seus gastos e ainda ajudar em casa — ao longo de 1931 Paulo gastava boa parte de sua renda com livros. Quase sempre era no Belvarós (bairro no coração de Peste com forte vocação comercial) que ele encontrava suas livrarias. Em junho de 1931, levou para casa o recém-lançado *Grand Dictionnaire français-hongrois*, do linguista francês Aurélien Sauvageot.

Diante da necessidade de ampliar seus ganhos, Paulo, ainda tão jovem, ampliava também seu volume de trabalho. Passou então a fazer pequenos serviços de tradução para diversos segmentos: comercial, técnico, pessoal, fazia traduções para amigos, familiares, para o bureau de turismo, a escola de línguas

Berlitz, a agência telegráfica, a associação de advogados. Não havia tempo ruim para o jovem tradutor. No trabalho para um escritório de traduções técnicas em diversas línguas, topava com todo tipo de desafio: extrato cadastral, registros de patentes, tratado de geologia. Com isso, Paulo desbravou universos linguísticos inesperados, por onde os idiomas transitavam de acordo com as diferentes especificidades.

Anteriormente já traduzira poesias, contos e até uns romances, e esses trabalhos me faziam viver na ilusão errada de que havia um idioma francês, um italiano, um latino, e assim por diante. A nova tarefa convenceu-me de que havia no mínimo cinquenta línguas francesas, 49 das quais nada tinham que ver com Racine, nem com Victor Hugo, nem com Anatole France. O mesmo aconteceria em relação à minha própria língua materna.[50]

Paulo adentrou 1933 traduzindo muito. "Assim aumentava a minha experiência, e a profissão, conquanto nunca chegasse a lucrativa, já dava para viver."[51] Ao mesmo tempo, tentava consolidar a carreira de professor e, quem sabe, ainda encontrar uma boa oportunidade de trabalho na imprensa. Por fim, acabou juntando as três frentes. Traduzia em casa, dava aulas de línguas e, em março, recebeu a proposta de trabalhar por alguns meses no jornal diário *Express du Matin*.[52] Aceitou. E ainda somou a essas atividades o trabalho como redator e tradutor no diário *Budapesti Kurir* (em seu diário, *Courrier de Budapest*), onde ficaria até 1938. Entre as funções que assumiu neste novo emprego, estava traduzir todos os dias para o francês os principais artigos dos jornais diários da Hungria, alimentando correspondentes estrangeiros sediados em Budapeste, assim como membros das representações estrangeiras, o que resultava na publicação *Revue de Presse*.

Tantas frentes de trabalho deixavam pouco tempo para suas leituras pessoais — ou pelo menos para o registro delas em sua agenda. Em 1933, Mauriac (*Préséances*), Céline (*Voyage au bout de la nuit*), Pirandello (*In silenzio*) e Roger Martin du Gard (*Les Thibault*) dividiram espaço com Greta Garbo e Joan Crawford, estrelas de *Grande Hotel*, e Marlene Dietrich, protagonista de *Blonde Venus*. Paulo era assíduo nos cinemas que se espalhavam por Budapeste. Além dos grandes lançamentos de Hollywood, acompanhava a produção francesa e prestigiava as fitas húngaras, produzidas ainda em menor escala.

Fora das telas, a Hungria vivia as tensões da crescente ameaça da ascensão do nazismo. Nomeado chanceler da Alemanha em janeiro de 1933, Adolf Hitler reforçava a postura bélica do país, deixando os vizinhos em alerta. Em outubro, Paulo recebeu uma convocação militar, pediu revisão e, enquanto aguardava a decisão — que posteriormente o liberaria —, seguiu trabalhando, imerso em seu sem-número de atividades. Sobrecarregado, pouco escreveu em seu diário em novembro. "Muito ocupado, esqueci de fazer o diário por três dias."[53]

No fim de 1933, estreou um índice onomástico nas últimas páginas de seu pequeno diário. Ali lançou alguns nomes de figuras notórias que remetiam a eventos igualmente notórios para nosso jovem homem de letras: a entrevista feita com o poeta italiano Marinetti em 25 de abril, o encontro com o escritor húngaro Ákos Molnár na *NRH*, em 19 do mesmo mês e em outras duas ocasiões naquele ano.

As marcas pessoais que Paulo imprimiu em seu diário foram criando códigos que se tornaram aos poucos reconhecíveis. Um evento importante destacado com um sublinhado; as abreviações decifradas pelo léxico que se repete, assim como nomes, também abreviados, de personagens de sua órbita profissional e íntima.

Portanto, é fácil entender por que a novidade de abril de 1934 foi comemorada por ele com um sublinhado abaixo da

Em sala de aula, Budapeste.

frase: "Fui nomeado professor do Liceu Kölcsey".⁵⁴ No dia seguinte ele se apresentou no edifício do Liceu judaico de meninos, Kölcsey Ferenc Gimnázium, também em Peste, numa rua transversal à grande Andrássy utca. Consolidou-se como professor de italiano também em outros dois importantes ginásios de Budapeste, nos quais vinha lecionando de forma avulsa: Liceu Markó e Liceu Bérzsenyi. Paulo agora podia se considerar um professor. Este, aliás, seria seu ofício mais regular durante a vida. "Escritor nas horas vagas, sou professor por vocação e destino", diria anos depois.

As muitas aulas diárias nos colégios não afastaram Paulo do trabalho na NRH, de novos alunos particulares, de inconstantes encontros amorosos, das conferências literárias e, sobretudo, das partidas de xadrez com o pai, hábito que integrava uma vida harmoniosa em família. Assim, seguiram-se também os anos de

1934 e 1935, quando voltou a anotar com mais frequência suas leituras: contos de Kafka e de Maupassant, poemas de Jules Romains, ensaios de Montaigne, além de obras de Pitigrilli, Pirandello, Victor Hugo e Stendhal. Na soma de todas essas atividades e do título acadêmico, Paulo sentia-se em um lugar profissionalmente mais consolidado. Em seu cartão de visita estava carimbado em francês: *Paul Rónai — professeur de lycée, docteur ès lettres, membre de la rédaction de la Nouvelle Revue de Hongrie.*

Os eventos de 1936 e 1937 aparecem juntos em um mesmo pequeno caderno, onde ele anotou também uma palestra de Paul Valéry realizada em junho na capital húngara, além de flertes e namoros rápidos. No dia 13 de junho de 1937, Paulo Rónai recebeu uma correspondência com nova convocação militar. O horizonte europeu estava nebuloso e a movimentação militar e antissemita do regime do *Führer* alemão preocupava sobretudo os países vizinhos. A Hungria já tinha vivido o impacto do conflito mundial anterior, sentia-se vulnerável e precisava se articular. Dois dias depois do chamado oficial, Paulo se apresentou no centro militar de Budaörsi e foi declarado apto para o serviço, apesar de seu pé chato.

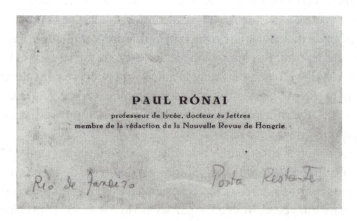

Cartão de visita de Paulo Rónai, *c.* 1934.

O segundo dia de serviço militar foi marcado por lições teóricas, exercícios físicos e pela visita dos pais e do irmão Francisco. Como ficaria alguns meses no Exército, levou um tomo de Horácio para ler nas horas vagas, antes ou depois dos exercícios de salto e de escaladas com fuzil.

Em julho de 1937 há poucos registros em seu pequeno caderno que não se refiram aos exercícios físicos no campo militar, às visitas constantes dos pais e irmãos e às cartas que escreve. A partir de meados daquele mês, as páginas permaneceram majoritariamente em branco, assim como em agosto, até o momento em que anotou a audiência militar na qual conseguiu sua dispensa. No dia 5 de setembro, teve fim seu exaustivo período de serviço militar.

De volta para casa, Paulo logo recuperou o ritmo de trabalho, o tempo perdido: voltou ao *Budapesti Kurir*, à NRH, retomou suas aulas particulares e nos ginásios, mas não o fôlego para escrever todos os dias em seu caderninho. Somente o extraordinário e o mais afetivo e familiar passaram a merecer nota nos meses que se seguiram. No dia 12 de outubro, seu irmão Francisco

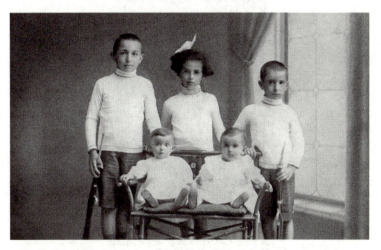

Paulo, Clara, Jorge e as gêmeas Eva e Catarina. Budapeste, 1916.

sofreu um acidente de carro e Paulo o acompanhou na ambulância. Não houve gravidade, apenas aborrecimentos práticos com hospital, médicos, advogado.

Paulo também comentou sobre a nova namorada em seu diário: Martha Kupferschmied, de dezenove anos, uma ex-aluna e filha de uma abastada família judia. Contou que marcavam encontros nos cafés Central e Terminus e que a ajudava nas lições de francês. Ele mesmo retomou estudos de vocabulário e gramática francesa, suas leituras, como *L'esclusa*, de Pirandello, e a correspondência com amigos da França e das letras em outras partes do mundo. Continuava a trabalhar e a existir como antes, sem no entanto ignorar a sombra que se aproximava e que ameaçava a Hungria, pressentindo, sobretudo, que seu país já não era um lugar seguro para uma família judia. Seus irmãos começavam a se movimentar. Intimamente Paulo sabia que era através de seu trabalho que poderia encontrar uma porta de saída.

Os pais, Gisela Lövi Rónai e Miksa Rónai. Budapeste, anos 1930.

2.
Correio Universal

1938: Hitler invade a Áustria

A nossa existência é a soma de dias que se chamam todos hoje... Só um dia se chama amanhã: aquele que nós não conhecemos.

Armand Salacrou

Em 12 de março de 1938, pela primeira vez Paulo iniciou seu diário com uma nota não pessoal. A invasão do território austríaco pelo Exército alemão causava apreensão. No dia seguinte, a *Anschluss* (anexação) obrigou a Áustria a integrar o Terceiro Reich, sob o comando furioso de Adolf Hitler. A vizinha Hungria vivia sob tensão. Seu governo mantinha uma ambígua posição à direita, inclinada às promessas alemãs de vantagens territoriais, às quais era particularmente sensível depois das perdas violentas ocasionadas pelo desfecho da Primeira Guerra Mundial — a Hungria fora uma das derrotadas e perdera cerca de 66% de seu território: parte da Transilvânia, a Eslováquia e outras regiões que passaram a integrar a Romênia, Tchecoslováquia, Sérvia, Croácia. O doloroso processo teve curso em outubro de 1918, com o fim oficial do Império Austro-Húngaro, passando por sucessivas perdas ao longo de 1919 e tendo novos limites finalmente decretados pelo Tratado de Trianon, em junho de 1920.

Esse contexto político do início do século XX ainda reverberava no ambiente húngaro dos anos 1930. A Hungria era um país de fronteiras feridas, comandado pelo ex-oficial da Marinha austro-húngara Miklós Horthy, que chegara ao poder depois da coalisão nacionalista-conservadora de 1919 e que por longo tempo lideraria um governo autoritário, de contornos feudais, beneficiando uma oligarquia conservadora e retrógrada, apesar de manter um Parlamento. O comandante da nação era também um antissemita assumido. Em carta a um de seus primeiros-ministros, escreveu certa vez: "Acho intolerável que na Hungria toda fábrica, banco, fortuna, negócio, teatro, imprensa, comércio etc. esteja em mãos judias, e que o judeu seja a imagem refletida da Hungria, sobretudo no exterior".[1] Horthy tinha razão em um ponto. Os judeus eram, de fato, maioria em muitas áreas e atividades. Na Budapeste de 1921, 88% dos membros da bolsa de valores e 91% dos corretores de câmbio eram judeus, e muitos deles tinham enriquecido consideravelmente. Em um levantamento de 1920, os judeus representavam ainda 60% dos médicos, 51% dos advogados, 39% dos engenheiros e químicos empregados, 34% dos editores e jornalistas e 29% dos músicos.[2] Afora essa realidade visível para além dos números, as perdas territoriais húngaras e a consequente saída de populações minoritárias, como eslovenos e croatas, fizeram dos judeus uma minoria isolada e evidente no país. Por isso, já em 1920 o governo húngaro instituiu o *numerus clausus*, restringindo a 5% a participação de judeus em universidades, com a justificativa de que o número refletiria a porcentagem desse grupo étnico na população local. Paulo Rónai sofrera com as restrições e, por ser judeu, fora proibido de ingressar na universidade. Admirado pelos colegas, contou com a solidariedade de um amigo de infância que, reconhecendo seu mérito, cedeu seu próprio lugar. Não aceitou que Paulo, o mais brilhante aluno do ginásio, fosse impedido de cursar a graduação.

 O destaque obtido pelos judeus em Budapeste como o grupo étnico dominante no comércio e no mercado financeiro nas primeiras décadas do século XX fez com que a animosidade antissemita deixasse de se restringir ao governo. A partir dos anos 1920, começaram a se organizar na Hungria movimentos nacionalistas radicais e fascistas, originários, sobretudo, das classes média e trabalhadora, onde germinavam posições antissemitas que ganhariam maior articulação nos anos 1930, com o surgimento de partidos políticos e associações de caráter antissemita.

Mas foi da Alemanha que vieram as principais influências para o início de uma verdadeira ofensiva contra os judeus em território húngaro. Primeiro-ministro desde 1936, Kálmán Dárányi buscava demonstrar seu alinhamento com o Reich movido não apenas pelas anunciadas promessas de reconquistas territoriais mas também pelas duras ameaças militares e de restrições econômicas que o país vinha sofrendo por parte da Alemanha. Desse modo, em maio de 1938 fez entrar em vigor a primeira lei antijudaica na Hungria, que restringia a 20% o número de judeus aptos a participar de negócios e a ocupar determinados cargos. Desde 1935, ano em que foram declaradas na Alemanha as Leis de Nuremberg,[3] de ameaçador caráter antissemita, a Hungria convivia com ações mais articuladas contra os judeus também fora do governo, como o partido Cruz Flechada,[4] radical de direita e essencialmente antijudaico. Sob todos esses efeitos, criava-se um ambiente de alta tensão nos primeiros meses de 1938.

Essa atmosfera ameaçadora atingiu a vida cotidiana de Paulo e, consequentemente, mudou o caráter de suas anotações. Ele não registrava mais os livros que lia, mas a rotina agitada de um professor atarefado, um operário da tradução, profissional plenamente dedicado a suas aulas nos dois liceus onde atuava — chegou a lecionar para cinco turmas em um mesmo dia — e aos alunos particulares, aos quais ministrava, sobretudo, aulas de francês. Também passou a anotar as notícias da guerra. Como judeu, estava ainda mais atento a todas as movimentações.

No começo de março daquele ano, a iminente necessidade de emigração foi tema de uma conversa entre Paulo e o pai logo depois de uma partida de xadrez. *"Discuté les possibilités d'avenir: où émigrer?"* Para onde escapar? É a pergunta do primogênito Rónai, que, aos trinta anos, começava a articular uma saída para ele, seus pais e irmãos.

É perceptível como nesse momento as línguas e a tradução ganharam uma nova dimensão na vida de Paulo Rónai. Já não eram apenas matéria de ofício e prazer, mas também (ou sobretudo) a chave que poderia abrir as portas de saída de uma Europa ameaçadora. Paulo intensificou sua correspondência, evocou todos os contatos e relações que possuía nos mais diversos cantos do mundo, buscando instituições que pudessem representar a chance de um emprego e, consequentemente, de um visto para emigração. Trocou cartas com sociedades literárias no Uruguai, com uma universidade no Chile, com a Legação da Austrália, enviou cartas de recomendação para a Colômbia e cogitou, até mesmo, ir para a Islândia.[5] Enquanto isso, seu irmão Jorge, competente engenheiro, aprendia turco e preparava sua partida. Logo obteria um visto para a Turquia.

Em 5 de abril de 1938, Rónai fez, pela primeira vez, uma referência à língua portuguesa em seu diário: *"Lu poètes brésiliens: trad. Les 4 amies du poète triste"* ("Li poetas brasileiros: trad. *As 4 amigas do poeta triste*").[6] Dias depois, após cumprir a rotina de trabalho nos liceus e no *Budapesti Kurir*, passar no Café Belváros e comprar alguns livros, escreveu: *"Soir traduit une poésie brésilienne"* ("À noite traduzi uma poesia brasileira").[7] Nesse mesmo mês, os registros de Paulo tornaram-se mais lacônicos. Nas poucas notas que fez, aparecia sempre o português: *"appris portuguais"* [sic]. Ou *"Cherché vocabulaire de poésies brésiliennes"*.[8]

Um ano antes, Paulo havia descoberto a literatura brasileira por meio de uma edição francesa de *Dom Casmurro*, presente do escritor Dominique Braga, de origem brasileira, radicado na França. A leitura de Machado de Assis, mesmo em francês, na tradução de Francis de Miomandre, despertou o interesse do tradutor.

A primeira obra de literatura brasileira que li foi o *Dom Casmurro*, de Machado de Assis, em tradução francesa. Despertou-me verdadeira curiosidade este início auspicioso. Foi muito bom começar com uma obra daquela importância. Desperto e motivado, então, procurei ler em originais. Dessas buscas são testemunhas as antologias de poesia brasileira moderna e dos poemas de Ribeiro Couto em versos húngaros.[9]

Senti-me diante de um grande escritor, experimentei a mais profunda impressão. Uma literatura que tinha romancista daquele porte não podia deixar de interessar-me.[10]

Na reconstituição desse momento de descoberta do português, narrativas se misturam. Em 28 de maio de 1938, Paulo anotou: "*U. I. Publié ma première trad. Bresilienne*", o que indica que havia publicado na revista *Új Idők* (*Novos Tempos*, já mencionada) sua primeira tradução de um poema em português. Tratava-se de "Sonho oriental", de Antero de Quental.[11] Em relatos futuros,[12] Paulo contaria ter levado a uma revista a primeira poesia que traduzira do português para o húngaro um dia após mergulhar nesses novos aromas e mares, já sonhando ser rei nalguma outra ilha.[13] A tradução seria aprovada imediatamente.

Foi em Paris, como ele narraria mais adiante, que esse novo e fascinante universo linguístico se revelou. Paulo deu com um exemplar da antologia *As cem melhores poesias da língua italiana* e, em seguida, com os títulos da mesma coleção dedicados a poesias em língua francesa e outras mais. Soube, então, que havia também uma antologia em português da mesma

coleção. Já em Budapeste, fez chegar da livraria francesa Pe-
che o volume de *As cem melhores poesias da língua portuguesa*,
organizado pela lexicógrafa e pesquisadora Carolina Michaë-
lis de Vasconcelos. O encontro com o idioma foi de intenso
encantamento.

O livrinho chegou-me às nove da manhã num dia das férias de Natal. Às dez, já eu tinha descoberto o único dicionário português existente nas livrarias de Budapeste, o de
Luísa Ey, com tradução alemã. Atirei-me então às poesias
com sôfrega curiosidade. Às três da tarde, o soneto "Sonho
oriental", de Antero de Quental, estava traduzido em versos húngaros; às cinco, aceito por uma revista, que o publicaria pouco depois.[14]

Iniciava-se aí o que Paulo Rónai chamou de a grande aventura
intelectual de sua vida: a descoberta do Brasil através de sua
literatura.[15] E a descoberta do próprio idioma, aparentemente
tão distante do húngaro. Parecia-lhe estranho na língua portuguesa, por exemplo, a pouca incidência de consoantes, o que
o fazia pensar, com base no que lia, que o português era uma
versão do latim "falado por crianças ou velhos; de qualquer
maneira por gente que não tinha dentes".[16] Até então, apenas
o amigo Dezsö Kosztolányi havia tido alguma relação com o
português, e dele tinha a melhor impressão: uma língua alegre
e doce como um idioma de passarinhos,[17] foi o que lhe disse
o compatriota.

Para Paulo, as descobertas eram combustível para um mergulho mais e mais profundo. E para novas costuras, alinha-
vando origens de diversas palavras, associando-as a diferentes
idiomas e culturas. Como não reconhecer o francesismo das
palavras "chapéu" e "paletó"? Ou a "velha estirpe latina" de
"ônus" e "lar"? E notar ainda outros vestígios latinos de palavras

como "bebedouro", "nascedouro", "horrendo", "nefando"?[18] Até mesmo da língua húngara o português, por alguma razão, se avizinhava: "A descoberta do infinitivo pessoal foi uma surpresa e abalou-me bastante o orgulho patriótico, pois julgava-o riqueza exclusiva do húngaro".[19] Somente um apaixonado pelas línguas e suas estruturas poderia se dizer encantado por formas mesoclíticas. Foi o que aconteceu com Paulo, que se declarou imediatamente afeiçoado pelas construções verbais que revelavam em sua anatomia as heranças impregnadas no português. Lembrar-se-ia com frequência desse arroubo inicial, em que buscava como um arqueólogo desencavar nas páginas de livros brasileiros palavras de origem latina, cheias e sonoras.

Assim, entre "teias", "luas" e "açucenas",[20] Paulo se dedicava a seus dois ofícios: o do filólogo interessado e o do tradutor determinado. Em pouco tempo, tinha em mãos versões húngaras para "Os cinco sentidos", de Almeida Garrett, para a romança da "Nau Catarineta" e uma série de quadras populares, como "O anel que tu me deste era vidro e se quebrou" — além de poemas que havia traduzido na primeira leva, como "Cariátide", de Manuel Carlos.

No entanto, para essa navegação precisava de mais instrumentos, e não apenas do limitado dicionário que tinha em mãos. Assim, tratou de providenciar novos livros com a ajuda de um contato feito ao acaso em sala de aula.

Um dia, numa das minhas aulas de italiano no colégio israelita, vi que um dos meus alunos não prestava atenção. Ele estava lendo um livro. Perguntei que livro era. Era uma gramática portuguesa. Perguntei a ele por que estava lendo essa gramática nas aulas de italiano. Ele respondeu: "Porque vamos emigrar para o Brasil". Eu pedi a ele a gramática, publicada por uma livraria húngara de São Paulo, e anotei o endereço. Escrevi a essa livraria, que era muito pequena, pedindo que me mandassem uma antologia da poesia brasileira e eu mandaria livros húngaros em troca.[21]

Em pouco tempo, Paulo recebeu da livraria em São Paulo o volume *Antologia de poetas paulistas*,[22] uma edição, segundo ele, malcuidada e mal organizada que reunia trinta poetas, muitos deles, saberia mais tarde, um tanto obscuros.[23]

A tradução do português era tarefa ardilosa mesmo para um tradutor já experiente. Se ele não entendia inteiramente os poemas, julgava adivinhar o sentido de alguns. Ao se deparar, por exemplo, com um pequeno verso de Corrêa Júnior no poema "As quatro amigas do poeta triste", com uma "rede onde descansava e aguardava os sonhos", Paulo julgou se tratar de uma imagem poética, que traduziu como "a rede dos sonhos tecida pela imaginação", sem ter conhecimento da existência das redes de dormir, artefato típico da cultura brasileira ainda desconhecido do tradutor húngaro: "Nunca tinha visto semelhante objeto".[24] O contrassenso só seria descoberto anos mais tarde; naquele momento, Paulo sentia-se próximo da língua recém-descoberta e ainda se aventurou a traduzir outros poemas da edição. Seguia munido de muita perseverança diante de palavras que por vezes não constavam nas páginas de seu único aliado: o dicionário alemão-português de Luisa Ey. Nele, Paulo não conseguiu encontrar nem ao menos o adjetivo do título de seu segundo livro brasileiro: "paulista" não estava entre as palavras reunidas no compêndio. A questão seria mais tarde resolvida com a ajuda do diplomata e poeta Ribeiro Couto. Paulo seguiu traduzindo e publicando em revistas locais alguns poemas brasileiros dos livros aos quais tinha acesso em Budapeste.

Desejoso de conhecer outras obras da literatura brasileira, Paulo dirigiu-se ao consulado do Brasil, onde conseguiu uma edição de Olavo Bilac, outra de Vicente de Carvalho e três números antigos do *Correio da Manhã*.[25] Pouco depois, encaminhou para o jornal carioca, junto com uma curta correspondência, a "primeira poesia brasileira vertida para o húngaro"[26] — uma das que constavam na coletânea paulista, embora não especificasse qual em suas anotações. Paulo se aproximava do Brasil. Depois de um longo silêncio do jornal, recebeu em seu endereço um gordo envelope com uma série de poemas de um jovem que, tendo lido no *Correio da Manhã* sobre seu interesse por poesia brasileira ("minha esquisita mania"), havia considerado Paulo a melhor pessoa para avaliar sua produção literária, ainda inédita.[27]

A essa remessa, muitas outras se seguiram, de remetentes os mais variados: poetas-leitores do jornal, jovens poetas, repartições, instituições brasileiras e estrangeiras. Cartas, versos, recortes de jornal, livros, revistas. Paulo anotou muitas vezes em seu diário esse correio poético que passou a unir Rio de Janeiro e Budapeste a partir daquele ano de 1938: "*Reçu lettre d'un jeune poète brésilien inconnu*" ("Recebi carta de um jovem poeta brasileiro desconhecido").[28] Difícil era julgar, naquele momento, a qualidade do que recebia aos magotes. Por vezes, como narraria mais tarde,[29] não conseguia saber se os poemas datavam do século XIX ou haviam sido escritos por poetas tradicionalistas da época. Havia, no entanto, grandes revelações, como o exemplar de poesias de Jorge de Lima. Ao ler os versos do poeta alagoano, Paulo sentiu um frêmito interior. Na Europa Central, "a um passo da Alemanha nazista e a um minuto da guerra", "numa hora em que estávamos sendo chamados estrangeiros e perseguidos em nosso próprio país", Paulo se surpreendia pela simetria existencial que vinha de tão longe:

Estrangeiro, vós me estendeis vossos braços e somos como
Velhos amigos passeando no cais,
E olhando no mar a vela, a asa, a onda e as coisas fugitivas.[30]

Mesmo sem a imediata compreensão de todos os sentidos dos poemas de Jorge de Lima, Paulo se pôs a traduzi-lo. As palavras por vezes dançavam sob um espesso véu. Como interpretar de maneira instantânea um poema como "Essa nega fulô" e "Mira-Celi"? Além da questão linguística, impunha-se a falta de um conhecimento profundo do Brasil, de suas especificidades geográficas e culturais. Paulo seguia adiante em suas traduções fazendo conjecturas e deduções. "Seringueiro, eu não sei nada!", lhe diziam os versos de Mário de Andrade em "Acalanto do seringueiro". Paulo adorava o que lia, o ritmo, as palavras que desenhavam novos sentidos, mas não compreendia o significado de "seringueiro" e o contexto que o cercava. Depois de pesquisas e leituras, descobriu, enfim, do que se tratava, mas não conseguia encontrar em sua própria língua palavra capaz de descrever aquele homem dos seringais do norte do Brasil.

Seringueiro, eu não sei nada!
E no entanto estou rodeado
Dum despotismo de livros,
[...]
Me sinto bem solitário
No mutirão de sabença
Da minha casa, amolado
Por tantos livros geniais,
"Sagrados" como se diz...

Para dar conta do problema, Paulo acabou cunhando um termo composto de três palavras húngaras, que, juntas, somavam dezesseis letras: *kaucsukfacsapoló*. "Tive que formá-la eu mesmo pela junção de três vocábulos que significam respectivamente borracha, árvore e lancetador, e acabaram dando um neologismo de sonoridade expressiva."[31]

E os desafios não eram poucos nos versos cheios de particularidades brasileiras escritos pelo poeta paulista.

Que miséria! Eu não escuto
A nota do uirapuru!...
[...]

Roncudo você não é.
Baixinho, desmerecido,
Pálido, Nossa Senhora!
Parece que nem tem sangue.
Porém cabra resistente
Está ali. Sei que não é
Bonito nem elegante...

Também "uirapuru" não constava no *wörterbuch* de Luisa Ey.
A constatação de que se tratava de um pássaro foi mais intuitiva e conjectural do que uma certeza etimológica. Da mesma
forma, custou ao jovem tradutor concluir que "cabra resistente"
designava não o bicho, mas o homem, o bicho-homem.

Hoje compreendo como era temerário pensar que na base
apenas daquelas remessas de livros que chegavam ao acaso,
remetidos pelos autores ou por instituições, poderia formar uma imagem do que seria o sentimento brasileiro da
vida, sem ter em mão um fio condutor nem possuir uma
ideia aproximada sequer do que era o Brasil físico em sua
imensa variedade.[32]

Paulo se manteve obsessivo no estudo do português. Tanta dedicação pode até sugerir que, naquela primeira metade de 1938,
ele já avistasse o Brasil como sua promessa de futuro. Além da
tarefa contínua de tradução que impusera a si mesmo, visitava o

consulado brasileiro em busca de um contato mais estreito com o cônsul Mário Moreira da Silva, no posto havia pouco tempo, depois de ter servido três anos em Viena. Paulo compareceu dias seguidos à representação brasileira para falar com o diplomata. Tarefa difícil. No entanto, continuou insistindo. O contato poderia lhe render um trabalho, um convite ao Brasil? No verão de 1938, ele partiu para mais um período de curso na Aliança Francesa de Paris. No caminho, passou pela Iugoslávia, por Trieste e Veneza. Em 21 de junho, desceu na Gare de Lyon, sentindo-se à vontade na cidade. Fez passeios, comprou livros, frequentou biblioteca, cafés, a Comédie Française, cinemas. Boa parte dessa nova temporada parisiense não foi registrada em seu diário, sobretudo a partir de meados de julho.

Às onze horas do dia 31 daquele mês, Paulo voltou a Budapeste e foi recebido pelos pais na estação. A família tinha novidades: seu irmão Francisco queria noivar, o namoro da irmã Clara com um jovem magistrado corria bem. Para ele, contudo, as notícias não eram boas: havia recebido uma resposta "desfavorável" do diretor do Liceu Francês de Montevidéu. Paulo lamentou o fato em seu diário. Aventou a possibilidade de ir para o Uruguai e tentara um posto como professor.

Paulo continuou empenhado em seu projeto brasileiro e escrevendo para instituições do país, como a Academia de Letras e Ciências de São Paulo, falando de seu interesse pela língua e literatura do país, apresentando seu trabalho. No dia 18 de agosto, conseguiu marcar a primeira aula de francês que daria ao cônsul brasileiro Mário Moreira da Silva, agendada para o dia 24 daquele mês. Em seu diário anotou: "Primeira aula de francês ao cônsul do Brasil" ("*1ère leçon de français au consul du Brésil*"). No dia seguinte à aula: "*Appris du portuguais*" [sic].

Os encontros com Moreira da Silva aparecem registrados em diferentes momentos. Em 3 de setembro: "*Consul du Brésil: leçon de portuguais*". Paulo corrigiu a escrita com um risco, eliminando a letra U, acertando a palavra em francês: *portugais*. Aparentemente, o professor aproveitava o contato também para aprender um pouco mais de português com o diplomata brasileiro.

Em setembro, a escrita em seu diário foi oscilante. Por vezes, vê-se apenas a linha "*Consul du Brésil: leçon*" e menções a traduções feitas antes e depois das aulas.

Em 26 de setembro: "*La guerre en vue*" ("A guerra à vista"). 28 de setembro: "*Le jour où nous avons été le plus près de la guerre*" ("O dia em que estivemos o mais perto da guerra"). Em seguida, Paulo acrescentou: *Budapesti Kurir*, aula de francês ao sr. Moreira da Silva, café na Andrássy utca. Com esferográfica azul, anos depois ele incluiu nesta página: "Em Munique a guerra já é declarada. Rio, 28 de setembro de 1941" ("*A Munich la guerre a pourtant éclaté*"). O adendo revela que Paulo releria seus diários, para garantir a fidelidade dos fatos na construção da memória de sua vida. No entanto, trata-se da única vez em que, numa retomada futura, ele fez uma correção. O evento que alteraria radicalmente sua vida exigia, mais do que nunca, esse cuidado.

A pressão da guerra se impôs aos eventos do cotidiano, e o conflito passou a ser tema dos primeiros comentários do dia. Em 1º de outubro, Paulo anotou o avanço das tropas alemãs nos territórios dos Sudetos; depois disse ter ido para o *Budapesti Kurir* e para a NRH. Estudou português em casa e deu mais uma aula ao cônsul brasileiro. Na página seguinte, registrou resumidamente as atividades do mês: "Durante o mês de outubro, devido aos eventos recentes, não pude fazer as notas que se seguem".

Eventos principais: saiu do curso de italiano; começou um curso de francês gratuito no liceu; deu início a um grande trabalho de tradução para a Legação da Argentina; conseguiu mais duas alunas particulares, uma delas chamada Mme. Lukács. Fez ainda um breve comentário amoroso, atualizando os sucessivos conflitos com Martha, sua namorada.

Quando retomou as anotações em 1º de novembro, sua rotina parecia inabalada. Começava o dia dando cinco aulas, voltava para casa, almoçava e jogava xadrez, dava uma aula particular, em seguida ia a um café se encontrar com a namorada (*"Chérie"*). Emendava um passeio com amigos e voltava para casa e trabalhava mais um pouco. No dia 2, outra aula de francês ao cônsul. E um comentário sobre o contexto internacional ao fim do dia: "Viena: incorporação de 1 milhão de húngaros da Eslováquia".

As aulas a Moreira da Silva mantinham a periodicidade habitual de dois encontros semanais. Paulo não tirava da cabeça a necessidade de encontrar um destino fora da Hungria e, desse modo, o assunto também estava presente nas conversas com o diplomata, que representava um canal privilegiado para ajudá-lo na obtenção de um visto para o Brasil. No entanto, no dia 10 de novembro, durante uma dessas aulas, Paulo ficou desolado com uma notícia dada pelo cônsul: *"Reçu une réponse défavorable à ma demande de renseignements sur les possibilités d'émigration"* ("Recebi uma resposta desfavorável à minha demanda de informações sobre as possibilidades de emigração"). O horizonte escurecia. À noite, com Martha, Paulo discutia a situação dos judeus na Hungria. O marido de uma amiga da família, Betz Klári, acabara de perder seu posto de trabalho. O cerco se fechava e, em 16 de novembro, Béla Imrédy, primeiro-ministro que assumira o governo húngaro em maio de 1938, mesmo sendo de orientação mais moderada e não tão simpático ao Reich, anunciou uma nova lei judaica.[33]

Dias depois, em carta ao Ministério das Relações Exteriores, o experiente diplomata Samuel de Souza Leão Gracie, na época ministro plenipotenciário do Brasil em Viena, na Áustria (cargo que exerceu de 1935 a março de 1939), escreveu a

Oswaldo Aranha, então ministro das Relações Exteriores, explicando a situação na Hungria. No ofício, Souza Leão resumiu as principais medidas da nova legislação que seria imposta.

Legação do Brasil
Budapeste, 29 de novembro de 1938
N⁰ 126

Novas medidas contra os judeus, na Hungria

Senhor Ministro,

A Comissão especial encarregada do problema israelita, na Hungria, reuniu-se, há dias, a fim de uniformizar os novos projetos governamentais sobre o assunto. Nada se sabe, por enquanto, sobre as decisões tomadas nessa ocasião, mas temos como provável a adoção, dentro em breve, das seguintes medidas:

1ª Revisão da nacionalidade dos judeus;

2ª Disposições legais contra os proprietários territoriais da raça judaica;

3ª Facilidades de emigração para os judeus;

4ª Interdição e transferência de domicílio aos judeus residentes nos territórios devolvidos à Tchecoslováquia.

Sabe-se, igualmente, que as autoridades húngaras, prosseguindo na sua campanha contra os judeus, proibiram a publicação de mais 45 jornais e revistas pertencentes a israelitas, elevando assim a noventa o número de publicações interditas pelo referido motivo.

Aproveito o ensejo para reiterar a Vossa Excelência os protestos de minha respeitosa consideração.

Samuel Souza Leão Gracie[34]

Na Hungria, os pedidos de vistos para países sul-americanos cresciam na mesma proporção do desespero dos judeus. Sobretudo após o massivo Pogrom, conhecido como Noite dos Cristais, arquitetado por Joseph Goebbels, ministro da Propaganda do Terceiro Reich, que provocou, na noite de 9 para 10 de novembro de 1938, a destruição e o saque de inúmeros negócios e casas de judeus, além de incêndios em mais de mil sinagogas na Áustria, Alemanha e Sudetos tchecos. Em seguida, cerca de 30 mil judeus foram levados para campos de concentração. Era o começo efetivo do Holocausto.

Invadido pela angústia, em 1º de dezembro Rónai retomou o assunto da emigração durante uma aula com o cônsul Moreira da Silva. Depois registrou apenas isto: "*consul (parlé de mes projets d'émigration)*". No mesmo dia, enquanto Paulo trabalhava em casa em novas traduções, uma grande manifestação nazista tomava as ruas de Budapeste. Ele tinha esperança de que seu aluno brasileiro pudesse ajudá-lo. Não deveria.

De postura convictamente antissemita, Mário Moreira da Silva nunca fez concessões para viabilizar vistos a judeus durante o tempo em que serviu na capital húngara, de fevereiro de 1938 a janeiro de 1939. Pelo contrário. Trabalhou para o governo Getúlio Vargas seguindo à risca uma política discriminatória e xenófoba. Em 1º de abril de 1938, enviou ao ministro Oswaldo Aranha uma carta em que informava a recusa de vistos a 55 húngaros de origem semita.

Consulado dos Estados Unidos do Brasil em Budapeste.
    Budapeste, 1º de abril de 1938
    Circular secreta nº 1127
    Recusa de vistos a indivíduos de origem semita
    Senhor Ministro,

Tenho a honra de comunicar a Vossa Excelência que este Consulado, de acordo com as instruções constantes da Circular secreta dessa Secretaria de Estado, nº 1127, de 7 de Junho de 1937, recusou, no mês de Março próximo findo, o visto de entrada no Brasil aos indivíduos indicados na relação abaixo, todos declaradamente de origem semita.

Seguia, então, a lista com o nome dos húngaros judeus impedidos de emigrar para o Brasil, a primeira daquele ano. Ao lado do nome, vinham as informações de idade e profissão. Eram médicos, engenheiros, agrônomos, advogados, comerciantes, professores, eletricistas, costureiras, estudantes — todos entre 25 e quarenta anos. O último nome, o de número 55, era Endre Andor Gelléri, engenheiro e escritor de 32 anos, morador da mesma Alkotmány utca de Paulo Rónai, apenas um ano mais velho que ele. Gelléri era um amigo próximo e muito admirado por Paulo, a ponto de estar entre os seis únicos nomes do índice onomástico do diário de 1933, ao lado de Bálint, Ákos Molnár e Marinetti. Tratava-se de um dos mais proeminentes novelistas de sua geração. Morreria poucos anos depois em um campo de concentração.

Haveria outras listas. Em 20 de junho, Moreira da Silva enviou novo ofício, informando 85 recusas de visto. Em agosto, outros 57 judeus foram impedidos de obter visto brasileiro e, em setembro, 25.

Moreira da Silva cumpria o citado decreto nº 1127, publicado em 7 de junho de 1937, meses antes de se impor no Brasil o regime ditatorial do Estado Novo. Dirigido aos cônsules brasileiros lotados na Europa Central e Oriental, o decreto "organizava" uma política de imigração com base em uma série de disposições e, sobretudo, de restrições. Resultado de um acordo entre o Ministério das Relações Exteriores e o do Trabalho, Comércio e Indústria, com a aprovação do presidente da República, o documento colocava empecilhos enfáticos à entrada de judeus no país. Em resumo, dizia o documento:

O Governo Federal recebeu repetidas informações a respeito da entrada no Brasil de "numerosas levas de semitas, que os governos de outras nações estão empenhados em afastar dos respectivos territórios". [...] Tal fato sendo confirmado com o desembarque de cada vapor que aporta no Brasil "de uma quantidade surpreendente de elementos dessa espécie, reunidos, segundo estamos informados, dentre o que há de pior, como antecedentes e como capacidade produtiva, nos lugares de onde provêm".[35]

Entre as regras determinadas pelo decreto estavam:

- Será recusado visto a pessoa que for de origem semítica e, em caso de dúvida, as autoridades poderão retardar a concessão do visto até que, por meio de investigação, se consiga esclarecer a dúvida.
- A decisão que prevalecer para o chefe da família será extensiva aos demais membros.
- Não será recusado o visto ao semita já radicado no país, por ser casado com brasileira, ter filho brasileiro ou possuir bens imóveis no Brasil, sendo que o mesmo deve provar essas condições através de documentação.
- Quando a circunstância de origem semítica se verificar em relação a pessoas de notória expressão cultural, política e social, assim como em relação a artistas especialmente contratados para se exibirem no Brasil, por tempo determinado, poderão os respectivos passaportes ser visados, mediante consulta prévia a esta Secretaria de Estado e sua indispensável autorização para que assim se proceda.

- Poderão ser visados os passaportes de semitas que pretendam visitar o Brasil fazendo parte de excursão coletiva ou cruzeiro, organizado por empresa de turismo de absoluta idoneidade.
- Não estão compreendidos em nenhuma disposição da presente circular os estrangeiros que se dirigirem ao Brasil munidos de passaporte diplomático.
- A recusa do visto em qualquer dos casos aqui previstos, assim como a protelação da concessão, deverá ser justificada sem nenhuma referência à questão étnica, mas apenas como resultante de uma ordem no Ministério das Relações Exteriores.[36]

O documento de recusa de vistos foi divulgado no instante em que o Brasil acirrava uma postura nacionalista, autoritária e xenófoba. Assim, a máquina de recusas em que se transformara a atividade de Moreira da Silva em Budapeste poderia ser justificada como "ossos do ofício". No entanto, outras referências evidenciam a postura racista e radical do cônsul. Sua reação à notícia de que o Brasil estava disposto a debater com os Estados Unidos a situação dos judeus refugiados na Conferência de Evian, realizada em julho de 1938, motivou uma declaração em que expõe todo o seu fervor antissemita.

Está provado que os judeus — embora possuam, isoladamente, elementos bons — são, em comunidade, assaz perniciosos e por tal forma agem que são tratados, nas suas próprias pátrias de nascimento, como indivíduos nocivos, indesejáveis mesmo, contra os quais se decretam toda sorte de restrições com o único objetivo: vê-los partir.

Em quase todos os países da Europa [...], os judeus não podem exercer cargos públicos, são proibidos de ingressar no quadro de oficiais das classes armadas... Por que, então, entre nós, por uma questão de simples compaixão, vamos abrir as portas a uma imigração de tal natureza?[37]

Moreira da Silva asseverava uma posição de rara firmeza antissemita entre os brasileiros que integravam o Ministério das Relações Exteriores na época. Chegou a sugerir uma mudança de lei para que os judeus já residentes no Brasil fossem proibidos de se naturalizar e, consequentemente, impedidos de exercer cargos públicos, administrativos e políticos, pensando em "transplantar" para o Brasil as restrições vigentes na Europa Central. Parecia querer que o Brasil se tornasse *judenrein*. Em uma carta de 10 de setembro de 1938 (escrita, portanto, apenas poucos dias depois de iniciar suas aulas com Paulo Rónai), ele tentou justificar as razões de seu desapreço pelos semitas.

Devo confessar à Vossa Excelência que eu desconhecia, quase completamente, antes de haver habitado países de grandes populações israelitas, o problema judaico, e não via mesmo, com bons olhos, as restrições que se faziam às pessoas dessa origem racial. Mas hoje, depois de ter convivido com semitas quatro anos ininterruptos, em Viena e em Budapeste, posso dar meu testemunho pessoal de quão será nocivo ao Brasil a introdução em suas terras de grandes correntes de indivíduos dessa espécie, os quais em tempo relativamente curto terão passado para os seus bolsos, por processos mais ou menos torpes — pois a moral semita tudo permite —, as economias dos brasileiros, dada principalmente a nossa conhecida amabilidade e boa-fé no trato de estrangeiros.[38]

Paulo certamente não imaginava tamanha verve antissemita de seu aluno. As aulas prosseguiram até dezembro. No dia 14, a família Rónai comemorou os 67 anos do patriarca Miksa, e no dia 22 do mesmo mês Moreira da Silva teve sua penúltima aula e pediu que Paulo traduzisse a rescisão de seu contrato de aluguel. No penúltimo dia do ano, no consulado do Brasil, Rónai deu a derradeira aula ao cônsul brasileiro e traduziu para o húngaro mais um contrato a pedido de seu aluno. No dia seguinte, foi pela última vez ao *Budapesti Kurir* — em janeiro não estaria mais empregado no jornal. À noite, a família se reunia em casa, fazendo planos de se refugiar no Paraguai. Um amigo os desencorajou. Paulo fez a contabilidade do ano, escreveu ao irmão Jorge, já instalado em Ancara, e se preparou para redigir a carta que mudaria seu destino.

1939: O Brasil mais perto

Entre uma falsa tranquilidade (tardes no café Philadelphia, onde discutia gramática inglesa com amigos, e sessões noturnas de cinema americano) e seus compromissos de professor no instituto italiano e nos liceus, Paulo ia obstinadamente tomando providências para partir. Em 7 de janeiro, foi ao posto da Polícia Real da Hungria tentar obter um certificado de bons antecedentes. Dois dias depois, conseguiu o documento. Logo mandaria traduzi-lo para o inglês, e nele se lia: "*The certificate was issued to applicant in connection with his journey to Australia*" [O certificado foi emitido para o solicitante devido a sua viagem à Austrália]. Paulo alinhavava conexões com diversos países que pudessem representar a chance de um destino seguro. Não chegou, porém, a usar o documento para esse fim.

Dias antes, em 3 de janeiro, recebeu do cônsul brasileiro um exemplar do *Correio da Manhã* com um "tópico" sobre ele. Publicada em letra mínima, vizinha a um artigo que discutia a volta do jogo do bicho e ao anúncio de um concurso de Educação Física oferecido pelo Ministério da Educação, mas ocupando bom espaço na página do diário carioca, a nota dizia, sob o título "Fora do tempo e meio"[39]:

Fóra de tempo e meio

Ha um homem em Budapest, critico de arte e humanista educador, que está preoccupado em traduzir e divulgar os melhores poemas brasileiros. E' o dr. Paul Ronai, professor do Lyceu em Alkotmány. Elle escreveu ao *Correio da Manhã* uma carta, elegante e correcta, pedindo indicações e julgamentos a respeito de algumas das principaes obras de poetas nacionaes. "Sendo a lingua hungara, accentua esse mestre, que tambem é um philologo, muito adaptavel á traducção poetica, nós temos aqui uma grande quantidade de poesias vertidas dos varios idiomas, mas até agora nunca se fez, em nosso vernaculo, nenhuma versão do parnaso do Brasil".

O dr. Ronai, no *Pesti Hirlap*, diario da capital hungara, publicou algumas traducções de versos brasileiros. E no hebdomadario *Uj Idok* tem escripto varios ensaios sobre nossa literatura. Promette continuar suas actividades, pois conhece bem nosso idioma.

Parece phenomeno. Na hora actual da angustiosa crise européa, mettido mesmo no centro da fogueira politico-militar que se armou e besuntou de inflammaveis, vendo perto as tochas accesas dos donos e conductores dos destinos do velho continente, o professor dá a impressão de alguem superiormente fóra do seu meio e de seu tempo.

De qualquer sorte, seu gesto de elevada cortezia commove e encanta.

A matéria publicada no jornal brasileiro reconhecia o "comovente" movimento de Rónai em direção ao Brasil e à língua portuguesa, em meio a uma verdadeira "fogueira político-militar" e resumia a postura do jovem professor como a de alguém que parecia "superiormente fora de seu meio e de seu tempo". Mas era exatamente por estar inserido em seu meio e em seu tempo de forma dramática que Paulo continuava a estudar o português sem descanso, lia livros, relia poesias. O que poderia ser mais uma atividade entre as tantas às quais se dedicava na área de tradução seria, ao fim, o caminho para sua salvação. Mesmo sem ter essa certeza àquela altura, Paulo dedicava-se ao que já se podia chamar de um projeto brasileiro de emigração. A poesia brasileira virava companhia. No liceu, nas primeiras aulas do ano, leu para seus alunos algumas delas em uma hora de tempo livre.

No fim de janeiro, Paulo traduziu mais dois poemas brasileiros: "O pé de açucenas", de Pedro Saturnino, e "A moça da estaçãozinha pobre", de Ribeiro Couto. À noite leu ainda outros e decidiu que faria uma coletânea traduzida para o húngaro. "À noite copiei poesias para 'uma antologia'!",[40] celebrou. Para isso, continuou lendo e traduzindo, com uma calibrada antena, o que lhe chegava por correio e começava a reunir em sua biblioteca. Dentre os poemas selecionados para a antologia em produção, o primeiro foi "A moça da estaçãozinha pobre", aquele que mais agradou a Paulo em todo o volume da antiga antologia de poetas paulistas.[41] Um poema singelo, de delicadeza memorialista, com traço aparentemente interiorano. Nos trilhos de uma estação provinciana brasileira, um trem rompia tempos e cenários passados à velocidade de uma máquina que urge ir adiante. A menina e a Hungria estavam tristes.

Eu amo aquela estaçãozinha sossegada,
Aquela estaçãozinha anônima que existe

Longe, onde faz o trem uma breve parada...
Na casa da estação, que é pequena e caiada,
Mora, a se estiolar, uma menina triste.

À chegada do trem, mal erguendo a cortina,
Ela espia por trás da vidraça que a encobre.
Muita gente do trem para fora se inclina
E olha curiosamente o olho da menina,
Tão anônima quanto a estaçãozinha pobre.

O trem parte... ficou na distância, esquecida,
A estaçãozinha... e a moça triste da janela...
Mas vai comigo uma lembrança dolorida...
Quem sabe se a mulher esperada na vida
Não era aquela da estação, não era aquela,

Aquela que ficou lá para trás, perdida?

Em um dos exemplares do *Correio da Manhã* que recebera no consulado do Brasil, Paulo Rónai notou um dia, "na assinatura de uma carta puramente formal, acusando recebimento dos números anteriores do jornal, o nome de Ribeiro Couto,[42] secretário da Legação do Brasil em Haia".[43] Curioso, escreveu uma carta para a Holanda no intuito de confirmar se o diplomata era o poeta autor de "A moça da estaçãozinha pobre" e de *Noroeste e outros poemas do Brasil*, livro de poesias lançado em 1933 que também havia chegado até ele. "Vi seu nome em uma lista de diplomatas brasileiros e pensei se talvez fosse a mesma pessoa que o poeta Ribeiro Couto e por essa suposição lhe escrevo."[44]

Na carta, Paulo explicou ter descoberto o poema na *Antologia de poetas paulistas* e o considerado *"un petit chef-d'oeuvre"*. Contou que traduzira os versos e pediu, para a antologia que preparava, novas obras do poeta, para se "familiarizar com sua arte e eventualmente traduzir outras poesias suas". Paulo acrescentou não se tratar apenas de um movimento de aproximação literária, mas que precisava, de fato, de ajuda para conseguir outros livros do Brasil, pois, como judeu, sofria limitações de envio de dinheiro ao exterior. "Fazer chegarem livros do Brasil é impossível não apenas devido à distância, mas também por conta das restrições referentes à exportação de divisas que não me permitem enviar dinheiro ao exterior." Datada de 4 de fevereiro de 1939, a carta foi escrita em francês. Paulo se desculpou por não ser capaz de escrever em português, língua, disse ele, que aprendera apenas nos poucos livros que lera até então. A resposta do diplomata não demorou a chegar, acompanhada de alguns novos volumes de sua poesia. Paulo escreveu-lhe agradecido em 14 de fevereiro, dessa vez tecendo longos elogios ao estilo poético do brasileiro. Primeiramente, associou a produção de Ribeiro Couto à de Kosztolányi (morto dois anos antes), devido à afinidade de temas, ao tom e à atmosfera que imprimiam em suas obras. Na opinião de Paulo, ambos eram virtuosos da forma. Uma sintonia imediata uniu Paulo Rónai e Ribeiro Couto, iniciando entre os dois um rico diálogo literário registrado em uma longa relação epistolar.

Diplomata, literato e jornalista, Rui Esteves Ribeiro de Almeida Couto nasceu em 1898 na cidade de Santos, em São Paulo. Ainda adolescente, mudou-se para a capital paulista, onde ingressou na faculdade de direito, trabalhando, ao mesmo tempo, como revisor no *Jornal do Comércio* e redator no *Correio Paulistano*. Graças a um prêmio recebido aos vinte anos no concurso literário da revista *A Cigarra*, transferiu-se para o Rio de Janeiro e ali terminou o curso de direito na Faculdade do Distrito Federal, tendo a oportunidade de se aproximar da obra de nomes da literatura brasileira como Olavo Bilac, Coelho Neto, Alberto de Oliveira. Com Manuel Bandeira, estabeleceu uma amizade de grande intimidade, por serem

Budapest,le 4 février 1939.

M.Ribeiro Couto
Secrétaire à la
Légation du Brésil
La Haye,Hollande

Monsieur,

Ayant vu votre nom sur une liste de diplomates
brésiliens,j'ai pensé que vous étiez peut-être la même
personne que le poète Ribeiro Couto,et c'est dans cette
supposition que je vous écris.Naturellement,si je me
trompais,je vous prie de vouloir considérer cette lettre
comme étant sans objet.

J'ai rencontré votre nom pour la première fois
dans une petite anthologie brésilienne /Arsenio Palacios
e Mario Julio Silva,Antologia de Poetas Paulistas,Edi-
tora Piratininga,Sao Paulo,1933/ où se trouvait une seule
poésie de vous,A moça da estaçaosinha pobre.Cette poésie
m'a paru un petit chef-d'oeuvre.Je l'ai traduite récemment
en vers hongrois et elle va paraître prochainement dans
un grand quotidien de Budapest. Depuis,j'ai pu trouver
un volume de vous "Noroeste" dont j'espère aussi pouvoir
traduire quelques poésies.

Comme je suis en train de préparer une petite
anthologie de la poésie brésilienne en langue hongroise
/peut-être avez vous noté un "topico" paru à ce sujet au
Correio da Manha du 30 novembre dernier?/,je serais heureux de connaître le reste de votre oeuvre également,mais
malheureusement je me trouve dans l'impossibilité complète
de me les procurer ici,en Europe Centrale.Faire venir des
livres du Brésil est impossible non seulement à cause de
la distance,mais aussi parce que les restrictions concer-
nant l'exportation des devises ne me permettent pas d'en-
voyer de l'argent à l'étranger.

Je vous serais donc bien reconnaissant de vouloir
me faire parvenir,si c'est possible,quelques-uns de vos
volumes,pour que je puisse me familiariser avec votre art
et éventuellement traduire d'autres poésies de vous.Je vous
renverrai les volumes,si vous en avez besoin,au bout d'un
certain temps.

Excusez-moi,Monsieur,de ne pas vous écrire en
votre langue,mais j'ai appris le portugais uniquement par
les livres et je ne pourrais l'écrire que trop imparfaite-
ment,et veuillez agréer l'assurance de mes sentiments les
plus respectueux.

Paul Rónai

Primeira carta de Paulo Rónai a Ribeiro Couto, 4 de fevereiro de 1939.

vizinhos na rua do Curvelo, em Santa Teresa — onde morava também Nise da Silveira. Depois de um longo período — entre 1922 e 1928 — vivendo no interior de São Paulo e em Minas Gerais, para, sob orientações médicas, se tratar da tuberculose, Ribeiro Couto se recuperou em terras mineiras e ali trabalhou como delegado de polícia e promotor público. Findo esse período, foi nomeado auxiliar do consulado do Brasil em Marselha, em 1928, tornando-se, pouco tempo depois, vice-cônsul. Em 1931 foi trabalhar no consulado brasileiro em Paris. Já nessa época era um escritor e jornalista prestigiado. Havia publicado livros como a reunião de contos *Baianinha e outras mulheres* (1927), premiado pela Academia Brasileira de Letras, além de títulos de poesia e o romance *Cabocla* (1931), que teve boa repercussão, sendo reeditado diversas vezes. Em 1932, devido à nomeação no Itamaraty, voltou ao Brasil, passando a trabalhar para o Ministério das Relações Exteriores e para o *Jornal do Brasil*, então dirigido pelo jornalista Barbosa Lima Sobrinho. Continuou a publicar muito, e alguns destaques foram os livros de poesia *Província* e *Noroeste e outros poemas do Brasil*, e a novela *Clube das esposas enganadas*. Em 1934, com apenas 36 anos, foi eleito para a cadeira 26 da Academia Brasileira de Letras. Tornava-se, então, o membro mais novo já eleito na instituição. No mesmo ano, foi promovido a segundo-secretário da embaixada e transferido para Haia, na Holanda, onde ficou de 1935 a 1940, anos em que publicou livros como *Chão de França* e *Conversa inocente*. Estava sempre conciliando seu trabalho na diplomacia com o ofício de escritor.[45]

Paulo Rónai reconheceu em Ribeiro Couto, "primeiro amigo brasileiro" que teve,[46] uma autêntica curiosidade literária,[47] e essa afinidade estabelecida pela interseção das letras garantiu uma viva interlocução entre os dois. Já na segunda carta que enviou ao brasileiro, Paulo escreveu sobre as virtudes estilísticas do poeta conterrâneo Mihály Babits, enviou-lhe dois números da *Nouvelle Revue Hongroise* e contou sua intenção de produzir uma antologia de poesias brasileiras. Estava mais interessado em apresentar ao leitor húngaro a beleza de alguns poemas do Brasil que fornecer um panorama dessa produção, impossível de apreender na distância em que estava.

> Em relação à antologia de poesia brasileira sobre a qual conversei com você, esta será mais uma coletânea. Daqui não consigo alcançar uma imagem geral, mesmo imperfeita, da poesia brasileira. Mas acho que, mesmo assim, conseguirei que o leitor húngaro perceba a beleza de algumas poesias.[48]

Ao fim dessa carta, Paulo pediu a Ribeiro Couto o endereço de alguns poetas brasileiros que estava traduzindo: José Corrêa da Silva Júnior (Corrêa Júnior), Aristeo Seixas, Menotti del Picchia, Pedro Saturnino, Carlos Drummond de Andrade. Para Paulo, essa troca de cartas com Ribeiro Couto representava o início de uma aproximação mais profunda com o Brasil, com sua realidade cultural e espiritual, o que o ajudaria no projeto da antologia. Ribeiro Couto, na verdade, foi peça fundamental nessa realização, atuando também como tradutor do tradutor, esclarecendo sentidos, regionalismos, especificidades, tirando o véu que encobria os contornos de um país e de uma cultura ainda distantes para Paulo Rónai.

E foi em uma terceira carta, enviada ao brasileiro em março de 1939, pedindo permissão para lhe repassar algumas dúvidas sobre a tradução do português, que Paulo "oficializou", assim, essa colaboração. Diante dos novos poemas que recebia e lia com genuíno interesse, Paulo ainda se sentia mal equipado para assumir plenamente a tarefa que havia se imposto e comemorava a ajuda de Ribeiro.

Pouco antes, em fevereiro, Paulo ficou sabendo, pelo amigo Imre Bálint, com quem se encontrara por acaso no ônibus, que

Moreira da Silva deixaria a cidade em breve. O consulado de carreira em Budapeste[49] ia ser extinto por ordem de Getúlio Vargas através de um decreto assinado em novembro de 1938, ficando o serviço consular na Hungria a cargo da missão diplomática. As anotações no diário revelam a apreensão de Paulo com a partida do diplomata brasileiro. Rapidamente providenciou uma visita ao consulado e, no dia 21 de fevereiro, ao meio-dia, conheceu Samuel Souza Leão Gracie, então ministro plenipotenciário do Brasil na Áustria, cargo que ocupava desde junho de 1935 e que deixaria em março de 1939. "Ele me fará vir livros do Brasil; me prometeu eventualmente um emprego dentro de alguns meses",[50] relatou Rónai.

Paulo talvez ainda não soubesse, mas seus grandes aliados não seriam nem Samuel Souza Leão Gracie nem Moreira da Silva. A verdadeira ajuda para concretizar seu projeto ultramar viria de Ribeiro Couto e do também diplomata Otávio Fialho. Com Ribeiro Couto, Paulo seguia trocando cartas e decifrando a língua portuguesa.

Algumas poesias brasileiras que traduziu ganharam espaço em publicações húngaras da época. Por essa razão, seu amigo Bálint publicou, no jornal *Pesti Napló*, o artigo intitulado "O Brasil mais perto de nós", sobre traduções recentes de Rónai, inclusive poemas de Ribeiro Couto. Em nova carta[51] ao diplomata, Rónai comentou sobre o artigo de Bálint e o enviou, traduzido para o francês. Outra boa notícia que contou a Ribeiro Couto foi que havia feito a tradução de mais um poema do diplomata, dessa vez extraído de *Jardim das confidências*, obra de 1921: "Elegia para uma rapariga doente". E que o poema já havia sido, inclusive, aceito por uma grande publicação semanal de Budapeste. Na carta Paulo se disse plenamente dedicado à poesia do amigo brasileiro e ter planos de traduzir todos os poemas de *Noroeste e outros poemas do Brasil* e outros do livro *Província*, mesmo ainda duvidando de sua plena capacidade para o feito.

Com toda essa reverência, Paulo, ao mesmo tempo, cumpria sua missão de tradutor e avançava em direção ao Brasil, simbólica e objetivamente. Mesmo buscando deixar a Hungria, não afrouxava suas obrigações de professor, reafirmando sua dedicação às aulas e aos alunos. Continuava se ocupando com o mesmo empenho da preparação das matérias, da correção de exames e de toda a rotina do magistério. No dia 16 de março, completou cem aulas no liceu de moças, e, com justiça, se orgulhou dessa conquista. Por lecionar em colégios judaicos, Paulo entendia a extensão de seu papel naqueles dias: "Tenho tentado dar coragem às crianças".[52] O cenário não era dos mais promissores. Em seu diário: "15 de março: Alemães tomam Praga. Tchecos são rendidos", "26 de março: Gastos para papéis de emigração, em vão".

Temas corriqueiros, sentimentos, aflições, notícias de guerra misturavam-se em seus registros, que evidenciam a aproximação cada vez maior com o português: recebeu carta do escritor Dominique Braga contando que seu artigo sobre *Dom Casmurro* fora publicado na revista da Academia Brasileira de Letras;[53] leu *O mandarim*, de Eça de Queirós; encontrou-se com o ministro da embaixada de Portugal e lhe mostrou seu artigo sobre Camões e estudos húngaros sobre *Os Lusíadas*; traduziu uma poesia de Osório Dutra e também Ronald de Carvalho.

Os poetas brasileiros que traduzira até então iam se somando às novas descobertas que surgiam a partir dos estudos que Paulo fazia para sua antologia. Em maior número constavam poemas de Ribeiro Couto, que enviava a Rónai, continuamente, exemplares de suas obras. Em abril Paulo contou ao poeta a decisão de publicar também um livro todo dedicado à poesia dele.[54] Já traduzira poemas de *O jardim das confidências*, um ou dois "Poemetos de ternura", duas ou três páginas de *Noroeste*, poemas de *Província* (1934) e quatro ou cinco peças de *Um homem na multidão* (1926). Estava organizando tudo em ordem cronológica para então verter o material em um "belo livro".

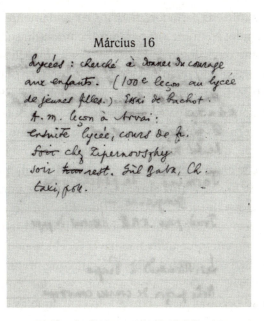

Trecho do diário em que se lê: "*cherché à donner du courage aux enfants*".

Sabe-se, pelas cartas de Rónai, que Ribeiro Couto indicava, nos livros que enviava, as poesias que supunha mais traduzíveis. Por meio dessa correspondência também fica clara a valiosa ajuda que o brasileiro representava para a pesquisa de Paulo sobre a literatura e a língua do país. Nessa mesma carta de 22 de abril, Paulo agradeceu as notas que Ribeiro Couto lhe mandara sobre suas dúvidas na tradução de alguns poemas, assim como o envio de uma antologia de Dante Milano, que se converteu em importante material para a conferência que Rónai daria sobre o Brasil, em junho daquele ano, na Sociedade Vajda János. E sobretudo reconheceu que a contribuição que Ribeiro Couto lhe oferecia o ajudava a ter uma visão ao mesmo tempo rica e particular da poesia brasileira. "Seu resumo da poesia brasileira me deu, por assim dizer, o roteiro da conferência que irei fazer: mil vezes obrigado."[55]

Os assuntos da carta foram vários e devidamente enumerados por Paulo. No item XII, o tradutor comentou com Ribeiro Couto sobre o resultado da sugestão que o amigo lhe dera para que procurasse o Serviço de Cooperação Intelectual no Rio de Janeiro. Informou que, com base na nota publicada no *Correio da Manhã*, o Serviço havia solicitado à Legação brasileira um pequeno relatório sobre Paulo, o que havia sido feito por Souza Leão Gracie, que, aproveitando o contato, pediu ao Serviço de Cooperação alguns livros para o húngaro. Porém, mais que livros, Paulo buscava uma aproximação que lhe garantisse um convite para o Brasil. E, nesse sentido, Ribeiro Couto já parecia compreender a verdadeira necessidade do amigo.

Paulo, no entanto, ainda não havia recebido nenhum sinal verde do Brasil. Contou a Ribeiro Couto que pretendia voltar à Legação para conhecer o novo ministro e que, com isso, esperava não precisar mais aborrecê-lo com aqueles temas "oficiais", uma vez que já o incomodava com tantas demandas de ordem literária e linguística. O novo ministro era Otávio Fialho, que assumira a Legação no mês anterior, março. Paulo conheceria o ministro pouco tempo depois, em 26 de maio, conforme anotou em seu diário.

O diálogo com Ribeiro Couto se estendeu por cartas seguidas, sempre tratando de poesia, tradução, publicações. Em 27 de junho, Paulo enviou-lhe extratos de artigos publicados nos jornais locais sobre sua conferência "O outro Brasil" e contou ao diplomata que recebera do Serviço de Cooperação Intelectual cerca de trinta livros, entre eles uma história da literatura de Ronald de Carvalho, volumes de Castro Alves, Alberto de Oliveira, Olavo Bilac, Paulo Setúbal, Olegário Mariano, Augusto Frederico Schmidt, Manuel Bandeira, Cassiano Ricardo. Muitas poesias de sua antologia em curso sairiam desses volumes recém-chegados do Brasil. Ribeiro Couto continuava a ser sua janela para esses cenários brasileiros, e através dele e desse substancioso vaivém epistolar[56] Paulo ampliava seu acesso ao significado de diversas palavras com as quais topava no processo de tradução e organização da antologia de poesia brasileira: "morros" (os morros cariocas, favelas), "Nordeste" (a região nordestina brasileira e todas as suas particularidades), "paulista". Paulo registrou:

> Muitas vezes ele respondia às minhas perguntas, várias delas esquisitas. Por exemplo, eu perguntava a ele o que era "morro". Ele me desenhou um morro para explicar. Mas isso eu tinha encontrado no dicionário. O que o dicionário não explicava é que morro era favela, porque em Budapeste as colinas são as partes mais nobres da cidade, mais elegantes.[57]

Contando com essa ajuda por vezes ilustrada, Paulo prosseguia traduzindo as obras dos poetas brasileiros que lhe falavam de um país ao mesmo tempo próximo e misterioso. "Foi sobretudo graças a essa correspondência, toda em francês, que pude formar uma imagem aproximativa do movimento poético brasileiro."[58]

Paulo anotava em seu diário os livros que recebia, as traduções que fazia, assim como o nome do poeta e do poema em português. Em sua constelação particular do que seria a primeira antologia de poesias brasileiras em húngaro, gravitavam poetas "clássicos" como Olavo Bilac ("Os amores da aranha"), Cruz e Sousa ("Cárcere das almas"), Vicente de Carvalho ("Cartas a V. S."), Alberto de Oliveira ("Aspiração"), ao lado de nomes como Mário de Andrade ("Acalanto do seringueiro"), Manuel Bandeira ("Marinheiro triste"), Carlos Drummond de Andrade ("No meio do caminho"), Cecília Meireles ("O caminhante que há de vir"), Cassiano Ricardo ("Sinal do céu"), Adalgisa Nery ("Poema do recém-nascido"), Jorge de Lima ("Essa nega fulô", "O filho pródigo" e "Mira-Celi"), Menotti del Picchia ("Soneto"). Os poetas modernos (surpreendente que já tivessem chegado tão longe) estavam ao lado de poetas um tanto menos festejados, alinhados no tempo (quase todos contemporâneos), mas desgarrados no estilo e temática, como Lobivar Matos ("A morte de Taguimegera"), Tasso de Oliveira ("O pote d'agua"), Aristeo Seixas ("A língua portuguesa"), Augusto de Almeida Filho ("Poema da minha companheira de trem"), Paulo Setúbal ("Escândalo"), Manuel Carlos ("Cariátide"), Pedro Saturnino ("O pé de açucenas"), Corrêa Dutra ("As quatro amigas do poeta triste"), Francisco Karam ("Libertino penitente"). Os poemas de Ribeiro Couto figuravam em maior número: "Diálogo da felicidade", "Rio de Janeiro", "A moça da estaçãozinha pobre", "Província/História local", "Aspiração à estrada de ferro" e "Moço do Rio". Pelas mãos de Paulo Rónai, 33 poemas de 23 poetas brasileiros, em um coro poético, transmitiram, em meio às convulsões europeias, a *Mensagem do Brasil: Os poetas brasileiros da atualidade.* Ou *Brazilia üzen: Mai Brazil költök.*

Apesar da discrepância geográfica e de ambiente, pois do outro lado do Atlântico ainda não se sentiam os efeitos da Segunda Guerra Mundial, a coletânea de poesia afirmava uma conexão sensível entre Brasil e Hungria. Paulo dividiu a edição em quatro ciclos, "Torre de marfim", "De uma alma à outra", "Descobrimento do Brasil" e "Mira-Celi". No primeiro, o organizador parece conformar uma trajetória cruzada entre a língua portuguesa e ele mesmo. Não é casualidade, assim, ter reunido em "Torre de marfim" alguns dos primeiros poemas que traduziu, como os de Manuel Carlos, Corrêa Júnior e Pedro Saturnino, todos de contornos parnasianos. A torre de marfim seria sua própria fuga para a poesia, onde se refugiou dos assuntos mundanos, naquele momento excessivamente duros.

Na segunda parte, "De uma alma à outra", Paulo agrupou uma produção de temática mais metafísica, com Cecília Meireles, Manuel Bandeira, Adalgisa Nery, Francisco Karam,

Augusto de Almeida Filho, Cruz e Sousa e o "Diálogo da felicidade", do amigo Ribeiro Couto, entre outros. Já em "Descoberta do Brasil", desfilam o caráter mais particular da terra, com seringueiros, negras sestrosas, o litoral quente, a flora densa, o espírito caboclo. Estão lá Mário de Andrade, Jorge de Lima, Ribeiro Couto, Cassiano Ricardo, Paulo Setúbal, Vicente de Carvalho, Lobivar Matos, Menotti del Picchia, com um poema que integra seu *Juca Mulato*.

O poema "Mira-Celi", de Jorge de Lima, batiza a última parte da antologia, com seu humanismo universal e algum misticismo, sendo ele próprio um elo contundente que alçava a expressão poética brasileira a uma potência universal. Os versos de Jorge de Lima atravessavam o espaço, evidenciando uma perturbadora comunhão de significados com o momento europeu:

Se vosso dorso se curvou a um tirano qualquer, ficarais cego de
[*nascença.*
Porque Mira-Celi nunca se mostrará
Enquanto ela avistar manchas em nossa terra.
Quando ouvirdes então um rumor desusado, vindo do fim do mundo,
Sabereis que os falsos deuses começam a tremer.[59]

Enquanto Paulo trabalhava na finalização da antologia e mirava o Brasil, recusas constantes às ofertas de trabalho chegavam de diversas partes do mundo: Colômbia, Costa Rica, Austrália, Nicarágua. Paulo ainda tentou obter vistos para Iugoslávia e Bulgária e cogitou juntar-se ao seu irmão Jorge, na Turquia, mas não conseguiu nem mesmo tirar o passaporte, repetidamente negado pelas autoridades húngaras. Em junho, não registrou nada em seu diário. Em julho, deixou anotações esparsas sobre o ritmo dos dias, a NRH, os liceus, mencionou uma tradução de Alberto de Oliveira no dia 7, o casamento da sua irmã Clara no dia 9. No dia 11, para justificar a ausência de anotações por vários dias, fez um "resumo do verão": destacou ter finalizado a antologia, registrou notas que saíram em jornais brasileiros sobre sua conferência, comentou ter feito um contato pessoal com Tasso da Silveira e Jorge de Lima e anotou as diversas visitas que fez ao novo ministro brasileiro das Relações Exteriores, Otávio Fialho. E encerrou dizendo: "Todo o mês, acompanhando as tensões internacionais".[60]

Em agosto, Otávio Fialho, diplomata de carreira que exercera funções importantes, como chefe dos serviços políticos e diplomáticos do Ministério das Relações Exteriores e como secretário-geral do Itamaraty, finalizou o prefácio da obra de Paulo Rónai, assinando "Ministro do Brasil na Hungria", posto que assumira em março daquele ano. Depois de conhecê-lo no fim de maio, Paulo tinha voltado a se encontrar algumas vezes com o ministro na Legação do Brasil, para conversar. Por vezes, *longue causerie*, como descreveu.

Na apresentação que fez de Paulo Rónai para a antologia, Fialho foi generoso nos elogios. Curiosamente, o chama de "poeta excelente", destaca sua vasta cultura universal e seu profundo conhecimento das letras, festeja, em suma, a edição que, segundo ele, é um verdadeiro acontecimento na Hungria e no Brasil. Destaca um trecho de Rónai apresentado pouco antes na conferência em Budapeste:

O Brasil deixou de ser uma sucursal da civilização europeia e possui, em literatura, uma vegetação luxuriante e vasta, de admirável originalidade. E não seria impossível que ao cabo de umas dezenas de anos os poetas da Europa venham procurar nas obras dos confrades brasileiros inspiração e novas experiências.[61]

O diplomata acentua o bom momento da produção poética em seu país, sem deixar de ressaltar, em seguida, o conturbado momento em que a obra chegava à Europa.

A arte poética é hoje, no Brasil, manifestação de uma inteligência nova, inventiva, original. Um esforço próprio e uma disciplina própria conforma a poesia brasileira ao sentido mais universalmente humano da nossa época. Uma nova técnica veio corresponder rigorosamente a essa orientação. [...] O livro aparece palpitante, como o velame das caravelas ibéricas, no ardor febril das descobertas. E parece que Paul [sic] Rónai descobriu, na expressão poética do Brasil de hoje, novidades que se não encontram agora correntemente nessa Europa em guerra de nervos.[62]

Paulo Rónai apresentou a edição com um texto de densidade histórica, não se restringindo às explicações sobre os critérios adotados em sua organização. De maneira lúcida, explica ao leitor húngaro a descoberta das terras brasileiras nos anos 1500 e o curto tempo em que passou de ambiente selvagem a metrópole, das assimilações forçadas e necessárias de uma cultura estrangeira, da convivência singular entre sistema patriarcal e vida moderna, entre natureza e técnica. Aprofunda as explicações, pois acredita que só assim poderá oferecer um retrato bem-acabado da literatura brasileira.

Para a sua compreensão, é necessário mencionar algumas das características mais peculiares da cultura brasileira. Esta, diferentemente da europeia, não foi forjada organicamente no local. O Brasil, cuja civilização autóctone extinguiu-se praticamente sem deixar vestígio, recebeu sem antecedentes e sem transição, outra civilização, já pronta, que não tinha sido talhada à sua medida, para, em seguida, assimilar às pressas, em quatro séculos, o resultado de dois milênios. [...] Os conquistadores portugueses, franceses e holandeses encurralaram milhões de índios, habitantes nativos, na direção do interior do país, e depois, durante trezentos anos, fizeram vir da África milhares de escravos negros. No entanto, aqui não houve uma segregação racial, de maneira que a população do Brasil é, em sua maioria, uma mistura dessas três raças branca, índia e negra, e a civilização brasileira é, utilizando o termo de Afrânio Coutinho, uma civilização mestiça. E, se considerarmos ainda que o próprio elemento branco pertence a um grande número de diferentes raças, poderemos compreender Rudiger Bilden[63] que chama o Brasil de um enorme "laboratório da civilização".[64]

Dessa mistura cultural, Rónai afirma, emergiu uma literatura de força pungente, que ele explica com imagens algo exóticas. "No enorme alambique, as cem espécies de sangue diferentes continuam se misturando e é lá que a nova riqueza, que o brilho luminoso, o páthos profundamente humano da poesia brasileira tiram suas seivas vitais."[65]

De fato, impressiona como Paulo Rónai teve acesso, ainda na Hungria, a um repertório não somente variado como também aprofundado do Brasil. Seu interesse partiu da formação do país para em seguida revelar como o processo de construção e miscigenação moldou a língua e, consequentemente, seu modo de falar e escrever. Sobre estes últimos aspectos, ele explica:

Para a literatura brasileira, a língua portuguesa proporciona uma cor local, um caráter nacional mais íntegro e determinado. Esse dialeto derivado da Hispânia, que foi gradualmente se separando do espanhol, e que na verdade vive uma vida independente desde que Camões a transformou em uma língua literária sofisticada, paralelamente à sua nova sonoridade, mais suave, trouxe consigo, para a sua nova pátria além-mar, preservados alguns elementos intocados do latim e, juntamente com o espanhol, um respeitável cabedal de vocabulário árabe, além de uma influência perceptível do francês. [...] a influência dos dialetos dos escravos suavizou sua sintaxe, suas expressões lhe conferiram maior plasticidade e menos lógica.[66]

Paulo ainda apresenta nomes fundamentais dessa história, mesmo aqueles não incluídos na obra, como Gonçalves Dias, Castro Alves, Casimiro de Abreu, Álvares de Azevedo. Dos poetas que selecionou para a antologia, situa cada um com precisão: explica o parnasianismo de Alberto Oliveira, Olavo Bilac e Vicente de Carvalho, e a segunda geração parnasiana de Corrêa Júnior, Manuel Carlos e Pedro Saturnino. Destaca o simbolismo do mestre Cruz e Sousa; marca com notável conhecimento o momento da virada nos anos 1920, o que chama de revolução da nova poesia brasileira, que inaugura o verso livre e absorve as influências modernas europeias com dicções próprias. Fala do forte senso social de Mário de Andrade; do épico folclórico de Jorge de Lima com sua negra fulô; da tendência dos ciclos líricos de páthos tropical de Menotti del Picchia (*Juca Mulato*) e Cassiano Ricardo (*Martim Cererê*); do pessimismo de beleza lírica e profunda de Bandeira, o "São João Batista do Modernismo"; da tristeza transcendental de Augusto Frederico Schmidt; da sinceridade nua de Adalgisa Nery; do monólogo sentimental de Cecília Meireles. Paulo Rónai tem um olhar espirituoso, próximo, amoroso para a poesia brasileira de fins de 1930, e foi certeiro ao reconhecer a genialidade de um poeta como Carlos Drummond de Andrade muito antes das unanimidades. Paulo já revelava ali uma antena apuradíssima para a poesia brasileira.

No desfecho da apresentação de *Mensagem do Brasil*, que se estende por doze páginas, Paulo Rónai admite a limitação de acesso que teve a um arco maior da poesia brasileira, apesar da espantosa capacidade que demonstrou para apresentar uma coletânea bastante representativa da produção brasileira, destacando nomes que se tornariam autores clássicos do país, como Drummond e Cecília Meireles. Agradece com veemência a Moreira da Silva, Samuel Souza Leão Gracie, Otávio Fialho e a João C. de Moraes, primeiro-secretário da Legação em Budapeste. "Graças à ajuda deles, eis a primeira tentativa de revelar aos leitores húngaros uma literatura tão distante no espaço, mas tão próxima em muitos pontos do domínio do espírito."

Pode parecer estranho que o nome de Ribeiro Couto não constasse entre as pessoas às quais Paulo agradeceu na apresentação do livro, já que havia sido um apoio fundamental para a realização da obra, além de ser o autor com o maior número de poemas publicados na antologia. No entanto, exatamente por essa razão, Paulo preferiu agradecer ao amigo brasileiro por meio de uma carta escrita um dia antes de o livro seguir para a gráfica. Em 17 de agosto de 1939,[67] escreveu: "Reitero meus agradecimentos calorosos pela ajuda extraordinária que me ofereceu, sem a qual esse livro não poderia jamais ter sido feito".[68]

Os primeiros exemplares de *Mensagem do Brasil: Os poetas brasileiros da atualidade* chegaram ao apartamento dos Rónai na tarde de 2 de setembro, horas depois de a Alemanha declarar guerra à Polônia. No fim do dia, Clara entrou em casa trazendo as últimas notícias: o discurso de Chamberlain, primeiro-ministro britânico.

Falo a vocês da Sala do Gabinete, no número 10 da Downing Street. Esta manhã, o embaixador britânico em Berlim entregou ao governo alemão um ultimato determinando que, a menos que nos informassem até as onze horas que estavam preparados para retirar suas tropas da Polônia imediatamente, um estado de guerra existiria entre nós. Digo-lhes agora que nenhum compromisso foi recebido e que, consequentemente, este país está em guerra contra a Alemanha.

No dia seguinte, um domingo, Paulo acordou às oito horas com dor de cabeça, foi ao hospital judaico, fez um passeio e voltou para casa a fim de revisar suas traduções e fazer as tarefas do liceu. Conversou com a família sobre a declaração de guerra da Inglaterra e terminou o dia traduzindo para o francês a introdução de sua antologia da poesia brasileira.

No diário, registrou assim o desenrolar das tensões internacionais:

4 setembro: o navio *Athenia* é torpedeado[69]
5 setembro: neutralidade japonesa
7 de setembro: Cracóvia ocupada
8 de setembro: Queda de Varsóvia

Em meio à guerra, *Mensagem do Brasil* foi lançado na Hungria. Em outro trecho da apresentação que escreveu para a antologia, ele destacou seu propósito com o livro: "O que eu gostaria de mostrar aqui é a cultura de uma nação jovem, cheia de energia, em pleno desenvolvimento, um povo mergulhado em uma vida cultural cada vez mais profunda, cuja poesia eu gostaria de apresentar para o público húngaro".[70] Anos mais tarde, refletindo sobre esse momento, diria: "Pela primeira vez na Europa Central liam-se versos brasileiros e se podia entrever a existência do Brasil, até então só conhecido como produtor de café, de uma civilização digna de estudo e mesmo de admiração".[71]

Mesmo com o conflito em curso, houve tempo para análises (positivas) sobre a antologia brasileira. Um artigo do crítico húngaro György Bálint saudou a edição e, em particular, a veia engajada e humanista de Jorge de Lima. O poeta Zoltán Nagy, também húngaro, exaltou "o sinal dourado no alto da torre" que os versos do poeta brasileiro carregavam, "apontando o caminho para o céu". Os tanques alemães cruzavam territórios, o cerco aos judeus se fechava gradualmente, em um cenário de escuridão — algum tempo depois, Nagy e Bálint seriam assassinados pelos nazistas. Paulo guardou os recortes de jornal com as críticas de seu último trabalho em terras húngaras entre os poucos documentos daquela época que preservou ao longo de seu exílio. Ele os manteve na mesma pasta onde estavam o diploma do ginásio, os comprovantes de filiação a entidades linguísticas italianas e francesas e os atestados médicos e de boa conduta que o ajudaram a escapar da fúria nazista.

Em solo húngaro, tudo eram dúvidas. Em setembro, Paulo ainda não sabia qual o destino da revista *Nouvelle Revue de Hongrie* ("Vão reduzir a *NRH* à metade?").[72] Em 14 de setembro, registrou a chegada da carta de Menotti del Picchia, um dos poetas incluídos em sua seleção brasileira, dizendo que falaria sobre ele com Getúlio Vargas. Na época, Menotti desfrutava de alguma proximidade com o presidente por ser diretor da seção paulista do Departamento de Imprensa e Propaganda, o DIP, órgão recém-criado pelo Estado Novo com o objetivo de promover o regime. Outras cartas chegavam do Brasil, como a do Instituto Nacional do Livro, prometendo-lhe enviar novas edições de obras brasileiras.

As notícias do front se mesclavam às apreensões do jovem tradutor:

17 de setembro: entrada das tropas russas na Polônia
24 de setembro: ansiedade
27 de setembro: ansiedade
29 de setembro: Catarina parte para a Turquia
1º de outubro: cartas do Brasil
2 de outubro: papai me conta que recebi uma convocação

Nesse mesmo 2 de outubro, Rónai autografou alguns livros que enviaria ao Brasil, recebeu exemplares do Ministério da Educação brasileiro, um artigo sobre ele publicado no jornal *A Tarde* e o artigo de Bálint sobre sua antologia, também intitulado *Brazília üzen*. Escreveu ainda uma pequena carta a Ribeiro Couto, acompanhando o exemplar de *Mensagem do Brasil* que enviava ao amigo e no qual sublinhou, uma vez mais, sua gratidão: "meus agradecimentos vão para você, sem cuja ajuda esse trabalho não poderia ter jamais sido feito. Obrigado de todo coração pela sua ajuda, pela sua amizade".[73] Contou da convocação militar que recebera, e seu tom era o de um tempo de contradições.

> Essa noite mesmo começo um período de serviço militar. Quando tempo durará, eu não sei: estamos na mão dos deuses. Eu estou feliz, em todo caso, que meu livro pôde ser lançado a tempo e testemunhe, nesses tempos de guerra, minha adesão à cooperação e aproximação dos povos.[74]

Às sete da manhã estava de pé e foi se apresentar ao serviço militar, ansioso. Já nesse primeiro dia obteve uma licença, voltou para casa e escreveu cartas para o Brasil, endereçadas a Getúlio Vargas, Gustavo Capanema e Oswaldo Aranha. À tarde, foi à Legação brasileira tomar chá com Otávio Fialho e amigos húngaros, conforme anotou: Bálint, Radnóti, Gáldi. No dia seguinte, começou sua luta para a dispensa do serviço militar. Pediu carta aos liceus e instituições onde trabalhava, mostrando ser necessário em outro tipo de front. "Não vou fazer guarda aos presos polacos em Inárcs-Kakucs", escreveu em seu caderno, referindo-se à estação de trem onde soldados polacos desembarcavam, presos pelas forças alemãs. A Hungria se mantinha aliada ao Reich.

No dia 9, em carta a Ribeiro Couto, celebrou o que definiu como verdadeiro milagre: a dispensa temporária do serviço militar, graças ao pedido do liceu onde trabalhava. Paulo agradeceu duas cartas recebidas e o encorajamento do amigo em um momento em que "uma pesada atmosfera" tomava a Europa.

Sim, mesmo no meio da tempestade, eu vejo como único refúgio possível o domínio da arte e do pensamento e por isso eu busco trabalhar como se nada acontecesse. É impossível crer que a barbárie se imponha sobre nossos poemas, sobre nossos livros, sobre nossa pacífica casa, sobre nossos sonhos de fraternidade.

Ao agradecer o artigo que Ribeiro Couto publicara sobre ele em jornais brasileiros, fez uma ressalva: "Eu não sou nem poeta, nem crítico, sou tradutor".

Tentando se manter confiante, Paulo trabalhava e continuava a receber mensagens do Brasil, livros, cartas, as letras singrando dias escuros. Novembro passou silencioso em seu diário, enquanto, no Brasil, o presidente da República, que recebera a antologia enviada da Hungria por Otávio Fialho (provavelmente por intermédio do ministro Oswaldo Aranha), lhe escreveu uma carta que Paulo receberia apenas dois meses depois.

Rio de Janeiro, 20 de novembro de 1939
Ao sr. Prof. Paul Rónai.

Tenho a satisfação de acusar o recebimento do vosso livro BRAZILIA ÜZEN, contendo poesias brasileiras traduzidas para o idioma húngaro que, com uma amável carta, tiveste a gentileza de me enviar, por intermédio do Senhor Ministro Otávio Fialho.

A iniciativa de traduzir para o vosso idioma pátrio as melhores produções dos poetas brasileiros, além de constituir um serviço digno de todo louvor, espontaneamente prestado às relações culturais entre os nossos países, revela especial simpatia pelo Brasil, fato que registramos com especial agrado, ainda mais quando o seu autor é uma figura de alto relevo na literatura contemporânea na Hungria.

Atenciosas saudações,
Getúlio Vargas

A carta, assinada de próprio punho,[75] acenava uma relação de mútuo interesse entre Paulo Rónai e o Brasil que, mais que um eco poético, começava a ganhar a forma mais sólida de uma terra prometida.

Nos últimos dias de novembro, Paulo sofreu mais do que nunca com as intermitentes dores de cabeça que haviam marcado muitos de seus dias em 1939. Segundo ele, essa havia sido a razão principal de não haver escrito com regularidade nos três últimos meses do ano. O mal-estar foi mencionado em carta de 22 de dezembro a Ribeiro Couto, em que comentou que não sabia ao certo se o que lhe acometia era uma sinusite ou a "nevralgia" da Europa. "Faço meu trabalho na escola, uma vez que não requer iniciativa ou resolução; para além disso, eu estou cansado demais para realizar qualquer coisa."

A tradução continuava ajudando-o a manter o equilíbrio. Paulo trabalhava na organização de poemas de Ribeiro Couto que pretendia publicar em um pequeno livro húngaro no ano seguinte: *Santosi versek* (*Poemas de santos*). Na mesma carta de dezembro, detalhou a estrutura do volume e depois fez um comentário sobre o lançamento de *Mensagem do Brasil*. "Foi em um mau momento", disse. "Um dia antes da redução da circulação de jornais e do fim de uma grande parte das revistas literárias por conta da falta de papel!"[76]

Nessa última carta de 1939, Paulo despediu-se do amigo celebrando, a despeito dos horrores que já se encenavam, os ganhos, e não as perdas, que tivera. "O ano que passou foi de grandes desafios. Mesmo assim, para mim ele trouxe muitas alegrias, entre elas, a sua amizade." Sem dúvida, 1939 selou seu frutífero encontro com Ribeiro Couto e também com o Brasil.

Para resumir o ano em seu diário, Paulo listou os principais eventos que não havia podido registrar até ali: enviou cinquenta exemplares de sua antologia para o Brasil; recebeu as primeiras respostas, como a de Oswaldo Aranha; no fim de dezembro foi recebido em audiência por Otávio Fialho, para um pedido de emprego; sentiu dores de cabeça incessantes; submeteu-se a um novo tratamento de irradiação; rompeu seu namoro por carta; continuou fazendo traduções para a *NRH*; não se encontrou com quase ninguém. Seu estado de ânimo estava parado.

Na penúltima página, com a tinta se esgarçando em uma letra apressada, ou angustiada, perguntou: "De que 1940 será feito?".

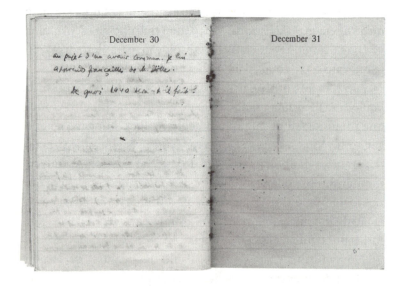

3.
Fazendo mel sobre o abismo[1]

Sou húngaro. A minha índole é grave,
Como os primeiros sons de nossos violinos.
O sorriso às vezes me aponta nos lábios,
Mas é raro ouvir-se o meu riso.
Quando o prazer melhor me cora as faces,
De tão disposto desato a chorar,
Mas no tempo da mágoa meu rosto é alegre,
Pois não quero que tenhas pena de mim.

Petöfi

Estou fazendo a guerra.

Georges Clemenceau

A guerra varria a Europa. No começo de 1940, diversos países estavam em conflito declarado contra a Alemanha. As tropas de Hitler dominavam a Polônia e tinham enviado para lá muitos judeus da Áustria e da Tchecoslováquia, países também ocupados pelo Reich.[2] Grande parte do território europeu sofria bombardeios, era atingida pela destruição, pelas perseguições e mortes. O conflito, porém, ainda estava longe de exibir suas feições mais graves.

Paulo Rónai enfrentava também outra guerra, de contorno particular. Lutava para deixar sua Hungria natal, cada vez mais hostil com a comunidade judaica. Paulo tinha, ainda, inimigos como o inverno e a saúde, fragilizada pelas intermitentes dores de cabeça que vinha sofrendo e que o levaram a começar o ano no hospital judaico, na tentativa de mais um tratamento à base de irradiações.

No segundo dia de 1940, Paulo se encontrou com Moreira da Silva, que lhe prometeu ajuda, dessa vez, como anotou no diário, através de uma bolsa para poder ir ao Brasil; logo depois, falou com o diretor do liceu onde trabalhava sobre a ideia de partir. Somente naqueles dias Paulo começou a sentir a repercussão do lançamento de sua antologia brasileira e como os laços com o Brasil se estreitavam. No mesmo dia 2 de janeiro, recebera livros do jornalista e historiador Hélio Viana — contato estabelecido por intermédio de Ribeiro Couto —, também de Carlos Drummond de Andrade (que registra apenas como Carlos Drummond) e um artigo de Tasso da Silveira. As cartas que chegavam dos poetas traduzidos em sua coletânea se sucediam. Em 5 de janeiro, recebeu, juntas, as de Jorge de Lima e de Cecília Meireles.

A essa altura, o plano de emigrar para o Brasil estava plenamente assumido e declarado, e sobre ele escreveu aos irmãos Jorge e Catarina, ambos já seguros na Turquia. A essa costura Paulo se dedicava naqueles dias em que Budapeste congelava sob –16ºC, mantendo os ouvidos atentos às notícias que chegavam de um parceiro cotidiano, seu rádio TSF (tecnicamente chamado *Télégraphie Sans Fil*), que lhe informava sobre os movimentos da guerra. Determinado e persistente em seu front particular, Paulo continuava trocando cartas com Menotti del Picchia e Moreira da Silva e recebia correspondências oficiais da Academia do Paraná, da Secretaria do interior de Minas Gerais, provavelmente para onde enviara exemplares de seu livro.

O dia 26 de janeiro, como costumava fazer em datas que queria destacar em seu diário, foi sublinhado com um delicado risco de caneta: recebeu, pelos correios, a carta que o presidente do Brasil, Getúlio Vargas, lhe escrevera em novembro, elogiando a iniciativa do tradutor húngaro de produzir e publicar a antologia *Mensagem do Brasil*. Nesse mesmo dia, recebeu ainda uma carta de Otávio Fialho. Paulo apostava todas as suas esperanças no Brasil, e as duas correspondências de tão alto escalão eram motivo para celebrar. Ele já havia desistido de ampliar contatos em instituições, escolas e com profissionais de outros países, pois, aparentemente, todas as suas tentativas desse tipo já haviam se esgotado. O Brasil, contudo, permanecia em foco. Assim, sua atividade como tradutor estava centrada de forma objetiva em verter para o húngaro novos poemas brasileiros, sobretudo os de poetas mais próximos dele, como Jorge de Lima, com quem travava contato por cartas, além do amigo Ribeiro Couto.

No primeiro dia de fevereiro, Rónai registrou a tradução de "Ave",[3] poema de Jorge de Lima. Além disso, mantinha-se firme em seu desejo de editar em húngaro um livro todo dedicado à poesia de Ribeiro Couto. Este, o assunto principal da carta que escreveu ao diplomata e poeta brasileiro no final de janeiro. Depois de agradecer o envio de novas informações biográficas, explicou de forma detalhada os critérios de sua seleção. Ribeiro Couto se disse grato pela dedicação do amigo em divulgar sua obra na Hungria e chegou a sugerir a Rónai que fosse à Holanda, onde servia como diplomata em Haia, proferir uma conferência sobre o Brasil. Diante das circunstâncias do momento, Paulo respondeu que não conseguiria sair de Budapeste. "Quem sabe depois da guerra? Quando será?"[4]

Impossível saber. Então, pela primeira vez, Paulo Rónai comentou com o amigo que estava cogitando ir ao Brasil. Falou que a ideia era conseguir uma bolsa de estudos com o governo brasileiro, nos moldes das que recebera duas vezes da França, dessa vez para o período de um ano. A sugestão havia partido de Otávio Fialho depois de ouvir a conferência que Paulo proferira sobre o Brasil em Budapeste em junho do ano anterior. A ideia, porém, ficara um pouco vaga, mas agora o momento parecia ideal para retomá-la, até porque um amigo de Paulo havia assumido a direção do liceu onde ele trabalhava e poderia conseguir uma licença sem dificuldades para ele. Paulo comunicou a Fialho que poderia partir imediatamente. E de Moreira da Silva tinha a promessa de acerto dos trâmites com o ministro Oswaldo Aranha. Paulo tinha esperança de que a dupla de diplomatas pudesse ajudá-lo e já contava partir em junho. Aguardava, ansioso, notícias de Moreira da Silva.

Na conversa com Ribeiro Couto, o verdadeiro objetivo da viagem — escapar do cerco a que os judeus estavam sendo submetidos na Hungria, aliada dos alemães — permaneceu encoberto. Paulo preferiu sublinhar a importância que teria para a sua vida intelectual conhecer de perto o país que aprendera a amar através de seus poetas. O encontro físico com o Brasil lhe daria a oportunidade de um verdadeiro *erlebnis*, de uma vivência, de uma compreensão profunda. Evocou para Ribeiro Couto a dimensão filosófica da experiência, sem mencionar a finalidade prática primordial. Tratava-se, afinal, de uma questão de vida ou morte. Para que o Ministério das Relações Exteriores concordasse em conceder uma bolsa e um visto a um jovem judeu húngaro, era mais prudente justificar o pedido como desejo de cooperação intelectual.

Não que esse objetivo vital anulasse seu genuíno interesse pelo Brasil e por sua literatura. Tratava-se de uma confluência: a vontade de chegar a um porto seguro potencializava o envolvimento de Rónai com a literatura brasileira e seus expoentes. Ele percorria um bom caminho, continuava recebendo livros e cartas do Brasil. Nesse começo de 1940, chegaram volumes com a obra poética completa de Alphonsus de Guimaraens ("grande artista que me arrependo de não ter conhecido antes"),[5] títulos de Cecília Meireles, de quem recebia cartas com frequência, de Cassiano Ricardo (*A Academia e a poesia moderna*, de 1939), de Menotti del Picchia (*Salomé*, romance de 1940), de José Maria Belo e de outros que Paulo anotou sem dar maiores detalhes. Já aos assuntos que envolviam Ribeiro Couto, Paulo Rónai dava destaque em seu diário. O diplomata ia voltar para o Rio de Janeiro e avisou Paulo Rónai disso em carta recebida em 19 de fevereiro. *"Lettre de R. Couto: partira pour Rio."*

Pouco tempo depois, Paulo escreveu ao amigo dando notícias sobre a antologia em húngaro de poemas de Ribeiro Couto. Primeiro agradeceu o envio do livro *Cancioneiro de dom Afonso*, que o brasileiro lançara pouco antes no Brasil, depois se estendeu mais sobre sua seleção poética. Explicou a impossibilidade de verter para o húngaro, por "questões técnicas e outras", poemas como "Consolações do caboclo devoto", "Encontros de guaranis e tapuias" e "Sanfona do menor imperial". Todos intrinsicamente relacionados a questões da cultura e dos tipos humanos do país, de difícil acesso aos leitores húngaros. Da mesma maneira, expressões do poema "Santos", do livro *Noroeste e outros poemas do Brasil*, também impunham a Paulo alguma dificuldade. Por essa razão, escreveu sucintamente, em 17 de março, buscando sanar algumas últimas dúvidas: o que seria "brincar de pique", "bater bola", "cantar de roda"? Paulo, que se tornara uma espécie de embaixador da poesia de Ribeiro Couto no país, fazia os últimos ajustes na pequena coletânea húngara do amigo.

Meses depois publicaria *Versos de santos (Santosi versek)*,[6] uma seleta de poesias traduzidas de Ribeiro Couto, com uma introdução biográfica e crítica. Na carta de 19 de maio que escreveu ao brasileiro, informou que o livro estava na gráfica e celebrou o fato de Ribeiro Couto já ter regressado à terra natal, longe da guerra. Paulo desejava o mesmo para si e aproveitou a correspondência para pedir ajuda de forma mais explícita. "É necessário importuná-lo dessa vez *pro-domo*", disse. Em seguida detalhou seu pedido:

A Legação [do Brasil] me informou que meu visto brasileiro foi aceito. Mas ela não sabe nada sobre a bolsa demandada ao Ministério das Relações Exteriores. Será que você poderia se informar sobre esse assunto? Pois eu não poderei usufruir do visto sem receber ao mesmo tempo uma bolsa ou um convite por parte das autoridades brasileiras. Isso por

Budapest, le 19 mai 1940.

Cher Monsieur et Ami, Notre recueil est à l'imprimerie. Malgré mon intention, je n'ai rien pu y insérer du CANCIONEIRO: les événements des dernières semaines ne m'ont pas laissé le calme nécessaire pour ce genre de travail. D'autre part, je n'ai pas voulu attendre davantage de peur de voir empêchée, toujours par les événements, la possibilité même de la publication. Le manuscrit que j'ai communiqué à l'imprimerie comprend: Chuva, Elegia para uma rapariga doente, A moça da estaçaozinha pobre, O desconhecido /O JARDIM DAS CONFIDENCIAS/; Surdina, Reflexo, Cartas do amigo de outrora /POEMETOS/; As ayladas, A invenção da poesia brasileira, O milagre, Dialogo sobre a felicidade, Dependurada num portal /UM HOMEM/; Rio de Janeiro, Santos I, VI, X /NOROESTE/; Historia local, A romantica, Aspiraçao a estrada de ferro, Lavadeiras, O estudante, Moço do Rio, Bar, bilhares, Polemicas /PROVINCIA/ Je sais moi-même combien ce choix est imparfait. Si nous vivions par une époque plus calme, j'aurais encore attendu pour ajouter d'autres traductions - mais à l'heure qu'il est, on s'empresse de tout terminer, de peur que demain il ne soit trop tard.

Vous pensez combien les nouvelles de votre ancien poste m'ont bouleversé. Autant je suis heureux de vous savoir parti, autant mon coeur se serre à l'idée de tous ceux qui ont succombé aux événements ou qui ont dû y assister.

J'espere que vous êtes arrivé à Rio sans difficulté et que la comparaison avec l'Europe vous fait goûter d'autant mieux la joie de retrouver votre patrie. Mais je suis sûr aussi que votre pensée revient souvent sur notre pauvre continent.

Je vous renvoie aujourd'hui-même, par le courrier ordinaire, votre exemplaire de Um homem na multidao que vous m'avez si aimablement prêté et plusieurs revues que vous m'avez envoyées parce que contenant des articles sur votre poésie. - J'ai fait savoir à la Nouvelle Revue de Hongrie votre changement d'adresse: on vous envoie maintenant cette revue au Ministère, dites-moi si elle vous arrive.

Il faut que je vous importune cette fois "pro domo". La Légation vient de m'informer que le visa brésilien m'a été accordé. Elle ne sait rien encore de la bourse qu'elle m'avait demandée au Ministère des Affaires Etrangères. Seriez-vous assez aimable de vous informer à ce sujet.

Il me semble, en effet, que je ne pourrais guère profiter du visa si je ne reçois pas en même temps une bourse ou une invitation de la part des autorités brésiliennes, et cela pour deux raisons: 1/Aucun homme d'âge militaire ne peut quitter le pays comme simple touriste, sans une raison tout à fait spéciale. 2/Il est interdit d'emporter de l'argent à l'étranger.

Je vous serais bien reconnaissant de me renseigner si une décision a déjà été prise. Si en effet cette décision était favorable, je devrais partir le plus vite possible - ou autrement je risquerais de ne pouvoir partir du tout. Pour le moment, le seul moyen qu'il y ait pour nous d'aller en Amérique, c'est de prendre un paquebot italien. Il suffit que l'Italie entre en guerre, pour que nous soyons définitivement enfermés dans notre coin - et alors, hélas, je devrais renoncer sans doute définitivement à ce voyage qui me tente tellement. Vous me rendriez un grand service en me répondant par retour du courrier et par avion. Actuellement je me trouve dans une assez grande indécision /sans parler de l'incertitude générale/, car je devais partir, si la demande de la Légation était favorablement accueillie, au mois de juin; or, je ne sais encore rien. Selon la Légation, l'attribution du visa permanent est un indice d'un règlement favorable.

Pardonnez-moi, Cher Monsieur et Ami, de vous déranger par cette demande; j'espère que vous ne m'en voudrez pas trop, et que vous me donnerez prochainement de vos nouvelles.

Paul Rónai

Carta a Ribeiro Couto, 19 maio 1940, Fundação Casa
de Rui Barbosa. Grifos de Ribeiro Couto.

duas razões: 1. Nenhum homem em idade militar pode deixar o país como turista, sem uma razão realmente especial. 2. É proibido levar dinheiro para o exterior. Eu seria muito grato se você pudesse saber se já há uma decisão nesse sentido. Se houver, então, uma decisão favorável, eu devo partir o mais rápido possível, ou correria o risco de não poder partir.

Até então, a única maneira de viajar para a América era em navios italianos. Se a Itália entrasse mesmo na guerra, como ameaçava, Paulo não via de que outra maneira poderia sair do país. Ribeiro Couto aparentemente se comoveu com o apelo e circundou com caneta vermelha o trecho da carta em que o amigo lhe pedia socorro. Já no Rio de Janeiro, teria meios mais eficazes para ajudá-lo. Justiça seja feita, Otávio Fialho já trabalhava nisso desde o ano anterior. Em constantes ofícios enviados ao Ministério das Relações Exteriores, Fialho vinha atestando a qualidade intelectual e a atuação de Paulo Rónai na divulgação do Brasil e de sua literatura na Hungria. Em 30 de abril de 1939, em longa carta, o diplomata tinha escrito ao Brasil elencando em pormenores as atividades de Paulo.

Com verdadeiro prazer, e não sem alguma surpresa, encontrei aqui um homem de letras húngaro, Professor Paulo Rónai, dedicado ao estudo da nossa literatura e empenhado em torná-la conhecida em seu país. [...]
2. O sr. Paulo Rónai é moço ainda mas seu nome já se fez prestigioso na Hungria e no estrangeiro onde é sempre citado entre os jovens representantes da intelectualidade húngara. [...]
6. Tenho animado muito o sr. Rónai a continuar no seu belo propósito. Ele mesmo confessou-me ver nesse programa grandes oportunidades, para êxito literário que, naturalmente, como jovem, ambiciona. E a verdade é que a

conferência,[7] tanto quanto alguns artigos de ensaio que ele publicara, pode-se considerar um grande sucesso. 7. O sr. Rónai é homem de grande cultura literária, professor de grego e latim e literatura latina. O seu trato é agradável, deixando a impressão de perfeita seriedade. 8. Com ele e por intermédio dele conto que em pouco tempo a cultura brasileira se tornará conhecida neste país.[8]

No acervo do Itamaraty, outros documentos revelam essa comunicação diplomática que construía uma imagem positiva do jovem amante das letras brasileiras. Em carta de 19 de outubro de 1939, Fialho remeteu ao ministério o artigo de László Gáldi sobre a antologia de poemas brasileiros publicada por Paulo Rónai, reafirmando o empenho pessoal do tradutor húngaro na aproximação cultural entre Brasil e Hungria, o que podia ser amplamente comprovado tanto pelos encontros que Paulo promovia com escritores húngaros na Legação em Budapeste quanto no permanente movimento de transmitir informações a Fialho e Ribeiro Couto de tudo que se publicava sobre o Brasil no meio literário húngaro.

Esse correio diplomático (o de que temos conhecimento, uma vez que o arquivo do Itamaraty não dispõe de toda a documentação do período) prosseguira na virada de 1940. No começo do ano, Otávio Fialho tinha enviado novo ofício, solicitando uma série de livros para Rónai, os quais enumerou em lista indicada como anexa, mas da qual não se tem conhecimento. E reafirmou o bom trabalho de Paulo: "Como Vossa Excelência sabe, o sr. Rónai acaba de publicar uma tradução de poesias brasileiras e está preparando, além de artigos que escreve regularmente sobre a nossa literatura, um novo livro de poesias brasileiras traduzidas para o húngaro".[9]

Todas as cartas de Otávio Fialho eram remetidas ao Ministério das Relações Exteriores, de modo específico ao Serviço de Cooperação Intelectual (SCI), divisão do Ministério criada oficialmente em 1937 com o objetivo de estimular uma política de diplomacia cultural no governo Vargas. E seria no âmbito das atividades do SCI que se encontraria, no futuro, a brecha necessária para um convite oficial do Brasil a Paulo Rónai. Nesse sentido, o curso natural da história também deu seu empurrão, pois anos antes, em 1934, foi justamente Ribeiro Couto, então cônsul de terceira classe, que encaminhou ao ministro Félix de Barros Cavalcanti de Lacerda a proposta de criação de um departamento dedicado ao intercâmbio cultural entre o Brasil e outras nações, ao qual ele deu o nome, na época, de Serviço de Expansão Cultural. Para Ribeiro Couto, as finalidades do órgão deveriam se concentrar em algumas frentes, entre elas:

Fazer, discretamente, a propaganda dos valores literários do Brasil no estrangeiro, tirando-se, o mais que possível, o caráter ostensivo de "propaganda oficial" aos trabalhos e para tanto,

Organizar um fichário com o endereço de todos os escritores, de todos os países, capazes de se interessar pela literatura e pela vida cultural do Brasil, sobretudo aqueles que, por conhecerem o idioma castelhano, possam mais facilmente entender o português;

Idem com o endereço de todas as instituições culturais, revistas, jornais e associações literárias, capazes do mesmo interesse;

Fornecer informações e traduções de obras literárias, históricas, científicas etc. do Brasil, a todos aqueles que solicitem ou possam interessar-se por elas;

Fornecer livros;

Estimular, por todos os meios, os estudos e conhecimentos de escritores estrangeiros a respeito do Brasil;

Estabelecer ligação entre escritores estrangeiros e os do Brasil, levando-se em conta afinidades comuns, assim como as respectivas especialidades;

Informar sobre tudo que tenha relação com os interesses intelectuais do Brasil.[10]

Em agosto do mesmo ano, uma circular fora enviada às missões diplomáticas e aos consulados brasileiros no exterior informando: "A Secretaria de Estado está organizando o Serviço de Cooperação Intelectual, que se inspirará nos planos de trabalho adotados, nesse sentido, pela Sociedade das Nações (Instituto Internacional de Cooperação Intelectual, de Genebra e Paris)"[11] e apresentando seus princípios em bases muito semelhantes às propostas por Ribeiro Couto.

Assim, mesmo de modo indireto, Ribeiro Couto pode ter semeado o caminho para a entrada futura de Paulo Rónai no Brasil ao recomendar a criação de um serviço nos moldes do que a Secretaria de Estado viria a lançar meses depois, tratando o acaso, mais tarde, de uni-los em uma amizade e admiração profissional que levaram o diplomata a se empenhar de forma pessoal para que sua influência pesasse em prol de um convite e de um visto brasileiro para o amigo. Mesmo sem haver documentação que credite a Ribeiro Couto a paternidade do Serviço de Cooperação Intelectual, na prática a relação da diplomacia brasileira com Rónai efetivou várias iniciativas propostas nesse documento de 1934 e do próprio Serviço, que atuaria de forma contínua a partir de 1937, consolidando-se em 1938 com o nome Divisão de Cooperação Intelectual,[12] no âmbito da Reforma Oswaldo Aranha.[13]

A campanha positiva empreendida por Otávio Fialho na correspondência que mantinha com o ministério brasileiro teria sucesso, embora não tão cedo. Enquanto isso, Paulo continuava trabalhando em suas traduções brasileiras e para a *NRH*. No começo de abril, precisou ir até o alfaiate fazer um smoking. Que evento o esperava com tamanho *raffinement* em plena guerra? Tratava-se de uma festa organizada pela revista da qual era colaborador assíduo, como ele anotou em seu diário: 16 de abril. *Soirée* de NRH (smoking). Dias antes, recebera dos irmãos Jorge e Catarina um belo livro enviado da Turquia, presente antecipado pelo seu 33º aniversário. Nesse mês frequentou a sinagoga com uma assiduidade inédita, registrando mais de uma visita. A anotação que fez no fim de abril talvez explique a razão: "Estado de ânimo: à espera de um milagre". No dia anterior, registrara com angústia: "Carta de Otávio Fialho: nada ainda". Os dias seguiam sem horizonte, enquanto o Danúbio degelava e as dores de cabeça insistiam em provocar-lhe grande mal-estar. O cenário mudou um pouco de figura no mês seguinte, quando conheceu a jovem estudante Magda Péter, também judia. Em meados de maio, combinaram um encontro no Café Seemann. Encontros como esse sucederam-se nos dias seguintes em outros cafés da cidade. Em 27 de maio, Paulo estava desesperado, correndo de um lado a outro na tentativa de, mais uma vez, tirar um passaporte: Cia. de Navegação italiana, escritório de emigrantes, Departamento de Polícia. Nada. Em casa, no fim do dia, recebeu mais seis livros do Brasil — "romances", anotou entre parênteses, sem mais detalhes. No dia 28 de maio, lançou no diário a capitulação do Exército belga. No dia 29, sua ansiedade foi de fundo romântico: "Perdi o sono. Será que devo me declarar a P.M.?".[14]

Enquanto, em meados de junho, aplicava o *baccalauréat* a seus alunos, os acontecimentos da guerra se agravavam e Paulo Rónai os registrava dia após dia:

Dia 10 de junho: A Itália entra na guerra [Paulo destaca com um sublinhado]
Dia 12 de junho: Alemães a 20 km de Paris
Dia 14 de junho: Tomada de Paris pelos alemães
Dia 16 de junho: Alemães tomam a cidade de Verdun e atravessam a linha maginot
Dia 17 de junho: A França se rende

Um tempo de contrastes. Morte e vida. Ódio e amor. No final de junho Paulo propôs casamento a Magda no Café Philadelphia, em Buda. Em um primeiro momento, ela recusou. Paulo pediu que ela refletisse um pouco mais. Às dez da noite, pegaram um táxi e cada um voltou para sua casa. Paulo ainda revisou algumas traduções em que vinha trabalhando. Seguiu esperando pela resposta da namorada, e dois dias depois, em 2 de julho, anotou no diário que Magda ainda não tinha respondido. Nesse mesmo mês, seu cunhado Américo, casado com Clara, recebeu em casa, à uma e meia da manhã, uma convocação militar de trabalho, como se chamava o serviço em campos de trabalho na Hungria operado pelo governo húngaro, alinhado à Alemanha. Tratava-se, na verdade, de um estágio imediatamente anterior aos campos de concentração. Américo se apresentou no dia seguinte, e não demoraria para que Paulo também recebesse a mesma convocação militar.

Em 11 de julho de 1940, Paulo foi convocado e, na manhã seguinte, saiu de casa às onze horas para pegar o trem em direção a Gödöllö, que ficava a meio caminho de seu destino, a ilha de Háros-Szigeti, no Danúbio, a cerca de vinte quilômetros do centro de Budapeste e que em 1944 seria transformada em campo de prisioneiros. Em uma escola calvinista, Paulo foi recebido por M. Balla e teve seu doutorado reconhecido, o que talvez lhe garantisse uma condição menos desgastante. Permaneceu preso durante todo o dia, lendo *Eneida*, de Virgílio, e conheceu vários judeus húngaros na mesma situação. À noite, um cabo surdo, como ele sublinhou, determinou onde Paulo deveria se deitar: um lugar apertado ao lado de um prisioneiro de nome Béla Stelmann, que só permitiu que o novo interno se acomodasse depois de saber que Paulo era doutor.

A rotina de Paulo no campo era um misto de trabalho militar, serviços inúteis e ócio forçado. Na verdade, naquele momento as autoridades húngaras pró-hitleristas ainda não sabiam ao certo como lidar com a situação dos judeus. Havia judeus entre os próprios militares em postos de comando, havia judeus tratados como lixo no campo de serviço militar e havia outros mais respeitados, muitas vezes em razão de sua formação e atividade. Mas, de modo geral, os internos eram mantidos presos sem um objetivo compreensível que não o próprio encarceramento e a punição gratuita. "Fui convocado como trabalhador escravo. [...] Éramos pessoas de todas as profissões, em condições sub-humanas. Morria muita gente nos campos, de tifo e outras causas. Depois foram assassinados, mas nessa primeira fase ainda dependia do acaso."[15] Paulo descreveria mais tarde os seis meses em que viveu no campo.

13 de julho
Primeiro alinhamento e juramentos militares.
Presos todo dia, sem fazer nada. Rápida visita do pai.
Pensando o que poderia acontecer. Um incidente com um dos internos fez com que um tenente o ameaçasse de morte.

14 de julho
Passeio sob supervisão de militar severo.
Passeio no parque. Não pode entrar no restaurante. Os outros internos recebem visita.

Em seu quarto dia no campo de trabalho, Paulo foi chamado para ajudar nos serviços da cozinha e descascou uma batata. Uma única batata. Em seguida, o grupo caminhou durante longo tempo com baldes amarrados nos braços, e para isso pode ter sido útil um truque ensinado naquela manhã por um amigo que conhecera no dia em que chegou, pois Paulo escreveu: "Polgár ensina um truque do balde".

No quinto dia, Paulo obteve uma licença de 36 horas e se apressou em fazer compras em Budapeste. Nesse mesmo dia, vê-se anotado: "Provavelmente encontrei Magda". Mais abaixo, com asterisco, a explicação a lápis, com letra legível: "Digo provavelmente porque as notas foram todas escritas depois de um período no campo, em 25 de setembro".[16] Assim, entende-se que, no terror e na angústia dos acontecimentos, Paulo interrompeu por alguns meses suas anotações. Quando retomou o diário, os primeiros dias passados no campo de trabalho ainda estavam claros em sua memória. São anotações intensas, que ocupam mais espaço que o habitual nas páginas compactas do diário, escritas com letra apressada que aparentemente seguia à velocidade de quem não quer deixar escapar as lembranças. Paulo deixou várias páginas de agosto em branco, como se na intenção de, com o vazio, marcar os dias pouco "memoráveis" de uma experiência sem sentido. Anos mais tarde, resumiria a estupidez daquela experiência em "As línguas que não aprendi", texto sobre línguas desconhecidas publicado em seu livro *Como aprendi o português e outras aventuras*:

Tivesse eu, pelo menos, estudado o sogdiano. Num dos milhares de "campos de trabalho" inventados pelos nazistas, onde passei cinco meses, topei um dia com um amigo querido, especialista, já famoso, em línguas orientais. Os dois nos defendíamos contra o desespero com a leitura nas horas que não levávamos a derrubar uma casa para construir outra, exatamente igual, cinco metros mais adiante.[17]

Um pouco mais à frente, Paulo relata:

Mas no estábulo onde nos recolhíamos para pernoitar eu tinha como vizinho um astrólogo. Este me predisse que ia escapar do campo, chegar a uma terra longínqua, e iniciar uma carreira completamente nova. [...] (Viverá ainda o astrólogo? E o meu sábio filólogo, tão desambientado naquela desumana realidade? Terá sobrevivido ao campo de concentração, à deportação, às matanças?)[18]

Terminada a licença, Paulo se reapresentou em um novo campo, na pequena cidade de Nagytarcsa. Era 17 de julho, ele e seu grupo foram instalados numa escola luterana e continuaram a fazer todo tipo de trabalho: descascar batata na cozinha, lenha, aplanar o terreno em torno do monumento ao soldado desconhecido; um amigo foi designado para trabalhar na biblioteca local, e Paulo comentou a sorte dele. O isolamento não era total, Rónai recebia algumas cartas, e uma delas veio um dia da *NRH*, pedindo-lhe a tradução de um conto italiano. Uma boa notícia, afinal. A maioria de seus companheiros judeus presos ali era de boa formação, fluente em várias línguas, a julgar pela frase que Paulo registrou ter ouvido de um coronel que inspecionou seu grupo: "Sinto inveja, pois vocês são quantos homens, quantas línguas falam".

Esses registros sucintos, avulsos e incompletos servem, em conjunto, para uma apreensão mais ampla — e singular — de todo o contexto vivido. A certa altura, Paulo começou a dar aulas de francês para a filha de Tralecz, um oficial de alta patente, e passou a desfrutar de algum poder no campo; e em outra ocasião, foi chamado para elaborar a árvore genealógica do tenente Simkó,[19] fatos que deixam claro quanto o lugar de destaque que passou a ocupar no campo onde servia se deveu a competências específicas das quais se valiam os oficiais. Nessa via de mão dupla, por vezes Paulo conseguia obter alguns benefícios, e o mais desejado deles eram as licenças. No fim de julho, Paulo conseguiu mais uma, de apenas 24 horas. Encontrou-se com Magda, dormiu em casa e leu *Andromaque*, de Racine, tragédia ambientada durante a Guerra de Troia.

Na volta ao campo, Paulo encontrou seu amigo Telegdi na estação de Budafok e o saudou com os primeiros versos de *Britannicus*, de Racine, "por ser ele um amigo tão fiel". No campo, muitos dos serviços continuavam sem sentido e se tornavam mais pesados. Paulo carregava palha em dia de sol forte, fazia exercícios físicos, montava guarda. Estava física e emocionalmente abalado.

Nas páginas de agosto, fez de memória anotações esparsas e sem clareza, mencionando, em uma linha ou outra, sua esperança de sair e sua expectativa por novas licenças. No dia 31, Paulo pediu três dias de dispensa para participar dos exames e cuidar da matrícula no liceu. O pedido foi recusado. No dia seguinte, trabalhou um pouco nas traduções e, na função de guarda, observou as visitas que os outros detentos recebiam. Dias depois, em 4 de setembro, voltou a solicitar um dia de licença portando uma carta do ministro do Brasil (ao que tudo indica, Otávio Fialho). De início, o oficial Tralecz recusou, mas em seguida prometeu pedir ele mesmo ao comandante da ilha que o dispensasse. Paulo esperou, inquieto. A resposta afirmativa chegou depois de alguns dias, e Paulo partiu ao encontro de Otávio Fialho. O diplomata lhe deu a notícia: Paulo teria um convite do governo brasileiro para emigrar.

Fialho recebera do Ministério das Relações Exteriores um ofício informando da autorização do visto para Paulo Rónai. No entanto, como ele informara antes em carta a Ribeiro Couto, o documento não seria suficiente para que ele saísse da Hungria. Era necessário que o governo brasileiro atestasse oficialmente o convite e o visto. Mas, com Paulo preso no campo, não havia muito que fazer; ele precisava se reapresentar e continuar sua pena na ilha do Danúbio. Em 13 de setembro, o sargento Spásfalvi obrigou cruelmente o grupo a fazer exercícios depois das seis da tarde, quando a temperatura já estava bastante baixa. "Tentativa modesta de resistência passiva: vamos nos recusar a jantar?" O clima ficou tenso, e Paulo, nervoso, pediu que Spitzer, pelo menos naquela noite, parasse de cantar.

A rotina do campo era de tensão permanente e de pouca comida, o que fez surgir um esquema de contrabando de alimentos facilitado pelos parentes dos prisioneiros. Em uma de suas visitas, Clara conseguiu entrar ilegalmente com um pacote de comida. Dias depois, foi a vez de o próprio Paulo levar um pacote. Novamente beneficiado com uma rápida licença, Paulo Rónai conversava com o amigo Bálint no Café Szabadság quando o maître lhe pediu que fizesse chegar um pacote de alimentos a seu filho, detido no mesmo campo. Antes de embarcar de volta, Magda foi se encontrar com Rónai na estação.

Paulo estava acompanhado outra vez da poesia. Tinha levado na mala alguns livros em português e de Ady, cujos poemas lia em voz alta para os outros detentos. Para conseguir trabalhar em suas traduções sem ser visto pelo capitão, ele se escondia numa barraca. Temia ser castigado. Naqueles dias alguns fugitivos do campo tinham sido capturados e duramente punidos.

Paulo no campo de trabalho de Háros-Szigeti.

Paulo tentava driblar a angústia dos dias. Ao mesmo tempo que era destacado para montar guarda em frente ao instituto militar e dormir no ateliê dos marceneiros, fazia traduções para a *NRH*[20] e tinha a alegria de receber cartas de alguns alunos. Havia dias, no entanto, em que não encontrava espaço para nada além do trabalho duro do campo. No fim de setembro, a rotina era de serviços árduos ao ar livre, e Paulo começou a se sentir mal, enjoado. Sem obter dispensa, foi destacado para fazer guarda em frente ao novo edifício que seu grupo erguera e para preparar o estábulo que lhe serviria de novo alojamento. Como os enjoos persistiam, Paulo pediu para ver um médico, que lhe receitou um purgante forte. Em seguida, passou por uma revista médica e foi considerado apto para os serviços pesados.

Como as licenças rareavam, no dia 2 de outubro Paulo decidiu pegar um trem para Budapeste mesmo assim. A ideia era passar o dia lá e voltar horas depois sem que notassem. Mas acabou se atrasando no regresso à ilha e, na verificação do dia, foi dado como ausente. Na manhã seguinte veio a punição: obrigado a fazer exercícios extenuantes a manhã inteira e uma faxina em todo o celeiro. À tarde uma audiência interna o condenou a 21 dias de prisão severa por saída não autorizada. "Tentei em vão protestar", ele registrou no diário em 4 de outubro. Mas não teve escapatória. À noite foi conduzido a uma cela onde 26 pessoas se espremiam em um pequeno espaço. Tentou mais uma vez protestar, em vão. "Dormi sentado, ao lado de Erdös, Kálmán, Jórsef e de um alemão." Paulo estava emocionalmente ainda mais abalado. A situação na prisão o levava ao desespero.

Na manhã seguinte, o grupo foi deslocado para trabalhar fora da prisão, não sem antes ser imposta uma nova série de exercícios forçados. Paulo foi até a direção do campo para dizer que não existia mais espaço no alojamento onde estavam encarcerados. Não lhe deram ouvidos. À tarde, escreveu uma carta a M.

Balogh, diretor da NRH, pedindo sua intervenção urgente. Falava em suicídio. "Escrevi uma carta desesperada a M. Balogh, pedindo sua intervenção diante do risco de suicídio."[21]

Ainda nesse dia, o grupo de Paulo foi obrigado a fazer exercícios ao ar livre em pleno outono húngaro. De volta à prisão, um oficial "mais humano" encaminhou os detidos a uma garagem, onde dormiram com um pouco mais de espaço, sobre a palha. De manhã bem cedo foram retirados da garagem e transferidos para o estábulo. Às dez horas, o comandante da ilha, o capitão Temesváry,[22] ordenou que voltassem ao confinamento, depois de terem feito mais uma rodada de exercícios punitivos, agora na frente de visitantes. Depois permaneceram o dia todo trancados. Paulo recitou mais poemas de Ady e estudou um pouco de português. Ady era seu refúgio e o português a esperança de um futuro.

Nesses dias de confinamento, escreveu muitas cartas aos pais e, nas poucas pausas que tinha, como na hora do almoço, estudava *"brésilien"*. À tarde o trabalho era quase sempre procurar madeira na floresta. Seus poucos momentos de alegria se resumiam às cartas que recebia de Magda e de casa, e ao tempo que podia ter ao lado de seus livros. Paulo continuava a fazer da leitura um antídoto contra o horror de seu aprisionamento.

A articulação para a liberação de seus documentos continuava. Em 9 de outubro, recebeu uma carta convocando-o para ir até o Ministério das Relações Exteriores da Hungria. Com o documento em mãos, pediu permissão para uma licença temporária. Foi repreendido publicamente, mas em particular conseguiu um acordo para uma rápida saída. De volta ao estábulo, leu poemas do português Guerra Junqueiro.

A expectativa de saída era grande. No dia seguinte, 10 de outubro, logo após ter feito faxina no instituto técnico local, recebeu do comando do campo a notícia de que o restante de sua pena de prisão fora anistiado.

A situação no campo continuava estressante e, nas dez horas de licença que obteve, Paulo aproveitou para tentar resolver as pendências de sua esperada viagem de fuga. Antes, foi a uma livraria comprar livros para os jovens internos no campo; em seguida, visitou rapidamente seus alunos no liceu. Quando chegou ao posto de polícia de expedição de passaportes, recebeu, mais uma vez, resposta negativa e saiu de lá de mãos abanando. Foi até a *NRH* tentar conseguir algum dinheiro, explicou a um funcionário sua situação periclitante, pediu ajuda, mas, como Balogh, diretor da revista e seu amigo, não se encontrava na redação, nada pôde ser feito. Rónai passou ainda pelo Ministério da Defesa Nacional e pelo Ministério das Relações Exteriores, na tentativa de desembaraçar seus documentos. No fim da tarde, foi à casa da família Péter para rever Magda, que àquela altura já havia aceitado ser sua noiva. A visita foi mais rápida do que ele gostaria. Às 17h15 estava de volta ao campo.

A esperada carta-convite da Legação do Brasil chegou na noite de 22 de outubro e, no dia seguinte, Paulo deixou a ilha de Háros-Szigeti, junto com um grupo de doentes que partiam para Budapeste, para tomar uma série de providências na capital. No dia 24 de outubro, estava de pé antes das cinco da manhã. Horas depois, foi comprar livros na livraria do bairro e levou seu rádio para o conserto. Precisava, afinal, acompanhar as notícias. No departamento de polícia, conseguiu enfim seu passaporte, graças à interferência de um detetive da polícia que conhecera por intermédio de amigos e que o acompanhou até a repartição. Dali, correu para a Legação do Brasil, onde obteve seu visto, emitido naquele mesmo dia.

Legação dos Estados Unidos do Brasil
Budapeste, 2 de novembro de 1940
Nº SC.79
Relação de passaportes concedidos, renovados e visados

Nº 22 401 Polícia Real Húngara de Budapeste
22-10-1940
Dr. Rónai Pál, húngaro, Destino: Rio de Janeiro
Data de visto: Outubro, 24, Nº 81, permanente, autorização do Ministério das Relações Exteriores, despacho Nº 20/16/511.14 de 1-4-1940[23]

O direito ao visto de Paulo Rónai fora concedido muitos meses antes pelo Ministério das Relações Exteriores brasileiro, embora não se saiba quando Otávio Fialho recebeu o documento de 1º de abril de 1940 com a resposta positiva ao pedido de visto, conforme atesta o documento do ministério:

Secretaria de Estado das Relações Exteriores
1º de abril de 1940
SP/16, S 11.14 (241)

Senhor ministro,

Tenho a honra de acusar o recebimento do ofício nº 20 de 12 de fevereiro[24] próximo passado pelo qual Vossa Excelência transmite o pedido de visto em passaporte feito pelo sr. Paulo Rónai.

Em resposta, cabe-me comunicar à Vossa Excelência que o referido visto poderá ser concedido de acordo com a Circular Nº 1352.[25]

Aproveito a oportunidade para renovar à Vossa Excelência os protestos da minha perfeita estima e distinta consideração.

Labienno Salgado dos Santos[26]

A diplomacia brasileira concedeu o visto apoiada na exceção prevista pela legislação emigratória que restringia a entrada de judeus no Brasil. Conforme dizia a Circular Secreta nº 1127 de 7 de junho de 1937:

> Quando a circunstância de origem semítica se verificar em relação a pessoas de notória expressão cultural, política e social, assim como em relação a artistas especialmente contratados para se exibirem no Brasil, por tempo determinado, poderão os respectivos passaportes ser visados, mediante consulta prévia a esta Secretaria de Estado e sua indispensável autorização para que assim se proceda.

Paulo, sem dúvida, se enquadrava nessa exceção. Seus contatos no Brasil eram de natureza cultural, com poetas consagrados, artistas que gozavam de influência no governo, como Menotti del Picchia, e funcionários da diplomacia brasileira, como foi o caso de seus amigos próximos Ribeiro Couto e Otávio Fialho. É preciso lembrar ainda que o próprio presidente da República escrevera uma carta a Paulo Rónai, assim como o chanceler Oswaldo Aranha. Embora seja impossível mapear com detalhes a contribuição de cada um desses personagens na articulação da vinda de Paulo Rónai para o Brasil, é incontestável a decisiva ajuda do corpo diplomático brasileiro em Budapeste, em especial a de Otávio Fialho. Também o fato de Ribeiro Couto ter regressado ao Rio de Janeiro, com pleno acesso ao governo e, especificamente, aos tomadores de decisão, o coloca como figura decisiva no movimento que retiraria Rónai do contexto da guerra e o salvaria da perseguição aos judeus. Ainda assim, é preciso não esquecer que o principal personagem dessa história foi o próprio Paulo Rónai, que, com uma persistência inabalável, construiu aos poucos e de forma sólida uma ponte com o Brasil por meio da literatura, em uma época em que a cultura era considerada valioso instrumento de elo entre povos e de defesa das civilizações.

Com o visto brasileiro carimbado no passaporte, Paulo teve boa parte de seu problema resolvida. Mas ainda precisava obter vistos dos países pelos quais iria passar — como Suíça, Espanha e Portugal — antes de chegar ao Brasil. De Portugal, partiria para o Brasil. A tensão continuava, e também porque ele ainda não tinha sido liberado dos serviços no campo de trabalho. No dia 25 de outubro, precisou voltar à ilha de Háros-Szigeti. Antes de pegar o trem, fez mais um trabalho para a *NRH*, uma tradução de Lázló Teleki, e comprou flores para Magda. Em Háros-Szigeti, homens acima de 42 anos foram desmobilizados. Começava a fazer muito frio. Paulo cortou lenha em frente ao depósito do campo e carregou pedras debaixo de chuva. Alguns dias depois, Clara visitou o irmão e, providencialmente, levou seu sobretudo de inverno.

No dia 30 de outubro, Paulo anotou em seu diário a transferência de cem homens para outro campo,[27] onde os trabalhos eram mais duros, extenuantes. Em Háros-Szigeti, o tratamento também se asseverava. No primeiro dia de novembro, parte do grupo saiu cedo para o trabalho ao ar livre e, no fim do dia, Paulo, que ficara recluso, viu os companheiros regressando exaustos. A maioria desmoronava no caminho. No dia seguinte ele trabalhou arduamente, carregando materiais pesados e escavando terrenos, de novo sob frio e chuva. Durante a licença da semana, dessa vez em um sábado, Paulo teve a notícia de que seu pedido de visto de entrada em Portugal fora aceito. Quando regressou à ilha no domingo, não conseguiu fazer nada. A temperatura estava gélida no celeiro. Tentou revisar um artigo para a *NRH* e recebeu a visita de amigos que haviam sido liberados por causa da idade e que voltaram para vê-lo, entre eles Imre Kálmán.

As baixas temperaturas e as condições degradantes do campo adoeceram Paulo. No dia 4 de novembro, ele foi liberado dos serviços devido a um forte resfriado. Dispensado por apenas dois dias, depois voltou a trabalhar sob a chuva, dessa vez empurrando caminhões e tanques de guerra. Os dias continuavam gelados, chovia muito e o trabalho tornava-se cada vez mais esgotante. No dia 10, Paulo anotou: "Trabalho de sete da manhã às catorze horas sem intervalo".

Nas licenças, que iam se tornando esporádicas, continuava fazendo sua romaria pelas instituições húngaras, como a Receita Federal, para conseguir sua liberação para emigração, visitava amigos em busca de dinheiro e não deixava de ver Magda nem de jogar uma partida rápida de xadrez com o pai.

Contando com a simpatia de alguns oficiais, Paulo conseguiu um lugar mais quente para dormir, junto à calefação. Na verdade, ele continuava útil e sendo chamado para fazer serviços intelectuais. Em 13 de novembro, a pedido de Buzás, um dos comandantes, Paulo montou um programa de diversão para os detentos. Para a noite, por exemplo, programou bingo e leitura de poemas, entre os quais um que ele próprio traduzira no dia anterior. E na manhã seguinte tudo voltou a ser como era: ao lado dos companheiros, Paulo refez uma cerca e transportou munição de armamento pesado. No fim da tarde, fez serviços burocráticos e cuidou da documentação do escritório. Dias depois, registrou no diário um incidente em que se envolveu com o sargento Pál, sem explicar melhor o ocorrido. Contou apenas ter sido puxado pelo oficial com força pelo cotovelo e citado em nova audiência disciplinar. À tarde, foi forçado a fazer uma série de exercícios, porém, ao contrário do que esperava, não foi punido pelo comando do campo.

No fim de novembro chegou a notícia de que as licenças de saída iam ser proibidas. Também o informaram de que prestaria serviços acompanhando o capitão em Budapeste — era comum ele ser destacado para seguir junto com algum oficial, para compras na capital. Às cinco e vinte da manhã de 26 de novembro, Paulo partiu para Budapeste acompanhando um oficial. Foram ao consulado do Reich e fizeram as compras necessárias para a companhia. Paulo ainda teve tempo para encontrar amigos que estavam partindo: M. Fuchs para o Brasil, outros para a Austrália. Quando regressou ao campo no começo da noite, ficou sabendo que uma nova ordem fora promulgada durante sua ausência: a partir de então seria permitida apenas uma saída por semana, sem mais exceções. Na tarde seguinte, depois de fazer serviços de correio e cortar lenha, Paulo pediu baixa por motivo de emigração. Marcaram uma audiência para dali a dois dias. Muito animado, telefonou para os pais e para Magda contando a novidade. Ele ainda precisava arrumar dinheiro para pagar o visto suíço, também necessário para sua rota de saída.

No dia 28 de novembro, deixou o campo às seis da manhã e foi para Budapeste. Na casa do sr. Hoch, seu aluno, recebeu, a título de adiantamento de aulas (que provavelmente sabia que não chegaria a dar), o empréstimo da quantia necessária para pagar o visto suíço e, ao sair de lá, foi direto fazer o pagamento. No caminho, encontrou o jovem Kemény, de 21 anos, que contou a ele que todos os judeus húngaros nascidos em 1919 estavam sendo convocados para Gödöllö.

Na base militar em que Paulo se apresentou no dia 29 de novembro para a audiência que deliberaria sobre seu pedido de baixa, o tenente Enrlich o recebeu com inesperada hostilidade. Além de não dispensá-lo, ameaçou detê-lo em Gödöllö. Mas Paulo conseguiu ao menos ir embora dali e juntar-se à sua companhia na ilha.

Mesmo sem ter ainda a liberação definitiva, nos dias em que estava em casa, no início de dezembro, começou a arrumar suas coisas para partir. Também aproveitou para visitar os liceus em que havia trabalhado e a *NRH*. Estava se despedindo. Na casa do amigo Bálint, recebeu a notícia do suicídio de uma amiga. A atmosfera pesava feito chumbo. No dia 3 de dezembro, Paulo ainda encontrou tempo para ir ao cinema com Magda depois de, nesse mesmo dia, ter obtido o certificado de emigração na Receita Federal. Mesmo assim, tudo indicava que ele continuaria mais algum tempo no campo.

Entre os dias 3 e 24 de dezembro não há registros em seu diário. Paulo chegou a dizer que sua liberação final havia se dado em uma licença de fim de ano. "Deixaram-nos sair durante o inverno, depois convocaram de novo e, então, os que foram para lá nunca mais saíram", contaria anos mais tarde. Ele teria se aproveitado dessa brecha para não voltar.

Os preparativos entram em fase final. No dia 25 de dezembro, Paulo vendeu alguns de seus livros, encontrou amigos no Café Szabadság e almoçou com Magda. Em meio às incertezas da partida, beijou a noiva pela primeira vez — (*"l'embrassée pour la première fois"*).[28] Ainda havia tempo para o trabalho e no dia seguinte acordou cedo para organizar seu próximo livro, uma antologia de poesia latina que preparava. À tarde alugou um carro e, com Magda e os pais dela, foram visitar os pais adotivos da futura sogra e uma antiga empregada da família. Depois todos seguiram para a casa dos Rónai. Paulo embalou mais livros e à noite recebeu a notícia de que deveria partir no dia 28.

No dia seguinte, foi até a estação se encontrar com pessoas que o ajudariam com os últimos trâmites para a travessia da fronteira, mas elas não apareceram. Voltou para casa, mais tarde foi almoçar com Magda e depois foram a uma joalheria provar as alianças de noivado. Paulo, então, começou a seguir seu roteiro de despedidas. Primeiro sua avó, depois os ministros do Brasil e de Portugal. Novamente no Café Szabadság, encontrou amigos, sempre junto de sua noiva. Voltou para casa e preparou pacotes para os irmãos e os pais. Deixaria para trás sua biblioteca e seus muitos papéis. Destruiu algumas cartas, como as de Ribeiro Couto. Paulo justificaria anos depois:

Seria perigoso atravessar a Alemanha com aqueles papéis em que o diplomata brasileiro tomava a defesa da Polônia, condenava as perseguições raciais, mostrava-se abertamente hostil ao nazismo. Havia neles, inclusive, alguns trechos pessimistas e proféticos sobre o futuro da Hungria, que muito me assustaram quando os li; o meu correspondente exótico estava muito mais bem informado sobre as condições do meu país do que os próprios húngaros, enganados por notícias tendenciosas.[29]

No fim desse mesmo 27 de dezembro, véspera de sua partida, levou Magda em casa e na volta teve uma surpresa: o caçula Francisco, recrutado pelo serviço militar húngaro, havia conseguido uma liberação para se despedir do irmão. Boa parte da família Rónai estava reunida: Paulo, os pais, Miksa e Gisela, a irmã Clara e o cunhado Américo, além dos irmãos Eva e Francisco. Jorge e Catarina estavam seguros na Turquia. Seria a última vez que Paulo veria todos eles reunidos. Seria a última vez que Paulo dormiria em seu quarto na Alkotmány utca.

No dia seguinte, 28 de dezembro de 1940, Paulo se levantou às sete horas. Voltou ao Café Szabadság para um último abraço nos amigos, foi à *NRH* e à Legação do Brasil. Em casa beijou os pais e partiu para a estação de trem, que encontrou repleta de pessoas deixando Budapeste. Clara, Américo, Eva e Magda estavam com ele. Nas duas malas, Paulo não levava muito: documentos de viagem, fotos da família, a fotografia de formatura da turma da universidade de Budapeste, seu histórico escolar, diplomas, certificado de boa conduta, a carta de Getúlio Vargas, algumas roupas, poucos livros, sobretudo os brasileiros, e sua máquina de escrever. À uma da manhã do dia 29, Paulo Rónai partiu em direção à Áustria, deixando para trás sua Budapeste natal. Em seu passaporte, carimbaram: "Sem validade para retorno".

Nos dias que se seguiram, os últimos daquele torturante 1940, Paulo apenas anotou em seu diário o roteiro por onde escapava pelos trilhos de uma Europa convulsionada:

29 de dezembro Viena
30 de dezembro Munique
31 de dezembro Munique

Nos primeiros dias de 1941, passou por Tarascon, Cerbère, Portbou, Barcelona. No percurso, viu alguns sinais da guerra, sobretudo em Portbou, no norte da Espanha. Dormiu em hotéis próximos às estações, conheceu o museu do Prado e visitou, em Madri, o Monumento a Cervantes. Conheceu, inclusive, outra família Rónai, também em rota de emigração. Fez frio a viagem toda. No dia 7 de janeiro, saltou em seu último porto europeu. Estava em Lisboa e falava português.

Última parada: Lisboa

Havia uma espera ansiosa na capital portuguesa. Como Paulo, muitos emigrantes circulavam por Lisboa aguardando o momento de embarcar nos navios que faziam as rotas de escape para a América. No momento Lisboa era o principal porto de saída da Europa em direção aos Estados Unidos e a países da América do Sul.

No diário de Paulo Rónai, agora uma pequena agenda da firma portuguesa Araújo & Sobrinho, da cidade do Porto, a escrita torna-se intensa. Sua letra se comprime no papel, cruzam-se nomes de amigos e de famílias em fuga, nomes de lugares, de pessoas que deveria procurar para ajudá-lo a resolver questões ainda da viagem, como o bilhete do navio, retido no momento de sua chegada, e de personalidades do mundo literário com quem tentava travar contato.

Dentre as inúmeras providências que tinha pela frente, a mais imediata era encontrar onde se hospedar. Uma vez instalado em um quarto de aluguel, Paulo começou a frequentar assiduamente o consulado da Hungria, o consulado do Brasil, instituições universitárias, a biblioteca nacional. Por vezes, encontrava-se com sua ex-namorada Martha, que se preparava para emigrar para os Estados Unidos.

Sem um trabalho fixo, continuava dedicando-se à organização de sua antologia latina e fazendo alguns trabalhos para a *NRH*. Recebia e escrevia cartas. Na solidão desse exílio inicial, frequentava muito o Café A Brasileira e o Café Chiado, ambos no bairro do Chiado. Sentia-se deslocado, experimentando o sabor da emigração compulsória, do desterro. Foi em Portugal que, pela primeira vez, vestiu a pele do exilado. "Um dos dias mais tristes da minha vida", escreveu em 13 de janeiro, depois de finalizar sua nova antologia e jantar sozinho num pequeno restaurante. Nenhuma razão objetiva para a tristeza e, ao mesmo tempo, todas as razões.

Ainda se sentia melancólico no dia seguinte: "Dia triste" (*"triste journée"*). Foi até a Legação da Hungria, fez novos contatos, caminhou pela cidade, conversou com uma japonesa num café e voltou a seu quarto alugado (antes de se mudar para o Hotel Metrópole, no Rossio, trocaria de hotel várias vezes naquelas poucas semanas) querendo ler Eça de Queirós, *O mandarim*. Era o melhor a fazer. O escritor português se transformou em leitura constante. Em seguida vieram *O conde de Abranhos*, *Cartas de Inglaterra*, *A relíquia*, *Os Maias*. A leitura do português transcorria sem problemas. No entanto, nas ruas, Paulo tinha dificuldades para entender o idioma falado na dicção local. "Passei seis semanas em Lisboa sem que conseguisse entender patavina da língua falada",[30] recordaria.

Com sua peculiar persistência, aproximou-se do escritor Vitorino Nemésio, a quem procurou algumas vezes na universidade, e do poeta e crítico Adolfo Casais Monteiro, que conheceu ao procurá-lo na redação da revista *Seara Nova* ("Rua da Rosa, 240", anotou no diário). Casais Monteiro e sua mulher se tornariam a companhia mais frequente de Paulo na temporada lisboeta. Almoçavam juntos, passeavam pela cidade, visitaram o Museu das Janelas Verdes, de arte antiga.

À exceção desses momentos mais aprazíveis, a rotina se estendia em um périplo de *démarches* para que Paulo pudesse continuar sua viagem: posto de polícia, consulado da Hungria, companhia de navegação, pois precisava reaver sua passagem. Escrevia cartas como nunca, intensificando sua correspondência com a noiva. Recebeu notícias sobre seu livro e as primeiras provas. No dia 6 de fevereiro, encontrou-se com o ministro das Relações Exteriores de Portugal e pediu um visto para Magda. No dia 12 estava pronto para partir, sem ter ainda recebido a resposta sobre seu pedido; o navio, porém, não desatracou. Ainda teve tempo, então, de receber uma carta da mãe e outra da noiva.

No dia seguinte, 13 de fevereiro, uma quinta-feira, Paulo embarcou à noite no navio espanhol *Cabo de Hornos*, que fazia com frequência a rota Lisboa-Rio de Janeiro. Enjoou no começo da viagem, depois dormiu. No dia seguinte, fez amigos a bordo. ("*Toute la journée causette à bord*"), escreveu aos pais, a Catarina e a Magda. Cruzava o Atlântico na terceira classe, dividindo espaço com um amontoado de famílias no porão. Por alguns dias o navio permaneceu ancorado em Cádiz, até partir, em 19 de fevereiro, num mar agitado. Durante a travessia do Atlântico, não escreveu em seu diário.

Segunda-feira, 3 de março: *Brésil-Rio*. Paulo acordou e, ao subir ao convés, soube que já estava em águas brasileiras, a apenas uma hora do Rio de Janeiro. No horizonte, já era possível avistar os contornos da cidade. Âncoras lançadas, as formalidades de desembarque levaram oito horas. O controle emigratório era severo e a saída dos passageiros foi confusa: "No

desembarque eu quase perdi minha máquina de escrever".[31]
Com os Szönek, companheiros de bordo, partiu da praça Mauá para o Hotel Paissandu, na rua de mesmo nome, no Flamengo. Lá, encontrou por acaso o sr. e a sra. Picard, casal que conhecera no Hotel Borges, em Lisboa. Estavam todos em trânsito. Paulo chegara finalmente ao Brasil, quase três anos depois de vislumbrar o país como seu refúgio e de iniciar seu obstinado plano de sobrevivência. Ainda não se sentia tranquilo. Em sua primeira noite no Rio de Janeiro, dormiu mal.

Paulo em foto tirada no Rio em março de 1941, mês de sua chegada.

4.
A costura do mundo

Brasil, 1941

O mundo é a pátria natural de todos os homens. O desterro não é mais que uma passagem feita de uma província para a outra. Esta outra província onde se acha o desterrado é o país de todos aqueles que nasceram nele, e também o pode ser do desgraçado, se ele tiver entendimento para se acomodar com a sua sorte.

Cavaleiro de Oliveira (1702-83), Carta à sra. condessa de Roccaberti, 12 out. 1736

Amanheceu um dia de pleno verão carioca. Paulo Rónai sentia pela primeira vez toda a intensidade do calor tropical, mesmo assim, vestiu-se com um alinhado terno de lã. Levava no bolso uma pequena caderneta comprada ainda na Hungria e que preenchera com parte do itinerário de saída da Europa e, principalmente, com muitos endereços, telefones, nomes de pessoas e instituições, e com compromissos agendados. Era sua bússola para navegar em um novo território. Nesse primeiro dia, seguiu para o endereço de Ribeiro Couto, que esperava, enfim, conhecer pessoalmente. Bateu à porta de seu apartamento na rua Senador Vergueiro, no Flamengo, e foi recebido com frieza por sua esposa, Ana Jacinta Pereira, a Menina, que explicou que o diplomata não estava no país, mas em viagem à Argentina. A visita, portanto, não durou muito e Paulo tratou de dedicar-se às providências junto à polícia e à aduana, para liberar seus documentos e sua bagagem.

No dia 5 de março, com os Szönek, foi ao barbeiro dar um jeito na barba e no cabelo, e depois seguiu sozinho para o Ministério das Relações Exteriores, sediado no Palácio do Itamaraty, centro do Rio, em busca de seu velho conhecido e aluno Moreira da Silva. Paulo tentava refazer os contatos travados em Budapeste para tentar começar a vida na nova cidade. O diplomata o recebeu de forma "muito apressada" ("*trop d'empressement*"), como descreveu em seu diário. Paulo resolveu, então, procurar o poeta Tasso da Silveira, mas também não o encontrou. O périplo de um estrangeiro recém-chegado à cidade não era dos mais simples, entre a burocracia e a rigidez dos órgãos de controle de imigrantes e os limites da comunicação. Ainda nesse dia, Paulo voltou à polícia portuária para tentar, mais uma vez, desembaraçar suas malas. Nada feito. De volta ao Flamengo, pôs-se a procurar um hotel onde pudesse ficar por uma temporada mais longa.

Atravessando o bairro, foi na rua Senador Vergueiro que o húngaro encontrou sua nova hospedagem, o Hotel Elite. Ali se instalou na tarde seguinte, após ter ido conhecer o Palácio Guanabara e os bairros de Laranjeiras e Cosme Velho. No dia 7, depois de, finalmente, conseguir liberar as malas no porto, Paulo se sentiu um pouco mais assentado, tendo suas roupas, papéis e fotografias. Na mesinha de cabeceira, colocou a foto de Magda.

Paulo tinha urgência de encontrar seus contatos no Ministério das Relações Exteriores, afinal o convite para vir ao Brasil, feito pelo Serviço de Cooperação Intelectual, lhe garantiria uma bolsa e uma ocupação no país. Não demorou para estar novamente com Moreira da Silva, que, dessa vez, o apresentou ao diplomata Themístocles da Graça Aranha, chefe do SCI, que se encarregou de mostrar a sede do ministério ao convidado húngaro. No entanto, nada se falou sobre *nervus rerum*, como registrou Paulo no diário, um tanto apreensivo. Sua reserva de dinheiro estava escassa.

A cidade, com seus edifícios art déco e automóveis em profusão, exibia ares de grande metrópole. Paulo percorria todos os dias as ruas movimentadas do Distrito Federal buscando se apresentar aos brasileiros com os quais trocara cartas na Europa, assim como conhecer outros nomes que Ribeiro Couto lhe indicara. E ainda guardava fôlego para tomar providências sobre seus documentos brasileiros e para se estabilizar pessoal e financeiramente. Entre uma e outra diligência, aproveitava a cidade. Na praia do Flamengo, bebeu água de coco pela primeira vez. Caminhou à beira-mar e, dali, seguiu até Ipanema, na época uma orla muito menos requintada que a badalada Copacabana.[1] Na companhia dos Szönek, foi à Tijuca; tomou o caminho do Alto da Boa Vista e conheceu a Cascatinha, queda d'água no coração da Floresta da Tijuca, a mesma que encanta estrangeiros desde o século XIX. Nesse dia, Paulo e seus amigos seguiram para o Corcovado, e ali passaram a tarde, contemplando a paisagem. Na volta, desceram pela rua das Laranjeiras até o Flamengo. Paulo ia conhecendo a cidade e se aclimatando a ela.

O dinheiro era insuficiente e Paulo ainda não tinha um trabalho. Havia conseguido uma carta de recomendação do Ministério das Relações Exteriores, mas nenhuma notícia sobre a bolsa nem sobre a ocupação que o governo brasileiro lhe prometera. Por isso, começou a trabalhar por conta própria no que supôs lhe poderia ser útil em algum momento, dando início à tradução de *A tragédia do homem*, do escritor húngaro Imre Madách. Também se pôs a pesquisar sobre um tema que lhe pareceu propício: os viajantes húngaros no Brasil.

No dia 12 de março, no intervalo de seu trabalho de tradução, Paulo foi tomar um rápido banho de mar e depois concedeu uma entrevista ao jornal *Correio da Manhã*. Dois dias depois, ela foi publicada sob o título "Está no Rio o filólogo Paulo Rónai: Vai estudar a literatura brasileira e introduzir em nosso país os escritores húngaros", acompanhada de um retrato sóbrio do "visitante" ilustre.

Além de contar por quais caminhos havia descoberto a língua portuguesa, Paulo, com um vocabulário preciso, revelou seus planos para o que seria uma temporada brasileira de um ano.

Durante o ano de estada no Brasil pretendo colher impressões da vida no país, o que enfeixarei em um volume. Organizarei também um vocabulário português-húngaro que será o primeiro a aparecer e tentarei traduzir para o português alguns escritores do meu país. Possivelmente traduzirei obras brasileiras para o húngaro. Enfim, é meu intuito colaborar ao máximo para a aproximação dos dois povos que têm tanta afinidade e que não obstante quase se desconhecem. Será uma forma gratíssima de retribuir o convite que muito me desvaneceu.[2]

Fazia menos de dez dias que Paulo estava no Rio de Janeiro. Seus contatos eram de alto nível, a maior parte indicados por seu amigo Ribeiro Couto. O primeiro encontro entre os dois marcou Paulo profundamente. Naquele momento ele adentrava o vivo ambiente intelectual carioca.

Foi precisamente num 13 de março, em 1941, que vi pela primeira vez o poeta com quem já estava em correspondência havia uns dois anos. Ao chegar ao Rio, dez dias antes, fugido da Europa convulsionada, fora ele a primeira pessoa que eu procurara, vindo a saber, com vivo desapontamento, que estava ausente do país. Mas eis que na tarde de 13 de março ele me aparece no hotelzinho do Flamengo trazendo-me o conforto da sua extraordinária vitalidade e o primeiro abraço de brasileiro para, ao cabo de breve conversa, levar-me sem mais nem menos a um jantar de amigos, um dos famosos jantares do dia 13. Às voltas ainda com o idioma, o calor, os hábitos novos, minhas ânsias e minhas saudades, vi-me atirado de chofre no meio de uma tertúlia de literatos e jornalistas, uma algazarra de observações maliciosas, frases de gíria, alusões a acontecimentos do dia, comentários mordazes sobre pessoas e coisas. Esgotado pelo esforço de pegar pontinhas de conversação e de não parecer inteiramente palerma, saí do jantar atordoado, sem ter fixado a identidade de nenhum comensal. (Também, como me soavam complicados aqueles sobrenomes que não acabavam mais!)[3]

Entre os presentes ao primeiro jantar ao qual Rónai foi convidado, no restaurante Portugal, no centro, estavam os amigos mais próximos de Ribeiro Couto: Dante Costa, Raimundo Magalhães, Odilo Costa Filho, Francisco de Assis Barbosa e Peregrino Júnior. "[...] se tornariam amigos queridos e, por sua vez, me poriam em contato com outros futuros amigos."[4] Todos eram jornalistas bem colocados nas redações de jornais e revistas cariocas, e com vocação estendida para as letras, sendo muitos deles escritores e futuros membros da Academia Brasileira de Letras, como já era o caso de Ribeiro Couto, desde 1934.[5] Coincidência ou não, no dia seguinte Paulo foi entrevistado pelo jornal *A Noite*. A reportagem, bastante longa, foi publicada em 21 de março, abordando de forma profunda a literatura magiar e sublinhando o caráter extraordinário do interesse de Paulo Rónai pelo país.

O Brasil tem sido procurado por muita gente que busca flora tropical, fauna esquisita, paisagens deslumbrantes e costumes exóticos. Não tínhamos, porém, notícia de alguém que se houvesse encaminhado para a nossa terra com a finalidade de estudar a nossa literatura, dando, assim, um desmentido formal à ideia tão divulgada de que a língua portuguesa "é o melhor meio para esconder o pensamento".[6]

Paulo aproveitou os contatos do amigo Ribeiro Couto para ir construindo sua própria rede. Na tarde do dia 13, o diplomata o havia acompanhado pessoalmente ao registro de estrangeiros, onde o apresentou ao chefe (Paulo anotou "presidente") do Itamaraty. Na Biblioteca Nacional foi recebido pelo diretor da casa, o historiador Rodolfo Garcia. Na Associação Brasileira de Imprensa (ABI) foi ciceroneado por seu presidente, o experiente jornalista Herbert Moses. Dias depois, com seu artigo "Viajantes húngaros no Brasil" em mãos, Paulo procurou a *Revista do Brasil* para tentar a publicação do texto. A revista vivia sua terceira fase, inaugurada em 1938, quando o magnata da comunicação Assis Chateaubriand resolvera relançar a publicação sob direção do historiador Otávio Tarquínio de Souza. Chatô havia comprado a revista em 1925, quando iniciava a construção de seu império, aproveitando-se da falência dos negócios editoriais de Monteiro Lobato, responsável pela publicação desde 1918. De 1925 a 1927, a *Revista do Brasil* vivera sua segunda fase, com Rodrigo Melo Franco de Andrade como redator-chefe e Prudente de Moraes Neto como secretário. A origem da publicação estava diretamente ligada ao tino editorial de Júlio Mesquita, proprietário de *O Estado de S. Paulo* e responsável pela criação da revista em 1916. Dois anos depois, a venderia a Lobato, tempo em que ela já gozava de prestígio entre os letrados no país.

Com Tarquínio, a *Revista do Brasil* adotou um viés de debate das questões nacionais e passou a dar um espaço notável a temas literários. Publicava críticas, contos, novelas, poesias, impressões de viagem, além de haver criado sessões de contos nacionais e estrangeiros, de lançamento de livros e para contextos internacionais. Seus textos eram assinados por alguns dos mais destacados intelectuais da época, como Mário de Andrade, Sérgio Buarque de Holanda, Gilberto Freyre, Augusto Frederico Schmidt, Manuel Bandeira. O secretário da revista, Aurélio Buarque de Holanda, tinha trinta anos naqueles primeiros meses de 1941, quando Paulo Rónai foi até a redação da *Revista do Brasil* oferecer seu artigo.[7] Nasceria ali uma amizade profunda e duradoura e que representaria a linha na agulha de Paulo para sua costura no Brasil entre jornais, editoras e as funções de tradutor, crítico e professor, caminhos que também Aurélio conhecia. Aurélio Buarque de Holanda seria o principal articulador do movimento de integração de Paulo Rónai na língua, nas letras e no meio intelectual do país.

Essa integração, no caso de um professor de línguas, havia de realizar-se principalmente por meio da palavra — lida, escrita e falada: e foi grandemente facilitada pelo encontro deveras providencial de um mestre da língua como Aurélio Buarque de Holanda Ferreira, que pôs à disposição do imigrante os seus conhecimentos, tão ilimitados quanto a sua capacidade de ser amigo.[8]

Antes que a aproximação entre os dois se estreitasse, Paulo continuava tentando entrar em contato com os poetas que selecionara para sua antologia brasileira em terras húngaras. No fim de março, conferiu o endereço com o qual se correspondia com Cecília Meireles, em Copacabana, e arriscou uma visita. Cecília, porém, não estava em casa. Em seguida, tentou encontrar Carlos Drummond de Andrade, chefe de gabinete do ministro da Educação e também poeta, com o qual já se comunicara logo após a publicação dos poemas brasileiros na Hungria. Também não encontrou Drummond no ministério.

No dia seguinte, em nova tentativa, Paulo encontrou Cecília em casa, e a conversa entre eles fluiu com facilidade por longas horas. Paulo já conhecia boa parte da obra da poeta, pois Cecília tinha enviado a ele, em Budapeste, alguns de seus livros. Cecília demonstrara interesse nessa amizade, no conhecimento humanista e vasto de seu correspondente húngaro. No começo da tarde, os dois saíram para tomar um sundae. Nesse dia, Paulo ganhou da nova amiga um exemplar de *Viagem*, livro que reunia sua obra de 1929 a 1937 e que recebera em 1938 o I Prêmio de Poesia da Academia Brasileira de Letras. "Ao dr. Paulo Rónai, muito cordialmente, Cecília Meireles. Rio, 1941."[9] Chovia muito — uma chuva equatorial, como Paulo anotou sobre esse dia em que o verão se despedia.

O contato com Cecília foi ganhando profundidade, a poeta uma pessoa acolhedora e generosamente hospitaleira, sendo comum nesse período de guerra, quando tantos estrangeiros chegavam ao Brasil, fugindo do cenário de terror na Europa, encontrar grupos de exilados em sua casa, no número 466 da avenida Atlântica, em Copacabana, onde vivia "cercada da atmosfera mágica que lhe compunham o afeto do marido, a presença de seus livros, de seus quadros, de seu museu de bonecas folclóricas, de suas plantas".[10] Desde a primeira vez que visitou a amiga, Paulo teve a impressão de que ela vivia *au-dessus de la mêlée*, expressão que usou para descrever a postura de Cecília como a de alguém acima da confusão,[11] avessa a banalidades e profunda em seus afetos. Em um desses encontros, Paulo conheceu o casal de pintores Árpád Szenes, judeu húngaro como ele, e a portuguesa Maria Helena Vieira da Silva. Os dois haviam chegado ao Brasil cerca de um ano antes e se tornariam companhia frequente de Paulo, reunindo-se muitas vezes na intimidade da casa de Cecília Meireles e de seu marido, o professor e engenheiro agrônomo Heitor Vinícius da Silveira Grilo, com quem a poeta se casara um ano antes.[12]

Durante os anos terríveis da guerra, refugiados de vários países nos reuníamos ali para respirar, no aroma do chá, uma sensação de iniciação e intimidade que nos fazia esquecer o exílio. A grande maioria dos brasileiros recebia-nos, é verdade, com a instintiva doçura e a gentileza característica da terra, mas poucos aquilatavam como ela a profundeza do drama individual de cada um de nós. A capacidade requintada de sentir, adivinhar e imaginar levara-a a compreender-nos.[13]

Essa afinidade de espírito Paulo encontrou também na mão amiga de outro poeta brasileiro, Jorge de Lima, o qual, assim como Cecília, Paulo já conhecia por cartas da época de suas traduções brasileiras na Hungria. No Rio, Paulo rapidamente passou a frequentar a casa do autor alagoano, que àquela altura já desfrutava de reconhecimento no cenário literário brasileiro, tendo publicado obras de relevo como o romance *Calunga*, de 1935, e uma série de livros de poemas. Com a família, Jorge migrara da sua alagoana União dos Palmares, onde nascera em 1893, primeiro para Maceió e depois, sozinho, para Salvador, seguindo o desejo de estudar medicina. Depois foi morar no Rio de Janeiro, onde se formou médico em 1914. Nesse momento, já publicava poesia. Voltou para Maceió em 1915 e, por quinze anos, dividiu-se entre as letras, a política e a medicina. Em 1930, regressou ao Rio de Janeiro, e era em torno do ateliê que montou no centro da cidade para exercitar sua outra paixão, a pintura, que se reunia a melhor safra de escritores de sua terra: José Lins do Rego e Graciliano Ramos, além do mineiro e também poeta Murilo Mendes. Paulo conheceu essa boa turma por intermédio de Jorge de Lima e também de um alagoano ainda pouco ilustre, mas igualmente brilhante e muito bem relacionado, Aurélio Buarque de Holanda.

Ainda em março de 1941, Paulo Rónai conheceu Murilo Mendes na casa de Jorge de Lima, ambos convidados para um almoço frugal. Murilo era um dos amigos mais próximos de Jorge; em 1935 os dois haviam publicado juntos *Tempo e eternidade*, uma reunião de poemas que buscava "a restauração da poesia em Cristo" e que representou um dos principais eventos da renovação da literatura cristã no país, movimento do qual fizeram parte poetas como Augusto Frederico Schmidt. Paulo recebeu dos novos amigos boa parte da produção deles em exemplares autografados. Em *O visionário*, lançado nesse mesmo ano de 1941, Murilo Mendes escreveu: "A Paulo Rónai, afetuosamente, M.M.".

As dedicatórias nos exemplares que Paulo guardava na biblioteca que ia formando no Brasil compõem um índice notável do relacionamento que o húngaro cultivava com os autores nacionais. De Jorge de Lima, já possuía um bom número de títulos autografados. Com a data de 31 de março de 1941, Jorge dedicou a Paulo um exemplar de seu romance *Calunga* (1935): "Ao meu caro amigo Paul Rónai, com um abraço afetuoso, Jorge de Lima". Em outra dedicatória escrita no mesmo dia, agora em *A túnica inconsútil*, série de poemas lançada em 1938, Jorge de Lima escreveu: "Com admiração e grande apreço ofereço a Paul Rónai". Meses depois, o poeta dedicaria a "Paul", como grafava o nome de seu novo amigo húngaro, um volume de *O anjo*, romance de 1934. Todos esses títulos se juntaram a outra obra de Jorge de Lima, esta trazida de Budapeste entre os pouquíssimos exemplares com os quais Paulo Rónai cruzou o Atlântico: *Poemas escolhidos*, publicado em 1932, que reunia sua produção entre 1925 e 1930, embalado por uma bela capa criada por Manuel Bandeira. Nele, na página de rosto, apenas a assinatura de Jorge de Lima e a data de 1935.

O encontro com Jorge de Lima no Brasil foi um reencontro de espíritos afins. À exceção de Ribeiro Couto, com quem Rónai solidificara uma amizade de admiração recíproca, Jorge de Lima era o poeta que mais o impressionara ao organizar a antologia de poemas brasileiros em Budapeste. "Desde o primeiro contato com a poesia de Jorge de Lima, admirei a extraordinária multiplicidade de aspectos com que ela se apresentava. [...] A sua autenticidade parecia-me acima de qualquer dúvida",[14] afirmou Paulo, que somaria a admiração pelo Jorge poeta à admiração pelo Jorge amigo. Também a especial sensibilidade com a condição dos refugiados e com o cenário das guerras, visível em trabalhos do escritor, desde antes estreitara os laços entre Paulo e o poeta brasileiro. Em sua poesia, Jorge lançava um olhar atento para os homens sem lugar que naquela época se multiplicavam em todo mundo — *displaced people* que, como Paulo, cruzavam mares em busca da sobrevivência. "A noite desabou sobre o cais", poema publicado em *Tempo e eternidade*, de 1935, expressa essa compaixão.

A noite desabou sobre o cais
pesada, cor de carvão.
Rangem guindastes na escuridão.
Para onde vão essas naus?
Talvez para as Índias.
Para onde vão.
[...]

A noite desabou sobre o cais
pesada, cor de carvão.
Rangem guindastes na escuridão.
Donde é que vêm essas naus?

Serão caravelas? Serão negreiros?
São caravelas e negreiros.
Há sujos marujos nas caravelas.

Há estrangeiros que ficaram negros
de trabalharem no carvão.
Homens da estiva trabalham, trabalham,
sobem e descem nos porões,
Para onde vão essas naus?

Saltam emigrantes embuçados,
mulheres, crianças na escuridão.
De onde vêm essa gente?
Não há mais terras de Santa Cruz gente valente!
[...]

Para onde vão os degredados,
os que vão trabalhar dentro da noite,
ouvindo ranger esses guindastes?

Capitão-mor que noite escura
desabou sobre o cais,
desabou nesse caos.[15]

Poeta de seu tempo, Jorge de Lima tinha bom trânsito no meio intelectual, artístico e político. Em sua casa, Paulo conheceu personagens de relevo em seus primeiros meses de Rio de Janeiro, como o chanceler Oswaldo Aranha. Esses contatos eram valiosos em seu início de vida na nova terra, uma vez que Paulo precisava, além de construir laços profissionais e fraternais, de ajuda prática para resolver impasses burocráticos. Foi inclusive por essa razão que procurava Carlos Drummond de Andrade com assiduidade. O poeta descreveria em uma crônica, anos mais tarde, o primeiro encontro com Rónai:

> Lembro-me daquele dia de 1941, em que um senhor baixo, de óculos, cortês e sóbrio, se fez anunciar no salão do 16º andar do Edifício Rex, onde trabalhava este escrevinhador. Exprimia-se calma e corretamente em português, e entendia perfeitamente o que se lhe dizia. [...] Assim, ele não só aprendera na Hungria o português, como a nossa maneira de falar essa língua. Os motivos pessoais de angústia que trazia da Europa não afetariam esse abrasileiramento progressivo, semelhante a um crescer pacífico de árvore.[16]

Drummond, como chefe de gabinete do ministro da Educação, Gustavo Capanema, desde sua posse em 1934, era o elo entre o governo de Getúlio Vargas e os artistas e intelectuais, através das ações empreendidas pelo Ministério.[17]

Àquela altura, Rónai já sabia alguma coisa sobre os mecanismos de funcionamento do governo, quanto a articulação com figuras ligadas ao poder era decisiva quando se tratava de desembaraçar assuntos oficiais no país. Paulo insistia em procurar Drummond também por essa razão, buscando uma ajuda no processo de validação de seus diplomas europeus. O poeta mostrou imediata disposição em ajudá-lo e acompanhou de perto todo o trâmite burocrático. Mas não foi apenas as necessidades de Paulo o que uniu os dois. A amizade que nasceu desse encontro se intensificaria com o tempo, tornando-os parceiros nas letras e também grandes amigos.

No fim de março, por indicação do ministro Capanema, Paulo foi ao Instituto Nacional do Livro conversar com o escritor, poeta e ensaísta gaúcho Augusto Meyer, diretor do órgão desde sua criação, em dezembro de 1937. Naquele momento, os principais objetivos da instituição eram editar livros que estivessem alinhados com a ideologia do Estado Novo e enaltecessem e afirmassem a identidade nacional. O órgão pretendia lançar uma enciclopédia e um dicionário nacionais. Paulo em breve se aproximaria desses projetos, que, no entanto, nunca seriam concluídos. O Instituto Nacional do Livro também tinha entre suas atribuições ampliar o número de bibliotecas públicas no país, e, ao longo do regime do Estado Novo (1937-45), contou com a colaboração de intelectuais como Sérgio Buarque de Holanda e Mário de Andrade.

Enquanto as condições da vinculação de Paulo com o Instituto Nacional do Livro não se definiam, ele continuou visitando instituições que lhe pareciam centrais para seu trabalho, como a Associação Brasileira de Imprensa e a Biblioteca Nacional. Numa tarde em que trabalhava em suas traduções instalado em uma mesa da Biblioteca Nacional, recebeu do presidente da casa duas edições de Manuel Bandeira: *Estrela da manhã*, de 1936, e *Lira dos cinquent'anos*, de 1940. Nesse dia, à tarde, fez pequenas compras na rua do Ouvidor e na rua São José, e foi até um alfaiate para encomendar um terno novo. Mais fresco.

Já de posse dos exemplares de Bandeira, ainda em março Paulo teve a oportunidade de conhecê-lo em um jantar na casa de Ribeiro Couto, em que compareceram também os poetas Cassiano Ricardo e Menotti del Picchia, ambos intelectuais bem posicionados no cenário literário, assim como nos círculos da imprensa e do governo. Cassiano dirigia o jornal governista *A Manhã* e Menotti, que atuava no governo, assumiria no ano seguinte, em São Paulo, a redação de outro jornal, *A Noite*.

Eram tempos contraditórios, em que intelectuais muitas vezes opostos aos ditames do governo Vargas aderiam ao sistema assumindo cargos em empresas incorporadas à União — além dos jornais, a Rádio Nacional — e ao próprio governo, fosse no Ministério da Educação, por meio dos projetos que desenvolvia, ligados a áreas da cultura (arquitetura, folclore, patrimônio, fotografia, literatura), fosse em cargos do próprio sistema, como aconteceria com poetas como Menotti, Cassiano e Adalgisa Nery. Os três trabalhavam no Departamento de Imprensa e Propaganda, o afamado e temido DIP, que teve sua gênese em 1931 com a criação do Departamento Oficial de Publicidade (DOP), sendo sucedido pelo Departamento de Propaganda e Difusão Cultural (DPDC) e pelo Departamento Nacional de Propaganda (DNP), criado em 1938, ano da implantação do regime. O DIP assumiu feições mais coercitivas a partir de 1939, ao ganhar autonomia e ampliar suas atividades sob a nova designação. Vinculado diretamente à Presidência da República e investido de forma bastante enfática na propaganda e no controle da vida cultural brasileira, o DIP atuava de forma muito atenta a todos os meios de comunicação, que passaram a sofrer censura e interdições, resultando até mesmo no fechamento de alguns veículos. O jornal *O Estado de S. Paulo*, por exemplo, foi interditado e expropriado por cinco anos, a partir da invasão de sua redação em março de 1940, sob a justificativa de sufocar uma suposta conspiração armada contra o governo.[18] Esse espírito ambíguo pairava em diversos ambientes. A Academia Brasileira de Letras (ABL) refletia o trânsito costumeiro entre política e intelectualidade, elegendo para suas cadeiras não apenas grande número de intelectuais que participavam do governo, como também o próprio presidente Vargas, eleito em 7 de agosto de 1941[19] para a cadeira 37, mesmo sem ter uma obra que justificasse seu assento na casa de Machado de Assis. Como a própria ABL atesta na biografia oficial do acadêmico: "A obra literária do presidente compreendia apenas alguns discursos de natureza política em sua maior parte, que vieram a ser reunidos, muitos sem autoria definida, em *A Nova Política do Brasil*".[20] Getúlio não era escritor, mas um notável, prerrogativa que também norteava as escolhas dos eleitos para a Academia. Nos anos 1940, o elenco de imortalizados pela ABL ajuda a captar a fotografia desse ambiente em que intelectuais e políticos se misturavam em diferentes empreendimentos, entre tensões e aproximações. Parecia haver uma bipartição: o governo que torturava, reprimia e prendia (do qual foram vítimas Graciliano Ramos, preso em 1936, e Monteiro Lobato, em 1941) e o governo que promovia, conciliava, realizava, a exemplo de iniciativas como a construção do edifício do Ministério da Educação e Saúde (também conhecido como Ministério da Educação e Palácio Gustavo Capanema) entre 1935 e 1938; a criação do Instituto Nacional do Livro; e do lançamento de revistas como *Carioca* e *Vamos Ler!*, a primeira focada em cinema, música e rádio, a segunda em literatura. Se mesmo nessa atmosfera ambígua as relações entre intelectuais e governo manifestavam um caráter bastante pessoal, muito disso se devia ao ministro Capanema.

Capanema buscava o convívio, a amizade e a colaboração dos intelectuais, tratando de colocar-se, tanto quanto possível, acima e alheio ao fragor dos combates ideológicos nos quais todos estavam engajados, e que envolviam seu ministério.[21]

Pode-se dizer que a ambiguidade intrínseca ao governo Vargas era também seu sustentáculo. Se o lado ditador de Vargas sufocava ameaças e supostas ameaças ao seu poder, seu lado desenvolvimentista atuava, desde sua chegada à Presidência, em 1930, em prol de mudanças sociais, sobretudo implementando reformas e melhorias nos campos do trabalho e da educação, o que lhe garantiu amplo apoio popular.

Se o avanço dos direitos políticos após o movimento de 1930 foi limitado e sujeito a sérios recuos, o mesmo não se deu com os direitos sociais. Desde o primeiro momento, a liderança que chegou ao poder em 1930 dedicou grande atenção ao problema trabalhista e social. Vasta legislação foi promulgada, culminando na Consolidação das Leis Trabalhistas (CLT) de 1943.[22]

Sob essa falsa atmosfera de normalidade, a repressão e a censura alteravam o universo cultural brasileiro. "Ninguém podia escrever livremente, nem nos jornais, nem nas revistas, nem mesmo em livros; fogueiras deles encheram as ruas e praças, bibliotecas foram vasculhadas e expurgadas, sob o clima de terror que abafava tudo", como sublinha Nelson Werneck Sodré.[23]

Esse mesmo governo foi o responsável pela presença de Paulo Rónai no país, talvez por enxergar no húngaro um homem de valor, que ajudara a desenhar uma boa imagem do Brasil no exterior. Ainda no fim de março, Paulo celebrou com alívio o recebimento da primeira verba de sua bolsa: um cheque de sete contos de réis.

O pagamento da primeira parcela do apoio não o livrou da burocracia que amolava todo estrangeiro recém-chegado ao Brasil. Ele precisou voltar muitas vezes ao Serviço de Registro dos Estrangeiros e ao Gabinete de Identificação. Em letras largas, anotou em seu diário as obrigações que o aguardavam: "1) Certificado consular — *avec les noms des parents, dates etc.* 2) Rua do Lavradio, 84. Gabinete de identificação". Digitais, papéis, carimbos, traduções de documentos, um sem-número de exigências. São muitas idas e vindas aos departamentos responsáveis pela legalização dos emigrantes no país. Pouco depois de sua chegada ao Brasil, foi promulgada a lei 3175 (7 abr. 1941), que conferia ao Serviço de Visto do Ministério da Justiça e dos Negócios Interiores, sediado no Palácio Monroe, plena competência para tratar da entrada de estrangeiros no Brasil. Com isso se afastava o Ministério das Relações Exteriores de tais funções, em um modelo que funcionaria até 1945.

Decreto-lei nº 3175, de 7 de abril de 1941
Restringe a imigração e dá outras providências
o PRESIDENTE DA REPÚBLICA, usando da atribuição que lhe confere o art. 180 da Constituição,
DECRETA:
Art. 1º Fica suspensa a concessão de vistos temporários para a entrada de estrangeiros no Brasil. Excetuam-se os vistos concedidos:
1) a nacionais de Estados americanos,
2) a estrangeiros de outras nacionalidades, desde que provem possuir meios de subsistência.
§ 1º Em qualquer caso, é indispensável que o estrangeiro esteja de direito e de fato autorizado a voltar ao Estado onde obtém o visto, ou ao Estado de que é nacional, dentro do prazo de dois anos a contar da data de sua entrada no território brasileiro.
§ 2º O visto de trânsito a que se refere o art. 25, letra *a*, do decreto nº 3010, de 20 de agosto de 1938, será válido por 60 dias.

Art. 2º Fica suspensa igualmente a concessão de vistos permanentes. Excetuam-se os vistos concedidos:

1) a portugueses e a nacionais de Estados americanos;
2) ao estrangeiro casado com brasileira nata, ou à estrangeira casada com brasileiro nato;
3) aos estrangeiros que tenham filhos nascidos no Brasil;
4) a agricultores ou técnicos rurais que encontrem ocupação na agricultura ou nas indústrias rurais ou se destinem a colonização previamente aprovada pelo Governo Federal;
5) a estrangeiros que provem a transferência para o país, por intermédio do Banco do Brasil, de quantia, em moeda estrangeira, equivalente, no mínimo, a quatrocentos contos de réis;
6) a técnicos de mérito notório especializados em indústria útil ao país e que encontrem no Brasil ocupação adequada;
7) ao estrangeiro que se recomende por suas qualidades eminentes, ou sua excepcional utilidade ao país;
8) aos portadores de licença de retorno;
9) ao estrangeiro que venha em missão oficial do seu governo.

Mesmo já estando no Brasil, Paulo sentiria as consequências do recrudescimento do Ministério da Justiça, uma vez que o decreto também restringia a concessão de vistos para estrangeiros já imigrados. Um ponto do artigo 3º interessaria especificamente a Paulo, uma vez que ficava sob a alçada do Ministério da Justiça:

3) conceder autorização de permanência definitiva na forma do decreto-lei nº 1532, de 23 de agosto de 1939, ou, nos casos não compreendidos no mesmo, mediante autorização prévia do Presidente da República, aos temporários que entraram no país antes da vigência desta lei;

Assim, o périplo para legalizar sua situação no país prosseguiu. Em uma das visitas que fez ao Serviço de Registro de Estrangeiros, Paulo foi informado de que teria que "retificar" seu nome para PAULO, abandonando definitivamente Pál ou mesmo Paul, como muitos o chamavam. Além do registro no país, ele precisava validar seus diplomas para que pudesse exercer a função de professor no Brasil. Para isso, contaria com a ajuda do escritor e também destacado professor de literatura portuguesa Thiers Martins Moreira, que o acompanhou ao Ministério da Educação para encontros com Drummond em fins de abril, dos quais saiu com outra promessa de ajuda e dois livros de presente.

Estar no Brasil naquele momento ainda não era a completa solução para os problemas do jovem húngaro. Aos desafios das documentações a obter, somava-se uma forte desconfiança sobre seu futuro. Pior: sobre o futuro de sua família. Pais, irmãos e sua noiva estavam dispersos. Ainda sem dinheiro, Paulo não dispunha de meios para trazer os parentes para o Brasil, e na Europa a guerra adquiria aspectos mais dramáticos.

6 de abril: Alemanha invade a Iugoslávia.
7 de abril: primeiros bombardeios na Iugoslávia e ingleses sobre a Hungria.

Algumas anotações de seu diário revelam a apreensão contínua do jovem emigrante em sua luta cotidiana por documentos e estabilidade, que muitas vezes redundou em tentativas inglórias. "Dia terrível. Mas não perderei minha coragem!", escreveu em abril. A necessidade de tantas conexões, endereços, contatos fazia com que precisasse manter sua caderneta sempre à mão, tendo o nome de pessoas e instituições que lhe poderiam ser úteis no Brasil. Entre as anotações, um bom contato levava Paulo a diferentes órgãos ligados ao governo: "dr. Raimundo Magalhães Jr. — DIP". Paulo conheceu o jornalista e escritor no departamento de propaganda do governo e com ele estreitaria relações, sobretudo por razões profissionais. O nome de Magalhães[24] aparece em vários registros de sua caderneta.

No entanto, quando a visita era para Aurélio Buarque de Holanda, Paulo dispensava a caderneta, pois logo decorou o endereço de seu apartamento em Copacabana, que passaria a frequentar com assiduidade. Em um desses encontros, o brasileiro lhe fez uma proposta: Paulo poderia lhe dar aulas de latim. A ideia era perfeita. Além de conseguir um primeiro aluno e garantir uma remuneração, Paulo ficaria mais perto do amigo tão disposto a ajudá-lo pessoal e profissionalmente.

Não demorou para que Paulo tivesse um artigo seu publicado na *Revista do Brasil*. "Viajantes húngaros no Brasil", um dos primeiros textos que escrevera em português e que levara para a redação da revista no dia em que conheceu Aurélio, ganharia as páginas da publicação na edição de agosto daquele ano. Em 26 de abril, o pequeno artigo "O propósito de Ossian" saiu na revista *Dom Casmurro* e, em 23 de julho, "Literatura da Hungria" seria publicado no *Jornal do Commercio*. "Babits", também sairia em agosto, na *Revista Acadêmica*. Mais tarde, a *Revista do Brasil* publicaria um artigo de Rónai sobre o livro *O cacto roubado*, do escritor tcheco Karel Capek.[25] Paulo começava, assim, a apresentar aos leitores brasileiros escritores ainda pouco conhecidos no país, e muitas vezes desconhecidos.

Em fins de abril, Paulo fixou um calendário de aulas com Aurélio. A nova ocupação o fez se sentir um pouco mais tranquilo, e registrou isso em seu diário. Aurélio, no entanto, não seria aluno dos mais assíduos, cancelando aulas sucessivamente. O primeiro encontro aconteceu em 5 de maio. Paulo chegava sempre pontualíssimo, a aula preparada, exercícios pensados. Aurélio era do tipo mais descansado. Houve uma manhã em que fez o professor esperar seu banho, o ritual de se vestir, para então entrar na sala desfiando um novelo de temas os mais distantes do latim, até que acabaram os dois na mesa de almoço, sem latim algum. Repetidas vezes Paulo começava o dia anotando em seu diário na primeira hora da manhã: "*Dr. Aurélio ne prend pas de leçon*". Em maio, foram cinco aulas canceladas. Porém, quando ocorriam, os encontros rendiam muito mais que latim. Na quarta-feira 28 de maio, Paulo sentiu nascer, entre declamações de hexâmetros,[26] a amizade entre os dois. Registrou sua impressão sucinta e delicadamente: "Começamos a nos tornar amigos. Conversa".[27]

Se as lições de latim não avançavam muito, a parceria intelectual ia construindo uma via de mão dupla. De um lado, Paulo transmitia ao amigo seu conhecimento profundo de latim, também de poesia e metrificações, enquanto Aurélio ajudava Rónai com o português, corrigindo artigos e orientando caminhos. Paulo aproveitava para apresentar artigos que começava a produzir já em português e contos de autores internacionais que Aurélio ainda não conhecia. Os dois ainda trocavam impressões sobre línguas pelas quais se interessavam, como espanhol e francês. Mesmo com os frequentes forfaits de Aurélio, os encontros mantiveram-se produtivos e seguiram durante quase todo o ano de 1941. No dia 20 de junho, Paulo mostrou a Aurélio dois contos húngaros que começava a traduzir para o português. O interesse comum dos dois por histórias provenientes do mundo todo renderia, a partir de 1945, a produção da monumental coleção de contos universais *Mar de histórias* e, em 1947, o início da coluna semanal "Conto da Semana", publicada no jornal *Diário de Notícias*, na qual apresentavam aos leitores contos de autores de diversas nacionalidades e de autores brasileiros de diferentes períodos.

Coincidência ou não, foi nesse 28 de maio em que Paulo sentiu nascer a amizade com Aurélio que ele anuncia intimamente: "Decidi começar uma vida nova",[28] resolução que anotou no alto da página de seu diário um dia depois de haver registrado: "Muito abatido".[29] Publicou um anúncio no *Jornal do Brasil*, oferecendo aulas, entre outras, de francês e italiano. Foi como professor particular que Paulo sobreviveu nesses meses iniciais no Brasil, tendo alunos regulares como Aurélio, Mme. Alvári, a quem lecionava húngaro, além de eventuais interessados, aos quais ensinava sobretudo francês.

> nilico.
>
> **Aprenda linguas** e literaturas estrangeiras com professor registrado, doutor de filologia, formado na Universidade de Paris e outras universidades europeias, autor de obras didáticas com proprio método, grande pratica e ótimas referencias. Leciona francês, latim, italiano e alemão a domicilio ou em sua residencia. Laranjeiras — Tel. 25-4223.

Sem um emprego fixo, os dias tornavam-se extenuantes, exigindo que Paulo cumprisse um exaustivo circuito pela cidade. Quase sempre suas atividades começavam cedo e antes das nove ele já estava na casa de Aurélio. Em seguida, partia para a casa de Mme. Alvári, para a segunda aula do dia. Às vezes sem almoço, corria para o Gabinete de Identificação e depois para o Serviço de Registro de Estrangeiros. Buscava alguns contatos, muitas vezes em vão, visitava o DIP e terminava o dia preparando aulas ou lendo livros brasileiros. No fim do dia 15 de maio, por exemplo, em que seguiu esse exato roteiro, mergulhou em *Um lugar ao sol*, de Erico Verissimo.

Os encontros com escritores eram uma constante. Paulo se empenhava em travar e estreitar esses contatos. Em meados de maio, depois de uma caminhada da rua Farani, no Flamengo, até Botafogo para almoçar com Jorge de Lima, e de uma rápida conversa com o pintor romeno Emeric Marcier, amigo de Jorge, Paulo foi até a casa do poeta Augusto Frederico Schmidt conhecê-lo pessoalmente. Àquela altura, a produção literária de Schmidt já era muito bem reconhecida.

No início dos anos 1930, Schmidt já desfrutava de uma significativa carreira como editor quando assumiu a Livraria Católica, em torno da qual se reuniam intelectuais católicos como Alceu Amoroso Lima, Sobral Pinto e Hamilton Nogueira. Um ano depois, nos fundos da livraria, Schmidt abriu a Schmidt Editora, pela qual publicou obras importantes de autores como Gilberto Freyre (*Casa-grande & senzala*), Jorge Amado (*O país do Carnaval*), Graciliano Ramos (*Caetés*), Rachel de Queiroz (*João Miguel*), Lúcio Cardoso (*Maleita*), Marques Rebelo (*Oscarina*) e Vinicius de Moraes (*O caminho para a distância*). Era, portanto, um intelectual com respeitáveis conexões. Schmidt também fazia parte do elenco de poetas que Paulo traduzira para a antologia brasileira que lançou na Hungria e já era admirado por ele. No entanto, o contato mais próximo com o brasileiro e sua obra reacendeu em Paulo o desejo de traduzi-lo. Logo se dedicaria a verter para o latim versos de Schmidt, passando tardes na Biblioteca Nacional ao lado de dicionários para aprimorar sua compreensão do vocabulário português. Em um dos primeiros artigos publicados por Rónai na imprensa brasileira, em 29 de junho de 1941, em *O Jornal*,[30] sob o título "Latinidade na poesia de Augusto Frederico Schmidt", Paulo justificou seu entusiasmo:

> Augusto Frederico Schmidt é, sem dúvida, o mais latino dos poetas modernos e, talvez, não somente do Brasil. Já haviam dado esta impressão alguns dos seus versos anteriores que eu verti para o húngaro — mas nunca a senti tão nitidamente quanto ao ler na *Estrela Solitária* o soneto abaixo. Logo surgiu em mim a tentação de traduzi-lo em latim.[31]

O soneto ao qual se referiu é "Hora vergiliana", poema que Rónai trabalhou na métrica latina. Nesse primeiro artigo que publicou no Brasil tratando da produção literária e poética local, Paulo inicia o texto oferecendo sua visão desse panorama que conhecera um pouco antes, para depois exaltar as qualidades do poeta.

Todos os estrangeiros que vêm ao Brasil admiram deslumbrados a riqueza inesgotável duma natureza pródiga e, ao mesmo tempo, o desenvolvimento assombroso da cultura técnica. Mas poucos europeus enxergaram, até agora, ao lado destes dois milagres, um terceiro que não é, porém, menos admirável. Queremos falar da poesia, cuja viçosa florescência merece a maior atenção, pois constitui uma valiosa contribuição do Brasil ao tesouro universal da arte. Assim foi com um verdadeiro êxtase que descobri, há alguns anos, os tons, os perfumes, as cores novas desta poesia tropical quase totalmente desconhecida na Europa, e que apresentei alguns dos seus produtos mais esplêndidos aos meus patrícios através dum modesto e pequeno volume de traduções. Tomando agora, em terra brasileira, contato mais direto com as letras brasileiras, encontro com renovada delícia outros versos que, embora de absoluta originalidade, respiram o sopro inspirador da poesia clássica e mantêm, num sentido perfeito das proporções e da medida, a mais nobre das tradições. Tal é o caso da obra de Augusto Frederico Schmidt. Apesar de cultivar o verso livre, este grande poeta sabe realizar nas suas criações líricas o equilíbrio perfeito, a pureza serena, a harmonia verbal e estrutural de certas odes de Horácio ou de alguns versos líricos da *Eneida*.[32]

A dedicação à obra de Schmidt tomava os dias de Paulo Rónai.

No fim de maio, mostrou a Aurélio alguns trabalhos seus vertidos para o latim. Antes de partir de Budapeste, Paulo deixara pronta uma antologia latina, bilíngue (latim e húngaro), perpassando mais de 2 mil anos e que seria publicada naquele mesmo ano de 1941.[33] Para além da poesia, Paulo continuava próximo a Schmidt, que parecia entender a sua urgência em conseguir o visto brasileiro para a sua noiva, Magda. Em um jantar em casa, no mês de maio, o poeta apresentou a Rónai amigos que poderiam ajudá-lo com contatos.[34] Nada que rendesse algum avanço.

Ribeiro Couto continuava sendo figura central desse diagrama de relações brasileiras. Paulo já havia se mudado para um quarto em Laranjeiras — na rua Alice, 36 —, quando, em fim de abril, o diplomata lhe fez uma visita surpresa. Queria saber notícias, conversar um pouco, presentear Paulo com um retrato de Machado de Assis e sugerir que fosse conhecer a Livraria Kosmos, na rua do Rosário, no centro da cidade. Paulo já não era um desconhecido, alguns poetas o visitavam, e um dia recebeu Aristeo Seixas, autor de livros como *Pôr de sol*, *Noites de luar* e *Livro de Isa*, que também traduzira na Hungria. Aristeo queria mostrar seus poemas e leu ao crítico alguns de seus versos. Paulo não registrou sua opinião no diário, e sim o incômodo que lhe causou a pergunta que o poeta lhe fez durante um passeio pelo Joá e pela Tijuca após o encontro. "Ele me pergunta sobre a minha religião." O tema rondava Paulo.

No Brasil, o espírito antissemita circulava pelos ambientes mais insuspeitos. Tintas antijudaicas escureciam os discursos até mesmo de intelectuais de franca postura democrática, como Mário de Andrade.[35] Ideias, afinal, são parte de uma composição de circunstâncias históricas e germinam na cultura onde outras ideias e crenças circulam, podendo ali encontrar ou não ressonância. O preconceito dos anos 1940 contra judeus, herdado de um tempo anterior, os anos 1930, resultava, em parte, da postura xenófoba disseminada pelo mundo após a Primeira Guerra, agravada por crises econômicas como a depressão de 1929, que ensejou um protecionismo reativo. Também os nacionalismos asseveravam posturas antissemitas.[36] No caso do Brasil, em que o Estado Novo seguia o modelo inspirado nas ditaduras europeias de direita, alinhando-se à Itália e à Alemanha nos primeiros anos da Segunda Guerra e herdando desses países ideias eugenistas travestidas de ciência, o antissemitismo manifestava-se em ofícios como o do Ministério das Relações Exteriores que restringiu a entrada de judeus no país, e também na correspondência de diversos diplomatas que afirmavam seu pensamento discriminatório. Como presidente da República, Getúlio Vargas, naturalmente, não apenas estava ciente e autorizava tais medidas restritivas, como também comungava do pensamento de que os judeus eram "inassimiláveis" e, portanto, indesejáveis, como reflete a lei de abril de 1941 (lei 3175/41). Getúlio, porém, não teve sua imagem comprometida por essas determinações. "Essas atitudes de Getúlio Vargas foram sempre encobertas por exaltações nacionalistas";[37] ou pelo DIP, que cuidou para que ele nunca assumisse publicamente a política imigratória antissemita adotada pelo Estado Novo.[38]

Nesse ambiente de disfarçada intolerância e também bastante católico em alguns círculos, Paulo viveu outras experiências discretas ao ser interrogado sobre sua condição "religiosa". Uma delas se deu com o poeta Francisco Karam, intelectual com bom trânsito no meio literário e que integrou Rónai em seu círculo de amizades. Foi na casa de Karam, por exemplo, que Paulo conheceu o crítico Andrade Muricy e o escritor Barreto Filho. Em um encontro onde estavam apenas os dois, Paulo e Karam, este de origem libanesa, católico maronita, surgiu a indagação. "Francisco Karam: me pergunta se sou católico." Mais uma vez não é possível saber o que Paulo respondeu, mas o fato de registrar o episódio entre as poucas informações anotadas em seu diário mostra que se tratou de um momento importante para ele. Também mencionou outros episódios que, embora pouco nítidos, revelam o clima de desconforto que circulava no Rio de Janeiro dos anos 1940. Certa vez indagaram a Paulo: "Como você sendo judeu consegue ter a confiança dos meios oficiais?".[39] Se a condição judaica, no entanto, não chegou a representar barreiras adicionais para Paulo Rónai no ambiente intelectual carioca, para sua noiva e familiares significava um perigo crescente na Hungria, e Paulo não tirava da cabeça a ideia de trazê-los para o Brasil. Porém as chances tornavam-se mais remotas, sobretudo após a promulgação da lei 3175,[40] que restringia a entrada de judeus no Brasil.

Com a liberação de seu registro de professor pelo Ministério da Educação, em 7 de maio de 1941, conquista que creditou a Carlos Drummond de Andrade, Thiers Martins e também ao professor, poeta e tradutor Abgar Renault, Paulo deu início a uma peregrinação por colégios do Rio de Janeiro onde tentava se empregar como professor de línguas. Procurou primeiro o Liceu Franco-Brasileiro, onde lhe pediram uma série de documentos e referências. No dia seguinte, 14 de maio, voltou à instituição, levando a papelada necessária mais um conjunto de documentos expedidos na França e na Hungria. Pediram-lhe ainda uma carta de Leprévost, diplomata francês que Paulo conhecera em Budapeste e que estava servindo no Brasil.[41] Ainda sem emprego acertado, Paulo tentou o Liceu Anglo-Americano, o Colégio Benjamin Batista e o Ginásio Metropolitano. Em 9 de junho, recebeu uma resposta positiva do Liceu Francês e acertou com eles três aulas semanais de latim para os alunos da instituição, no bairro de Laranjeiras. Semanas depois, no dia 26, outra boa notícia. Por telefone, o diretor do Liceu Metropolitano, no Méier, subúrbio carioca, informou que o estava contratando para sete aulas semanais de francês.

Quando não estava em sala de aula, tarefa à qual se dedicava quase sempre no período da manhã, Paulo podia ser encontrado na casa de seus alunos particulares, como Teresa Maria Graça Aranha, filha do diplomata Graça Aranha, e sobretudo na dos amigos Aurélio, Jorge de Lima, Cecília Meireles e José Lins do Rego. Paulo se empenhava em conhecer a obra de todos eles, a literatura se convertendo em uma dupla oportunidade de engajamento; ela ajudava Paulo a estreitar vínculos com seus amigos escritores e o aproximava de temas brasileiros e da língua local. Paulo tinha o hábito de anotar e estudar o vocabulário dos livros que lia, registrando tudo em seu diário. Com Jorge de Lima se encontrou algumas vezes para discutir o vocabulário de seu *Calunga*.

A lista de obras brasileiras lidas por Paulo era variada, indo desde clássicos como *O mulato*, de Aluísio Azevedo, *O Ateneu*, de Raul Pompeia, *Os sertões*, de Euclides da Cunha, e *Quincas Borba*, de Machado de Assis, até títulos de seus contemporâneos, como *Um lugar ao sol* e *Música ao longe*, de Erico Verissimo, *Salomé*, de Menotti del Picchia, e *Pedra Bonita*, de José Lins do Rego, exemplar que recebeu do próprio autor no começo de maio.

José Lins do Rego teve papel importante na vida do jovem húngaro. Foi na tarde de 31 de maio que o escritor apresentou Rónai a José Olympio, o editor visionário do interior paulista que havia se transferido para o Rio de Janeiro sete anos antes e que rapidamente se firmara como um catalisador de grandes escritores nacionais. Filho de uma paulista e um baiano, José Olympio havia resultado, na definição de Rónai, numa "feliz combinação da visão do baiano caloroso e imaginativo com a energia do paulista sério, positivo e trabalhador".[42] No começo dos anos 1930, José Lins do Rego foi uma das maiores apostas — e acertos — do editor.[43] Desde então, tornaram-se amigos próximos, e era na editora de José Olympio que José

Lins passava quase todas as tardes. Ao lado da caixa registradora, costumava redigir, de pé, em um pedaço de papel, o artigo que a imprensa publicaria no dia seguinte.[44]

O escritório do editor estava instalado no número 110 da rua do Ouvidor, num simpático imóvel art déco. Na época já faziam parte do catálogo da editora escritores como Jorge Amado, Graciliano Ramos, Rachel de Queiroz e Gilberto Freyre, também frequentadores do endereço, os dois primeiros com maior assiduidade. A eles se juntavam os ilustradores Tomás Santa Rosa e Luís Jardim, o escritor Otávio Tarquínio, o poeta Murilo Mendes e o historiador Nelson Werneck Sodré. Às tardes ainda era possível encontrar nos fundos da loja — para evitar que os debates intelectuais por vezes acalorados afugentassem os fregueses, José Olympio transferira seu escritório para o andar de cima da loja, liberando os fundos para os amigos que o visitavam — personagens como Aníbal Machado, Marques Rebelo, Peregrino Júnior, Lúcio Cardoso, Gastão Cruls, Lúcia Miguel Pereira, Adalgisa Nery, Emeric Marcier, Aurélio Buarque de Holanda e, a partir de então, Paulo Rónai.

A Livraria José Olympio e seu proprietário aparecem com frequência nas anotações de Paulo, uma vez que os encontros no local e as conversas com o editor passaram a ser cotidianos. A Kosmos era outra livraria que integrava seu roteiro. Já na Livraria São José, muito frequentada por José Lins do Rego e Raimundo Magalhães Jr., Rónai encontrava sempre uma boa seleção de títulos franceses, como *Le Rêve*, de Zola, que comprou em uma de suas passagens por lá. Também frequentava regularmente a Editora Nacional, comandada pelo experiente Octalles Marcondes Ferreira, ex-sócio de Monteiro Lobato na empresa e que fizera da casa editorial um sólido negócio dirigido a edições didáticas e obras gerais. Paulo comparecia ao escritório da Editora Nacional para acertar serviços de tradução, e não demoraria para que ele começasse, como já fizera na Hungria, a trabalhar regularmente para outras importantes casas do mercado editorial, graças à rede de amigos, editores e escritores que vinha tecendo.

Havia um intenso trânsito intelectual no Rio de Janeiro interligando livrarias, editoras, redações de jornais, revistas e instituições oficiais como o DIP e o Instituto Nacional do Livro, reflexo do cruzamento das atividades dos intelectuais da época, que se desdobravam entre produzir literatura, colaborar na imprensa e seus próprios empregos, quando tinham um. Caso, por exemplo, de escritores como Augusto Frederico Schmidt, Aurélio Buarque de Holanda, Francisco de Assis Barbosa, Odylo Costa Filho, Austregésilo de Athayde, Marques Rebelo, Peregrino Júnior, Augusto Meyer, Menotti del Picchia. Existia, assim, uma verdadeira rede que unia instituições oficiais e intelectuais de renome, que não se furtavam em trabalhar para veículos ligados ao governo, caso de alguns jornais e revistas, para o DIP ou mesmo participar de ações do Ministério da Cultura, o que pode ser explicado pelo entendimento de que "a crença na força da arte e da cultura talvez fosse, naqueles anos, a única forma de legitimar o convívio entre os intelectuais e o Estado Novo".[45]

Para além da observação política, o ambiente era muito propício para que Paulo Rónai, apoiado por seus contatos com a diplomacia brasileira, escritores e jornalistas, efetivasse sua integração profissional e pessoal. Além do mais, era admirado e valorizado por suas virtudes intelectuais, pela personalidade afável e invejável determinação para realizar seu projeto de engajamento e reconstrução da vida no novo país.

Em abril de 1941, escrevera a Cassiano Ricardo mencionando a grata lembrança do encontro que tiveram e lembrando o amigo sobre a promessa de lhe enviar um exemplar de *Martim Cererê*, primeira obra do escritor, publicada em 1928. Paulo estava interessado em conhecer a produção modernista de

Cassiano e pediu-lhe ainda que não se esquecesse da dedicatória. Desculpou-se pelos erros e pelas incorreções de linguagem cometidos na carta, mesmo não havendo nenhum, e despediu-se com "respeitosas saudações do seu tradutor e admirador".[46] Paulo guardava cópias de praticamente todas as cartas que enviava a escritores agradecendo pelos livros recebidos. Em agosto, fez um agradecimento especial ao escritor e jornalista de Porto Alegre Manoelito de Ornellas, que havia lhe mandado dezenas de volumes, "uma verdadeira biblioteca", sua "primeira alegria de refugiado [...]. Há um tempo que manifestações de hospitalidade brasileira não me surpreendem mais, porém o gesto de alta cortesia e cordial compreensão com que quis honrar-me após tão breve e superficial conhecimento, deixou-me quase espantado",[47] escreveu Paulo. É que talvez ele ainda não se desse conta de quanto já era estimado e respeitado no meio intelectual brasileiro.

Em setembro, Paulo escreveu a Adalgisa Nery agradecendo o envio do livro *A mulher ausente*, ao qual dedicou comentários elogiosos, reconhecendo as "altas qualidades artísticas" da escritora, que disse já ter entrevisto "no longínquo recanto da Europa: elevado sentido social, poderoso egocentrismo dentro duma espécie de atmosfera cósmica, empolgante expressão sensual e, acima de tudo, vigor estranho, força mais que viril".[48] Paulo, que publicara um poema de Adalgisa na antologia de poesias brasileiras que lançara na Hungria, disse que gostaria de se encontrar com a escritora para conversarem sobre sua obra poética e projetos, e que pensava em incluir vários poemas dela em uma segunda edição da antologia de poetas brasileiros que pretendia lançar (e que não se concretizaria). Ao se despedir, mais uma vez pediu desculpas por seu "português precário", que nada tinha de imperfeito.

A troca de cartas com a família era mais frequente. Em junho, Paulo registrou no diário haver recebido treze cartas só naquele mês: seis vindas da Turquia, de sua irmã Catarina e de seu irmão Jorge; e sete da Hungria, duas de Magda e cinco da casa dos pais.

Com Ribeiro Couto manteria intensa correspondência a vida toda. Nos dias em que o diplomata se encontrava no Rio, porém, os dois dispensavam as cartas e se encontravam, entre outras ocasiões, nos jantares oferecidos pelo diplomata aos quais compareciam amigos como Manuel Bandeira, Ascenso Ferreira, Francisco de Assis Barbosa, Peregrino Júnior. Em 1941, Paulo enviou apenas uma carta a Ribeiro Couto. Depois de tentativas sem êxito de falar com o amigo ao telefone, Paulo escreveu-lhe em 15 de julho, adicionando ao envelope um recorte de jornal com um artigo que escrevera sobre os livros do diplomata-poeta para uma revista em Budapeste[49] e um convite pessoal para que Ribeiro Couto fosse assistir à conferência que Rónai faria na Academia Brasileira de Letras dali a poucos dias. Paulo também mandou notícias suas.

Sabendo com quanta amabilidade se interessa pela minha sorte, apresso-me de comunicar-lhe que comecei minhas aulas de latim no Liceu Francês e, além disso, fui contratado por um ginásio do Meyer [sic] como professor de francês. Assim a minha situação está resolvida. Que país admirável onde isso foi possível em tão pouco tempo! E como estou reconhecido ao Amigo que possibilitara a minha entrada aqui![50]

De fato, uma proeza. Quatro meses após sua chegada, Paulo Rónai já estava empregado e dominava inteiramente o português escrito e falado, o que lhe permitiu aceitar o desafio de proferir uma conferência na Academia Brasileira de Letras na língua local. Às cinco e meia da tarde de 22 de julho sua apresentação sobre literatura húngara teve início no Salão Nobre da instituição, dentro da série Panorama de literaturas contemporâneas. O evento, presidido pelo acadêmico, jurista e ensaísta Levi Carneiro, foi prestigiado. Paulo fez questão de registrar a lista de amigos e ilustres presentes: "Alvári, Bolgár, Fayer, Munk, Lukács, Spritz, os Szenes, os Bernheim, Lobo Vilela, Ramiro, Souza de Andrade, Amorim, Jorge de Lima, Tasso da Silveira, Andrade Muricy, Augusto Frederico Schmidt, Ribeiro Couto, Carlos Drummond de Andrade, Dante Costa, Francisco Assis Barbosa, Manuel Bandeira, Miguel Osório de Almeida, Claudio de Souza (presidente do Pen Club)".

A edição do *Correio da Manhã* de 23 de julho publicou uma pequena cobertura da palestra, apresentando Paulo Rónai como um escritor magiar membro do Pen Club Internacional.

> O sr. Paulo Rónai falou em português e produziu uma conferência muito agradável, bem interessante. Em maneira amena passou em revista a literatura contemporânea da sua pátria, destacando as principais figuras, cuja obra analisou com profundeza, e narrando fatos para formar o ambiente da vida cultural da velha nação de S. Estevão.[51]

A reportagem mencionou os nomes trazidos por Rónai em sua apresentação, como o do poeta romântico Sándor Petöfi, dos escritores Ferenc Herczeg, Szigmond Moricz e Ferenc Molnár, com destaque para o poeta Endre Ady. E concluiu: "Foi excelente a impressão produzida pela conferência do distinto homem de letras húngaro".

Os caminhos que Paulo ia abrindo não o desviavam, contudo, de seu objetivo mais urgente: trazer Magda para o Brasil. Não havia dia em que não refletisse sobre a situação da noiva, buscando maneiras de tirá-la da Hungria. Amigos e pessoas próximas do governo entendiam que, antes de mais nada, Paulo deveria se casar com ela por correspondência. Ele recorria a

Paulo Rónai na conferência da ABL, junho de 1941. Ao lado dele, Levi Carneiro. Na plateia, mais à esquerda e ao fundo, entre as duas mulheres de chapéu, Carlos Drummond de Andrade.

todos, Cecília Meireles inclusive, mas ninguém dispunha de meios concretos para ajudá-lo. O poeta e editor Augusto Frederico Schmidt continuou lhe dando alguma esperança e prometendo apoiá-lo. Paulo, então, decidiu escrever ao presidente da República. Aurélio revisou a carta em 29 de julho, Paulo entregou uma cópia a Schmidt e, conforme anotou em seu diário, tentaria também contato com a primeira-dama, Darcy Vargas.

Rio de Janeiro, 6 de agosto de 1941

Excelentíssimo Senhor Presidente da República:

O autor da presente, professor e escritor húngaro, estabelecido no Brasil em caráter permanente, pede a preciosa atenção de Vossa Excelência para um modesto pedido que a Vossa Excelência deseja fazer.

Atrevo-me a recorrer a Vossa Excelência porque já tive ocasião de experimentar o seu benévolo interesse. Em 1939, tivera eu o prazer de enviar a Vossa Excelência, por intermédio de S. Excia. o sr. Otávio Fialho, ministro do Brasil na Hungria, um exemplar de minha antologia de poetas brasileiros, em língua húngara — BRAZILIA ÜZEN —, e Vossa Excelência me fez a grande honra de agradecer a oferta, constituindo para mim a sua bondosa carta o testemunho mais grato e mais elevado da compreensão dos meus modestos esforços por parte da elite brasileira.

Após ter publicado, ainda, vários estudos sobre a literatura do Brasil, e traduções de obras brasileiras, fui honrado com um convite da Divisão de Cooperação Intelectual do Ministério das Relações Exteriores para estudar de perto um país que já de longe admirava.

Recebido com simpatia nos meios intelectuais, auxiliado pelas autoridades, encontrei aqui um ambiente extremamente favorável aos trabalhos que projeto: um livro sobre a civilização brasileira, uma reedição ampliada de minha antologia, um dicionário húngaro-brasileiro[52] e outros.

Achei, assim, nesse país hospitaleiro, todas as condições objetivas duma atividade intelectual. Mas, apesar de assegurados os meios de vida, não me é ainda possível dar começo à execução de tão interessante programa. Tenho o espírito tomado por incessantes preocupações. É que deixei na Europa, em condições incertíssimas, a pessoa que me é mais cara, minha noiva e colaboradora. Estou certo de que Vossa Excelência, que tão plenamente encarna a faculdade compreensiva, a bondade natural e a riqueza sentimental do brasileiro, compreenderá quanto é amargo, para quem os afetos têm maior importância na vida, viver assim separado de sua companheira.

Por isso peço a Vossa Excelência o extremo favor de conceder entrada no Brasil a minha noiva, srta. MAGDA PÉTER, de nacionalidade húngara, com quem desejo casar-me logo após sua chegada.

Seria isto, para mim, nova e mais tocante manifestação da excepcional generosidade de Vossa Excelência para com um admirador e amigo do Brasil.

Peço a um tempo, desculpa a Vossa Excelência, por não lhe escrever nos moldes castiços de estilo pois esta carta foi redigida por mim numa língua cujos admiráveis recursos estou ainda longe de manejar com certeza, e firmo-me com sincera gratidão e veneração profunda.

Paulo Rónai
(Rua Alice, 36-A)[53]

A carta destinada a Getúlio Vargas é outro documento que ajuda a delinear a situação de Paulo Rónai no Brasil. Mesmo dizendo, com exagerada modéstia, que estava longe de manejar os recursos do idioma, descrevia um cenário favorável de trabalho, fruto de suas articulações, e, sobretudo, acentuava a determinação de permanecer no país, onde se dizia estabelecido "em caráter permanente".

Dois meses antes, em carta endereçada ao diplomata Otávio Fialho, que permanecia em Budapeste, Paulo havia narrado toda a boa atmosfera de recepção que encontrara aqui e a facilidade com que se adaptava ao Brasil — mesmo que em suas anotações diárias ele mostrasse desânimo e medo. Além do contato travado com diversos nomes da literatura brasileira, Paulo contou estar escrevendo para alguns periódicos, como a *Revista do Brasil*, lecionando em um ginásio, dando aulas particulares e ainda tendo tempo para frequentar a Biblioteca Nacional e reuniões literárias. Seguia aprimorando o conhecimento do português. "Já vi muitos intelectuais de grande prestígio, como os srs. Afrânio Peixoto, Levi Carneiro, Graça Aranha, Carlos Drummond de Andrade, Cassiano Ricardo, Manuel Bandeira e outros. À medida que aprendo a língua, a sua companhia torna-se para mim cada vez mais interessante e proveitosa."[54] Na mesma carta, Paulo diz ter ido ao Ministério das Relações Exteriores e obtido ali recomendações para contatar "personalidades de destaque" e que, no Ministério da Educação, conseguira validar seus diplomas, obtendo o direito de lecionar no Brasil. Estava satisfeito, mesmo já experimentando na pele o significado da palavra "saudade".

Apesar de começar a sentir saudades da minha terra e da minha família, estou sempre e cada vez mais sob o golpe da primeira impressão. O meu deslumbramento em frente da beleza do Rio de Janeiro não passou ainda e, provavelmente, nunca há de passar. Quase que tenho a impressão que sempre tinha vivido aqui — o que demonstra bastante quanto me sinto bem. Está-me parecendo que em nenhum outro país ter-me-ia ambientado tão depressa, este pensamento de novo me lembra a gratidão profunda que devo a Vossa Excelência.[55]

Paulo mantinha comunicação constante com Fialho, informando-o de seus passos no Brasil, suas produções intelectuais, empregos, conexões. O diplomata constituía um elo fundamental entre as autoridades brasileiras e húngaras na articulação para trazer Magda ao Brasil.

Também era relevante o apoio oficial húngaro. Em setembro, a Legação Real da Hungria escreveu ao Ministério das Relações Exteriores do Brasil relatando a situação integrada de Paulo Rónai. "O professor Rónai, já devidamente registrado no Ministério de Educação e Saúde Pública, no Ministério do Trabalho e na Prefeitura do Distrito Federal, está contratado pelo

Liceu Franco-Brasileiro e pelo Ginásio Metropolitano desta capital", sublinhava a carta de 22 de setembro, que enumerava os artigos que Paulo produzira sobre o Brasil e aqueles que publicara em jornais húngaros, suas traduções de escritores húngaros para o português, além de citar a concorrida conferência feita na ABL meses antes. "Esta Legação não conhece outra pessoa que tenha desenvolvido trabalho tão assíduo e profícuo em prol do interesse cultural entre os dois países", dizia o documento húngaro. O pedido para o visto de Magda aparecia em seguida, creditando à noiva o papel de auxiliar de Rónai nos trabalhos referidos, a fim de reforçar a justificativa.

A boa adaptação de Paulo ao Brasil não o distanciou de sua Hungria natal. Nomes de amigos que ainda estavam em Budapeste aparecem constantemente em seu diário e nas cartas que enviava e recebia. Também acompanhava de perto a marcha da guerra em seu país, vivendo um momento dramático. Enquanto vivenciava as relações sociais no novo país como uma espécie de segunda pele, sua pele original estava dilacerada, em carne viva. Angustiado, sozinho, sentia a responsabilidade pela salvação de sua família. Culpava-se por estar salvo em terras brasileiras, enquanto seus pais, irmãos e sua noiva corriam perigo.

A Hungria permanecia próxima também no papel, sendo tema recorrente dos artigos e ensaios que escreveu em seus primeiros tempos de Brasil. Em setembro de 1941, narrou a larga vivência de sua juventude passada nos cafés de Budapeste no artigo "Budapeste, a cidade dos cafés", publicado na revista *Diretrizes*. Depois, "Saudade brasileira e saudade húngara", ensaio publicado na *Rio Magazine*. Paulo também traduziu pequenos contos de autores húngaros. O primeiro, "As joias da família", de Alexandre Hunyady, saiu na edição de 29 de maio da revista *Vamos Ler!*. De Ferenc Molnár, publicou o conto "O boneco de neve" na revista *Dom Casmurro* de 12 de setembro. O conto "A superstição", de Zsolt Harsányi, saiu na

163

Diretrizes de 17 de julho e "Auréola cinzenta", de Kosztolányi, também em julho, na *Revista do Brasil*.

Artigos, resenhas e traduções de Paulo continuavam sendo publicados na *Nouvelle Revue de Hongrie*, na revista *Új Idők*, na *Gazette de Hongrie*. Tratava-se de uma via cultural de mão dupla. Enquanto no Brasil ele apresentava sua cultura e o arcabouço literário magiar, e também de outras origens europeias, em sua terra natal revelava a experiência brasileira em artigos que falavam de sua viagem, como o publicado em abril de 1941,[56] e em resenhas de livros brasileiros, como os de Ribeiro Couto e de José Lins do Rego.[57]

As colaborações de Paulo na imprensa eram ao mesmo tempo uma forma de se integrar ao ambiente intelectual brasileiro e também de garantir alguma renda extra, ainda que muitas vezes de valor quase simbólico. No começo de agosto recebeu os primeiros pagamentos como professor, o que não se mostrou suficiente para lhe garantir segurança financeira nem o envio de dinheiro que pretendia fazer para sua família. Na busca por novos trabalhos, agendou um encontro com Lourival Fontes, diretor do Departamento de Imprensa e Propaganda. Na ocasião, anotou em seu diário: "DIP (prediz vitória alemã)". Parece natural que no órgão criado pela Presidência se confiasse no poder bélico do Reich, ao qual o governo brasileiro estava até então alinhado.

No DIP, apesar da boa recepção, condicionaram qualquer possível trabalho à apresentação de seu registro brasileiro. Poucos dias depois, sua carteira de identidade foi expedida — cinco meses haviam se passado desde sua chegada. As contas o pressionavam. Na última folha de cada mês do diário, ele anotava detalhadamente seus gastos: café, lâmina de barbear, artigos de toalete, assim como livros, selos para cartas, um convite de jantar para Aurélio, bilhete de loteria, táxi, folhas de papel, aluguel do quarto. As receitas não eram muitas: as aulas particulares, os salários de professor, ainda tímidos, e os artigos que escrevia para a imprensa. A contabilidade mostrava que no fim do mês lhe sobrava pouco dinheiro. "Não é sopa", ele concluiu certa vez, usando a expressão que anotara em sua caderneta, ao lado de palavras que ia apreendendo, de expressões que passavam a integrar seu vocabulário: pândega, piada, carnificina, cafezinho, chamego, cangaceiro, pior emenda que soneto, não se deve gastar cera com mau defunto, o que me der na veneta, dobrar o cabo da boa esperança, voltemos à vaca fria. Com essas descobertas linguísticas do cotidiano — misturadas a compromissos, nomes e endereços —, Paulo ia construindo seu dicionário pessoal da língua brasileira.

Já se sentindo preparado para oferecer serviços de tradução do húngaro para o português, em setembro teve aceita a tradução do livro *O romance das vitaminas*, de Estevão Fazekas, pela Companhia Editora Nacional.[58] A publicação sairia no ano

Contas e costuras: Diário de Paulo Rónai, julho de 1941.

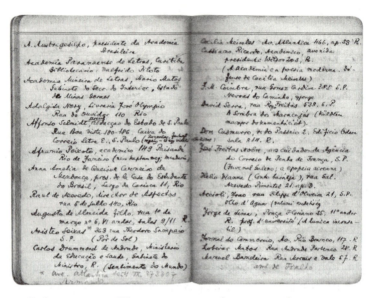

Rede: contatos no Rio que trouxe anotados em sua caderneta, 1941.

seguinte com notas e apresentação de Dante Costa, técnico em alimentação, como informaria uma nota sobre a obra em *Diretrizes*: professor de dietética do Serviço de Alimentação da Previdência Social, do Ministério do Trabalho. Dante também era membro da Société Scientifique d'Hygiène Alimentaire de Paris, conforme informa o prefácio da edição. O livro, primeira tradução do húngaro diretamente para o português, apresenta um panorama histórico e também pitoresco do universo das vitaminas e da alimentação, com abordagem ao mesmo tempo científica e curiosa. O texto, "tão inteligentemente"[59] traduzido por Rónai, é agradável e informativo ao discorrer sobre uma temática cara aos húngaros, que deram grande contribuição à área da ciência médica, sobretudo na identificação da vitamina C pelo bioquímico Szent Györgyi, o que lhe valeu o Prêmio Nobel em 1937.

Paulo continuou traduzindo incansavelmente: do húngaro para o português; do português para o húngaro; das duas línguas para o francês; do francês para o húngaro. Estava determinado: seu projeto brasileiro vingaria e ele se mantinha firme na luta pelo visto de Magda. Até 9 de setembro, Schmidt o ajudou como podia. Neste dia, no entanto, o poeta avisou que seu amigo, alguém próximo do ministro da Justiça, iria se desligar do ministério. A partir de então, Paulo sentiu que Schmidt passava a evitá-lo. Muitas vezes não o recebeu e, ao telefone, dizia--se sempre com pressa. Em seu diário, Paulo anotou com desgosto a esquiva do poeta. No entanto, ainda confiava na ajuda de Schmidt e aguardava, assim, suas iniciativas. Depois de insistir com o amigo sem obter respostas, Paulo buscou outros caminhos. A Schmidt, nunca mais daria a mão.[60]

Novas conexões foram levando Paulo a vias oficiais. Depois de um encontro amável, conforme descreve, com Temístocles Graça Aranha, que chefiava a Divisão de Cooperação Intelectual do Ministério das Relações Exteriores, Paulo conseguiu com que o diplomata encaminhasse a Vasco Leitão da Cunha,[61] chefe de Gabinete do ministro da Justiça e Negócios Interiores, Francisco Campos (no momento afastado por motivos de saúde), uma carta recomendando o visto de Magda Péter. Datado de 23 de outubro de 1941, o documento remetia a uma correspondência anterior, na qual Aranha já havia tratado do assunto e informava sobre dossiê enviado pela Legação Real da Hungria, o que, segundo o diplomata, reforçava a justificativa para que o governo concedesse a Paulo a garantia do visto para sua noiva, com quem se casaria por procuração.

> Tendo o sr. Paul [sic] Rónai, em virtude das suas qualidades eminentes, consolidado a sua posição intelectual e financeira no Brasil, pretende realizar aqui, por instrumento de procuração, o seu casamento, o qual ficara dependente de situação que lhe permitisse efetivar o compromisso assumido perante a noiva, na Hungria. [...]

É natural que esse senhor, antes de concluir ato de tão grave responsabilidade, deseje certificar-se de que a futura esposa poderá obter, uma vez realizado o casamento, visto permanente para o Brasil, onde viria reunir-se ao marido. É o que tenho a honra de consultar Vossa Excelência.[62]

Ainda assim, Paulo não recebeu nenhuma resposta oficial. Em outubro, conseguiu entregar uma nova carta ao ministro interino Vasco Leitão da Cunha, que prometeu consultar Ernani Reis, idealizador, ao lado de Francisco Campos, do sistema de controle de estrangeiros do governo Vargas e responsável pelos despachos do serviço de vistos do Ministério da Justiça. No dia 30 de outubro, Paulo escreveu no diário que Leitão da Cunha faria o dossiê chegar ao presidente. Paulo também pediu ajuda a Otávio Fialho, para quem deixou transbordar sua aflição em uma carta: "Para não morrer de desespero, para continuar a viver e a trabalhar, a gente precisa cada dia dum esforço extraordinário. Para mim, o pensamento de que V.E. pensa em mim com simpatia e continua a me ajudar através duma distância enorme é uma fonte de energia e de conforto".[63]

Enquanto aguardava alguma notícia, Rónai foi assistir a *Cidadão Kane*, de Orson Welles, no Cine Plaza, no centro. No dia seguinte, Cecília Meireles apresentou a ele e ao pintor Árpád Szenes um filme em cores sobre o Carnaval, a que assistiram juntos. Fora das telas, no entanto, as novidades não eram festivas. Depois de algumas audiências com João Neves da Fontoura, político experiente e amigo de Vargas desde tempos remotos no Sul, e naquele momento exercendo um cargo diplomático, Paulo recebeu a notícia de que o presidente havia indeferido o pedido de visto para Magda com base no casamento por correspondência. Paulo se abateu, mas não desistiu e continuou procurando ajeitar a vida: buscou um quarto para alugar, tirou sua carteira de trabalho e foi tentar novamente um emprego no DIP. Não obteve um posto no departamento do governo, mas acertou a publicação do artigo "A European's Impression of Rio in 1941", na primeira edição da revista *Travel in Brazil*, financiada e editada pelo DIP com o intuito de divulgar uma boa imagem do país no exterior. Escrita toda em inglês e ricamente ilustrada com fotografias de qualidade, essa edição contou com Cecília Meireles, responsável pelo editorial do primeiro número e de alguns posteriores, além de Mário de Andrade, Menotti del Picchia, Tasso da Silveira, José Lins do Rego e Sérgio Buarque de Holanda.[64] A colaboração rendeu 200 mil-réis a Paulo, e parte desse valor ele enviou aos pais na Hungria.

Em 6 de dezembro, dois extremos se encontram registrados nas páginas do diário de Paulo: a primeira carta de amor que escreveu a Magda, no acolhimento de seu quarto na rua Alice, em Laranjeiras; e a notícia de que a Inglaterra havia declarado guerra à Hungria, a qual sublinhou com temor. No Rio, seguiram-se dias de calor terrível e chuvas torrenciais. No cenário internacional, Itália e Alemanha declararam guerra aos Estados Unidos.

Paulo sentiu que precisava se apressar para resolver a questão do visto de Magda e, depois de muitas tentativas, conseguiu uma audiência com Leitão da Cunha em 19 de dezembro. Diante do ministro interino, explicou toda a sua situação, mas saiu de lá sem promessas. Em seguida, foi almoçar com Levi Carneiro, a convite do jurista. À tarde cuidou de questões relacionadas à procuração de Magda e, no dia seguinte, compareceu a um banquete oferecido pela ABL, sentando-se depois para um cafezinho com Dante Costa e Peregrino Júnior. Mais tarde, foi até a Livraria José Olympio, onde encontrou os amigos José Lins do Rego e Aurélio Buarque de Holanda.

Como resultado de tantos apelos e da notável eficiência em transitar pelos meandros da burocracia brasileira, no fim do ano Paulo tinha os papéis para o casamento com Magda em ordem. Em meio a um dezembro escaldante, continuava procurando um novo local para morar e, na véspera de Natal, percorreu um longo circuito pela cidade: Ladeira de Santa Teresa, rua Dias de Barros, rua Teresina, Santo Amaro, Pedro Américo. De volta a casa, leu *Bangué*, de José Lins do Rego. No dia de Natal, almoçou com Jorge de Lima e família (a mulher Adila e a filha Teresinha). Os quatro ouviram uma sinfonia de Mozart e conversaram. Paulo foi sozinho ao cinema assistir a *O dragão dengoso*, de Walt Disney, e encerrou a noite em seu quarto na companhia de Emeric Marcier e de um amigo suíço do pintor, entabulando uma boa conversa na varanda até meia-noite.

Os últimos dias do ano continuaram dedicados às providências sobre o destino de sua noiva. A união oficial, porém, não era garantia de uma autorização para a entrada de Magda no Brasil. Conseguir um visto para uma jovem judia sem lastro ou conexões no país não era fácil. Em nova audiência com Leitão da Cunha no dia 26 de dezembro, Paulo foi informado da decisão desfavorável do presidente para o visto de sua noiva. Saiu do encontro mal-humorado. Paulo estava de mudança outra vez para o Flamengo, arrumou as malas e se instalou em um novo quarto que havia encontrado na rua Marquês de Abrantes. No último dia do ano, reuniu-se com Jorge de Lima para uma tarde de conversa e enviou flores a Cecília Meireles e a Ribeiro Couto, amigos que o acolheram tão bem no Brasil.

Era, afinal, nos laços amorosos e de amizade que Paulo poderia recompor sua existência. A esse mesmo caminho de integração — o único possível dentro das circunstâncias — se agarraram tantos outros exilados em busca de um recomeço. Como aponta a filósofa Hannah Arendt, ela mesma parte do grande contingente de *displaced people*, de desterrados pela guerra e pela perseguição nazista, era preciso converter o contexto esgarçado do exílio em experiência fraterna. Em "We Refugees", de 1943, a pensadora alemã compartilha essa visão, aqui interpretada por Celso Lafer:

> [...] para o ser humano, que perdeu seu lugar na comunidade política, perdeu o seu lar e, portanto, a familiaridade da vida cotidiana, perdeu o seu trabalho e, com isso, a confiança de que tem alguma utilidade no mundo, perdeu a sua língua e, dessa maneira, a espontaneidade das reações, a simplicidade dos gestos e a expressão natural dos sentimentos, a sua humanidade só pode ser reconhecida e resgatada pelo acaso imprevisível da amizade, da simpatia, da generosidade ou do amor.[65]

Paulo era alguém verdadeiramente interessado no outro. "Amor e medo se excluem reciprocamente, daí a razão da desesperada procura do amor para viver sem medo", ele ouviu um dia do amigo e pintor romeno Emeric Marcier, também exilado no Brasil. No fim de seu primeiro ano em uma terra tão distante da sua, Paulo podia se sentir inserido em um círculo de amigos. Sua biblioteca estava repleta de livros brasileiros com dedicatórias afetuosas e manifestações de admiração. Sua mesa de trabalho vivia movimentada pela produção de artigos, traduções e roteiro de aulas de idiomas. Já havia aberto até mesmo uma nova pasta para acomodar as correspondências do período. Junto das cartas que recebia, guardava cópias das que enviava e documentos importantes. No início de 1942, Paulo mantém o hábito que o acompanharia por toda a vida. Entre seus documentos, ao lado das cópias das cartas que enviava para obter o visto de Magda e da correspondência de seus irmãos, ele guardava uma folha de papel quase transparente em que se via datilografada, provavelmente por ele próprio, a declaração do escritor austríaco Stefan Zweig, que encerrou seu exílio nos trópicos em 22 de fevereiro de 1942, envenenando-se ao lado de sua mulher, Lotte Altmann, na casa que alugavam em Petrópolis, região serrana do Rio de Janeiro.

Em três pequenos parágrafos, Zweig justifica sua partida. Desde a saída de sua Áustria natal, em 1934, já diante do avanço nazista, Zweig sentia-se um desterrado. Primeiro mudou-se para a Inglaterra, tornou-se cidadão britânico, e em 1940, vendo a Europa encurralada, partiu para Nova York, nos Estados Unidos. Em agosto do mesmo ano, rumou para o Brasil e aqui passou 372 dias, entre viagens sucessivas a Nova York, Buenos Aires e a outros destinos a fim de proferir palestras e cumprir outros compromissos.

A notícia da morte trágica de Zweig logo se espalhou pela capital do país. O editor Abrahão Koogan, da Editora Guanabara, e o advogado Samuel Malamud, duas pessoas próximas do casal e os quais Zweig pediu que avisassem em um bilhete, correram para Petrópolis. Todos estavam em choque. O ato de Zweig, escritor ilustre em todo o mundo, atingia ferozmente os exilados, tamanha a carga simbólica de seu gesto naquele momento. Thomas Mann cravou um questionamento:

> Ele não tinha consciência de sua responsabilidade perante centenas de milhares de pessoas para as quais seu nome era importante e diante das quais sua capitulação provavelmente teria um efeito deprimente? Perante os muitos outros refugiados como ele, mas para os quais o exílio era uma experiência incomparavelmente mais dura que a sua, celebrado como ele era, e sem preocupações materiais?

Sem nunca ter conhecido Stefan Zweig, ainda que circulassem no mesmo ambiente, movido por um sentimento de comunhão espiritual e empatia, Paulo subiu a serra até Petrópolis para acompanhar de perto os acontecimentos. Lá, encontrou o escritor Cláudio de Souza, que era próximo de Zweig, e o jurista e ensaísta Levi Carneiro. Depois de um dia de perplexidade e homenagens, voltou para casa de madrugada. Estava atordoado. Temia acabar da mesma forma, derrotado pela desesperança. Procurou alguns amigos e encontrou em Drummond o acolhimento para aplacar o desespero: "Zweig não conheceu as pessoas certas. Sua história é outra, meu caro amigo".

A "Declaração" escrita por Stefan Zweig antes de cometer suicídio.[66]

O poeta tinha razão. Se fortes semelhanças uniam o trajeto de Zweig e Rónai — ambos filhos do Império Austro-Húngaro, refugiados no Brasil e homens das letras —, traços pessoais e escolhas aparentemente circunstanciais produziram efeitos tão substancialmente opostos quanto a vida e a morte.

Desterro — Identidades em trânsito

Ao longo da Segunda Guerra Mundial, o Brasil recebeu inúmeros refugiados. Muitos anônimos e uns tantos notórios, como o crítico literário austríaco Otto Maria Carpeaux, o dramaturgo polonês Zbigniew Ziembinski, o artista plástico romeno Emeric Marcier, o escritor alemão Anatol Rosenfeld, os fotógrafos franceses Jean Manzon e Marcel Gautherot, a fotógrafa alemã Alice Brill. Também houve quem tenha adotado o país como um abrigo transitório, a exemplo dos escritores Georges Bernanos, Ulrich Becher e Herman Görgen, do ator e diretor teatral Louis Jouvet, e dos pintores Árpád Szenes e Vieira da Silva. Buscando um porto seguro abaixo do Equador, criavam novos modos de vida, sem, no entanto, conseguir fugir do *mal de pays* — saudades de casa, nostalgia.

Mas nostalgia demais pode matar, como atesta o trágico fim de Stefan Zweig. Escritor de renome internacional, Zweig fez do exílio brasileiro o cenário de sua morte voluntária. Sentia-se espiritualmente devastado pela "longa noite" que caíra sobre a Europa, mundo de sua língua e seu "lar espiritual". "Mas depois de sessenta anos precisa-se de forças descomunais para começar tudo de novo. E as minhas se exauriram nestes longos anos de errância sem pátria", como escreveu em seu texto de despedida.

Zweig foi tomado pelo doloroso sentimento de não pertencimento, da alienação: "Em toda parte sou estrangeiro e, na melhor das hipóteses, hóspede",[67] declarou. Vítima de uma "insuportável dor-de-mundo", Stefan Zweig suicidou-se ao lado de Lotte, sua companheira e ex-secretária, ingerindo substâncias letais nunca esclarecidas ("ditaduras abominam autópsias. Também os suicídios"),[68] em sua casa em Petrópolis,[69] em meio à exuberância tropical da Mata Atlântica e apenas quatro dias depois de ter testemunhado a alegria do Carnaval carioca. Com seu ato final, atestava que não havia cenário idílico capaz de aplacar a irremediável melancolia do desterro, o "fígado negro" (*schwarze Leber*). "O exílio é sempre desolador, mesmo no mais aprazível recanto. O trópico viçoso não espanta todas as sombras, o sol nunca basta para secar os náufragos encharcados."[70]

No Brasil, Zweig foi, do início ao fim, um exilado, sem nunca conseguir encontrar uma aderência cultural, social ou afetiva. Não apenas em razão de seu temperamento contido e reservado, mas também por determinadas circunstâncias. Escritor consagrado na Europa, Stefan Zweig gozava de prestígio também no Brasil, governado pelo Estado Novo de Getúlio Vargas desde 1937. Nesse ambiente, o autor austríaco escreveu, em 1941, *Brasil, país do futuro*, exaltando as paisagens naturais e humanas brasileiras, o caráter conciliatório de seu povo, sua harmonia étnica, a junção esplêndida de natureza com desenvolvimento. Um país notável, exaltava em seu livro caloroso, impressionista, ufanista.

Obra de afeição, como Zweig sempre frisou, o livro era fruto de um ânimo e de um entusiasmo indisfarçáveis, nascidos do contato com o país cujo futuro o austríaco previa admirável. A publicação da obra, no entanto, o que era em intenção um gesto de aproximação com o país que o acolhia, tornou-se motivo de um isolamento ainda maior do escritor.

Acusado de propaganda política do governo Vargas, o livro se transformaria imediatamente em objeto de críticas virulentas da imprensa local, sobretudo do *Correio da Manhã*, e de intelectuais brasileiros, ainda que os leitores não lhes dessem ouvidos e o tenham tornado um sucesso comercial. "Mas um êxito com sabor de fiasco."

"Picaretagem" — é o que se diz à boca pequena. Escrito por encomenda é a acusação mais branda. Ninguém fala que a mercadoria de troca foi um visto de residência. Como jornais e jornalistas não ousam criticar o governo pela desumana política migratória, resta o recurso de denegrir aquele que conseguiu uma brecha para entrar, ficar e sobreviver. Em letra de fôrma, saem pesadas críticas ao livro e ao autor. Resguarda-se a musa inspiradora — o país —, desanca-se o autor da ode.[71]

Nas rodas intelectuais, nas revistas, nos jornais, as opiniões eram unânimes: *Brasil, país do futuro* tinha sido encomendado pelo governo Getúlio Vargas. Ainda nos anos 1980, a crença permanecia, comprovada por Alberto Dines na série de entrevistas que fez para a biografia do escritor. Em Jorge Amado, Carlos Drummond de Andrade, Joel Silveira e Rubem Braga, prevalecia a ideia de que o livro de Zweig tinha sido escrito para enaltecer o Brasil do Estado Novo. Apenas o jornalista Samuel Wainer desafinava: "Claro que não foi encomenda. Cá entre nós, difamação e galhofa valem mais do que as obras. Zweig não precisava de nada, no máximo de um visto. Desde Dreyfus, sempre inventam para o judeu uma história suja de ouro e suborno".[72]

O apátrida Zweig tinha resolvido ser patriota com terra alheia, como sublinha seu biógrafo, e pagou um preço alto pela investida. A partir da publicação do livro, tudo em volta de Zweig se transformou, fazendo-o se sentir rejeitado, hostilizado; e o exílio adquiria um sentido ainda mais desolador. "Quem tem pátria e um teto não pode imaginar o padecimento do exilado que vagabundeia a pedir asilo de terra em terra", ele tinha dito ao amigo e escritor Cláudio de Souza, que depois da publicação passou a tratar Zweig com declarado desdém.

No bom estilo europeu e na condição de estranhos no ninho, refugiados veem-se e visitam-se em suas casas. Encontram-se em restaurantes mas não nos cafés da moda. Não fazem parte, não pertencem, estão fora. Compreende-se que Stefan não visite a Taberna da Glória, frequentada pelos jovens intelectuais cariocas e pelo paulista Mário de Andrade sempre que vai à capital federal. Compreende-se que Zweig não frequente os cabarés da Lapa, onde artistas misturam-se a boêmios, compreende-se que não apareça no fim da tarde na Livraria José Olympio, rua do Ouvidor, onde se encontram para dois dedos de prosa os ficcionistas e poetas da nova geração (no fundo, sempre em pé, José Lins do Rego rabisca sua crônica esportiva para *O Globo*). Agastado pela reação ao livro, Stefan Zweig imagina os outros agastados com ele. O que não compreende é a ausência de uma alma sensível capaz de atalhar o enorme mal-entendido que confina o exilado a um exílio maior ainda.[73]

Mantendo-se em excessiva reserva, eram raríssimas as oportunidades que Zweig tinha para se defender publicamente. Em entrevista à revista *Vamos Ler!*, aproveitou para desabafar: "Em quarenta anos de vida literária, orgulho-me de jamais ter escrito um livro por outra razão que não a paixão artística e nunca visei qualquer vantagem pessoal ou interesse econômico".[74]

Tristes e ainda mais recolhidos, Zweig e Lotte, já morando em Petrópolis, para onde se mudaram no fim de 1941, vão se isolando mais e mais.

Com Lotte ao lado, quase dentro, Zweig não podia se envolver, a não ser consigo mesmo. Metido em uma redoma, não tinha condições de transmitir, aproximar ou mediar. Seu deslumbramento pelo Brasil era necessariamente solitário, pessoal, intransferível. Entocado, só podia compartilhar fantasmas. Algo tolhia seu instinto para promover aproximações e cruzar fronteiras. Está diferente, a guerra o assusta, as críticas o intimidam, resta apenas aconchegar-se no "gueto".[75]

Stefan Zweig sofria, talvez, de uma doença de diagnóstico já conhecido: mal de exílio, patologia gerada pela dor do impedimento da volta para casa e marcada pela obsessão do regresso. No século XVII, o jovem cientista suíço Johannes Hoffer estudou alguns casos de rapazes que, ao deixarem suas aldeias para se tratar em hospitais suíços de cidades maiores, foram acometidos de uma tristeza avassaladora.[76] O único remédio parecia ser a possibilidade de retornarem ao lar. Sem um diagnóstico claro, foram, no entanto, autorizados a regressar, e, uma vez em casa, viram-se imediatamente curados. Diante de muitos casos assim, o dr. Hoffer concluiu sua pesquisa com o diagnóstico preciso.

A tese do suíço ganhou repercussão, refutações e desdobramentos. Houve quem associasse a patologia ao clima suíço, a aspectos raciais, à fisiologia ou mesmo a hábitos alimentares. Porém, não demorou a ficar claro que o mal não tinha a geografia como causa.

A anamnésia, o diagnóstico e a etiologia suscitados pelo estudo e observação dessa curiosidade patológica sofreriam refutação ao descobrir-se que o mal não era desgraça própria dos Alpes nem típica da Suíça como a princípio se julgara. Prontuários médicos de soldados da Borgonha e de marinheiros da Bretanha, transportados a terras distantes, e de gente refugiada nas solidões glaciais da Groenlândia patenteavam a semelhança de comportamento com os jovens montanhenses: os sonhos obsessivos, a ansiedade do regresso, numa palavra, a nostalgia.[77]

A nostalgia ganhou eco na voz de inúmeros exilados, mais como lamento e marca dos tempos do que como patologia. No Brasil, o caso de Zweig foi o mais contundente. Um ano antes de morrer, enviou a amigos e familiares um cartão de Ano-Novo com uma estrofe do poema épico *Os Lusíadas* (a 106 do Canto Primeiro), que Camões escrevera quase um século antes das pesquisas do dr. Hoffer:

No mar tanta tormenta, e tanto dano,
Tantas vezes a morte apercebida,
Na terra, tanta guerra, tanto engano,
Tanta necessidade aborrecida:
Onde pode acolher-se um fraco humano,
Onde terá segura a curta vida?
Que não se arme e se indigne o Céu sereno,
Contra um bicho da terra tão pequeno.

O que talvez o médico suíço não tenha conseguido prever em seus estudos sobre o mal de exílio é como ele se tornaria tantas vezes fatal séculos mais tarde.

As proximidades entre Stefan Zweig e Paulo Rónai já são conhecidas: origem, formação, *métier*, exílio. No entanto, os dois viveram de maneira bem distinta a experiência do desterro tropical. Para Zweig, a perda da pátria era insuportável, um estado de esfarelamento da própria identidade. Já Rónai, sem omitir intimamente as dores da expatriação nem deixar de reconhecer todos os desafios dessa condição, optou por assumir a vida no Brasil como uma possibilidade de reconstrução, ciente de sua sorte. Afinal, lutara anos para deixar a Hungria e encontrar um lugar seguro. Zweig, cidadão britânico, escritor célebre, não enfrentara dificuldades para escapar da Europa e circulava na América com liberdade. Mas desde que deixara Viena para trás, em 1934, nunca mais se sentiu com os pés no chão.

Toda forma de imigração já causa em si inevitavelmente uma espécie de perturbação do equilíbrio. Perde-se — e até isso é preciso ter experimentado para compreender — a postura ereta quando não se tem a própria terra debaixo dos pés, torna-se inseguro e desconfiado contra si próprio. [...] Algo da identidade natural com o meu eu original e verdadeiro foi destruído para sempre. Tornei-me mais retraído do que deveria ser, de acordo com a minha natureza, e tenho hoje constantemente a sensação — eu, o velho cosmopolita — de que deveria agradecer por cada porção de ar que inspiro e tiro de um povo estranho.[78]

Zweig reflete sobre sua condição na autobiografia que escreveu, em grande parte, no período em que morou no Brasil. No livro, reconhece quanto se retraiu no país, fator que o levaria a um estado ainda mais depressivo. Paulo, por outro lado, passava os dias em sucessivos encontros, aulas nas escolas e com alunos particulares, almoços com amigos das letras, cafezinhos da tarde e visitas a livrarias com outros mais, jantares na casa de escritores e eventos literários, sempre impulsionado pelo genuíno interesse de se integrar afetiva e efetivamente. Não chegou a refletir em textos sobre sua condição de estrangeiro, mas fez de sua produção e da própria vida um atestado de sua abertura às possibilidades que o Brasil lhe oferecia. Tal disposição pode ser comprovada pelo grande esforço que fez, e em seu resultado bem-sucedido, para engajar-se em uma vida prática de trabalho e de múltiplas atuações profissionais. Paulo dedicou-se a conhecer o país, e a obra que foi construindo se transformou em testemunho desse percurso de assimilação, de seu "processo de adaptação ao meio brasileiro que tão generosamente me acolheu e no qual procurei me integrar".[79] Não foi um processo suave. No primeiro dia de 1942, pouco mais de um mês antes do suicídio de Zweig, ele terminou o dia em um estado que descreveu como de apatia. "Estou abatido fisicamente e moralmente." Havia a ameaça de rompimento das relações diplomáticas entre o Brasil e a Hungria, o que se confirmaria no começo de março; o processo de obtenção do visto de Magda se arrastava e ele não deixava de pensar com apreensão na situação de sua família. Havia ainda o próprio exílio. Apesar de tudo isso, o desânimo não o imobilizou. Se no íntimo Paulo estava atormentado, abalado, socialmente mostrava-se o mesmo homem de ação, trabalhando e aprofundando sempre mais suas relações.

Já Zweig vivia recluso e isolado. Em carta datada de novembro de 1941, enviada ao casal Manfred e Hannah, seus cunhados, o escritor descreveu seu cotidiano em Petrópolis: "Não vou ao teatro há um ano, a um concerto há seis meses, não vejo rigorosamente ninguém há semanas".[80] Zweig gozava de boa situação financeira. Além dos recursos poupados em toda uma bem-sucedida carreira de escritor, com frequência fazia palestras em outros países da América Latina e nos Estados Unidos que lhe garantiam bom rendimento. Já Paulo, contando seus réis, precisava trabalhar muito e, para tanto, fazer conexões, se movimentar. Como estrangeiro, dependia de contatos para tudo, inclusive para lutar pela publicação de seus artigos em revistas, que o ajudava na renda calculada não apenas para sua subsistência, como também para ajudar seus pais na Hungria.

Depois de deitar seu frustrado olhar sobre o "país do futuro", profissionalmente Zweig se voltou para o mundo e para temas europeus, para o "mundo de ontem", como intitulou sua autobiografia, na qual revive os tempos de formação, a efervescência cultural austríaca, o ocaso de guerras, uma Europa que evoca nostalgia. Zweig ligava-se a um tempo e espaço que lhe pareciam irrecuperáveis. A lista de títulos que aventou para a obra revela quanto, para ele, sua vida se resumia ao relato de uma perda: "These days are gone", "Anos irrecuperáveis", "O mundo desaparecido" são alguns deles. Já Paulo mirava o presente, fazia do Brasil e de sua literatura o tema principal de seus estudos e de sua produção sem, no entanto, abandonar sua matriz cultural. Nesse compromisso, o conhecimento do português era um fortíssimo aliado. Para Zweig, aprender um novo idioma aos sessenta anos era algo que não estava em seus planos, talvez até por julgar temporária sua permanência no Brasil. Em mais uma carta a Manfred e Hannah, agora de 21 de fevereiro de 1942, cerca de um mês antes de sua morte, o escritor comenta o assunto:

> Nosso isolamento tem como desvantagem o fato de que meu português não faz progresso algum — há também em mim alguma repressão interior; quando estudei francês, inglês, italiano aos quinze anos de idade, eu sabia que estava fazendo um esforço que valeria por quarenta ou cinquenta anos. Mas por quantos muitos, ou melhor, por quantos poucos anos valeria meu estudo de português?[81]

Tempos depois, já às vésperas do suicídio, Zweig enviou aos cunhados a derradeira carta. "Nós gostamos deste país enormemente, mas aqui sempre tivemos uma vida provisória longe do nosso lar, de nossos amigos e para mim que já estou com sessenta anos a ideia de esperar pelo fim desses tempos terríveis se tornou insuportável."[82] Não se tratava de um ato intempestivo, mas de uma solução para uma vida que julgava insustentável.

Como flores no vaso

No cenário brasileiro dos anos 1940, outro intelectual europeu refletiu sobre o desterro de forma lúcida, crítica, intensa. Em 1939, aos dezenove anos, o filósofo judeu Vilém Flusser abandonou Praga, sua cidade natal, fugindo da perseguição nazista e buscando ter um fim diferente de seu pai, mãe e irmã, todos assassinados em um campo de concentração no início da Segunda Guerra. Fugiu da Europa com a namorada, Edith Barth, e chegou ao Rio de Janeiro em 1940, depois de uma escala na Inglaterra. No Brasil, não teve dificuldades para se adaptar; o desafio maior foi aprender português, idioma do qual não conhecia sequer uma palavra.

Nada, porém, que representasse um grande problema para Flusser, que se misturou depressa ao cenário intelectual brasileiro. Primeiro, passou a escrever com regularidade para *O Estado de S. Paulo*, depois foi convidado para dar aulas de filosofia na Universidade de São Paulo (USP), mesmo sem ter completado seu curso superior. O repertório das colaborações de Flusser para a imprensa local era variado, escrevia sobre comunicação, linguagem, arquitetura, literatura, política. Seus três filhos nasceram e cresceram em São Paulo. "Com Vilém Flusser tudo corre bem — refugiou-se no Brasil, integrou-se, aprofundou-se na compreensão do país, sendo reconhecido e louvado pelos brasileiros, uma das raras histórias de amor correspondido",[83] descreve Alberto Dines. No começo dos anos 1970, com o Brasil vivendo sob a batuta do regime militar, o filósofo decide regressar à Europa, primeiro para Itália, em seguida para França e Alemanha.

Para compreender a experiência de exílio de Vilém Flusser, praticamente simultânea à de Paulo Rónai, o melhor é recorrer ao próprio filósofo tcheco, que em seu livro *Bodenlos: Uma autobiografia filosófica* produziu um dos mais eloquentes depoimentos sobre a experiência da expatriação, transformada, como ele mesmo admitiu, em seu objeto filosófico. Para batizar a obra, escolheu a palavra alemã *bodenlos*, ou seja, "sem chão", "sem fundamento".

Apesar de ter construído uma vida atuante no Brasil, nem por isso Flusser ficou imune aos sentimentos de não pertencimento, de inadequação e isolamento. Dos primeiros anos passados em São Paulo, o tcheco guardava viva a sensação incômoda de um distanciamento ameaçador.

> [...] tal distanciamento criava, de imediato, o seguinte: na medida em que a gente se comportava como os demais imigrantes (e como a burguesia brasileira), a gente se desprezava a si própria, e na medida em que a gente se comportava de forma diferente, a gente se afastava tanto dos imigrantes quanto da burguesia brasileira. E isso reforçava o jogo do pensamento de matar-se. Este o clima existencial dos primeiros anos em São Paulo: os fornos nazistas no horizonte, o suicídio pela frente, os negócios de dia, e a filosofia de noite.[84]

Por que não se matou? Flusser lançou a si mesmo a pergunta, vasculhando respostas em motivos opostos. O primeiro: não se matou por covardia, por medo das dores da morte. O segundo: por extrema coragem, "porque acreditava obscuramente que tinha uma tarefa a cumprir, embora ignorasse qual tarefa".[85] A resposta parece estar ligada ao segundo movimento, o de aceitar uma tarefa cujo desafio era o engajamento, a participação ativa em uma nova realidade. Não apenas assimilação da cultura, mas interação com ela, integração.

Sobre as vivências possíveis quando se dá o encontro com uma nova cultura, Flusser desenha um movimento de diferentes tipos. Partindo do princípio de que existe, de início, a cultura demarcada pelo território de nascimento, a cultura como dado, tout court, a descoberta de outras culturas que não esta fundante provoca o movimento de percepção externa da cultura à qual se pertence. Essa descoberta, experiência de relativamente poucos, como ele sublinha, é o caminho que possibilita transcender sua cultura de origem. A verdadeira descoberta de outra cultura não significa tão somente ter informações sobre ela, mas, sim, imbuído de certo despojamento, aceitá-la de modo verdadeiro como alternativa à cultura de origem. Só então haverá a possibilidade de uma consequente transcendência da cultura original. A partir desse movimento, instala-se o que Flusser denomina como falta de fundamento: "Uma vez transcendida a própria cultura (isto é, na situação de falta de fundamento), a gente passa a pairar por cima de um conjunto complexo de várias culturas, e a gente se vê a si própria assim pairando" — o que impele o processo de autoalienação, "constante abandono do próprio 'eu'". [86]

Uma terceira via seria a substituição da cultura de origem pela nova, sua adoção. No interior do imigrante duas culturas encontram-se em choque, e a assimilação e a troca se apresentam como caminho de conciliação e sobrevivência. Assim, desenha-se uma operação em que, gradativamente, o imigrante vai sintetizando dentro de si as duas culturas que o habitam e, num ritmo cadenciado, uma realidade, a da cultura que absorve e é absorvida, vai ampliando seu espaço. Dessa maneira, "a 'nova cultura' é vivenciada como a paulatina penetração de uma realidade". [87]

Flusser nega, porém, esses itinerários em sua experiência própria, revelando uma vivência distinta.

Nos primeiros dez anos de vida brasileira, a cultura do país era para a gente uma entre muitas, que a gente observava a partir da distância proporcionada pela falta de fundamento.

E, subitamente, a gente tomou a decisão (*Entschluss*) de engajar-se nela, de forma que a vivência que a gente dela tinha não se enquadra em nenhum dos tipos de vivência que acabam de ser esboçados. De passagem seja dito que isso explica, em parte, o fato curioso de que doravante a gente se sentia muito mais ligada a "brasileiros natos" que aos imigrantes.[88]

Viver boiando como flores no vaso. Para Flusser, quem não tem fundamento tem, ao mesmo tempo, a possibilidade de flutuar por cima dos tempos:

[...] me encontro livre para escolher minhas ligações. E essas ligações não são menos carregadas emocional e sentimentalmente do que aquele encadeamento [da pátria], elas são tão fortes quanto ele; são apenas mais livres. Creio que isso mostra o que significa ser livre. Não é cortar a ligação com os outros, mas sim tecer essas ligações em trabalho conjunto, em cooperação com eles. Não é negando a pátria perdida que o migrante se torna livre, mas sim quando ele a sustém (*aufhebt*). Sou praguense, paulistano, robionense e judeu, e pertenço ao círculo de cultura chamado alemão, e eu não nego isso, mas sim o acentuo para poder negá-lo.[89]

Húngaro, judeu, pertencente ao círculo de cultura latina, conhecedor de tantas culturas e línguas, homem de absorções e conciliações. Desde sua chegada ao Brasil, Paulo via-se profundamente inclinado a aderir à cultura brasileira. A lembrança permanente do carimbo que trazia estampado em seu passaporte húngaro — "sem validade para retorno" — não lhe permitia nenhum desejo de volta e, assim, Rónai fazia de cada dia no novo país uma possibilidade de adesão, construção e engajamento.

5.
"Trabalho para merecer meu destino"

Brasil, 1942-45

Criar é matar a morte.
Romain Rolland

Labor Omnia vincit improbus.
Virgílio, *Geórgicas*, I

Mon unique amour, desde 30 de março nós somos casados. Você deverá saber logo pelo telegrama que enviei hoje a Jorge e Catarina, assim escrito: *Casamento concluído, tramitações para o visto continuam*. Eu sei que você tem vivido por muito tempo uma grande inquietude e que não me foi possível responder aos telegramas de 30 de dezembro e 28 de fevereiro. Mas eu espero que essa novidade coloque fim a todas as suas incertezas e lhe dê a alegria e a serena confiança que me deu a mim mesmo. [...] Noite e dia continuo trabalhando para conseguir seu visto. Desde o começo do ano nenhum visto foi concedido. Mas eu tento o impossível.

Sempre certo de um futuro feliz, eu construo projetos sobre projetos, sonhos sobre sonhos. Enquanto preparo aqui nossa vida futura.[1]

Em uma carta amorosa, escrita no início de abril de 1942, Paulo anunciou a Magda que os dois enfim estavam casados. Fora um longo processo burocrático, resultado do excepcional esforço que ele fizera em articulação com diversas esferas do governo e com o empenho de alguns amigos. O casamento foi concluído por procuração em 30 de março, no momento em que Brasil e Hungria rompiam relações diplomáticas. Com isso, a chance de conseguir o visto para Magda — o objetivo final de todo esse processo — tornava-se uma possibilidade ainda mais remota. Apesar disso, o irredutível senso de responsabilidade de Paulo não o fez desistir de trazer Magda Péter Rónai ao Brasil.

Naquele momento, Rónai morava no número 19 da rua Marques de Abrantes, no Flamengo, a poucas quadras da praia. Seu quarto tinha uma agradável varanda coberta, onde instalara seu escritório de trabalho, a um metro das copas fartas das árvores da rua. Comia sempre que podia na própria pensão, para economizar. Continuava lecionando no Liceu Francês e no Metropolitano, e em muitas manhãs tomava um bonde quase sempre superlotado até o Méier, o que o obrigava a viajar em pé no estribo. Naquele ano, habituou-se a acordar pouco depois das seis para dar início ao dia com um banho de mar, o que lhe fazia muito bem.

As amizades se solidificavam, e era comum que encontros em grupo reunissem participantes mais afinados entre si. Na Leiteria Ouvidor, no centro, Paulo se juntava a Tasso da Silveira, Barreto Filho, Andrade Muricy, Francisco Karam. No bistrô da Primeiro de Março ou no português Rio Minho, na rua do Ouvidor, almoçava com Aurélio, José Lins, Astrojildo, Álvaro Moreira, Joel Silveira. Conversavam sobre a vida literária, artigos de jornais, colegas. Sempre que possível, em ambientes mais íntimos com algum amigo, Paulo desabafava sua angústia por não conseguir o visto de entrada de Magda no Brasil.

Pouco antes do primeiro aniversário de sua chegada ao país, data que anotou com destaque em seu diário, Paulo conheceu ao vivo o Carnaval carioca. De ônibus, atravessou primeiro o largo da Lapa e em seguida se encaminhou para a praça XI, onde assistiu a alguns desfiles de escolas de samba — no ano seguinte, teria início uma grande operação de demolições na região, feita para que se construísse ali a avenida Presidente Vargas, que ligaria a praça da Bandeira à igreja da Candelária. Naquele dia, encantado com o ritmo e as cores da festa popular brasileira, Paulo não voltou às suas traduções e ficou na rua até mais tarde. Uma pequena folga para seu febril cotidiano de trabalho.

Nos dias que se seguiram, retomou a tradução de *O romance das vitaminas* e buscou novos títulos para oferecer aos editores que conhecia. No fim de fevereiro, José Olympio recusou *Neron, le poète sanglant*, de Dezsö Kosztolányi. Logo depois ofereceu a mesma tradução para a Companhia Editora Nacional, que também não se animou em publicar o livro. Para fazer frente às despesas, começou a traduzir uma série de publicações técnicas sobre fotografia para a Fotoptica, loja de material fotográfico fundada em São Paulo nos anos 1920 por Desidério Farkas, húngaro como ele e pai do fotógrafo Thomas Farkas, que viria a comandar a empresa tempos depois. O trabalho continuava sendo seu antídoto contra o medo, a impotência e as sucessivas notícias trágicas sobre a guerra. Paulo recortava algumas e as guardava em pequenos envelopes. "Não deverá restar um só judeu na Hungria", anunciava uma dessas manchetes.[2]

Desde o suicídio de Stefan Zweig, Drummond tornara-se um amigo ainda mais próximo, acolhedor, sereno, presente. Era sempre a Drummond que Paulo recorria nos momentos de maior desespero. Falavam ao telefone, encontravam-se em diferentes horários, o poeta sempre pronto a encorajar o amigo. No fim de março, Paulo se viu em uma profunda crise existencial, pois não encontrava saída para a situação de Magda e de sua família, ameaçada pela perseguição nazista aos judeus. Drummond foi ao seu encontro levando o poema "Depois que

Barcelona cair", que escrevera para uma edição clandestina,[3] e leu em voz alta para o amigo.[4]

Drummond também prometeu escrever ao ministro da Educação, Gustavo Capanema, e a Ernani Reis, do controle de sistema de estrangeiros. E assim o fez. De seu esforço, resultou uma carta do Ministério da Educação endereçada ao ministro interino Vasco Leitão da Cunha. Datado de 10 de abril de 1942, o documento narrava a trajetória de Rónai, explicando que sua situação de estrangeiro achava-se regularizada e solicitando, mais uma vez, o visto brasileiro para sua esposa, anteriormente negado.

[...] e dado o natural interesse que ao Ministério da Educação suscitam as atividades intelectuais do prof. Rónai, que me permito solicitar para o assunto a esclarecida atenção desse Ministério, pedindo a V. Exa. que se digne de autorizar a revisão do processo, que, talvez, possa receber do Sr. Presidente da República uma decisão final em harmonia com a pretensão do distinto escritor, tão vinculado já ao Brasil.

E frisou:

Cabe-me esclarecer a V. Exa. que o prof. Rónai não veio ao Brasil como emigrado político, mas a convite da Divisão de Cooperação intelectual do Ministério das Relações Exteriores; que se casou nesta capital, por procuração, sob regime da lei brasileira, que sua esposa se acha em aflitiva situação, na Hungria, privada de qualquer comunicação com o marido; e que é intenção do prof. Rónai permanecer em nosso país, mesmo depois de se normalizar a situação internacional, para aqui prosseguir seus estudos e trabalhos relacionados com o Brasil.[5]

Em Budapeste, Magda, com vinte anos, cursava letras e procurava melhorar seu francês com a leitura das tragédias de Corneille, e também tinha aulas sobre Aristóteles. Chegavam poucas notícias de Paulo. Com a guerra se alastrando e forçando rompimentos diplomáticos, o sistema de correios encontrava toda sorte de limitações e censura. Cartas mais longas trocadas entre Paulo e Magda eram enviadas antes a Portugal, para o editor Lobo Vilela e a diplomacia portuguesa, e de lá partiam ou para o Brasil ou para a Legação de Portugal em Budapeste. Para comunicações mais curtas, o casal utilizava os serviços da Cruz Vermelha, mesmo assim de funcionamento esporádico e apenas para mensagens breves e "assuntos familiares", em português ou francês. Eram as regras. Em abril, Paulo enviara a Magda, através da Cruz Vermelha, a notícia do casamento deles, reiterando que continuava lutando pelo visto. Magda respondeu no mesmo pequeno papel, contando, em francês, em bem poucas palavras, o que fazia e seu estado de espírito. "Estou cheia de esperanças. Eu te espero pacientemente. Trabalho e estudo bastante. *Embrassements*", assinando seu nome à francesa: *Madeleine*.

Em 13 de abril, dia do 35º aniversário de Paulo, não houve celebrações. *"Rien m'arrive"* (Nada recebi), ele anotou, depois de não haver recebido nenhuma carta dos pais, irmãos ou de Magda. Foi mais um dia normal de trabalho. O almoço com o amigo Aurélio lhe deu algum conforto afetivo.

No dia 3 de junho, porém, Paulo teve o que comemorar. Drummond lhe trouxe a notícia de que o presidente Getúlio Vargas havia enfim concedido o visto brasileiro a Magda! À noite, ao jantar na casa de Moreira da Silva, soube que, apesar da garantia do ato presidencial, o despacho ainda não havia sido feito. Mesmo assim, Paulo disparou cartas de agradecimento a Vargas, Capanema e Ernani Freire. A este, escreveu: "Fico profundamente sensibilizado em aprender que V. Exa., que com tanto zelo e competência cuida da aplicação das leis que regulamentam a imigração, quis examinar um caso não

CRUZ VERMELHA BRASILEIRA
12, PRAÇA CRUZ VERMELHA
RIO DE JANEIRO (Brasil)

REMETENTE (Expéditeur)

Nome (Prénom)
Sobrenome (Nome de família)
Endereço (Adresse)
Localidade (Localité)
Estado (Province)
Deseja notícias do destinatario (Désire des nouvelles du destinataire)

DESTINATARIO (Destinataire)

Nome (Prénom)
Sobrenome (Nome de família)
Endereço (Adresse)
Localidade (Localité)
Provincia (Province)

Resposta no verso
(Réponse au verso)

previsto nas normas jurídicas, com o maior espírito de compreensão".[6] A Capanema palavras afetuosas, comovido com a iniciativa do ministro, que encontrara tempo

para interessar-se pelo caso dum professor estrangeiro a quem nunca viu, cuja obra, mesmo porque escrita, em maior parte, em língua inacessível, não podia conhecer, e a respeito de quem apenas sabia que ama a arte, a sensibilidade, a essência espiritual de seu país. Num momento em que a Europa está sendo transformada num braseiro de ódios e destruição, e em que, para encontrar sentimentos de fraternidade e compreensão, é preciso buscar refúgio

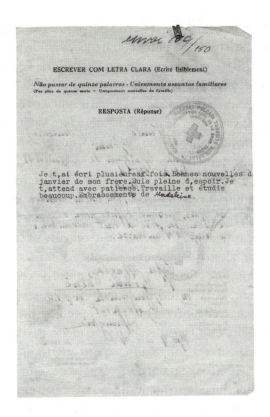

nas poucas bibliotecas que ainda não foram incendiadas, um testemunho de generosidade como o que V. Exa. acaba de dar reacende em mim uma fé quase apagada.[7]

Sem dúvida, a amizade de Drummond e sua disposição em ajudar Rónai foram decisivas para essa espécie de milagre, mas Paulo também tinha créditos próprios que ajudaram Capanema a se sentir à vontade para encaminhar seu pleito. Afinal, uma relação já de anos ligava o húngaro ao Brasil e a alguns homens da política. A corrida, agora, era para fazer com que o visto chegasse a Budapeste. Paulo tinha boas relações com a diplomacia portuguesa, que se encarregaria da conexão.

No Rio, o círculo de relações de Rónai se expandia. Na casa de Aurélio, ele conheceu outro emigrado, também literato e poliglota: o crítico e ensaísta austríaco Otto Maria Carpeaux, no Brasil desde 1939 e já com bom trânsito na imprensa e no meio intelectual, escrevendo de forma regular no *Correio da Manhã*. Com alguma vantagem de tempo em relação a Paulo, Carpeaux sentia-se bem adaptado ao Rio de Janeiro, que classificava como uma cidade fortemente europeizada. "As pessoas falavam em português, mas era a mesma língua dos alemães, franceses, ingleses. Digamos, era a mesma linguagem",[8] ele refletiria anos mais tarde. A partir daquele momento, Carpeaux e Rónai passaram a se encontrar com frequência não somente na casa de Aurélio, amigo próximo de ambos, mas também em suas próprias casas, na Livraria José Olympio e em restaurantes do centro carioca.

Era no centro da cidade, no consultório médico de Jorge de Lima, que Paulo encontrava muitas vezes com Emeric Marcier e Cecília Meireles. O lugar era um verdadeiro oásis para quem buscava uma palavra amiga, um sorriso aberto, um bom conselho. Naqueles dias, em um curto espaço de tempo, Paulo conheceu os dois pilares do modernismo nacional: em 28 de abril, Oswald de Andrade e, em 1º de maio, Mário de Andrade, com quem foi ao Brahma, bar no centro carioca, para uma noite de bate-papo com Murilo Miranda e Guilherme Figueiredo. Ficaram na rua até onze e meia. Encontros como esses entre homens de letras requeriam, obrigatoriamente, uma gentil troca de obras literárias. De Oswald, Paulo recebeu *Os condenados* ("Para Paulo Rónai com a simpatia intelectual de Oswald de Andrade. 1942"); quando regressou a São Paulo, Mário de Andrade enviou a Rónai seu *Amar, verbo intransitivo* ("Paulo Rónai, oferece Mário de Andrade. São Paulo, 1942"). Paulo mantinha seu ritmo vigoroso de leitura, continuava com Flaubert e Anatole France, mas privilegiava os autores brasileiros: *Malasarte*, de Jorge de Lima, *São Bernardo*, de Graciliano, *O quinze*, de Rachel de Queiroz, *Mar morto*, de Jorge Amado, *A estrela sobe*, de Marques Rebelo, *Vaga música*, de Cecília Meireles, sobre o qual escreveu um artigo, mesmo sem garantia de vê-lo publicado. O primeiro livro que assinou como tradutor no Brasil chegou às livrarias em outubro. "Embora o assunto: *O romance das vitaminas* não me interesse muito, era ótimo exercício para melhor aprender o português. O principal interesse talvez consista em ter sido a primeira obra traduzida diretamente do húngaro para o português",[9] Paulo explicou a Fialho. O objetivo era mostrar ao ministro quanto já se sentia integrado ao Brasil. Contou também sobre seus empregos como professor e livros em que estava trabalhando, como as cartas húngaras do jesuíta David Fáy, missionário no Maranhão durante o século XVIII,[10] e sobre a tradução para o francês de *Memórias de um sargento de milícias*, de Manuel Antônio de Almeida, cuja pesquisa fazia nos velhos bairros e morros cariocas em companhia do amigo Astrojildo Pereira.

Fialho havia se transferido para Portugal. Por causa dos bombardeios em Budapeste, deixou a capital húngara junto com outros diplomatas brasileiros e estava a salvo em Lisboa, como publicara o *Correio da Manhã* de 8 de outubro. Por outro lado, a saída dos diplomatas de Budapeste dificultava que chegasse às mãos de Magda o visto brasileiro, já enviado pelas autoridades. No dia 20 de outubro, um telegrama de Fialho comunicou: "Estou informado. Visto chegou destinatário. Abraço". O visto de Magda estava em poder da Legação de Portugal em Budapeste. Ainda assim, toda demora num cenário instável como aquele, de mudanças diárias, poderia ser fatal. Ciente das ameaças sob as quais vivia sua mulher e toda a comunidade judaica húngara, Paulo mais uma vez pediu ajuda a Fialho: "é meu dever fazer até o impossível para tentar o salvamento de minha querida". Paulo duvidava que dessem a Magda permissão de trânsito tendo como destino final o Brasil, que não era mais um país neutro. Estando em Lisboa, Fialho talvez pudesse providenciar, através dos diplomatas portugueses que Paulo indicaria, para que a Legação de Portugal visasse o passaporte de Magda tendo Lisboa como destino, sem menção ao Brasil.

Nunca me atreveria a incomodar V. Exa. com tão ousado pedido, se não conhecesse o seu espírito generoso, a sua grande sensibilidade humana. Também a hora que estamos vivendo é trágica, e o fato de se tratar de uma preciosa vida humana autoriza atrevimentos, inadmissíveis em outras épocas. V. Exa. viu o meu trabalho desde a Europa, viu o empenho com que sempre procurei mostrar-me digno de sua benevolência; e conhece minha esposa, o que basta para compreender as saudades que dela tenho e a agonia em que estou vivendo. Podendo dar-me a menor esperança, V. Exa. aumentaria ainda a minha já imensa dívida de gratidão.[11]

Paulo parecia fazer de sua vida no Brasil um gesto de constante retribuição. Enquanto vivenciava sua agonia particular, não deixava de compartilhar a alegria alheia. Em 22 de novembro de 1942, anotou em seu diário: "Carpeaux naturalizado brasileiro". Naquele dia, tinha ido almoçar com o amigo e sua mulher, Helena, no apartamento deles no Leme. Levou flores para celebrar a data memorável. Otto Maria Carpeaux era agora um brasileiro. Depois do almoço, os dois seguiram para o quarto de Paulo no Flamengo e lá conversaram sobretudo em português, e também um pouco em alemão. Irmanados no exílio, falaram da situação na Europa, da distância de casa, do medo. Paulo não escondeu seu pessimismo, tampouco Carpeaux, que não acreditava num fim próximo da guerra. Antes de se deitar, Paulo anotou nas páginas de seu diário, depois de ter feito um resumo do dia: "*Journée du bonheur des autres*" (Dia de felicidade dos outros).

Paulo passou a noite de Natal de 1942 com seus amigos mais queridos: Cecília, Árpád e Maria Vieira da Silva, Drummond,

Aurélio e Hubert Bernheim. No Réveillon, jantou na casa de Carpeaux, com quem discutiu literatura húngara, e Aurélio se juntou a eles mais tarde. No fim daquele ano, de maneira gentil, reconhecido, Paulo enviou flores a Ribeiro Couto, Jorge de Lima, Carpeaux, Bernheim. E também à diretora do Liceu Franco-Brasileiro.[12] Em seu terceiro ano no Brasil, a cabeça de Paulo ainda estava na Europa. Suas primeiras anotações de 1943 descrevem a contraofensiva russa, o avanço do Exército Vermelho na Europa e fora dela. A morte do colaboracionista François Darlan parece facilitar a união dos franceses, ele comenta. Na Hungria, realizavam-se inúmeras manifestações pela paz. A notícia mais dolorida vem escrita no verso da capa de seu diário, não mais uma agenda, mas pequenos cadernos comprados na Casa Bruno, no largo da Lapa, que ele ia datando dia a dia.

Papai morreu em 16 de janeiro. Eu só saberia no dia 20 de abril Francisco desapareceu em 10 de janeiro. Eu só saberia em 19 de julho.

Essas duas anotações seriam repassadas para cada um dos seis cadernos do ano. Paulo não queria esquecer o destino trágico de seus familiares. Seu pai morreu devido a uma hemorragia no estômago, tentando achar um caminho seguro para chegar ao hospital por entre as batalhas que se travavam na cidade e as barricadas que bloqueavam as ruas. Francisco desapareceu em um campo na Sibéria, conforme notícias que sua família recebeu meses depois de sua morte. Paulo receberia a notícia dessas mortes com atraso, por carta de seus irmãos Jorge e Catarina, por isso só as anotou em seu diário em meados de 1943.

Paulo aceitou um novo emprego para ensinar latim no colégio Paiva e Souza. Daria quatro aulas para cada uma das três turmas que lhe caberiam, por um salário menor do que o que recebia no Metropolitano, mas que representaria um ganho adicional. Depois de ter aceitado a proposta — ainda em janeiro —,[13] arrependeu-se por alguns dias, o que o fez jurar a si mesmo: "Prometo ajeitar a minha vida". A vida não se ajeitou de um estalo, mas seguiu em frente. Entre a leitura de *A cinza do purgatório*, de Carpeaux (com a carinhosa dedicatória: "A Paulo Rónai com todas as simpatias e amizade"), e os contos de Machado de Assis "Adão e Eva", "A cartomante", "Entre santos" e "Conto de escola", Paulo passou uma noite no Cassino da Urca, onde perdeu alguns cruzeiros, encontrou-se com um caixeiro-viajante judeu para comprar um bom linho e encomendar um terno novo e jogou xadrez com Marques Rebelo, que se tornaria seu fiel parceiro no jogo.

Uma semana depois de completar 36 anos em um jantar na casa de Ribeiro Couto, ao qual estiveram o poeta Dante Milano e o jornalista e historiador Hélio Viana, pela primeira vez Paulo escreveu em português em seu diário, com um sublinhado: "Invasão alemã na Hungria". E foi no dia seguinte que lhe chegou um bilhete sucinto de Jorge e Catarina, escrito em francês, comunicando a morte do pai deles, Miksa Rónai, ocorrida em janeiro. Seus irmãos haviam lhe escrito uma carta que fora interceptada pelo governo brasileiro por estar em húngaro, linguagem não autorizada naquele momento de guerra. Paulo foi, assim, intimado a comparecer ao departamento de Censura, com dia e hora marcados. Um episódio que se revelaria ao mesmo tempo dramático e irônico.

Desde que chegara ao Brasil, atarantado com a necessidade de entregar um sem-número de traduções juramentadas de seus documentos, exigidas pelo Registro de Estrangeiros, Paulo acabou conhecendo, em um sobrado na avenida Marechal Floriano, em frente ao Itamaraty, um intérprete francês, poliglota, que no entanto não sabia húngaro. Para ajudar Paulo — e também a si próprio —, o homem combinou de repassar a ele as traduções que chegassem na língua magiar. Paulo aceitou de imediato, e sempre que surgiam documentos dessa natureza era chamado.

Eis que em junho de 1943 o poliglota que não sabia húngaro avisou Paulo de que o governo pedia tradução urgente de uma carta chegada da Hungria. Dada a emergência do trabalho, Paulo precisou traduzir o documento ali mesmo, na máquina de escrever do colega francês. Então, já nas primeiras linhas, a surpresa: a carta era dirigida ao próprio Paulo, escrita por Jorge e Catarina, narrando em pormenores a doença e morte do pai, da forma que não tinham podido fazer no bilhete breve que se viram obrigados e lhe enviar em francês, língua que não dominavam. Sem conter as lágrimas, Paulo sentou-se à mesa e pôs-se a traduzir a narrativa da morte do velho Miksa — a tradução mais dolorosa de sua vida. Percebendo seu abatimento, o francês o convidou para um chope — após ter a carta devidamente traduzida. Paulo, que deveria comparecer ao departamento de Censura no dia seguinte, prometeu ao colega não revelar ter tido contato com a correspondência, para não o comprometer.

No dia seguinte, diante do censor, Paulo foi obrigado a ler em voz alta o conteúdo do documento que ele mesmo traduzira na véspera.

Comecei a traduzir a carta aos arrancos, parando de vez em quando: fingia procurar uma palavra aqui, outra ali, tentando não reproduzir exatamente os termos da minha própria tradução; e, como quem só naquele momento tomasse conhecimento daquela notícia acabrunhadora, forcei-me a dar sinais exteriores da dor que me dominava. Tudo aquilo que parecia necessário para não entregar o meu colega. Afinal, o penoso exercício acabou e eu recebi, com os pêsames do censor, a carta dos meus irmãos, que naquele momento já sabia de cor e cujo teor nunca mais havia de esquecer.[14]

Abatido, Rónai recebeu o afago dos amigos, Drummond, Aurélio e Carpeaux, além dos húngaros exilados Paulo Munk, médico, e do joalheiro Márton Lukács.[15] Paulo sentiu profundamente a morte do pai, desesperado por sua impotência diante daquele desastre e dos que ainda, provavelmente, estavam por vir. Longe da mãe e dos irmãos, a distância amplificava sua dor. "Papai era meu melhor amigo, não o sabia doente, e, sozinho em minha nova pátria, sua falta doeu-me duplamente. Durante meses, talvez anos, acordaria de manhã com a ideia de sua morte",[16] lembraria anos adiante.

Aurélio, amigo fiel e atento, passou a estar com Paulo quase todos os dias. A paixão comum por livros os fazia passar horas juntos, lendo contos de todo o mundo, em diferentes línguas. Descobriam autores, deliciavam-se com as histórias, aprendiam e ensinavam um ao outro. Em 30 de abril tomaram uma decisão relevante. Depois de dar seis aulas no Liceu Franco-Brasileiro, de passar na Editora Atlântica, na José Olympio e na *Revista do Brasil*, Paulo se encontrou com Aurélio para mais uma rodada de leituras. Inspirados, contaminados, os dois, a certa altura, resolveram que iriam traduzir contos para juntos lançarem uma antologia universal. Um projeto audacioso, que se tornaria um marco no mercado editorial brasileiro e na vida literária do país. *"Avec Aurélio, résolu traduire contes pour une anthologie universelle"*,[17] escreveu no diário. A partir desse dia, Rónai passou a trabalhar diariamente na tradução de contos, começou a estudar russo e a afrouxar um pouco suas economias, a fim de comprar muitos livros, animado com o projeto. As primeiras traduções foram de Boccaccio e, junto com Aurélio, trabalhou em contos de Katherine Mansfield. Abria-se um universo inteiro de pequenas pérolas a descobrir, selecionar, traduzir e revisar.

O garimpo para a antologia distraía Paulo das turbulências cotidianas, como os desentendimentos que por vezes tinha com a diretora do liceu e a provocação que alguns alunos lhe fizeram: "Professor Rónai é burro", encontrou escrito numa manhã no quadro-negro da sala de aula. Ele conhecia pelo menos um dos autores: Geraldo Hertz. Enquanto se dirigia ao centro da cidade para se encontrar com Drummond, chegou a lhe ocorrer que aquilo poderia lhe trazer consequências.

Nesse dia, fez três pedidos a Drummond: ajuda no processo para a vinda de Magda, ajuda para publicar seu trabalho sobre as cartas húngaras do jesuíta David Fáy, e que o indicasse a Abgar Renault, diretor do Departamento Nacional de Educação, para trabalhar na produção de livros didáticos. Antes que tivesse alguma resposta sobre a última solicitação, foi apresentado por Carpeaux a Arquimedes de Melo Neto, da editora Casa do Estudante do Brasil. Com a experiência de ensino em colégios tanto brasileiros quanto húngaros, Rónai já tinha um livro pronto na cabeça sobre ensino de latim que gostaria de publicar em português. Arquimedes se entusiasmou com a ideia, aprovou o projeto e logo mandou a Paulo um contrato para o lançamento de *Gradus primus: Curso básico de latim I*. Mais experiente, Carpeaux alertou o amigo para a necessidade de rever o prazo de lançamento do livro previsto em contrato, programado para os primeiros meses do ano seguinte. Paulo fez isso, tudo se acertou, e mais esse projeto foi parar na já movimentada escrivaninha do tradutor e professor, que naquele momento traduzia Fáy, Manuel Antônio de Almeida, além de contos para a antologia que pretendia lançar com Aurélio.

Intimamente sentia-se "muito mal, desencorajado", escreveu no começo de junho, após receber uma carta de Magda. A situação na Hungria era alarmante, Paulo tinha pesadelos à noite com seu irmão Francisco, sonhava que ele estava morto. A preocupação e os pressentimentos se justificavam, pois fazia tempo que não se tinha notícias do caçula, que também havia passado por um campo de trabalho, informavam Catarina e

Jorge. Em outra carta, relataram o desaparecimento de amigos, o que os deixou igualmente aterrados. Paulo tentou animá-los contando que firmara contrato com uma importante editora brasileira, a José Olympio, a melhor delas, que tinha sido contratado para fazer uma antologia de contos universais e que, pelo trabalho, recebera naquele mês de agosto quinhentos cruzeiros.

Àquela altura morava em um quarto na rua Riachuelo, na Lapa, onde permaneceu apenas por um mês, por desentendimentos com a proprietária, dona Ester. Em 12 de setembro, mudou-se para o Hotel Vistamar, na rua Cândido Mendes, no bairro da Glória, seu nono endereço no Brasil em menos de três anos. No dia seguinte foi até o Registro de Estrangeiros informar de sua mudança. Aproveitou e pôs no papel todos os lugares onde já havia morado:

Hotel Paissandu: 3 meses
Hotel Elite, na rua Senador Vergueiro: 1 mês
Rua Alice, 36^A: 7 meses e meio
Rua Joaquim Murtinho, 263 (quarto): 1 mês
Marques de Abrantes, 19: 8 meses
Rua Paissandu, 34 Pensão Palacete: 2 meses
N. S. Copacabana, 308 (quarto. sra. Kaiser): 9 meses
Rua Riachuelo, 353 (quarto, dona Ester): 1 mês

Jantava quase todas as noites no hotel, e ali passou, inclusive, o Réveillon daquele 1943. Nessa última noite do ano, escreveu a Drummond e à sua mãe. A carta mais recente que Magda lhe enviara estava cheia de interrogações sobre o futuro, mas ainda confiante: "Alguns dias e escreveremos 1944. Quem sabe este ano nos trará felicidade. Esperemos! Feliz ano novo, *Chéri*".[18]

Repleto de compromissos, Paulo aproveitou as férias escolares para adiantar suas traduções. Não estava, porém, em sua melhor forma física. Desde abril sofria com problemas intestinais em razão de uma disenteria amebiana, e o verão o fazia se sentir ainda pior. "Calor terrível", comentou diversas vezes ao longo de janeiro de 1944. Na primeira página de seu diário, montou uma pequena cronologia dos principais eventos de sua nova vida:

No Brasil, Rio de Janeiro
Desde 3 de março de 1941
Longe de Budapeste desde 28 de dezembro de 1940
Papai morreu em 16 de janeiro de 1943
Chiquinho desapareceu no mesmo dia

Seguia acompanhando e anotando as movimentações da guerra e concentrado em seus sucessivos trabalhos.[19] Em março, recebeu um adiantamento de quinhentos cruzeiros para um projeto colossal: coordenar a tradução da obra completa de Balzac, autor no qual era grande especialista e pelo qual era inteiramente apaixonado. As conversas começaram em janeiro com o editor Mauricio Rosenblatt ("10 de janeiro: Mauricio Rosenblatt: grandes projetos de Balzac"). De origem argentina e radicado em Porto Alegre desde 1925, Mauricio trabalhava em lojas de discos até ser levado ao mercado editorial por Erico Verissimo, para a já tradicional editora Livraria da Globo. Com a expansão da empresa, foi destacado para dirigir a sucursal do Rio de Janeiro, onde permaneceu de 1942 a 1953, período em que a editora arregimentou autores de primeira, Drummond e Mário Quintana entre eles, para desenvolver um projeto de tradução de obras de autores como Marcel Proust e Thomas Mann. Dessa forma, Rónai se inseria entre os principais tradutores do Brasil, sendo considerado o mais indicado para cuidar da operação Balzac. O mercado editorial brasileiro vivia um momento de ênfase a traduções. "A breve idade de ouro da tradução brasileira", pontua Rónai.[20] Com a guerra e a consequente dificuldade de chegarem da Europa novidades literárias, editoras como a Cia. Editora Nacional, José Olympio, Melhoramentos, Pongetti, Vecchi, Difusão Europeia do Livro e Globo investiam em coleções de obras universais. "Os tradutores, embora não muito bem pagos, podiam caprichar em suas traduções e muitos fizeram-no por amor à arte."[21] Assim, os leitores brasileiros passaram a ter contato com bons textos em português de autores como Dickens, Dostoiévski, Maupassant, Flaubert, Proust, Tolstói, Stendhal e Balzac.

A troca frequente de ideias sobre a condução desse projeto editorial fez Paulo e Mauricio tornarem-se muito próximos, até porque ambos moravam no mesmo hotel, o Vistamar. Logo passaram a estar juntos não apenas para falar de livros; era comum Paulo almoçar nos fins de semana com Mauricio, a mulher dele, Luiza Russowsky Rosenblatt, e as duas filhas do casal.

Os trabalhos que Paulo tinha pela frente não eram poucos. "Ficarei encarregado da organização desse grande empreendimento. Eu deverei controlar as traduções, fazer as notas, prefaciar cada romance e conto, escolher as ilustrações etc., em resumo, fazer uma edição séria, de valor filológico e literário. Por dois anos receberei uma remuneração mensal fixa",[22] contou a Magda em uma carta de março de 1944, na qual relacionou todos os trabalhos em que estava envolvido naquele momento. O primeiro era na editora Atlântica, onde desde fevereiro dirigia o serviço de imprensa. Lia todos os livros publicados pela casa, preparava análises e resumos deles, para serem enviados a jornais e revistas. Para essa tarefa dedicava três horas diárias. Já na Globo e na José Olympio, explicou a Magda, apesar de receber uma remuneração mensal, não tinha que cumprir horário e fazia seu próprio expediente — "não vou mais que uma vez por semana" — para organizar a obra de Balzac e a antologia de contos universais que estruturava e traduzia com Aurélio.

De todos os trabalhos que assumira, Paulo considerava o mais importante o da redação de uma enciclopédia para o Instituto Nacional do Livro. O convite tinha vindo de Augusto Meyer, com um empurrãozinho de Drummond. Para trabalhar no vocabulário etimológico de termos científicos que construía para a publicação, Paulo cumpria expediente na Biblioteca Nacional todos os dias, da uma às cinco da tarde. "Eu amo o trabalho intelectual", comentou Paulo. "Esse trabalho não é somente interessante, mas também extremamente instrutivo e me permite recuperar meu grego."[23]

Com todas essas atividades editoriais, Paulo fez a conta e concluiu que não precisaria mais correr de um colégio a outro para ministrar tantas aulas de latim e francês. Pela primeira vez poderia deixar o magistério. "Mas você sabe que eu adoro lecionar. Assim, por razões sentimentais e de reconhecimento eu guardarei algumas horas para aulas de latim no liceu francês." Porém não aceitaria mais que doze aulas semanais. No ano anterior tinham sido 45!

Contou ainda a Magda o convite que recebera de San Tiago Dantas para dar uma série de conferências sobre Balzac na Faculdade Nacional de Filosofia. Paulo pediu que a mulher transmitisse todas essas boas notícias à mãe e às irmãs Clara e Eva. Um otimismo visível perpassa a carta. Rónai quer mostrar como seus esforços eram valorizados no meio em que vivia. "Eu tenho amigos que se interessam por mim. E mais uma vez eu sinto que nada do que se aprende se perde."[24]

Essa carta, em que fala a Magda com tanta intimidade e franqueza, talvez seja o documento mais revelador da postura de Paulo Rónai em seu projeto de engajamento nesses primeiros e definitivos anos de Brasil. Nela, Paulo demonstra plena consciência de sua sorte por conseguir assegurar sua vida no Brasil e do que deveria fazer a partir dessa enorme oportunidade. Em outras palavras, entendia ter sido favorecido pelo

> Je sais que c'est par une faveur toute particulière du destin qu'alors que tant de frères souffrent et périssent,il m'a été donné de vivre dans un pays hospitalier et aimable,dans des conditions propices.Aussi ai-je toujours essayé de ne pas en abuser - et depuis que je suis ici,je n'ai cessé de travailler:travailler pour mériter mon destin,pour te mériter,pour soulager ma tristesse,pour pouvoir vous aider un jour.

Trecho de carta a Magda Péter Rónai, em 3 de março de 1944.[25]

destino e, desse modo, faria tudo por merecê-lo e para que sua família também pudesse se favorecer dele. A verdade é que, no caso, Paulo atuou persistentemente para construir esse destino. Trabalhou por sua sorte. Foi através de grande esforço que encontrou um caminho para se manter vivo e tentar garantir a vida também de suas irmãs, da mãe e de Magda. Tratava-se de postura que refletia, portanto, dois movimentos internos: o da retribuição e o de uma indispensável aposta no futuro.

Em 21 de março de 1944, certamente muito angustiado, Paulo anotou que a Hungria fora ocupada pela Alemanha. Em 1º de abril: "Começa a deportação em massa". Em 2 de abril: "Centenas de deportações por dia. Polícia húngara colabora com Gestapo". Nesse mesmo mês de março, Adolf Eichmann, responsável pela logística perversa de extermínio de judeus pelo Terceiro Reich, chega a Budapeste, depois de já haver enviado para campos de concentração milhares de judeus de países europeus como Polônia, Holanda, França, Bélgica. Àquela altura os judeus da Hungria, que até ali viviam em uma "ilha de segurança em meio a um oceano de destruição",[26] já sabiam da existência do Holocausto, assim como boa parte do mundo. A operação de deportação de judeus húngaros para campos de concentração começaria em breve, em maio, e duraria apenas dois meses, o suficiente para que fossem enviados para a morte mais de 400 mil judeus, em grande parte assassinados nas câmaras de gás de Auschwitz logo após o desembarque. Graças sobretudo à ação dos sionistas, a catástrofe judaica na Hungria fora amplamente noticiada, e o presidente americano Franklin Roosevelt deu um ultimato: "O destino da Hungria não será igual ao de nenhuma outra nação civilizada [...] caso não parem as deportações".[27] No dia 2 de julho, os Estados Unidos bombardearam Budapeste. A Gestapo, no entanto, continuaria atuando no país, uma vez que a Alemanha apoiara um golpe de Estado, colocando no poder Ferenc Szálasi, líder do partido fascista e antissemita Cruz Flechada. A caça aos judeus prosseguiria.

Países neutros como Suécia, Suíça, Espanha e Portugal estavam à frente de um movimento que protegia cerca de 33 mil judeus em casas especiais.[28] Dos 800 mil judeus na Hungria, cerca de 160 mil foram mandados para o gueto de Peste, como a família Rónai, que, no entanto, em boa parte do período de assédio à cidade, conseguiu refúgio na Legação da Suécia, onde a mãe de Américo, marido de Clara, a primogênita entre as irmãs de Paulo, trabalhava como cozinheira, passando-se por camponesa ariana. Durante um longo tempo Gisela Rónai, Clara e Américo, Eva e Estevão (marido de Eva) se esconderam em armários do palacete.[29] Magda e sua mãe seriam acolhidas pela Legação de Portugal em setembro.

Rónai acompanhava as notícias pelos jornais, acordava cedo, inquieto e angustiado com o rompimento de comunicação com sua mãe, irmãs e Magda. Ribeiro Couto, que servia em Portugal como primeiro-secretário da embaixada do Brasil em Lisboa, tentava como podia obter informações da diplomacia portuguesa sobre a família do amigo. Em carta de 15 de outubro de 1944, escrita em português, Paulo agradeceu o esforço do diplomata e pediu que não desistisse de ajudá-lo. "Aliás, você sente, bem o sei, que a minha vida perde todo o sentido que possa ter se não conseguir salvar os meus." Na carta, Paulo também contou sobre seu trabalho, detalhando algumas particularidades da antologia de contos que preparava. Ela já havia sido batizada, em junho,[30] como *Mar de histórias*. Paulo explicou que o título era inspirado em uma antiga coletânea hindu, *Kathasaritsagara*, que significava "mar formado pelos rios da história". Contou ainda que Aurélio e ele haviam acabado de entregar o primeiro volume, com cerca de quatrocentas páginas de contos traduzidos do original, em mais de doze línguas. E que, por causa do prazo de entrega, Aurélio havia se mudado em setembro de mala e cuia para o quarto de Paulo no hotel Vistamar, onde permaneceu por dezesseis dias. Outra informação que deu a Ribeiro Couto é que desde janeiro estava trabalhando na Atlântica, editora comandada por Charles Hofer, conhecido do amigo. Disse ainda estar finalizando a tradução para o francês de *Memórias de um sargento de milícias* para a coleção Les Maîtres des Littératures Américaines, a ser lançada no mês seguinte, com uma noite de autógrafos. "Quando você receber esta carta os russos provavelmente terão ocupado toda a Hungria. Leio nos jornais que Budapeste está sendo evacuada. Oxalá pudesse a ocupação melhorar a sorte de minha família. Sei que você não a perderá de vista, sejam quais forem as circunstâncias."

Um mês depois, em nova carta a Ribeiro Couto, Paulo mandou notícias sobre a revisão — de português! — que havia feito do livro *O crime do estudante Batista*, escrito pelo diplomata. Procurava se manter ocupado, vivia entre o silêncio e a dúvida, aterrado com a situação de Budapeste. Os assuntos se cruzavam, literatura, trabalho, guerra.

Escrevo-lhe esta carta num estado de depressão horrível e que facilmente imaginará. Na Hungria está acontecendo o pior do que podia acontecer: regime nazista, perseguições, pilhagem... e agora a guerra dentro do próprio [sic] Budapeste. Viverão ainda os meus queridos? Onde e em que condições? A impossibilidade em que estou de fazer qualquer coisa por eles me mata. Provavelmente a você também faltarão agora os meios para obter informes. Mas a situação está em contínua evolução. Sei que tentará todos os meios para salvar os meus, pois com sua sensibilidade de poeta pode calcular e viver todo o meu desespero.[31]

No dia 24 de dezembro, recebeu um telegrama da Legação de Portugal, expedido em Genebra: *Sra. Rónai vai bem*. Seria a última boa notícia que teria de Magda. Paulo adentrou o ano de 1945 cindido. Viu Budapeste se estilhaçar com a invasão do Exército Vermelho e com as batalhas que se alastravam pela cidade, sofreu com a falta de notícias da família em uma impotência desesperada. A situação provocava algum tipo de fratura existencial — Paulo voltou a escrever em húngaro em seu diário, como se tivesse virado a chave que alterava seu registro pessoal. Nesse espaço íntimo, está perto dos seus, de sua língua-mãe. Asila-se em seu território simbólico e escolhe a língua primeira para falar consigo mesmo. Diante de sua Hungria devastada, ressurge em Paulo o sentimento de irmandade nacional: "Uma língua que só eu e mais dez milhões de pessoas falamos cria entre nós uma espécie de cumplicidade, mil segredos que só nós partilhamos, uma intimidade agasalhadora e gostosa que talvez seja o que há de melhor no sentimento nacional".[32]

Rónai faz de seus diários um espaço ainda mais reservado. É possível apreender apenas algumas informações dos dias que atravessam 1945. A palavra "Balzac" sempre está lá. Em não mais de três ocasiões, o francês aparece novamente sem razão aparente — *"Aurélio e Marina se querellent tout le temps"*,[33] *"Arrivent les 4es épreuves de Gradus Secundus"*.[34] Veem-se também nomes próprios, Aurélio, Rosenblatt, Magdi. Onde estará Magda?

Sem notícias da família após a entrada do Exército russo em Budapeste, Paulo socorreu-se mais uma vez em Ribeiro Couto. "Procuro um narcótico no trabalho",[35] escreveu ao amigo. "Ao mesmo tempo ando cuidando da minha naturalização."

O processo de naturalização já estava no Palácio do Catete, à espera do despacho do presidente da República. Havia sido bem encaminhado desde meados do ano anterior, tendo sido protocolado em novembro na 10ª Vara Civil da Capital. Paulo conversara algumas vezes com Ernani Reis por telefone sobre o caso e, mais uma vez, contara com a ajuda do Ministério da Educação e de seus fiéis amigos Aurélio e Drummond. A exigência de um volume imenso de documentos e traduções juramentadas denotava o grau de dificuldade de todo o trâmite. Vinte e cinco documentos haviam sido juntados ao processo, entre os quais a declaração em que Paulo renunciava à cidadania húngara, afirmando nunca haver compactuado com as ideologias antidemocráticas de seu país. Havia, ainda, recibos de todos os hotéis, pensões e quartinhos em que se hospedara, atestado de bons antecedentes, certidões de nascimento e a do casamento com Magda, documentos do Ministério do Trabalho, do Instituto Nacional do Livro, a carta escrita por Getúlio felicitando-o pelo lançamento de *Brazilia üzen*, em 1939, uma carta elogiosa de Capanema, dirigida ao então ministro da Justiça, Marcondes Filho, traduções de certificados acadêmicos, contratos com editoras, cópia de seus documentos pessoais.

A audiência ocorreu em 2 de janeiro, com a presença das testemunhas Carlos Drummond de Andrade, Aurélio Buarque de Holanda e Valdemar Cavalcanti, escritor e jornalista alagoano como Aurélio, amigo e admirador de Rónai — "esse homem tímido, que tem o ar de seminarista, vem fazendo pela literatura brasileira, em silêncio, alguma coisa de extraordinário. E a sua atitude discreta pode ser considerada um exemplo de dignidade e pudor da inteligência".[36] Valdemar repetiu na audiência o que escrevera pouco antes na *Folha Carioca*.

Em reconhecimento aos bons serviços culturais prestados à nação, o governo brasileiro mais uma vez provou seu apreço por Paulo Rónai, dispensando-o de cumprir o prazo mínimo de dez anos de residência no país para que pudesse pedir sua naturalização, assim como desconsiderou o prazo de um ano para que a decisão oficial fosse dada.³⁷ Paulo entrara com o pedido de naturalização em outubro do ano anterior. No processo 1581 do Ministério da Justiça e Negócios Interiores, na ficha geral de informações, de uso interno, lê-se no último item: "Há circunstâncias especiais a assinalar?". Escrita à mão, a resposta: "A redução do prazo de permanência e a do período de um ano foram autorizadas pelo P. R. [Presidente da República]". Em julho de 1945, Paulo Rónai tornou-se legalmente cidadão brasileiro, pouco mais de quatro anos depois de sua chegada ao país. "*Naturalizálásom megtörtént*", ele escreveu, curiosamente em húngaro, no dia 6 de julho.

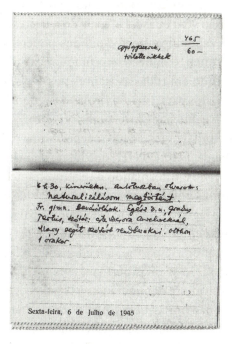

Paulo Rónai celebra a naturalização,
em 6 de julho de 1945.

Pelo irmão Jorge, ainda em Ancara, na Turquia, Paulo recebeu a notícia de que sua mãe, irmãs e cunhados estavam vivos. Com a chegada dos russos, por milagre tinham conseguido abandonar a capital, onde já faltava comida e itens básicos, e se instalaram em uma pequena cidade na fronteira com a Romênia. Dali mandaram notícias. Nada sabiam de Magda e da mãe dela, que haviam ficado em Buda, ainda não liberada e cenário dos piores combates. Paulo sentiu-se aliviado por parte da família, mas ainda atormentado por Magda. "Se ela sobreviveu às provações daqueles meses terríveis — e esforço-me para acreditar que sim —, estou certo que você a ajudará",[38] Paulo escreveu novamente a Ribeiro Couto, na tentativa de que as conexões do brasileiro em Portugal conseguissem descobrir o paradeiro de sua mulher. "Continuo trabalhando, mecanicamente, mas não vivo quase. Há mais de quatro anos luto para não perder a esperança. Você é um dos poucos amigos com quem posso contar. Conheço teu coração."[39] O diplomata continuava ajudando em todas as frentes possíveis, inclusive na obtenção de vistos para a mãe, as irmãs e os cunhados de Paulo, mas a verdade é que nada mais podia ser feito.

Em dezembro de 1945, Paulo receberia uma carta do irmão caçula de Magda, Ferenc Péter, que lutara na Brigada Judia do 8º Exército Inglês, informando o destino trágico de sua mulher. Enquanto se ouviam troar os canhões russos chegando do Oriente, Magda e sua mãe estavam no palacete da Legação portuguesa em Buda, no sopé da Colina das Rosas. O próprio cônsul honorário partira, abandonando o local, e não se sabe por que razão as duas permaneceram ali. Segundo relatos, uma arrumadeira denunciou-as à Gestapo, revelando que eram judias e não portuguesas. Às dez horas da noite de 1º de janeiro de 1945, oficiais alemães levaram Magda, sua mãe e outras oito pessoas para o comando da Gestapo. A mulher que morava na adega da casa que servia de base para os alemães na cidade contou a Ferenc Péter que no dia 12 de janeiro os alemães haviam levado dessa base dez pessoas cuja descrição se aproximava muito à das que foram capturadas na Legação portuguesa. A mulher não reconheceu Magda nas fotografias que Ferenc Péter lhe mostrou, mas disse que uma jovem chorava muito, pedindo que não lhe fizessem mal. Ferenc não tinha a confirmação da morte da irmã, mas pediu que Paulo se preparasse para o pior. Em 21 de dezembro, a Secretaria de Estado das Relações Exteriores retransmitiu um telegrama recebido da Embaixada do Brasil em Lisboa, informando o desaparecimento de Magda Péter Rónai:

O ex-Encarregado de Negócios de Portugal em Budapeste, sr. Carlos Teixeira Branquinho, recebeu, em carta particular, a notícia de que a esposa do professor Paulo Rónai foi levada pela Gestapo, quando, antes da entrada dos russos naquela capital os alemães invadiram a Legação portuguesa. Lamento não possuir no momento mais detalhes que procurarei obter por intermédio das autoridades americanas.[40]

Acometido de um remorso persistente, como ele mesmo definiu, Paulo obrigou-se a sobrepujar o peso da dor para seguir com seu propósito ainda irrealizado — e mutilado pela provável morte de sua mulher e de sua sogra — de trazer seus familiares para o Brasil. Sobreviventes, os Rónai faziam parte de uma minoria de judeus húngaros que sobrevivera ao Holocausto na Hungria. Menos de um terço deles estava vivo.

Durante quase quatro anos Paulo tentara desesperadamente trazer Magda para o Brasil, a jovem e bela estudante que se tornara sua noiva ainda em Budapeste, aos dezenove anos, e depois sua mulher. Recorrera a todos os seus contatos pessoais, profissionais, chegando a apelar às mais altas patentes do governo brasileiro, investindo boa parte de seus recursos financeiros

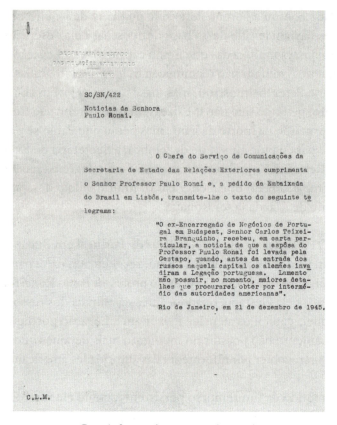

Carta informando a captura de Magda.

para providenciar papéis, buscando todas as saídas para salvá-la, pensando no assunto com obsessão. O desespero que acometera Paulo nos últimos tempos pode ter sido pressentimento de um trágico desfecho. Após a notícia do desaparecimento de Magda, a sensação de culpa e impotência o dominou. Numa pasta, guardou todas as cartas da mulher, a certidão de casamento deles, os correios da Cruz Vermelha, documentos variados e até mesmo uma carteira do Santa Teresa Piscina Clube já com o nome da nova sócia: Magdolna Péter Rónai. Devastado,

Paulo preferiu não comparecer a encontros sociais e nem mesmo ao tradicional jantar do dia 13, para não impor aos outros seu abatimento. Encontrava-se mais comumente com Manuel Bandeira, "sempre jovem, sempre bom".[41] Mesmo que não tivesse tido notícia oficial da morte de Magda, seu desaparecimento dizia muito numa época como aquela. Paulo estava de luto. Discreto, recolheu-se em seu quarto na Glória. "[...] tenho levado uma vida cada vez mais retraída, sem tomar a menor parte no que se chama vida literária. Se não cessei de trabalhar, foi porque justamente o trabalho era para mim o único remédio, uma espécie de narcótico que me permitiu sobreviver."[42]

O saldo da guerra era avassalador para ele. Além de ter sua mulher dada como desaparecida, vários amigos próximos haviam sido assassinados pelo nazismo. "Os escritores meus amigos, alguns dos quais amigos fraternais, que faziam parte comigo da sociedade Vajda János [editora de *Brazilia üzen*], não existem mais: todos foram assassinados ou desapareceram em campos de concentração. Antônio Szerb, Nicolau Radnóti, Jorge Bálint, Ákos Molnár, Andrea Gelléri..." De todos os países europeus, a Hungria foi a que perdeu o maior número de intelectuais de origem judaica. Em Budapeste, quase mais nada existia de sua época de infância ou juventude. A destruição material era chocante, mas nada se comparada à desmoralização espiritual que a guerra impusera ao povo húngaro.

Paulo jamais saberia o que exatamente aconteceu com Magda. Assassinada como muitos judeus húngaros às margens do Danúbio? Jogada no rio gelado para compor a monstruosa estatística de desaparecidos? De acordo com registros oficiais, emitidos somente em 1947, ela foi dada como "desaparecida em circunstâncias que fazem supor risco de morte".[43] Por cerca de dois anos Paulo lutaria junto aos órgãos competentes em Budapeste para obter a certidão de óbito de Magda e poder, então, validá-la no Brasil. "A desaparecida foi raptada da Legação de Portugal em 1º de janeiro de 1945 por um destacamento da Gestapo e, presumidamente, assassinada em 12 de janeiro de 1945. Como, segundo conhecimento geral, a grande maioria das pessoas raptadas durante o assédio de Budapeste foram assassinadas [sic], é de supor que a desaparecida não vive mais, e, portanto, o requerimento, conforme os dispositivos dos decretos supracitados, há de ser deferido."[44] Magda, assim, era declarada morta aos 23 anos de idade.

Sozinho no Brasil, emocionalmente destroçado, no fim de 1945, aos 38 anos, Paulo buscava o fôlego para continuar as tentativas de trazer a sua família.

Para mim, o caso seria dos mais simples se tivesse ficado no mundo tão sozinho como meu cunhado. Sem a menor hesitação e nem saudade, daria por encerrada a minha existência estéril e estúpida. Não quero, não espero mais nada. Mas resta a minha família. Por dois telegramas recentes soube que a minha mãe e minhas duas irmãs, com os respectivos maridos, salvos por milagre de guetos e de campos de concentração, aguardam um outro milagre de mim: eles esperam recomeçar tudo aqui no Brasil onde eu me acabei. Não posso fugir a esse dever e continuo a encher de trabalho todas as horas do dia para lhes preparar uma vida melhor.[45]

A emissão de vistos não era mais um problema, o regime de autorizações de entrada de judeus no Brasil se abrandara significativamente. A saída da Hungria, no entanto, ainda era um desafio. Sua irmã Catarina viria antes, de Ancara. Seu irmão Jorge seguiria para Nova York, atrás de uma paixão.[46] Enquanto acompanhava o trânsito de sua família em direção ao Rio de Janeiro, Paulo lançou-se ao trabalho. O ano de 1945 fora de experiências avessas. De um lado, dor e desconsolo, de outro, realizações significativas.

Dois dos mais relevantes empreendimentos de seu trabalho como tradutor e organizador de projetos editoriais tiveram 1945 como marco. Começou com *Mar de histórias*, as águas universais que irmanaram Paulo e Aurélio de vez. O primeiro volume da coleção — que se encerraria cerca de quatro décadas depois,[47] com dez volumes —, intitulado *Das origens ao século XVIII*, reunia os precursores do conto, com uma bela capa de Luís Jardim, assíduo colaborador da José Olympio. Na abertura do livro, as dedicatórias dos organizadores:

À Marina, A. B. de H.
À Magda, P. R.

Nas catorze páginas de apresentação desse primeiro volume, resultado de mais de dois anos de trabalho intenso, Aurélio Buarque de Holanda e Paulo Rónai explicavam os objetivos e os critérios que haviam adotado como organizadores e tradutores, contando terem garimpado no Egito os precursores do gênero e empreendendo, através de cinquenta contos, uma viagem por Esopo e parábolas do Novo Testamento, passando por tradições das mais diversas civilizações. Além de trazer autores como Boccaccio, Maquiavel, Cervantes, Voltaire e Kleist, o volume, que buscava oferecer um panorama da "progressiva depuração e cristalização do gênero",[48] examinava o universo popular alemão, russo, turco, sem se esquecer do conto popular esquimó e cheremisso. Uma viagem extraordinária por paisagens literárias desconhecidas e embarcada em uma edição muito bem cuidada, com apresentações de cada uma de suas 37 pequenas seções, notas explicativas sobre conteúdos específicos, história, vocabulário.

O processo de construção da edição dava imenso prazer a Paulo e Aurélio. Muitas vezes o trabalho era verdadeiramente conjunto, traduzido e corrigido a quatro mãos. Pelas anotações que Paulo lançou em seu diário em novembro de 1944, é possível acompanhar os dias em que os dois revisaram juntos, em diferentes lugares e ocasiões, o conto "Cabeças",[49] de origem judaica e retirado do Talmude. Paulo costumava traduzir os contos em latim, grego, italiano, alemão, inglês, russo e húngaro, enquanto Aurélio se encarregava dos escritos em francês e castelhano.[50] Também cabia a Aurélio revisar o português ainda em consolidação do parceiro e cuidar da revisão estilística integral da coleção. "A situação nova para mim, em todo esse empreendimento, era a obrigação de traduzir textos de várias línguas estrangeiras para uma que tampouco era a minha: o português. Graças à presença contínua do meu colaborador e amigo fraternal, essa tarefa quimérica, que poderia ter redundado em fracasso, terminou revelando-se um processo único de aprendizado."[51]

A dupla buscou contos pouco ou nada conhecidos no país, sendo o intuito dar acesso ao universo da literatura mundial. Depois de penarem com traduções literais que haviam encomendado de profissionais não especializados em literatura, o que se mostrou ineficiente e perigoso, Paulo e Aurélio optaram por se utilizar, nos casos das línguas que não dominavam, de traduções indiretas, buscando manter o nível de qualidade. Desse modo, puderam levar ao leitor textos de literaturas exóticas como a egípcia, chinesa, persa, hindu, árabe, turca. No prefácio do primeiro volume, "Das origens ao século XVIII", os dois firmaram, ainda, seu compromisso como tradutores.

Dos cinquenta contos deste primeiro volume, quarenta foram traduzidos pelos dois autores cujos nomes figuram na capa. Ambos estudiosos de literatura e filologia, consideramos dever elementar, por parte de quem traduz, respeito absoluto ao pensamento e ao estilo do autor. Tradução não é aventura individual da inteligência — embora nela exista, é claro, certa margem para a manifestação do bom ou do mau gosto do tradutor.[52]

Antes de o primeiro volume ser lançado, o segundo já estava pronto. Pela primeira vez, Paulo tinha acesso a um universo ainda maior de línguas e culturas e reconhecia a beleza dessa experiência.

Nos longos serões passados nesse entretenimento cheguei à convicção de que a maneira ideal de ler e absorver integralmente uma obra-prima era traduzi-la. Aí, nada de leitura dinâmica, em diagonal, para colher apenas por alto o sentido e correr direto ao desfecho; saboreia-se cada palavra, lê-se nas entrelinhas, penetra-se o estilo do escritor, aprende-se a conhecê-lo de perto e a amá-lo.[53]

Contando com o estímulo interessado do editor José Olympio, a coleção sairia até 1963, em quatro volumes.[54] O trabalho continuaria por cerca de quatro décadas, com Paulo e Aurélio desenhando em dez volumes um completo panorama da produção do conto mundial, de seus precursores até autores do século XX.

Com Balzac, a operação foi ainda mais exigente. Para que a editora Globo colocasse nas prateleiras das livrarias toda *A comédia humana*, coube a Paulo coordenar os vinte tradutores que constituíam a equipe, "cotejar e anotar toda a tradução, redigir prefácios para cada uma das 89 obras que a compõem e escrever uma extensa biografia de Balzac, selecionar a documentação iconográfica, reunir uma espécie de antologia da literatura crítica sobre Balzac, compilar índices e concordâncias para o volume final".[55] Entre os tradutores havia poetas e escritores de primeira linha, como Carlos Drummond de Andrade, Brito Broca, Waldemar Cavalcanti, além de Mário Quintana, colaborador antigo da editora Globo. A tarefa se prolongou por quinze anos, deu origem a dezessete alentados volumes, num total de 12 mil páginas,[56] 7 mil notas de rodapé[57] e uma regozijadora sensação de dever cumprido. O último volume, previsto para ser lançado em 1950, ano do centenário da morte de Balzac, só seria publicado cinco anos depois. A empreitada se mostrara muito mais árdua do que a princípio se calculou. "Considero esse empreendimento editorial um dos mais importantes do Brasil em todos os tempos",[58] escreveu Erico Verissimo. "Não creio que Balzac tenha encontrado em qualquer parte, fora da França, moldura mais proporcionada a sua grandeza",[59] observou o escritor e crítico literário Eugênio Gomes. Ambos tinham razão. O empreendimento era admirável. Além dos textos de Balzac, de um cotejamento atento, das notas e revisões exaustivas, foi preparada uma série de artigos introdutórios para cada volume, escritos por especialistas franceses. Para a tarefa, Paulo arregimentou outro grupo de tradutores, entre os quais Mauricio Rosenblatt e ele próprio.

O ofício de traduzir era mais que um trabalho para Paulo; era também um prazer. "Se o trabalho não trouxesse em si mesmo seu prêmio, Goethe não teria vertido Diderot para o alemão, Mérimée não se haveria empenhado em introduzir os clássicos russos na França, Baudelaire não se houvera debruçado meses a fio sobre as novelas de Edgar Allan Poe, Rilke não transporia Valéry em sua própria língua. Na realidade a tradução é o melhor e, talvez, o único exercício realmente eficaz para nos fazer penetrar na intimidade um grande espírito."[60] Leitor apaixonado, Paulo dizia, citando Salas Subirat, tradutor de *Ulysses* para o espanhol: "Traduzir é a melhor forma de ler".

Balzac também foi o tema de seu primeiro artigo para o jornal *O Estado de S. Paulo*: "Aspectos da *Comédia humana* de Balzac I: Gênese e organização da *Comédia humana*", publicado em 4 de outubro de 1945. Depois disso, Paulo se tornou colaborador do jornal paulista,[61] para o qual escreveu, ainda em 1945, cerca de quinze artigos tratando de diversos aspectos da obra do escritor francês. Ao longo da década, continuou contribuindo com o jornal em diferentes momentos, sempre tratando de temas literários.

Impulsionado pelo trabalho de organização das edições da *Comédia*, Paulo foi concebendo um pequeno livro de ensaios sobre Balzac em que abordava aspectos variados e por vezes curiosos da obra que conhecia pelo avesso. Lançado em 1947 pela editora Globo como parte da coleção Tucano, *Balzac e A comédia humana*, de divulgação cultural, foi inscrito para concorrer ao Prêmio Sílvio Romero, de ensaio e erudição, oferecido pela Academia Brasileira de Letras. Paulo escreveu a Manuel Bandeira, membro da casa, mencionando seu trabalho e pedindo apoio.

> Meu querido Manuel Bandeira,
> [...]
> Este trabalho, é claro, é completado pelos dezessete volumes da *Comédia*, cuja biografia, notas e introduções são, como sabe, de minha autoria, mas que, por falta de categoria adequada, não pode concorrer a prêmio algum. Se não achar descabido o meu pedido, leve esse fato ao conhecimento dos membros da comissão com que você se dá e assinale-lhes as características de um empreendimento que eles podem ignorar.[62]

Tudo parecia conspirar a favor de Paulo e de Balzac, e em 1948 seu pequeno livro de ensaios *Balzac e A comédia humana* foi premiado pela Academia Brasileira de Letras. Também o primeiro volume da *Comédia*, lançado em 1946, fora muito bem recebido pelo mercado. Como Paulo mesmo diria mais tarde, era "o maior afresco do século XIX",[63] que na nova edição apresentava ainda um esclarecedor estudo biográfico do escritor francês escrito por Rónai. As vendas corriam bem,[64] Paulo estava cercado de bons amigos, era reconhecido no meio intelectual, trabalhava em projetos que lhe davam prazer, dispunha de uma renda satisfatória, encontrava espaço fixo na imprensa para publicar seus artigos e podia dizer que se sentia realizado como tradutor.

Balzac foi o autor predileto de Paulo Rónai e ao qual se dedicou por toda a vida, desde os primeiros livros em francês que buscou em Budapeste na livraria do pai, Miksa, passando pelos estudos realizados em Paris, em seu doutorado, até embalá-lo no Brasil nas edições que ofereceu aos leitores daqui — uma estrada que por boa parte do tempo correu paralela ao percurso de vida do próprio tradutor. Aliás, uma das belezas do ofício de traduzir era exatamente a capacidade de costurar o mundo, de unir pessoas e tempos através da palavra, a despeito

Paulo (terceiro da esq. para a dir.), ao lado de Lygia Fagundes Telles, na cerimônia de premiação da ABL.

da geografia e mesmo das guerras. Para Paulo, cuja trajetória foi atravessada por conflitos gerados pela incapacidade de comunicação entre os homens, a tradução ganhava seu significado mais preciso na definição de seu conterrâneo Babits: "A tradução, que força uma língua a dobrar-se acompanhando as curvas de um pensamento estrangeiro, é, mais ou menos, o único meio de comunhão espiritual requintada entre as nações".[65] O humanista Paulo Rónai fez da tradução uma expressão de sua sólida crença na universalidade dos valores culturais. "A tradução pressupõe a tradutibilidade, ou seja, acredita no fato de que as melhores realizações da cultura escrita e mesmo oral são transmissíveis não só entre os falantes da língua do original, mas para todos os outros seres humanos",[66] aponta Nelson Ascher em texto sobre Rónai. Este é, pois, o pressuposto do tradutor Paulo Rónai: como a produção de toda cultura diz respeito a todos os homens, a tradução se ergue como uma ponte entre eles, entre culturas e homens, fazendo-os se encontrar, unindo-os, e assim à toda humanidade. Paulo entende a tradução como um exercício humanista, como um ofício que aposta na universalidade dos valores culturais — na crença de que eles podem e devem ser universais.

Em sua própria escala, Paulo fez dialogarem através da tradução suas principais referências — poetas brasileiros passam a falar húngaro; Balzac é lido em português, clássicos húngaros também; mestres latinos se reúnem em uma antologia húngara, contos do mundo todo e de todos os tempos se encontram nas páginas de uma coleção. A palavra atravessa o tempo, a geografia, remove barreiras culturais. A literatura como ponto de encontro da humanidade.

De forma objetiva, a tradução foi para Rónai o caminho que o aproximou espiritualmente do Brasil e que depois o trouxe, materialmente, para o país. "Não lhe devo a rigor a própria vida?",[67] pergunta, ao examinar seu percurso. Para um filólogo, professor de latim e francês e crítico literário, era natural que seu engajamento com o universo brasileiro se desse através da língua: "Essa integração, no caso de um professor de línguas, havia de realizar-se principalmente por meio da palavra — lida, escrita e falada".[68] O ofício da tradução foi a mão na luva que possibilitou essa profunda e generosa integração de Paulo com o novo ambiente, com a nova vida. "Foi ele que em parte me permitiu superar o transe doloroso do desarraigamento e me ajudou a integrar-me na minha nova pátria",[69] avaliou. E, como ocorre em toda via de mão dupla, a convivência com o Brasil alimentou sua atividade de tradutor. Afinal, "traduzir é conviver", como resume Guimarães Rosa, que, não à toa, se tornaria outra peça-chave no assentamento intelectual e afetivo de Paulo Rónai em terras brasileiras.

6.
O arremate

Estou me tornando (e sentindo)
cada vez mais brasileiro.

Paulo Rónai, em carta a Ribeiro Couto

Os vistos de Gisela, Catarina, Eva, Américo Gárdos, Clara e Estevão Soltész estavam assegurados. Mais uma vez, Ribeiro Couto fora decisivo, e a família de Rónai se preparava para o reencontro, dessa vez não mais na Alkotmány utca, no Quinto Distrito de Budapeste, e sim no Rio de Janeiro. Gisela organizava a partida como podia, a situação deles era precária. Com a Europa Central arrasada pela guerra, as pessoas enfrentavam privações de todo tipo e até mesmo fome. Em Budapeste não era diferente. A sra. Rónai conseguiu vender a loja térrea onde funcionava a simpática e agregadora livraria de Miksa, embalou roupas, fotografias, documentos, livros, a maior parte eram pertences que Paulo deixara em casa, por não ter como levá-los para o Brasil.

Catarina, vindo da Turquia, chegaria antes ao Brasil, em março de 1946, passando por Lisboa. O trânsito até a capital portuguesa e o desembaraço das documentações para o embarque foram acompanhados pessoalmente por Ribeiro Couto, que também teve que acionar autoridades locais para resolver a questão da passagem da jovem húngara junto à agência inglesa Cook. A empresa havia emitido o bilhete que Paulo comprara para Catarina vir para o Brasil, mas perto da partida alegou lotação excessiva. Tudo, enfim, resolvido, Catarina sentia-se feliz no Rio de Janeiro. "Gosta da cidade, da gente, da vida...", Paulo contou a Ribeiro Couto.[1]

O diplomata continuava a ser solicitado sem reservas. "Você agora vê o que é amparar um emigrado que traz para a sua pátria um séquito de dolorosos problemas quase insolúveis",[2] Paulo brincou com o amigo em carta. Em julho de 1946, Clara, a irmã mais próxima de Paulo, companheira de juventude nos banhos turcos e cinemas, escreveu de Budapeste ao ministro, agradecendo os vistos permanentes para o Brasil. "O visto significa para minha mãe, que há anos espera para encontrar seus filhos, uma verdadeira alegria."[3] Contou que assistira, fazia pouco tempo, em um grande teatro de Budapeste, ao conhecido recitador Oscar Ascher ler um poema de Ribeiro Couto, "Diálogo sobre a felicidade". A apresentação, ela disse, teve grande êxito e fora transmitida pela rádio local. O poema havia sido traduzido por Paulo anos antes e naquele momento demonstrava profunda atualidade, Clara comentou. Ela tinha razão, os versos em forma de diálogo falavam de deslocamento, do estrangeiro, da promessa de felicidade sempre pousada em outro lugar.

DIÁLOGO SOBRE A FELICIDADE

— *Bendito seja o teu país.*
— *Estrangeiro que vieste encontrar no meu país*
o bem que em vão no teu mesmo procuraste
obrigado, estrangeiro.
— *Aqui vim ser feliz. Aqui é a terra da abundância e da fortuna.*
                                         [Aqui vim ser forte, rico e feliz.
— *Obrigado, estrangeiro.*
— *Aqui ficarão vivendo os meus filhos.*
Aqui nascerão os meus netos.
Aqui, saudoso embora do meu país
fecharei os meus olhos.
Deus abençoe o teu país.

— *Estrangeiro, ainda mais uma vez obrigado.*
Eu sei que é verdade tudo quanto dizes.
Mas, ah! Ensina-me:
qual é o caminho que leva ao teu país?
Qual é o caminho? Dize, estrangeiro
eu quero ir-me! Eu quero ir-me!
Eu também quero ser feliz, estrangeiro.

Paulo vinha juntando tudo o que recebia para tentar comprar as passagens dos cinco membros de sua família que haviam sobrevivido na Hungria, por intermédio da Legação da Suécia. Como a quantia que conseguiu reunir não bastava, precisou pedir ajuda financeira à Associação Beneficente Israelita. Ele necessitava de 5 mil dólares (mil dólares por passageiro) para trazer seus familiares. O visto de saída da Hungria, o visto de trânsito sueco e o visto de entrada e permanência no Brasil, ele já havia providenciado. Mesmo contraindo dívidas e assumindo incontáveis compromissos de trabalho, Paulo havia conseguido 3 mil dólares. "Sou um intelectual que vivo unicamente de meu trabalho. Moro num quarto de hotel há cinco anos,[4] levo uma vida das mais modestas", declarou em sua carta à associação israelita. Na mesma mensagem, expôs sua agonia e narrou a perda recente de sua mulher. "Desde que estou no Brasil, tenho procurado sem descanso salvar a minha família que ficou na Europa. Obtive, em 1942, o visto brasileiro para minha esposa e sua mãe; infelizmente elas não conseguiram sair da Hungria e foram assassinadas pelos nazistas."

O comitê da Associação Beneficente Israelita não lhe negou ajuda e rapidamente providenciou o empréstimo da quantia necessária para custear as passagens. Em setembro, Gisela Rónai já se punha a caminho do Brasil com suas filhas e seus genros. A movimentação de saída da Europa era intensa e os embarques limitados, por isso os cinco húngaros, uma vez na

Suécia, apenas em dezembro conseguiram embarcar para a nova pátria. Francisco, ainda desaparecido, continuava sendo procurado em Belgrado. Paulo deixou o Hotel Vistamar e alugou uma casa pequena na Ilha do Governador, conseguida por intermédio da amiga Rachel de Queiroz,[5] com espaço e um jardim para receber a família. Estariam perto da praia, teriam algum conforto e ar fresco para Paulo receber a mãe, as irmãs e os cunhados depois daqueles longos e trágicos quatro anos. "Não me escreva mais para o Hotel Vistamar, que me mudei para a Ilha do Governador, onde aluguei uma pequena casa para a família", conta Paulo ao amigo Ribeiro Couto. Mais uma vez, estava gratíssimo ao diplomata.

[...] devo-lhe a minha vida e a dos meus queridos. Nunca poderei agradecer-lhe o bastante, mas, pelo menos, procurarei por todos os meios a meu alcance demonstrar-lhe a minha gratidão.[6]

Estou pensando muito para lhe demonstrar de maneira tangível e manifesta a minha gratidão — mas até agora não encontrei meio. Tenho, porém, a vaga impressão de que você julgará seus esforços em parte compensados pelo meu esforço para me integrar no ambiente brasileiro e pelos meus livros publicados aqui, os quais — seja qual for seu valor — são inspirados pela sincera vontade de me tornar útil ao nosso Brasil.[7]

Fiel à sua promessa, Paulo trabalhava sem descanso e dedicaria a Ribeiro Couto o livro que preparava naquele momento, *Balzac e A comédia humana* ("o primeiro trabalho que dedico a um amigo"),[8] que a Globo lançaria no ano seguinte e que receberia o prêmio da ABL. A relação era de sincera reciprocidade: "A Paulo Rónai, com a profunda e antiga amizade — mais antiga

que nós mesmos — que nos ligou de alma e espírito", tinha-
-lhe escrito Ribeiro Couto na dedicatória de seu *Dia longo*, lançado em 1944.

Paulo também precisava agradecer por outras ajudas que recebera, afinal havia recorrido a diversos contatos para possibili-
tar a vinda de sua família ao Brasil. Um deles era o dr. Prochnik,
um dos diretores da União Beneficente Israelita. Em janeiro
de 1947, Paulo lhe escreveu.

Cinco membros da minha família que sobreviveram aos horrores da guerra e da perseguição nazista na Hungria — minha mãe, Gisela Rónai, dois cunhados e duas irmãs [...] —
acabam de chegar da Europa. Assim se realiza uma grande
aspiração da minha vida, a de reunir-me aos meus, ofere-
cendo-lhes a possibilidade de recomeçarem a sua existência
em um país mais feliz. Devo essa alegria em grande parte à
União Beneficente Israelita, a qual, em colaboração com as
associações congêneres em Praga e Stockholm [sic], tudo
fez para facilitar a viagem da minha família. Meus cunhados
estão procurando colocação agora: espero que dentro em
breve estejamos numa situação que nos permita exprimir
a nossa gratidão por meio de uma contribuição substancial
em dinheiro. Por enquanto, só posso em meu próprio nome
e no de toda a minha família pedir-lhe que transmita aos di-
rigentes da União Beneficente Israelita os agradecimentos
mais sinceros. Aproveito a ocasião para lhe exprimir, caro
dr. Prochnik, a minha mais profunda gratidão pela extrema
benevolência e compreensão humana com que sempre tratou desse assunto.[9]

No fim de 1946, às vésperas do novo ano, Paulo enviou um cartão de agradecimento a outro personagem fundamental na articulação da entrada da família Rónai no Brasil: João Guimarães

Rosa, chefe de gabinete do ministro das Relações Exteriores, João Neves da Fontoura.

O mineiro, nascido em 1908, radicado no Rio de Janeiro e médico de formação, deu início à sua carreira na diplomacia depois de passar em segundo lugar no concurso do Ministério das Relações Exteriores, em 1934. Mas o que o fez se decidir a integrar o Itamaraty foi seu amor pelas línguas — nada mais que isso, nenhuma outra aptidão ou desejo especial. Em 1938, Guimarães Rosa foi nomeado cônsul-adjunto em Hamburgo. Até 1942, atuou em benefício dos judeus, liberando vistos de entrada para o Brasil, com a ajuda de Aracy Moebius de Carvalho, encarregada da seção de passaportes do consulado brasileiro e que viria a ser sua segunda mulher. Após o rompimento do Brasil com a Alemanha, Guimarães Rosa e Aracy foram internados em Baden Baden, sendo liberados tempos depois em troca de diplomatas alemães. Guimarães voltou ao Brasil, teve uma curta passagem pelo Rio de Janeiro, seguindo para Bogotá em 1942 a fim de ocupar o cargo de secretário da embaixada brasileira. Em 1946, ocupava o posto de chefe de gabinete de João Neves da Fontoura, constituindo, portanto, uma autoridade estratégica para que Paulo pudesse obter a emigração de seus familiares. Foi nesse contexto que ele e Guimarães Rosa travaram contato, e a primeira tentativa teve algo de anedótica.

Durante a guerra, tinha pedido vistos de entrada no Brasil para minha mãe e irmãs. Quando acabou a guerra, fui chamado ao Itamaraty para falar com o Conselheiro Guimarães. Encontrei esse Conselheiro que me recebeu muito rispidamente e me mandou embora. Eu não entendi por que me chamaram. Aí alguém disse: "Você deve ter falado com o Guimarães errado. O secretário do ministro é Guimarães Rosa, que é uma pessoa muito cortês". Aí eu voltei e fui recebido efetivamente com muita cortesia. Meu pedido foi atendido, a minha família pôde entrar no Brasil. E assim tive os primeiros contatos com Rosa, que eram meramente funcionais.[10]

Os dois ainda não sabiam, mas o verdadeiro laço que os uniria estava muito além da política. Guimarães Rosa já escrevia, desde muito moço, contos para a revista *O Cruzeiro*, de olho no prêmio que a publicação oferecia para os melhores textos. Nas quatro vezes em que concorrera ao prêmio, levara. Também escrevia versos. Em um concurso promovido pela Academia Brasileira de Letras, teve sua veia literária reconhecida e premiada por seu livro de poesias *Magma*, de 1936.

Em 1938, aos trinta anos, arriscou-se a apresentar uma obra de maior fôlego, inspirada na gente simples do interior de Minas Gerais, em seu palavreado espontâneo e na paisagem de sua infância e mocidade. Inscreveu-se então em outro concurso, dessa vez promovido pela editora José Olympio e cuja comissão julgadora era formada por frequentadores da casa, estrelas da futura constelação de Paulo Rónai: Marques Rebelo, Graciliano Ramos, Peregrino Júnior, Prudente de Moraes Neto. Esse, Rosa não ganhou, mas burilaria os textos desse *Contos*, reduzindo radicalmente seu volume e o transformaria no *Sagarana* lançado pela editora Universal em 1946.

O livro chegaria às mãos de Paulo diretamente de seu autor. "Você sabe que também sou escritor?", perguntou a Paulo. Ele não sabia. Rosa, conhecendo sua atividade e o prestígio de Rónai, encaminhou-lhe *Sagarana*, pedindo que desse sua opinião. Paulo se preocupou. Como recusar o pedido depois da ajuda que Guimarães Rosa lhe dera? Mas e se ele fosse um subliterato? O que faria se achasse o livro ruim?

Preocupação desnecessária, pois de imediato Paulo reconheceu, no imaginário fértil, na força dos textos curtos e em uma certa subversão do regionalismo ("[Guimarães Rosa], apresenta-se como o autor regionalista de uma obra cujo conteúdo é universal")[11] uma obra de extremo vigor literário. E trataria de escrever sobre ela na imprensa. Em "A arte de contar em *Sagarana*",[12] artigo publicado no *Diário de Notícias*, Paulo anuncia a descoberta de um escritor que recupera uma operação essencial para a literatura: a capacidade de narrar, segundo Rónai uma arte que encontra em Guimarães Rosa uma renovação surpreendente. É por essa trilha, buscando na obra referências (as antigas épicas, passando por Thornton Wilder e Pirandello) e identificando seus processos narrativos, que caminha o texto de Paulo Rónai. De início, confessa o solavanco que sentiu ao se deparar pela primeira vez com a linguagem inventiva e singular do escritor e com sua conseguinte estratégia de análise: "O leitor vindo de fora, por mais integrado que se sinta no ambiente brasileiro, não pode estar suficientemente familiarizado com o rico cabedal linguístico e etnográfico do país para analisar o aspecto regionalista dessa obra; deve aproximar-se dela de um outro lado para penetrar-lhe a importância literária".[13]

O jovem crítico teve o mérito de reconhecer os traços do gênio de maneira independente e pioneira. Não muitos meses depois, em 17 de novembro daquele ano, Antonio Candido faria uma resenha elogiosa e entusiasmada sobre o livro no *Diário de São Paulo*. Outras críticas viriam, mas nenhuma com a mesma profundidade de percepção que Paulo e Antonio Candido haviam tido, segundo opinião do próprio autor: "O pessoal da nossa 'intelligentzia' andou transviado, passeando pelas cascas dos contos, sem desconfiar de nada, sem querer saber se um livro pode conter algum sentido... Só o Paulo Rónai e o Antonio Candido foram os que penetraram nas primeiras camadas do derma; o resto, flutuou sem molhar as penas".[14]

Natural, portanto, que dessa afinidade nascesse um forte relacionamento intelectual que interessava muito aos dois. Paulo e Rosa falavam as mesmas línguas. O conhecimento de filólogo e o deslumbramento com as camadas de significados encontradas nos contos do escritor fizeram de Rónai um interlocutor apurado e um leitor atento. A intimidade intelectual logo tornou os dois bons amigos. E é dessa forma que Paulo se refere a Guimarães Rosa no cartão de agradecimento que enviou em nome de sua família, no fim de 1946:

> Meu querido amigo: Graças à sua bondade, a minha gente chegou aqui em vésperas de Natal trazendo-lhe essas *Canções dos peregrinos*. Com elas vão os nossos votos mais sinceros de feliz ano novo para o amigo e todos os seus, na esperança de que um dia destes apareça em nossa casa da Ilha do Governador. Um abraço muito grato de Paulo Rónai.[15]

No fim do ano, portanto, Paulo achava-se finalmente reunido com sua família, todos acomodados na casa de número 281 da rua Hilarião da Rocha, na Ilha do Governador, no Tauá, que nos anos 1940 era um lugar aprazível, com boas praias, ar puro e natureza. Nenhum deles falava português. Gisela estava cansada mas feliz e, apesar das dificuldades de adaptação à língua, aclimatava-se bem, cuidava do jardim e da alimentação da família. Todos estavam muito dispostos a trabalhar. Américo, com experiência em tecelagem, havia trazido um pequeno tear e alguns apetrechos, com os quais montou uma pequena produção de tecidos, e logo começou a trabalhar, produzindo entretela. Era uma das primeiras oficinas da Ilha e a única fábrica de entretela do Distrito Federal, ainda pequena — de tão pequena, parecia até um brinquedo.[16] Estevão, marido de Eva, tornou-se sócio da fabriqueta e Clara, vendedora. Nesse começo de vida, ela se dividia entre as tarefas da oficina e os serviços de datilografia francesa que prestava para a Faculdade Getúlio Vargas.

Paulo sustentou a família por um bom período, ao mesmo tempo que se organizava para pagar as dívidas contraídas para financiar a viagem de seus familiares da Hungria para o Brasil. O dinheiro era apertado, mas os projetos editoriais, o trabalho na Globo e no Liceu rendiam o suficiente para uma vida sem privações. As contas, que em seus primeiros anos no país eram uma verdadeira obsessão, aos poucos sumiram de seu diário. O pequeno negócio logo engrenou e Paulo alugou, perto de casa, um galpão para abrigar teares, insumos e os tecidos que iam produzindo como matéria-prima para fábricas e confecções. O convívio em casa não era dos mais fáceis. Querelas familiares, sobretudo envolvendo Eva, a irmã mais geniosa, eram frequentes, porém nem mais nem menos do que seriam em qualquer família que vivesse reunida em grande número, como acontecia na casa da Ilha do Governador. Mas em todos havia, sobretudo, a vontade de terem êxito na nova terra. "Estamos construindo uma vida nova", Paulo resumiu em seu diário depois de uma conversa com a mãe em novembro de 1947. A vida nova incluía um casal de cães bassê. Samuel, o macho, apelidado de Samu, era o preferido de Paulo, com quem dormia muitas vezes.

Paulo atravessava a baía de Guanabara todos os dias às 7h50 da manhã. Somando as barcas e os bondes, passava três horas diárias nessas conduções.[17] Trabalhava na editora Globo como uma espécie de consultor literário, animado também com a edição da trimestral *Revista Província de S. Pedro*,[18] voltada para temas literários. O trabalho sobre Balzac permanecia gigantesco, as conversas com Mauricio Rosenblatt continuavam frequentes, e se intensificava o contato de Paulo com Henrique Bertaso, diretor da Livraria Globo. Com ele Rónai passou a tratar de edições e também de sua remuneração, em virtude do novo posto que ocupava na editora. Bertaso era justo e reconheceu o valor do trabalho hercúleo de Rónai. A correspondência com Bertaso iluminou essa relação produtiva com a Globo, acabando por justificar o incrível sucesso da empreitada balzaquiana.

Gisela Rónai e o casal de bassês, Ilha do Governador.

Prezado Amigo sr. Henrique Bertaso,

Ao assinar o contrato novamente modificado relativo a meu trabalho na edição brasileira da *Comédia humana*, venho agradecer-lhe sinceramente a generosa compreensão com que me concedeu um aumento tão sensível dos honorários anteriormente estipulados.

Exprimindo-lhe a minha gratidão, cumpro um dever tanto mais agradável que o seu gesto mostra como o amigo sabe apreciar um esforço intelectual como esse, trabalhoso e demorado, ainda novo no Brasil e que seria impossível se não houvesse editores esclarecidos, cheios de entusiasmo por empreendimentos essencialmente culturais.

Procurarei corresponder sempre a essa nova demonstração de sua confiança não somente na organização da edição de Balzac, como também em toda a minha atividade de colaborador na Livraria do Globo.

Subscrevo-me, com essa promessa, seu grato e fiel amigo e admirador, Paulo Rónai.[19]

Paulo faria valer todo esse reconhecimento. Nos anos seguintes, trabalhou cinco dias por semana no período da tarde, redigindo pareceres, revisando traduções, produzindo seus próprios livros. Em novembro de 1948, em nova carta a Bertaso,[20] elencou os trabalhos que entregaria antes de suas férias. Na lista estavam, além de uma série de títulos de Dickens, Maupassant e a coletânea de contos de Voltaire, com um "admirável prefácio" de Roger Bastide, todos os livros avaliados e/ou revisados por Rónai, além dos trabalhos de sua própria lavra em curso: o sétimo volume de *A comédia humana*, um dicionário gramatical francês, que não seria publicado pela casa, e o clássico húngaro de Ferenc Molnár, *Os meninos da rua Paulo*. Na carta, o título do livro ainda era *Os rapazes da rua Paulo*. Em 1948, chegaram às livrarias o terceiro volume de Balzac e o segundo de *Mar de histórias*.

O garimpo dos contos universais continuava correndo na mesma intensidade, o que levou Paulo e Aurélio a darem início, em abril de 1947, a uma coluna semanal no *Diário de Notícias*. "Conto da Semana" era um espaço dedicado à apresentação de contos de autores de diferentes nacionalidades e de autores brasileiros de diferentes períodos. Até dezembro de 1960, foi nessas páginas do diário carioca que se encontraram os brasileiros Machado de Assis, Graciliano Ramos, Lêdo Ivo, Osman Lins, os húngaros Dezsö Kosztolányi, Gyulla Krudy, Ferenc Molnár, o italiano Dino Buzzati, o português Miguel Torga, os franceses Marcel Aymé e Guy de

Maupassant, a cubana Aurora Villar, o espanhol Miguel de Unamuno, o russo Dostoiévski, o americano Edgar Allan Poe, o romeno Ion A. Bassarabescu, o tcheco Franz Kafka, o sueco Axel Munthe, o argentino Roberto J. Payró, apenas para citar alguns autores dos mais de setecentos contos publicados por Paulo e Aurélio nos treze anos de existência da coluna. A atividade fazia Paulo manter um contato vivo com um imenso número de escritores brasileiros. A eles, por carta ou pessoalmente, solicitava o envio de contos para avaliação, assim como dados biográficos que constariam no texto explicativo, caso o conto fosse publicado. São muitas as cartas que Rónai guardou desse correio literário, intensificado a partir de meados dos anos 1950, quando Aurélio foi para o México lecionar Estudos Brasileiros na Universidade Autônoma do México, e Paulo assumiu sozinho a coordenação de "Conto da Semana". A coleção *Mar de histórias*, de enfoque cronológico, à qual o inventário de contos do jornal também servia, avançava no tempo e se aproximava dos expoentes brasileiros, contemporâneos. São dessa época cartas de Aníbal Machado,[21] remetendo notas biográficas suas; de Adalgisa Nery,[22] falando de um conto inédito seu; de Celso Furtado,[23] agradecendo a publicação no *Diário de Notícias* de um conto escrito por ele, assim como de Luís Martins,[24] para citar alguns.

Esse intercâmbio de produção entre a coluna "Conto da Semana" e a coleção *Mar de histórias* era dos mais profícuos, pois Paulo e Aurélio se valiam do duplo destino dos textos que coletavam para ir formando um grande manancial de contos universais tanto contemporâneos como de diferentes tempos e origens. Já os livros da coleção seguiam contínua e lentamente. "O meu querido Aurélio Buarque de Holanda [...] se é o mais precioso dos colaboradores, é também o mais lento. Por outro lado, as editoras e as tipografias daqui se distinguem também por um ritmo extremamente vagaroso. Basta dizer-lhe que o segundo volume foi entregue ao editor há um ano — pois até hoje não recebemos a primeira prova", Paulo confidenciou ao professor romeno Victor Buescu.[25]

Assinar a coluna do *Diário de Notícias* com Aurélio era não apenas mais um atestado da integração de Paulo no meio literário brasileiro como também um canal privilegiado de contato com outros nomes das letras do país. Essa aproximação e esse interesse genuíno pelo trabalho de autores brasileiros propiciaram a Paulo um rico material para que escrevesse os artigos e as resenhas que publicou na imprensa, muitos deles no mesmo *Diário de Notícias* e outros no *Correio da Manhã*, falando de tradução, dicionários, línguas, muito Balzac, resenhas de livros de escritores que admirava, muitos deles seus amigos. Em 1946, resenhou o livro de poemas *A rosa do povo*, de Drummond, que antes, em carta a Ribeiro Couto,[26] já avaliara como um dos melhores publicados naqueles tempos, ao lado de *Infância*, memórias de Graciliano Ramos.

No *Diário de Notícias*, sob o título "Poesia e poética em *A rosa do povo*",[27] Paulo fez uma análise atenta desse último lançamento de Drummond, uma das primeiras críticas consistentes sobre o livro publicadas na imprensa. "Os temas tradicionais de toda poesia renovam-se inteiramente nos versos de Carlos Drummond de Andrade", começava o texto. De forma lúcida, reconhece a operação poética do mineiro, seguindo com suas observações: "À primeira vista, a transformação parece consistir apenas numa despoetização do assunto tradicional, que o poeta despoja de todos os atavios convencionais, reduzindo-lhe os elementos à sua nudez primitiva. Mas quando estão reestabelecidos em sua simplicidade substancial, descobre-lhes um novo e inesperado conteúdo poético". Para ilustrar, Paulo aponta o processo de "depuração" da poesia de Drummond, presente em "Mito" (a musa vertida em fulana) e em "Resíduo" (a memória despida dos corriqueiros véus sentimentais); também reconhece nos símbolos de Drummond um parentesco com o cinema de Chaplin e joga luz nas imagens novas, nos símbolos provocantes de uma mitologia original do poeta, como a própria rosa que brota do asfalto "como, através da dura casca do presente, o futuro se prepara para sair".

"O livro cuja densa riqueza só se penetra depois de meditado e quase decorado, abala pela esperança de um desiludido; pela largueza do amplexo de um homem de gestos parcos. Cada leitor encontrará nela o seu poema que o 'atravessará como uma lâmina'." Ele vê em "Como um presente" e "Os últimos dias" exemplos maiores "das coisas que viverão muito tempo depois de nós".

Paulo recebeu de seu amigo fraternal Drummond a seguinte dedicatória em *A rosa do povo*: "Ao querido Paulo, a quem não pude (por uma traição tipográfica) dedicar um poema deste livro, mas a quem me dedico inteiramente, Carlos. Rio, 1.1.46".[28]

Pouco mais de um mês depois, tratou novamente de poesia no *Diário de Notícias* com uma resenha do último lançamento de Cecília Meireles, *Mar absoluto e outros poemas*, que no ano anterior (1945) saíra com uma tiragem especial de 150 exemplares. A Paulo coube o de número 30, com a dedicatória: "Exemplar de Paulo Rónai, com a estima e admiração cordial de Cecília Meireles".[29] Paulo já estava bem próximo tanto da poeta quanto de sua obra, conhecia com intimidade tudo o que ela publicara até ali — era ainda seu tradutor, como também de Drummond, desde 1939. Dessa maneira, ao escrever "O conceito de beleza em *Mar absoluto*"[30] estava habilitado a perceber na nova coletânea de Cecília a afirmação de tendências de sua poesia, "o culto da beleza imaterial, a preferência pela abstração, o desapego pelo ambiente real, a dissimulação do lirismo, a predominância de motivos musicais e pictóricos". Ao mesmo tempo "clássica e cósmica", Cecília recebeu uma análise sensível e profunda do amigo, que enxerga no poema, que dá nome ao livro, indicações valiosas de seu universo.

O mar tangível e verdadeiro está para o seu "mar absoluto" como os objetos da realidade para as "ideias" de Platão. "Não é apenas este mar que reboa nas minhas vidraças, mas outro que se parece com ele." Este mar invisível é como que a essência do outro, do qual resume a natureza profunda. A poetisa dispõe não apenas de sentimentos apurados para captar-lhes as emanações, mas também de finíssimos instrumentos — as imagens — para exprimir aquela recôndita essência. [...] As rápidas transições em que a fantasia, ao léu das associações, pula das impressões visuais às da lógica, do mar efetivo ao mar ideal, conferem ao poema uma complexidade singular, característica singular de toda a arte de Cecília Meireles.[31]

A obra de Cecília Meireles seria analisada também em outros escritos de Paulo Rónai: "Uma impressão sobre a poesia de Cecília Meireles", publicado no livro *Encontros com o Brasil*, de 1958; os artigos "Lembrança de Cecília Meireles", "Gravado na pedra" e o "*Romanceiro da Inconfidência* vinte anos depois", publicados em jornais, integrariam mais tarde o livro *Pois é*, de 1990.[32] Algumas das resenhas que Paulo fez sobre livros de Cecília Meireles, além de destinadas à publicação em jornais — caso também da resenha sobre *Vaga música* —, foram escritas apenas como depoimentos e testemunhos[33] esparsos e depois reunidas em livros, a exemplo de *Encontros com o Brasil* e *Pois é*. Ainda em 1953, Rónai e Cecília estariam bem próximos, na finalização de *Cartas a um jovem poeta*, de Rainer Maria Rilke, Paulo como tradutor, Cecília como revisora, solidificando a parceria entre os dois.

Drummond também foi objeto de resenhas e ensaios de Paulo Rónai. *Encontros com o Brasil* traz dois textos sobre sua obra, um sobre *A rosa do povo* ("Poesia e poética em *A rosa do povo*") e outro intitulado "A poesia de Carlos Drummond de Andrade",[34] que ele havia publicado em 1943 na *Revista do Brasil*.

Neste, Paulo oferece um panorama da produção do poeta até aquele momento, quando reunia, sob o título *José*, os poemas originalmente publicados nos livros *Alguma poesia*, *Brejo das almas* e *Sentimento do mundo*.

Sorriso fino e leve, esboçado na ponta dos lábios meio cerrados, rosto quase imóvel, mãos tranquilas, sem gestos. Umas palavras pronunciadas baixinho, sem insistência, sem acentos até, e que, entretanto, caem sobre a gente com todo o seu peso, e nos deslumbram apesar da sua nudez. Guardai-vos, entretanto, de revelar vossa emoção: ao menor sinal, esse poeta desconfiado paralisaria seu próprio impulso, destruiria seus efeitos, imporia à sua sensibilidade uma máscara de ironia.[35]

Drummond e Paulo conviveriam na intimidade familiar durante toda a vida, continuando parceiros também nos livros. Rónai seria convocado pelo poeta mais de uma vez para revisar suas obras, sanar dúvidas, emitir opiniões. E também para prefaciar livros como *José e outros*.[36] Paulo escrevia, sobretudo, a respeito daquilo que o fascinava, falava do ponto de vista de um leitor preparado, atento, sempre próximo.

Ribeiro Couto, Aurélio, Cecília, Drummond. Essas sólidas amizades, para as quais convergiam afeto e literatura, continuavam determinantes para a inserção de Paulo Rónai no Brasil. Mas, além de um bom trânsito no ambiente literário — o que lhe franqueava um conhecimento mais profundo da cultura local e alargava seu repertório para artigos e ensaios —, ele continuava precisando de um emprego no magistério que lhe garantisse segurança financeira. Mas não só, pois ele jamais deixou de afirmar sua vocação: "Escritor nas horas vagas, sou professor por vocação e destino".[37] Paulo exercia o magistério com a consciência de estar diante de um compromisso, de uma missão. No Brasil, suas principais experiências no ensino secundário estiveram centradas no Ginásio Metropolitano e no Liceu Franco-Brasileiro. Na primeira instituição permaneceu até 1944, na segunda lecionaria até 1949, quando então assumiu o cargo de professor municipal do Distrito Federal. Dois meses antes, escreveu ao prefeito do Rio de Janeiro, Ângelo Mendes de Morais.[38]

Na carta, apresentou-se como profissional de ótima formação e vasta experiência. Na época (1949), ele organizava para a editora Globo a edição brasileira dos dezessete volumes de *A comédia humana* e atuara como colaborador na edição de *História da literatura brasileira*, dirigida por Álvaro Lins e publicada pela José Olympio. Também era autor de seis livros didáticos.[39] Morava com sua família "num bairro silencioso da Ilha do Governador",[40] sentindo-se inteiramente "ligado a este belo recanto do Distrito Federal". Elogiou as obras públicas realizadas naquelas paragens, como a ponte e, principalmente, a construção de um novo ginásio, na época em fase de conclusão.

Foi o que me deu a ideia de me dirigir a V. Exa. pedindo-lhe que me queira nomear professor do novo Ginásio. Formado em universidades europeias, com grande prática no ensino secundário (e superior) no Brasil e no estrangeiro e, além disso, de posse dos requisitos legais (registro do Ministério de Educação, carteira profissional do Ministério do Trabalho etc.) tenho certeza de, caso Vossa Exa. queira deferir o meu pedido, poder corresponder à sua honrosa confiança e iniciar a aplicação dos métodos mais novos no ensino do latim e do francês, minhas matérias.

Paulo encerrou a carta apresentando nomes de amigos que poderiam dar referências suas. Uma lista nada desprezível não só pelo número de componentes como também (e sobretudo) pela notoriedade deles: Jorge de Lima, Manuel Bandeira, José Lins do Rego, Peregrino Júnior, Josué Montello, Álvaro Lins, Ernani Reis, Augusto Meyer, Eugênio Gomes, José Simeão Leal, Aurélio Buarque de Holanda, Arnon de Mello, José Olympio, Sérgio Milliet, Sérgio Buarque de Holanda, Erico Verissimo, Rodolfo Garcia, Murilo Mendes, Octavio Tarquínio de Sousa, entre outros.

A mesma carta foi enviada três dias depois ao secretário de Educação, Clóvis Monteiro.[41] A investida teve resultado. Cerca de dois meses depois, Paulo estava empregado como professor do município do Rio de Janeiro, então Capital Federal. Com a carreira no magistério seguindo próspera, mais tarde Paulo faria planos de se candidatar ao concurso para professor titular de francês do Colégio Pedro II, instituição de ensino secundário de maior prestígio na capital e ponto máximo na carreira de um professor ginasial como ele.

Antes, no entanto, no dia 25 de novembro de 1951, sua vida tomaria um novo rumo. Paulo estava à vontade em casa (então na rua Paranapuã, 58, no Tauá),[42] corrigindo provas em um pequeno caramanchão no jardim, cercado de mangueiras, bananeiras e de uma viçosa caramboleira. Alguns papéis voavam sem controle, quando os Grünfeld entraram no jardim. A família húngara tinha ido à Ilha do Governador aproveitar a praia em um domingo de sol a pino e céu azul sem nuvens. Antevendo a aproximação de uma tempestade de verão, sem terem onde se refugiar, lembraram do amigo que morava nas proximidades: "Vamos para a casa do Paulinho!". Nora Tausz, amiga de Judite, filha do casal Grünfeld, perguntou: "Que Paulinho?". "Aquele que escreve no jornal", Judite respondeu. Natural de Fiúme (cidade italiana que depois se tornaria parte da Croácia), Nora tinha vindo para o Brasil também em 1941, apenas dois meses depois de Paulo, no mesmo navio *Cabo de Hornos* e na mesma terceira classe. Viera em busca de refúgio e, com a ajuda de uma tia próxima do Vaticano, havia conseguido visto para o Brasil, assim como sua mãe, Iolanda (que morrera um ano antes, em 1950), seu irmão Giorgio (morto em um acidente em 1949) e o pai, Edoardo, que também estava com Nora e os Grünfeld nesse dia na Ilha do Governador. Durante a adolescência, por causa da transferência do pai, chefe de um escritório de seguros, Nora havia morado quatro anos em Budapeste, período em que se tornou fluente em húngaro.

Nora e Judite, em meio ao temporal que começava a desabar, ajudaram Paulo a recolher seus papéis, todos falando a língua magiar. Missão cumprida, o grupo entrou na casa e eles passaram o resto da tarde conversando. Além de Gisela Rónai e Paulo, estavam Clara e Américo, que ainda moravam na casa. Eva e Estevão continuavam na Ilha do Governador, assim como Catarina, que se casara com o jovem Kálmán, judeu alemão que conhecera no Brasil. A tarde chuvosa de domingo acabou se transformando num agradável reencontro entre os Grünfeld e os Rónai e no encantamento de Paulo pela jovem Nora, de 28 anos. Arquiteta formada pela Universidade Federal do Rio de Janeiro (quando ainda era Universidade do Brasil), empregada na construtora Servenco, já naturalizada brasileira, Nora era sólida, inteligente, linda, com vibrantes olhos azuis e dezessete anos mais nova que Paulo. Em seu diário, ele registrou em francês a bela impressão que aquele domingo lhe deixaria: "Senhor Tausz e sua filha Nora (todos gostam deles)". E, como fazia desde o início de seus diários para marcar eventos extraordinários, Paulo sublinhou aquele 25 de novembro de 1951.

Dias depois, Paulo retribuiria a "visita", indo até o apartamento onde Nora e o pai moravam, no Rio Comprido. Por sugestão dele, começariam a fazer um livro juntos, Paulo traduzindo e Nora ilustrando. Para isso, passaram a se encontrar quase todos os dias na biblioteca da Associação Brasileira de Imprensa (ABI), no centro do Rio. O livro *Mon Premier Livre*[43] sairia pela Editora Nacional no ano seguinte. Muito antes, porém, o casamento já havia se consumado. Depois de um namoro de pouco mais de dois meses, os dois se casaram no dia 9 de fevereiro de 1952 em uma cerimônia simples, realizada às dez da manhã em um cartório no centro da cidade, tendo como testemunhas Aurélio, sua mulher, Marina, Lukács, Maurício Rosenblatt, os Grünfeld e alguns poucos familiares. Nora fez um elegante vestido de noiva com o linho da pequena tecelagem húngaro-brasileira. À tarde, os recém-casados foram a Petrópolis passar uma rápida lua de mel no requintado Hotel Quitandinha. No fim do dia, um divisor de águas na vida de Paulo, ele anotou em seu diário: "*Três heureux*".

Paulo deixou a Ilha do Governador para ir morar no Rio Comprido com Nora e o sogro no apartamento de três quartos da rua Citiso. O fato de Nora, o pai e o irmão falarem húngaro

Casamento de Paulo (no centro, ao lado da mãe, Gisela) e Nora (de braço dado com o pai, Edoardo), Rio de Janeiro, 1952.

aproximava as famílias e tranquilizava Paulo, assim Nora poderia se comunicar com a sogra, que só falava húngaro e um pouco de alemão. Anos antes, em 1949, Gisela passara por uma grande dor: a morte de Jorge, seu terceiro filho. Ele se suicidara em Nova York, para onde se mudara após a guerra, seguindo uma sedutora húngara, por quem se apaixonara e que seria a razão de seu desatino. "Das muitas desgraças que nos atingiram foi a pior, talvez por não lhe sentirmos um caráter tão fatal como às outras."[44] No ano da morte do irmão, Paulo escreveu em seu diário, fechando suas anotações de dezembro: "A Hungria mais e mais distante".

Depois de tantos anos de aflições, o casamento deu a Paulo uma estabilidade emocional inédita. Além disso, permitiu-lhe reencontrar, depois de um longo e penoso período, um contentamento geral com a vida. "Estou experimentando a felicidade, sensação de que andava tão desabituado nesses últimos anos",[45] ele declarou ao amigo Ribeiro Couto, em carta escrita logo após seu casamento.

Durante algum tempo, dividiu-se entre a Ilha do Governador e o Rio Comprido. Adorava o sossego, o ar puro, a natureza da casa da família. Um ano antes, chegara a pensar que nunca sairia de lá. "Parece que serei enterrado no pequeno cemitério da Ilha do Governador, onde estou radicado",[46] havia escrito a Ribeiro Couto. Pouco tempo depois, os Tausz e Paulo se mudariam do Rio Comprido para Copacabana, para irem morar em um edifício projetado por Nora na rua Décio Vilares. Sem avisar ninguém, ela comprara sozinha um dos apartamentos de três quartos da construção. Nora também arcava com os custos da casa, para que Paulo pudesse continuar ajudando sua família e saldando a dívida que contraíra anos antes com amigos, como Lukács, e com instituições como a União Beneficente Israelita, para financiar a viagem dos familiares.

Não que a família estivesse em má situação, mas o dinheiro que ganhavam ainda era insuficiente para todas as despesas. Os negócios iam bem. Além das entretelas, a pequena fábrica começara a produzir tecidos mais finos, como o linho. Certa vez enviaram um bom corte para Rachel de Queiroz, outra amiga dileta de Paulo. O gesto rendeu um longo e belo artigo publicado na última página de *O Cruzeiro*.

Recebi ontem um presente que me deixou comovida: um corte de linho tecido por meus amigos húngaros da Ilha do Governador. A fazenda é perfeita, só não parece linho irlandês porque é mais bonita; tem aquele jeito pessoal e inconfundível que marca a obra do artesão, sem a uniformidade, a falta de caráter e de vida do trabalho em série.

Faz cinco anos que eles chegaram ao Brasil, exaustos da guerra e dos nazistas, em busca de trabalho e de paz. Pela bitola do serviço de emigração, creio que não passariam por bons emigrantes: eram gente urbana, dois homens e quatro mulheres; a palavra certa para os chamar é mesmo intelectuais: não tinham costume de lidar no campo, não eram profissionalmente operários ou técnicos. A ideia é terrível, mas verdadeira: intelectuais! Amam os livros e os leem, a parte mais importante da bagagem que trouxeram era isso mesmo, livros.

Rachel narra em detalhes as etapas da chegada e do desenvolvimento dos teares da família, o incremento do negócio, desenhando um retrato emocionante de pessoas trabalhadoras, simples, de valor, que se tornaram suas amigas através da amizade com Paulo Rónai.

Não consola a gente ver como são grandes e inesgotáveis os recursos da alma dos homens? Cito este exemplo, especialmente comovida, primeiro porque eles são meus amigos, e a segurança com que eles se estabelecem e prosperam aqui é grata ao nosso coração. Depois porque, meu Deus, não são candidatos a Matarazzos, não pensam em ser reis da entretela — querem apenas viver, com decência e tranquilidade; trabalham apenas para conseguirem a vida que, por direito de nascença, cabe a todo ser humano: garantir a subsistência de cada dia, e usar o resto das horas livres lendo, estudando, escutando música, tratando das flores do jardim, tomando banho de mar, criando cachorros. Dignidade e segurança, é só o que eles almejam. E pode-se dizer que já o conseguiram.[47]

Enquanto a família de Rónai se aprimorava em produzir um linho belo e impecável, Paulo se preparava para o concurso de titular de francês do Colégio Pedro II, um posto prestigioso para além do magistério. Muitos intelectuais almejavam integrar o seleto grupo de professores titulares do Pedro II, cujos concursos, disputados por profissionais de excepcional qualidade, eram os mais concorridos e repercutiam nos meios culturais e acadêmicos. No próprio ano de 1952, Afrânio Coutinho e Álvaro Lins foram aprovados para a cátedra de literatura brasileira.

No dia em que conheceu Nora, em novembro de 1951, Paulo registrara no diário a decisão de se candidatar à cátedra de francês do colégio, cujo edital havia sido publicado no ano anterior. A inscrição ocorreu em maio de 1952 e, entre os seis candidatos aceitos para se submeter à seleção, estava o nome de Rónai. O concurso só se realizaria em 1957, adiado inúmeras vezes pelos mais esdrúxulos motivos. Antes disso, em março de 1952, Paulo havia sido selecionado para lecionar latim no Colégio Pedro II. Não se tratava de um posto titular como o que pleiteava, mas a primeira colocação entre cem candidatos o distinguiu com um reconhecimento especial, e ele passou a lecionar nas recém-criadas seções do externato.

Enquanto aguardava a realização da prova de defesa de tese para o concurso a um cargo titular do Pedro II, pública e normalmente submetida a uma rígida comissão julgadora, Paulo publicou *Um romance de Balzac: A pele de onagro*,[48] a tese com a qual se candidatava à cátedra de francês do Pedro II, baseada em sua pesquisa de doutorado sobre os romances de juventude do autor francês.

Ainda antes de se submeter à esperada prova, dois eventos impactaram amorosa e alegremente a vida de Paulo e Nora Rónai: em 1953, no dia 31 de julho, o nascimento de Cora, a primogênita do casal; e dois anos depois o nascimento de Laura, em 23 de agosto de 1955. Os padrinhos das meninas eram brasileiros e grandes amigos do casal: Aurélio Buarque de Holanda e Cecília Meireles foram os padrinhos de Cora; Carlos Drummond de Andrade e Maria Adelaide Rabello Albano Reis, os de Laura. Maria Adelaide, catedrática de arquitetura da UFRJ, além de amiga, era uma referência importante para Nora.[49] Com suas filhas brasileiras, cariocas, Paulo falava exclusivamente português. Se já fazia alguns anos que ele se sentia mais e mais brasileiro, como revelou em carta a Ribeiro Couto,[50] a chegada de Cora e de Laura o tornou parte de uma família brasileira. Tanto para ele como para Nora, o Brasil deixou de ser a pátria de adoção para se tornar o país de suas filhas, onde elas cresceriam e se formariam, e foi nessa terra que o casal escolheu construir uma vida em família, ainda e sempre com muito trabalho. Também por essa razão, a perspectiva de se tornar professor titular de um colégio como o Pedro II adquiria mais importância.

O concurso continuava escandalosamente empacado. Em junho de 1957, jornais denunciaram o evidente conluio arquitetado pelo candidato Raul Penido Filho com examinadores. Sobrinho de um arcebispo e muito bem relacionado, Penido articulava a mudança da banca examinadora, para que pudesse ganhar o concurso, pois, se a medida fosse de fato o mérito, não teria chance enfrentando candidatos como Paulo Rónai. A história ganhou contornos burlescos. A jornalista Eneida de Morais, em sua coluna no *Diário de Notícias*, informou ter recebido de um leitor um dossiê com um material bombástico sobre o concurso do Colégio Pedro II, cuja realização tinha sido marcada, na primeira vez, para julho de 1954. Depois houvera sucessivos cancelamentos, e por motivos indefensáveis: falta de dinheiro; impedimento do professor Correia, um dos examinadores; viagens alegadas por outros examinadores, como foi o caso do professor Debrot, que precisou ir à Europa, ou do professor Przewodoski, que iria à Bahia. Eneida identificava má-fé nos repetidos cancelamentos e pedia a moralização do respeitado exame, muito em nome de um candidato particularmente querido dela, que merecia consideração. "Amiga e admiradora de Paulo Rónai, conhecedora de seu valor e de sua probidade intelectual não estou aqui defendendo-o, nem ele precisa disso. O que aponto é mais uma injustiça e contra as injustiças estarei sempre."[51] Cinco dias depois, o *Correio da Manhã* publicou o artigo "Concurso e filhotismo", denunciando o nepotismo que retardava o concurso e informando que no decorrer daqueles anos de espera um dos candidatos morrera e que um novo examinador, inidôneo, ligado ao candidato despótico, havia sido chamado para a banca. O tal candidato teria relacionamento com o governo e havia sido o responsável pela inexplicável procrastinação.

Por efeito talvez das manifestações da imprensa, a defesa de tese para o concurso do Pedro II foi finalmente marcada para 12 de dezembro de 1957. Por conta de todo alarde, além de Nora e de seu pai havia na plateia um grande número de intelectuais, entre eles Aurélio e Afrânio Coutinho. A mãe de Paulo, nervosa com a situação, preferiu não ir. Achava que Paulo corria riscos, podendo até mesmo sofrer um atentado. Mas nada ocorreu. A defesa de sua tese foi brilhante, assim como a prova escrita, realizada no dia 19, e a didática, concluída em 21 de dezembro. Nesse mesmo dia foi anunciado o resultado: Paulo ficou em primeiro lugar, atingindo 178 pontos dos 200 possíveis. Ele se apressou a dar a notícia a Ribeiro Couto, a quem sempre prestava conta de suas conquistas, em um agradecimento *ad eternum*.

> Em seis anos, o concurso foi adiado sete vezes, um quinto candidato inscrito morreu, um sexto desistiu; um dos examinadores designados morreu, a banca foi remodelada três vezes. Houve uma longa guerra de nervos, uma onda cada vez maior de boatos, polêmicas na imprensa, o diabo. Pois bem: aconteceu um milagre, e este húngaro da Alkotmány utca que você trouxe para o Brasil e cuja aclimação com tanto carinho e afeto acompanhou obteve o primeiro lugar.[52]

A nomeação para o cargo só foi publicada no *Diário Oficial* em julho de 1958.[53] Em outubro, Paulo Rónai finalmente assumiu a cátedra de francês no Colégio Pedro II em uma concorrida cerimônia de posse. Afrânio Coutinho foi o primeiro orador da noite e o incumbido de fazer a saudação ao novo professor catedrático. Em seu discurso, evocou a trajetória de desterrado de Rónai, colocando-o no rol dos emigrantes triunfadores, e lembrou seus 26 anos de magistério. "O professor Paulo Rónai era o favorito e venceu", afirmou Coutinho. Experiente na lida do ensino secundário, aconselhou: "Na etapa que tão auspiciosamente agora iniciais, Senhor Professor, temei o desencanto e a rotina. Lembrai-vos sempre de que 'nada é pior que um homem habituado'".[54]

Após as boas-vindas, Paulo confessou sua emoção e o sabor especial que a conquista tinha para ele. Também fez um apanhado de suas primeiras sensações no Brasil.

Se para todo professor esta distinção seria sumamente honrosa, ela se reveste, ainda, para mim, de uma significação muito especial.

Há tempo, já homem feito, com 34 anos de idade, quando o ódio desencadeado pela insânia nazista me forçara a abandonar meu país de nascimento, vim aportar a essas plagas, acabrunhado de saudades e de ansiedade, inteiramente só. Não foi fácil ambientar-me, encontrar o trabalho que me convinha, "vencer", como habitualmente se diz. Mas desde o princípio senti, nitidamente, aliviado e deslumbrado que, exilado embora, não me encontrava em exílio. Respirava uma atmosfera de liberdade, isenta de preconceitos de raça, de classe ou nacionalidade. Não via ninguém perseguido por haver nascido desta ou aquela cor, por ter pais judeus, ou avós protestantes. [...] O que me deslumbrava era haver aqui uma democracia instintiva e natural, existente menos nas leis que nos costumes, no modo de viver suave e despreocupado de um povo bom.[55]

No discurso, que intitulou "Reflexões de um professor secundário", Paulo questionou "com toda a sinceridade, sem acrobacias verbais e sem hipocrisia", o sistema educacional, enfatizando: "O ensino secundário brasileiro não satisfaz a ninguém. A grande maioria de jovens que ele atira à vida social apresentam evidentes sinais de incompetência e incultura". A afirmação era comprovada pelos resultados no ensino superior, com alto índice de reprovação no vestibular. "Ora, os que procuram a Universidade constituem a elite de nosso corpo discente. Se a elite é assim, imagina a massa?",[56] provocou.

Paulo acreditava que esse quadro era resultado de uma série de equívocos. O primeiro deles atribuía às graves falhas de currículo, "a um falso espírito de enciclopedismo" e às "improvisações brilhantes no campo da educação", apontou, lembrando o projeto de lei em curso que pretendia tornar facultativo o estudo de inglês e francês, e instituir o ensino obrigatório de espanhol, "pelo ideal de solidariedade continental". Os demais equívocos referiam-se, principalmente, à excessiva carga horária dos professores — mal do qual ele mesmo havia provado —, um ano letivo sempre encurtado (o mais curto do mundo) por longas férias (incompreensíveis quatro meses no ano), além de uma inigualável sucessão de feriados e método de ensino ineficiente. Segundo ele, nosso excessivo número de exames era mais um recorde mundial. Outro problema era a ausência de uma comunicação eficiente entre professores e alunos, os quais precisavam enriquecer seu vocabulário, ampliar seu repertório, aprender a pensar. Paulo apontou essas falhas no intuito de estimular mudanças.

Em relação ao francês, disse que sabia ser difícil que as novas gerações tivessem o mesmo interesse de tempos anteriores pela língua de Racine, mas que elas não deveriam medir esforços para desenvolvê-lo. Afinal, motivos para amar o idioma não faltavam, como ele próprio sabia. De tão aguardado, o discurso acabou ganhando as páginas do *Correio da Manhã* na véspera de sua posse. Paulo, que havia mostrado o texto para algumas pessoas, a Álvaro Lins, por exemplo, se chateou com o ocorrido. Mas o vazamento não prejudicou o brilho da sua grande noite.

No auditório lotado da cerimônia de posse estavam Nora e seu pai, as irmãs e os cunhados de Paulo, amigos diletos dele, como Aurélio e Drummond, e muitos intelectuais. Paulo conquistava o posto mais alto do magistério secundário e se sentia recompensado. "Não poderia haver ambição mais alta nem honra mais cobiçada que a de se ver empossado numa cátedra do velho Colégio-Padrão."[57]

Outras aventuras

O novo professor catedrático do Pedro II tinha uma vasta bibliografia no Brasil. Além de Balzac e *Mar de histórias*, ele acumulava um bom número de traduções no mercado. *Os meninos da rua Paulo*, de Ferenc Molnár, uma das mais célebres, fora publicada com sucesso em 1952, e no Brasil, assim como em muitos países, o livro também se tornaria um clássico.[58] Paulo trazia para os leitores brasileiros a história que havia encantado sua mocidade budapestina — é bem verdade que naqueles dias, "tempos menos felizes", a cidade já não vivia a mesma atmosfera dos meninos do terreno baldio de Molnár; mas, depois do retalhamento ocasionado pela Primeira Guerra Mundial, a Hungria tentava recuperar o fôlego.[59] A obra, escrita em 1907, ano de nascimento de Paulo, é dos raros casos em que um livro feito para jovens rompe fronteiras etárias. "Como é que um livrinho especialmente escrito para os adolescentes de Budapeste se metamorfoseia numa obra-prima clássica, lida com encanto por pessoas de todas as idades, de todos os países?"[60] Paulo obteve algumas respostas, entre elas a de Edgar Cavalheiro[61] em carta de 2 de fevereiro de 1953:

Li *Os meninos da rua Paulo* e te agradeço muito vivamente pela oportunidade de conhecer essa obra-prima. Sou um sentimentalão e chorei um bocado com a reconstituição desse mundo perdido que é a infância. Lá em Pinhal também tivemos a nossa quadrilha de uma rua e de um terreno baldio muito parecido com o da rua Paulo. E travamos épicas batalhas com grupos "inimigos". O mundo é um só, meu caro. Pena que os donos da vida continuem a dividi-lo para proveito próprio.[62]

Na Hungria ou no Brasil, em Budapeste ou Pinhal, a magia da infância era a mesma.

Em 1952, junto com os meninos húngaros, chegou às livrarias, também pelas mãos de Paulo Rónai, *Escola de tradutores*,[63] com sete textos que abordavam o ofício de traduzir por vários ângulos, desde os mais técnicos, como uma detida análise da tradução brasileira de *Pensamentos*, de Blaise Pascal, ou das versões para *José*, de Drummond, até resenhas de livros (*A arte de traduzir*, de Breno Silveira, e *Les Belles Infidèles*, de Georges Mounin), reflexões sobre o futuro do ofício, diante, por exemplo, da temida invenção da máquina de traduzir (o que hoje é realidade — ainda que em parte e com inúmeras ressalvas — nos meios digitais). A primeira edição não trazia o depoimento de Paulo sobre o episódio em que, de modo inesperado, se viu diante da necessidade de traduzir uma carta que narrava e que naquele momento o informava da morte de seu pai. "A tradução mais difícil" seria incorporada à quinta edição do livro. *A arte de traduzir* apresentava um testemunho de vivo interesse sobre a atividade tradutória, uma visão lúcida do ofício de um profissional com larga experiência no métier, uma das publicações pioneiras na área. Outros resultados dessa atividade de Paulo foram as traduções de *Amor e psique*, de Lúcio Apuleio (1956), *Sete lendas*, de Gottfried Keller (1956), e de *Uma noite estranha*, peça em três atos do húngaro Alexandre Török (1957), para o qual também fez uma introdução.

Os livros assinados por Paulo Rónai ganhavam sempre destaque nas colunas literárias da imprensa. *Jornal do Brasil*, *O Estado de S. Paulo*, *Diário de Notícias*, todos noticiaram, elogiaram e indicaram a leitura de *Escola de tradutores*, cuja primeira tiragem esgotou em pouco tempo. Na segunda edição, de 1956, foram acrescentados quatro textos; na terceira, em 1967, não houve alterações. Apenas na quarta, lançada em 1976, fez-se uma mudança mais substancial, com a inclusão de nove artigos. E na quinta, em 1987, entrou "A tradução mais difícil".

Foi reunindo os textos que havia escrito para jornais desde que chegara ao Brasil que Paulo compôs *Como aprendi o português e outras aventuras*, livro lançado no fim de 1956.[64] O primeiro dos 27 pequenos ensaios da edição, o que dá nome ao livro, havia sido escrito para o jornal carioca *Letras e Artes* e publicado na edição de 16 de maio de 1948. No ensaio, um dos mais biográficos que escreveu, Paulo trata da sua descoberta da língua portuguesa ainda em Budapeste, descrevendo toda a trajetória do primeiro contato que teve com o idioma até sua chegada ao Brasil, em 1941. Trata-se de sua grande aventura. Dividida em quatro partes, a edição reúne os diferentes interesses e as diferentes atividades que se harmonizavam em Paulo Rónai: o estudioso de idiomas ("Do caderno de um estudioso de idiomas"), o professor de línguas ("Dos monólogos de um professor de línguas"), o especialista em literatura francesa ("Leituras e releituras francesas") e o húngaro embebido de sua própria cultura ("Salvados do incêndio").

Publicado quinze anos após sua chegada, *Como aprendi o português e outras aventuras* revela um autor com pleno domínio do português, em um completo à vontade com a língua e o manejo das palavras, dono de um vocabulário de expressões criativas de caráter por vezes anedótico, como no batismo dos títulos "Anatomia do lugar-comum", "Defesa e ilustração do trocadilho", em frases curtas e bem tiradas — "o latim é a gata borralheira do currículo"[65] — e em passagens sarcásticas e bem-humoradas como esta do texto "As cem maneiras de estudar idiomas":

Há tempos, li uma nota acerca de um funcionário sueco, o qual, tendo de fazer duas viagens diárias de uma hora entre a casa e a repartição, aproveitava-as metodicamente e, aposentado ao cabo de trinta anos de serviço, via-se dono de doze idiomas. À falta de pormenores no tocante ao método empregado, podemos concluir, apenas, que nos compartimentos de trens suecos não há muita conversa; e, também, que suas condições de conforto devem ser diferentes das da nossa Central.[66]

No início de "Utilidade das ideias afins", Paulo refina conceitos, utiliza-se de humor e leveza para trazer o leitor para bem perto e então com ele avançar por um caminho mais intelectual ou técnico. Como neste trecho em que analisa o *Dicionário analógico da língua*:

Já confessei certa vez o respeito que me incutem dicionários e dicionaristas. Um respeito que não está completamente isento de medo, desde que sei que *Dom Casmurro*, antes de ser escrito, já estava inteirinho dentro de um dicionário qualquer: bastava arrumar-lhe as palavras de determinado jeito para daí sair o grande livro de Machado de Assis. Perspectiva tenebrosa, se a gente pensa que, havendo arrumação diferente, o resultado seria a tradução de um romance de Georges Ohnet.[67]

O estilo de Paulo é avesso a formalismos, impostações; seu texto estabelece um contato direto com o leitor, convida a uma conversa em que ele se coloca sempre como narrador e personagem. Sua experiência pessoal costuma ser o ponto de partida para cada uma das "aventuras" narradas; da experiência e observação, abre-se espaço para uma análise clara, lúcida, curiosa. E prazerosa.

Como aprendi o português e outras aventuras também teve grande e boa repercussão. Em sua coluna "Crítica de Domingo", do *Correio da Manhã*, Drummond fazia pequenos versinhos para comentar os livros de que gostava. "Mestre aprendiz" foi o título que ele deu a seu poema-resenha que saudava o livro de Rónai:

O rude barro
— Paulo Rónai, conta fagueiro,
Outra façanha dele eu vi:
aprendeu a ser brasileiro.[68]

O livro inspirou cartas como a de Raul Bopp ("Vivificar a linguística parecia quase impossível até agora, mas já consegui encontrar um livro lúcido, animado, cheio de sugestões e aventuras")[69] e uma matéria elogiosa publicada no *Diário de Notícias*,[70] que se encerrava assim: "Mesmo nesses artigos, mais de escritor que de professor, a gente recebe lições sem o tom dogmático ou rabugento de certas aulas. Rónai ensina com bom humor e simplicidade. Vale a pena ler esse livrinho delicioso". Poucos meses depois, no mesmo *Diário*, o crítico literário Bernardo Gersen publicou um extenso e sensível artigo destacando as qualidades do livro e, sobretudo, o caráter humanista de seu autor, traço mais do que determinante em Rónai.

Ao abrirmos o livro entramos assim logo em contato com um desses humanistas cada vez mais raros em nossa era de exasperado utilitarismo e de especialização feroz, para quem saber e ciência são antes de tudo um fim em si, uma fonte de descobertas e de vida e exercício livre — aparentemente — gratuito das altas faculdades humanas.[71]

As aventuras de Rónai continuam a repercutir, refletindo o prestígio do autor e o caráter original de *Como aprendi o português e outras aventuras*. Também se transformaram em tema de uma extensa crítica de Wilson Martins publicada no

Suplemento Literário de *O Estado de S. Paulo*. Mais do que o livro, a resenha focalizava sobretudo seu autor, num tocante elogio a Paulo Rónai:

> Assim como não escolhemos nossa família, não podemos escolher os nossos compatriotas. Mas, em uma certa medida, é possível escolher uma pátria: quando o destino nos obriga a abandonar a nossa língua e as nossas tradições nacionais, é natural que, um pouco ao acaso, um pouco deliberadamente, elejamos para moradia definitiva a nação que, por um motivo ou por outro, pareça melhor responder às nossas idiossincrasias, à nossa sensibilidade. O sr. Paulo Rónai, intelectual húngaro, escolheu, simultaneamente, a liberdade e o Brasil. Eu, de minha parte, se me fosse dado escolher um compatriota, teria escolhido o sr. Paulo Rónai.[72]

Dito, assim, o principal, Wilson Martins se deteve nos ensaios, comentando a maior parte deles com detalhes e reconhecendo o enraizamento cultural de Rónai. "Nos seus anos de Brasil, o sr. Paulo Rónai já sente brasileiramente e as suas páginas podem concorrer, em elegância e correção, com as de qualquer outro escritor nosso", disse o crítico.[73]

Paulo imprimiu o mesmo estilo em *Encontros com o Brasil*, lançado dois anos depois, em 1958, no qual reuniu, de maneira mais uniforme, suas impressões a respeito de autores e livros brasileiros. "São artigos publicados num período de quinze anos sobre livros brasileiros",[74] ele diz na Advertência inicial. Lá estão Ribeiro Couto, Erico Verissimo, Manuel Antônio de Almeida, Jorge de Lima, Graciliano Ramos, Lucia Benedetti, Guimarães Rosa, Aurélio Buarque de Holanda. Paulo é certeiro quando diz, na apresentação, que sua intenção primeira era revelar suas impressões sobre o que havia descoberto de mais prazeroso na literatura brasileira desde que chegara ao país. Não pretendia apresentar um panorama, tampouco demonstrar nenhuma teoria literária. "São apenas os depoimentos de um leitor acerca de leituras que lhe deram prazer — de um leitor que escreve para comunicar a terceiros o próprio entusiasmo e talvez, mais ainda, para melhor compreender o que leu." Assim, em *Encontros com o Brasil* figuram ensaios sobre livros como *Origens e fins*, de Carpeaux; *A beata Maria do Egito*, de Rachel de Queiroz; *O tempo e o vento*, de Erico Verissimo; *São Bernardo*, de Graciliano Ramos; *Esqueleto na Lagoa Verde*, de Antônio Callado; além de *Dois mundos*, de Aurélio Buarque de Holanda (um de seus livros preferidos e sobre o qual fez extensa pesquisa de vocabulário, reservando todo um pequeno caderno para tal), os já citados textos sobre *A rosa do povo*, de Drummond, *Mar absoluto*, de Cecília Meireles, um tematicamente mais amplo sobre a poesia de Jorge de Lima, dois outros de caráter mais pessoal sobre a obra de Ribeiro Couto e ainda três artigos sobre Guimarães Rosa: um sobre *Sagarana* e dois tratando de obras posteriores, "Rondando os segredos de Guimarães Rosa",[75] sobre *Corpo de baile*, e "Três motivos em *Grande sertão: veredas*".

Encontros com o Brasil pode ser visto como um inventário das obras e dos autores que ligaram inicialmente Paulo Rónai ao Brasil. Dessa forma, seria também um inventário de suas predileções e afetos, já que, para Paulo, sua crítica ligava-se intimamente a seu prazer de leitor. Não é por outra razão que palavras como "emoção", "frêmito", "surpresa" estão presentes em seus textos, ao lado de adjetivos capazes de transmitir ao leitor suas melhores impressões. Paulo fundamenta sua crítica com base em sua experiência pessoal da leitura. Leitor equipado, professor de línguas, doutor em filologia, especialista em literatura francesa, latina e húngara, é de seu próprio repertório que o dedicado leitor extrai suas análises, desinteressado de qualquer proposição dogmática. Não se preocupa em fundamentar argumentos apoiando-se em teorias, mas em sua própria leitura, instigada por uma fascinante capacidade de esmiuçar o texto, reconhecendo referências, desvendando segredos (léxicos, semânticos), apontando seus méritos literários. A literatura, afinal, é fruto da relação do homem com o mundo, e não um campo isolado. Os escritos sobre ela não poderiam, portanto, ser diferentes.[76] Paulo convida seus leitores a participar de uma análise clara, buscando engajá-los no mesmo ambiente íntimo que frequenta a partir dos assuntos de que trata. Em seus textos o que vale mais é o sujeito que fala. As leituras de Rónai (não apenas as sobre literatura stricto sensu) são boas porque nelas está ele próprio repartindo sua vasta experiência, seu amplo conhecimento, seu olhar que clareia as obras. "Tem a arte de ser profundo parecendo apenas deslizar sobre os assuntos. É sutil sem afetação; eu o diria distraidamente arguto. Um clarificador por excelência; um iluminador",[77] disse dele o amigo Aurélio.

Sua forte presença em cada texto seu torna-se sua marca e também sua principal qualidade. Um pouco na linha do que diz o crítico Tzvetan Todorov sobre Roland Barthes: "A melhor coisa a ser descoberta no que se chama 'Barthes' (a vida e a obra) é Barthes ele mesmo".[78] Ou como escreveu Guimarães Rosa sobre o próprio Rónai: "Não fosse ele ele-mesmo".[79]

Paulo Rónai não chegou a reconhecer um estilo próprio em seus textos autorais: "Creio impossível superar a perda da língua materna e criar na sua de adoção. Felizmente, em mim, tudo se ameniza. Não sou um criador. Portanto, para a missão de informar, a língua adotada será boa e suficiente e creio que a comunicação que almejo seja possível".[80]

Para a comunicação que almejava, Paulo se aproximou do tom ensaístico. O estilo não era acidental. O ensaio abriga mais confortavelmente as ideias subjetivas, sem impostações, imposições ou hierarquia.[81] É no ensaio que a visão humanista e cosmopolita melhor se acomoda, o que pode explicar a opção pelo gênero feita por outros intelectuais de sua geração.[82] Notavelmente definido primeiro por Theodor Adorno e depois por György Lukács, o ensaio encontrou em Paulo Rónai um de seus mais destacados representantes no Brasil. É seu gênero por excelência, e que lhe permitiu reproduzir na escrita uma postura recorrente: a vontade de falar sobre suas paixões, sem o interesse de reivindicar uma autoridade intelectual.

Paulo se tornou mestre na capacidade de ser profundo sem parecer sê-lo: "O pensamento é profundo por se aprofundar em seu objeto, e não pela profundidade com que é capaz de reduzi-lo a uma outra coisa",[83] explica Adorno. No entanto, por nunca ter ambicionado a construção de uma obra teórica, e por essa razão não ter sistematizado seus textos como tal — preferindo sempre, simpática e afetivamente, arranjá-los em livros como "impressões" de um leitor —, a produção de Paulo Rónai acabou não conformando uma obra crítica reconhecida,[84] apesar do corpus de seus escritos ser inegavelmente uma das mais importantes contribuições para o entendimento e o aprofundamento da literatura brasileira, do mercado editorial do país e também da tradução no século XX.

Admiravelmente despretensioso, Paulo não se julgava um escritor.[85] No entanto, pouco mais de dez anos navegando em uma nova língua, Ribeiro Couto, seu grande interlocutor e também leitor, atestara em 1952:

> Se tudo o que você escreve atualmente (leio-o sempre nas edições de domingo do "Diário de Notícias") é escrito diretamente do português — felicito-o calorosamente. Ninguém dirá que você tenha chegado ao Brasil apenas há dez anos, de tal modo a sua linguagem é direta, fluente e precisa, com torneios elegantes — linguagem de escritor, linguagem de humanista e ensaísta e não de amador.[86]

O amigo não é o único a ter essa opinião. "Não posso deixar de lhe confessar que V. S. é para mim um modelo de limpidez, de clareza estilística e de transparência de raciocínio e pensamento — precisamente porque sei das minhas deficiências neste campo",[87] escreveu o crítico e ensaísta Anatol Rosenfeld, judeu alemão que emigrou para o Brasil em 1937 e que se tornaria outra referência do ensaio no Brasil.

Em fins dos anos 1950, com um conjunto de obras publicadas, Paulo Rónai já era um admirado crítico, ensaísta e humanista, como nos lembra Ribeiro Couto, além de professor experiente e tradutor respeitado. O abrasileiramento já deixara de ser um processo em curso, um gerúndio, um se-tornando. Paulo Rónai *era* um escritor brasileiro.

"Um abrasileiramento radical, um brasileirismo generalizado"

O sucesso da tradução dos meninos de Ferenc Molnár animou Paulo a reacalentar um antigo desejo: apresentar ao leitor brasileiro alguns mestres da literatura húngara em um pequeno livro de contos. "Uma antologia do conto húngaro constituiria o meio mais indicado de nos aproximarmos não somente da literatura, mas da alma húngara",[88] acreditava Paulo. Para sua pequena seleta, separou doze contos escritos por expoentes das letras de sua terra como Gyula Krudy, Zsigmond Móricz, Dezsö Kosztolányi, Géza Gárdonyi, Antal Szerb, Endre Gelléri e Ferenc Molnár. A edição se tornou realidade graças à disposição de José Simeão Leal, editor responsável pela coleção Cadernos de Cultura, do Ministério da Educação e Cultura, da qual o livrinho *Roteiro do conto húngaro* fez parte.

Os autores húngaros selecionados por Paulo Rónai eram aqueles que, na sua opinião, representavam o gênero em seu país, com riqueza temática e estilística: "Procurei escolher os contos de tal forma que apresentem quase todos os tipos do conto moderno e todas as suas variantes dentro da literatura húngara".[89] O limite eram contos produzidos até 1939, antes do início da Segunda Guerra Mundial. *Roteiro do conto húngaro* foi lançado em meados de 1954, perto do primeiro aniversário de Cora.

"Quanto a nós, continuamos levando uma vida calma e cheia de trabalhos, alegrada pelo sorriso da brasileirinha Cora, que acaba de fazer um ano e um mês",[90] escreveu a Ribeiro Couto na carta que acompanhava a remessa de um exemplar de seu livro ao amigo.

Mesmo satisfeito em poder ampliar no Brasil o conhecimento da literatura húngara, Paulo sabia que se tratava de uma representação ainda limitada, por isso continuava a selecionar e a traduzir outros contos húngaros para uma futura antologia mais ampliada. A coletânea foi ganhando volume e, passado algum tempo, já contava com trinta contos de dezoito autores. Com esse material, Paulo sentiu que finalmente poderia dizer que ali estavam os melhores contos de sua terra, os mais talentosos representantes do gênero, uma amostra rica da literatura que o havia formado, produzida por escritores que admirava, alguns dos quais amigos fraternos, como Szerb, Golléri e Ákos Molnár.

Quase vinte anos depois de ter levado aos húngaros *Mensagem do Brasil: Os poetas brasileiros da atualidade*, Paulo percorria o caminho inverso, apresentando a mensagem da Hungria à sua nova pátria. Costurava as pontas de sua existência, trazendo para o Brasil tudo o que não coubera na mala, suas primeiras referências, os autores de sua formação e também de sua convivência, que, como ele, agora falavam uma nova língua, o português. Para aquele momento tão relevante, Paulo teve a ideia de vestir a edição com algo especial. Tomou coragem e enviou ao amigo Guimarães Rosa um convite para que fizesse um texto de apresentação da nova antologia. O escritor não disse nem que sim nem que não; apenas pediu que Paulo lhe enviasse uma pequena biografia sua. Em pronta resposta ao pedido, em junho de 1956, Paulo enviou a Guimarães Rosa, "com remorsos pela maçada que lhe estou impondo",[91] um extrato de sua trajetória: nascimento, anos de estudo, a temporada em Háros-Szigeti, o Brasil, as dificuldades dos primeiros tempos, a morte do pai, o assassinato de Magda e da mãe dela, a chegada de sua família ao Brasil, a naturalização, o casamento, as filhas brasileiras. E terminou, categórico: "Não tenciono mais voltar à Europa. Sinto-me integrado no ambiente brasileiro".[92]

A partir de 1951, o texto que Paulo publicara em 1946 no *Diário de Notícias* passou a figurar como prefácio da nova edição de *Sagarana*,[93] e assim permaneceria em todas as edições seguintes. Em 1956, os dois continuavam próximos. Rosa, depois de um decênio sem publicar, lançara seu segundo livro, *Corpo de baile*, com sete grandes novelas. Paulo devorou rapidamente a obra e em 10 de junho escreveu um artigo em *O Estado de S. Paulo* falando do impacto que a leitura lhe causara. Em "Os segredos de Guimarães Rosa", Rónai deu ao amigo a alcunha de "inventor de abismos", "localiza-os [os abismos] em broncas almas de sertanejos, inseparavelmente ligadas à natureza ambiente, fechadas ao raciocínio, mas acessíveis a toda espécie de impulsos vagos, sonhos, premonições, crendices, vivendo a séculos de distância da nossa civilização urbana e niveladora". Mais uma vez demonstrou ter a chave de acesso ao universo telúrico, inventivo e singular de Guimarães Rosa.

Paulo evidenciou o poder que a obra tinha de atiçar um repertório que lhe era próximo e afetivo: "Como os grandes poemas clássicos *Corpo de baile* está cheio de segredos que só gradualmente se revela ao olhar atento". Exaltou as fecundas arbitrariedades que o amigo impunha à língua: a fusão entre o vocabulário popular do sertão mineiro e o aprofundamento de derivações e tendências sintáticas desse palavreado; a criação de onomatopeias; o uso de terminações afetivas e a permutação de prefixos verbais, criando um idioma próprio parido do empréstimo de operações recorrentes em outras línguas — coisa que um poliglota se sente à vontade em fazer e outro poliglota tem facilidade em reconhecer. Talvez tenha sido Paulo o primeiro a comparar Rosa a James Joyce: "submete o idioma a uma atomização radical, da qual só encontraríamos precedentes em Joyce". O certeiro artigo de estilo claro e iluminador também se tornaria prefácio de *Corpo de baile*, então sob o título "Rondando os segredos de Guimarães Rosa".[94]

Foi nessa época que Guimarães Rosa prefaciou a nova coletânea de contos húngaros organizada por Rónai e intitulada *Antologia do conto húngaro*. Não se tratava, porém, de uma troca de favores. Rosa estava pessoalmente estimulado a escrever sobre o livro,[95] existia entre os dois uma grande afinidade intelectual e afetiva, e o prefácio que escreveu revelava essa relação. "Pequena palavra" é um ensaio sofisticado em que Rosa expressa, ao longo de 24 páginas, o incontido ânimo com a história da Hungria, o riquíssimo caráter mesclado de seu povo, a empolgante literatura produzida no país e com o próprio organizador da coletânea — "um tradutor, no pleno senso, mestre nessa arte minuciosa e estreita, seu comprovado cultor, seu modesto estudioso",[96] destacou. "Mais, ainda, esse letrado, esse *scholar*, esse *clerc* — escritor de válida formação cultural europeia, humanista, latinista, romanista, erudito em literatura comparada, é um poliglota."[97]

A declarada fascinação de Guimarães Rosa pela Hungria apoiou-se em uma minuciosa recuperação histórica e geográfica que fez sobre a nação de tantas matrizes e que se conformou europeia. Nessa trilha, o escritor recapitulou o caminho de formação do povo húngaro,[98] para concluir seu caráter atual: "[os magiares] são, principalmente, positivos e realistas, práticos com o gosto do cotidiano e muito bem enraizados nesse mundo; daí, entre outras consequências, seu sólido amor à terra e notável aptidão política. [...] Alegres sâmente, e todavia algo nostálgicos, combinam bem o sonho com a ação, a ironia com a tolerância, a duração em gentileza". Para além de sua pesquisa, Rosa dispunha de um modelo bem-acabado do tipo húngaro muito próximo de si. Também sua vasta experiência com línguas permitiu que abordasse o idioma húngaro de forma ousada, analisando suas características principais, fornecendo exemplos de composições verbais e outras peculiaridades e belezas, para estabelecer a medida de distância com o português. Rosa também deixou patente sua simpatia pelo idioma magiar por uma razão especial: tratava-se de uma língua em movimento. Nada mais rosiano. "[...] cada um pode e deseja criar sua 'língua' própria, seu vocabulário e sintaxe, seu ser escrito." Um idioma, ele concluiu, que ficou para sempre nômade, elo permanente com a própria matriz do povo húngaro. De maneira oportuna, Rosa se utilizou de seu conhecimento mesmo que rudimentar do húngaro[99] para salpicar seu texto de vocábulos formados a partir da língua magiar.

Destarte, só mesmo um húngaro poderia descobrir (e confesso para a minha vergonha que não descobri à primeira leitura) os adjetivos húngaros *lassu* ("lento") e *friss* ("rápido") disfarçados com virtuosismo noutro trecho da já citada "Pequena palavra": "nas tabernas rurais... o país canta e dança suas *csárdás*, que em ritmo alternam: a lentidão melancólica e *lassa* — e — o fervor tenso e agilíssimo de alegria doidada, que alucina com inaudito *frissom*".[100]

Após apresentar a história do país, a língua local e o tradutor da edição, Rosa, com um misto de encanto e surpresa, pôs-se a tratar de forma objetiva dos textos da edição dessa *Antologia do conto húngaro*, reconhecendo proximidades temáticas com sua própria obra, uma afinidade nascida do vasto repertório popular presente nessa literatura vinda das margens de outros rios, mas que carrega uma bagagem cultural muito ligada à terra, à gente local, a suas crenças e maneira de viver. O escritor parece reconhecer nessa prosa um surpreendente espelho magiar de seu próprio modo de fazer literatura, alimentando-se diretamente das referências populares.[101] A maneira de apresentar essa produção instigante, segundo Rosa, não poderia ser mais bem-acabada. Obra e arte "de pôr em movente acordo dois idiomas". Uma tradução de tecido "caprichado e homogêneo, com correção, graça e escorrência". "Sente-se o mestre, *Magister*. Saudável é notar que ele não pende para a sua língua natal, não imbui de modos-de-afeto seus textos, que bem mostram sedimentos de lá; não magiariza. Antes, é um abrasileiramento radical, um brasileirismo generalizado, em gama comum, clara, o que dá o tom."[102]

Na introdução da obra, Paulo Rónai confirma a intenção de apresentar esse "retrato poético" da Hungria como uma ponte entre seus dois países: "Nasceu este volume do desejo de contar ao Brasil, minha pátria de adoção, a Hungria, país onde nasci e me criei, fui feliz e sofri, e de onde me exilei sem trazer outro patrimônio a não ser uma cultura. Reconstruir pela escrita a primeira parte da minha vida equivaleria, para mim, à construção de uma ponte sobre abismo que a separa da segunda".

A primeira edição da *Antologia do conto húngaro*, fotografia literária da pátria primeira, chegou ao mercado em 1957, contando mais uma vez com um dedicado trabalho de revisão de Aurélio Buarque de Holanda e vestida com uma bela capa desenhada por Nora, a quem Rónai dedicou o livro.

Em 1958, às vésperas do lançamento da segunda edição de *Antologia do conto húngaro*, Rónai encaminhou ao amigo uma releitura do prefácio "Pequena palavra", propondo algumas correções. Em carta de 1º de setembro, Rosa devolveu o material, acatando algumas sugestões de revisão, dizendo que em outros casos preferia não mudar — não quis mexer, por exemplo, em vocábulos como *hussares* e *csárdás* —, e ainda identificou pequenos ajustes a serem feitos: uma vírgula ausente, a exclusão de uma preposição desnecessária. E agradeceu ao amigo a leitura e as correções. "Seu trabalho foi minucioso e magnífico. E atencioso, como sempre. Com o melhor abraço do seu Guimarães Rosa."[103] O conteúdo permaneceu intacto.

Pouco tempo antes, em 1956, mesmo ano em que já havia lançado *Corpo de baile*, Guimarães Rosa apresentou aos brasileiros sua obra-prima: *Grande sertão: veredas*, o primeiro e único romance de sua carreira. "Que vem a ser esse título estranho, com dois pontos no meio?", indagou Paulo. "A linguagem condensada, elíptica, regional e individual ao mesmo tempo, embora dentro da linha dos livros anteriores, impõe ao interesse um período de adaptação. [...] Mas, lembrados de *Sagarana* e *Corpo de baile*, confiemo-nos sem reserva ao autor, sigamo-lo por seus caminhos tortuosos", continuou o crítico. Foi ele um dos primeiros a escrever sobre a obra, em resenha para o *Diário de Notícias*.[104] Esmiuçando temas, analisando algumas especulações metafísicas do ex-jagunço Riobaldo, o "Fausto sertanejo", como comparou de forma acertada, analisando as opções narrativas do autor, Paulo buscou abordar algumas coordenadas da obra, passagens e considerações que reforçam sua conclusão sobre *Grande sertão: veredas*: "conjunto único e inconfundível, algo de real e de mágico sem precedentes em nossas letras e, provavelmente, em qualquer literatura". Com o distanciamento dos anos, vista agora, a conclusão de Paulo Rónai pode não parecer extraordinária, mas deve-se levar em consideração que o crítico avaliava *Grande sertão* no calor de seu lançamento, sem se apoiar em outras avaliações consagradas, demonstrando uma capacidade de penetração *sui generis* na obra do escritor mineiro.

Cerca de um mês depois desse primeiro artigo, Paulo ainda tinha tanto a dizer sobre o livro que publicou em *O Estado de S. Paulo*[105] mais um ensaio, dessa vez com o mesmo título da obra: "*Grande sertão: veredas*". Novamente Paulo se constituía no principal agente de divulgação e "tradução" de Guimarães Rosa, enquanto o escritor, por sua vez, era um canal de estreitamento com a profunda matriz cultural brasileira. Não que Paulo não tivesse tido até ali contato com regionalismos literários, já que obras de amigos seus como Graciliano Ramos, José Lins do Rego e Rachel de Queiroz lhe eram próximas e haviam sido um meio de contato com novas referências culturais e com o próprio idioma. Até por isso, desde 1941, ano em que chegou ao Brasil, Paulo fazia de suas leituras uma dupla ponte, para entender os temas brasileiros e a língua portuguesa falada no Brasil, mantendo sempre caderninhos para estudo do vocabulário.

Com Guimarães Rosa, no entanto, o mergulho foi ainda mais profundo. O filólogo Paulo Rónai se sentia provocado, chamado a desvendar os segredos da linguagem com a qual o escritor brincava. O vívido e genuíno interesse pelas línguas,[106] o encanto com léxicos originais e o desafio dos segredos filológicos fizeram nascer entre os dois uma interlocução viva, rica e duradoura. Paulo era o leitor instrumentalizado, o leitor ideal de Guimarães Rosa que com sua bagagem linguística e literária sabia por que canais alcançar os múltiplos sentidos de sua obra. Paulo *lê* as referências do autor, compreende suas intenções, alcança os recônditos mais íntimos da escrita de Rosa, ganhando, consequentemente, intimidade com o país. Rosa foi, portanto, o instrumento para uma ligação ainda mais estreita com a brasilidade e um acelerador para o abrasileiramento de Paulo Rónai. Alguns fatores explicam o vínculo entre eles e o que fez Rónai se tornar o maior interlocutor *brasileiro* do escritor. O crítico húngaro adentra nesse universo rosiano com grande desenvoltura graças ao seu perfil universalista, uma vez que Rosa tratava em suas obras de temas universais, evocando referências de mesmo caráter, com uma linguagem própria. As referências e temas Rónai domina; a linguagem quer dominar. O projeto dedicado ao entendimento da obra de Guimarães Rosa se afirmaria com o avançar do tempo. Em 1967, Paulo foi lecionar na Universidade da Flórida, em Gainesville, por seis meses na condição de *visiting associated professor*, acompanhado da família: Nora, o sogro, Edoardo, Cora e Laura. Cartas de recomendação de Aurélio Buarque de Holanda e do próprio Guimarães Rosa ajudaram-no a concretizar essa experiência na universidade americana, onde Rónai daria uma série de aulas de literatura francesa e um curso intensivo sobre autores brasileiros, entre os quais Manuel Antônio de Almeida, Graciliano Ramos, José Lins do Rego, Drummond, Cecília Meireles e Guimarães Rosa. Foi como parte desse trabalho que Rónai se dedicou a uma investigação mais detalhada de *Campo geral*, uma das novelas que integram *Corpo de baile* e a obra de Rosa preferida por Paulo.[107] Relendo o texto, Rónai percebeu que ele ainda lhe impunha alguns mistérios: palavras não dicionarizadas, expressões insólitas, regências novas. Para dissolver as dúvidas, e já prevendo indagações dos alunos, Paulo escreveu uma carta a Rosa, acompanhada de um questionário em que apontava suas interpretações e pedia ao amigo alguns esclarecimentos, para que ele pudesse então montar uma espécie de roteiro de leitura. A resposta não poderia ser mais detalhada. Palavra por palavra, mais de uma centena, o autor esclareceu sentidos e intenções, fornecendo um precioso mapa de entendimento de seu léxico pessoal.

Nas respostas acima, você tem só o resíduo lógico, isto é, o que pode ser mais ou menos explicado, de expressões que usei justamente por transbordarem do sentido comum, por dizerem mais do que as palavras dizem; pelo poder sugeridor. Em geral, são expressões catadas vivas, no interior, no mundo mágico dos vaqueiros. São palavras apenas mágicas. Queira bem a elas, peço-lhe.[108]

Paulo aproveitou o presente do amigo da melhor maneira que pôde e consolidou as informações recebidas em um detalhado estudo, finalizado ainda na Flórida, em julho de 1967. "Notas para facilitar a leitura de *Campo geral* de J. Guimarães Rosa"[109] é uma verdadeira anatomia da novela centrada no mundo íntimo do pequeno Miguilim. Um trabalho construído a quatro mãos, é verdade. O empenho de Paulo pela "tradução" da obra do amigo foi amplamente reconhecido por Rosa. "O que você me escreveu, a respeito do CAMPO GERAL, comove-me; sério. Grata está a minha alma."[110]

Nessa mesma carta, o escritor contou que a nova edição de *Primeiras estórias* (a terceira do livro lançado em 1962) sairia com uma introdução assinada por Rónai: "Os vastos espaços", texto de 26 páginas em que Paulo dissecava a obra em catorze tópicos temáticos, resultado de estudo da obra ao qual havia se dedicado durante todo o mês de janeiro de 1966. "O livro me encanta, mas também me assusta cada vez mais; por isso o trabalho progride vagarosamente, mas, de qualquer maneira, vou-lhe dar para o fim das férias — não o prefácio que a sua obra merece, mas o melhor que me é possível fazer."[111]

Em pouco menos de dois meses, Paulo entregou o estudo ao amigo com um bilhete cheio de modéstia.

Não sem receio entrego-lhe o estudo introdutivo para *Primeiras estórias*. Pela sincera admiração que me inspira a obra e pelo profundo afeto que sinto pela pessoa do autor deveria ter saído bem melhor e digno do assunto.

Há, porém, as limitações de quem o escreveu e que, com toda a boa vontade, não foi possível superar. Mas "*Ut desint vires, tamen est laudanda voluntas*" [Ainda que faltem as forças, a vontade deve ser louvada — Ouvídio] — e por isso espero que você acolha com indulgência mais este esforço (e mais esta citação) do modesto professor de latim.[112]

O livro foi publicado enquanto Rónai ainda lecionava na Universidade da Flórida e Rosa aproveitou a correspondência entre eles para lhe dar notícias do lançamento e mais uma vez lhe agradecer. Guimarães Rosa reconhecia em Paulo Rónai seu grande decifrador.

Saiu mesmo a terceira edição do nosso PRIMEIRAS ESTÓRIAS, e, lendo-o de novo, impresso, exultei mais ainda com seu estudo, poderoso. Minha gratidão é imensa. Todos que o leem, também, têm palavras sinceras de admiração e louvor. [...] Eu sei que a divulgação de seu trabalho vai fazer muitíssimo, não só para o *Primeiras estórias*, mas para todos os meus livros. Obrigado! E já entreguei a José Olympio o novo: Tutameia/ Terceiras estórias". ("Tutameia" é o que figura no dicionariozinho do Aurélio como "tuta-e-meia".) Acho que ficou bom.[113]

Paulo seria um dos primeiros a receber a nova edição de *Primeiras estórias*, lançada em meados de 1967.[114] Foi o último lançamento de Rosa em vida. Meses depois, em 16 de novembro de 1967, ele assumiu finalmente uma cadeira na Academia Brasileira de Letras, homenagem a que vinha resistindo havia cerca de quatro anos. Para prestigiar o amigo, Paulo acompanhou a cerimônia e o abraçou com a amizade imperecível. Três dias depois da posse, um ataque cardíaco fulminou o escritor em sua casa, aos 59 anos. A perplexidade foi geral.

Ainda estou sob o impacto destas duas semanas. Na segunda-feira, dia 13, estive no lançamento do livro de Vilma Guimarães Rosa, onde esperei encontrá-lo e aonde ele não foi, com medo da emoção excessiva. Mas vi-o na posse da Academia, onde lhe dei o abraço de parabéns, quinta-feira à noite. No sábado telefonei-lhe. Falamos longamente: ele parecia aliviado de um grande peso, sossegado, feliz. Vinte e quatro horas depois estava morto. Não quis acreditar. Fui vê-lo em seu caixão, à Academia: parecia vivo. Estive no enterro, na missa de sétimo dia. Tenho muito mais amigos mortos que vivos, mas esta morte abalou-me demais.[115]

Paulo continuou muito ligado à obra do amigo. Em março de 1968, já escrevendo de forma regular no Suplemento Literário de *O Estado de S. Paulo*, publicou dois pequenos ensaios sobre *Tutameia*: "Os prefácios de *Tutameia*"[116] e "As estórias de *Tutameia*".[117] Como nos casos anteriores, os pequenos estudos seriam incorporados às edições seguintes do livro.[118]

Pela intimidade com Guimarães Rosa e sua obra, Paulo foi designado administrador das edições do autor. Um contrato firmado pelos herdeiros de Rosa lhe conferia "poderes bastante para decidir sobre a política editorial a ser adotada, assim como contratar com editores (nacional — José Olympio, estrangeiros — de preferência aqueles que já foram escolhidos por JGR) e ainda com outros interessados na publicação, filmagem e qualquer outra forma de divulgação das obras".[119] À frente da organização das obras póstumas do escritor, Paulo buscava cumprir essa tarefa "dolorosa" em retribuição à amizade do autor e também pela admiração genuína que tinha por sua obra. Havia muito material pronto e planos já anotados de futuras publicações. Com base em esboços de índices e uma série de textos, alguns produzidos no começo dos anos 1940 para integrar *Sagarana* e retrabalhados ao longo do tempo, Paulo foi montando o primeiro livro, *Estas estórias*, um conjunto de novelas que chegaria ao público em 1969. A alguns escritos, Rosa já tinha dado forma acabada. Outros, sem a última demão, como explica Rónai na "Nota introdutória"[120] da obra, ficariam arranjados na segunda parte do livro. O formato final da edição foi resultado um tanto das anotações de Rosa, outro tanto do bom senso e conhecimento de Paulo, além da ajuda fundamental da secretária e colaboradora do escritor, Maria Augusta de Camargos Rocha.

No ano seguinte, Paulo organizou uma segunda obra póstuma de Guimarães Rosa, *Ave, palavra*. O trabalho nasceu de um esboço original deixado pelo autor, que definira *Ave, palavra* como uma despretensiosa miscelânea de notas de viagens, diários, poesias, pequenos contos, meditações. Paulo resolveu conjugar à coletânea alguns textos publicados em jornais e outros inéditos. O ordenamento foi feito mais uma vez com o auxílio de Maria Augusta, um pouco de maneira intuitiva (já que em sua pasta os textos datilografados eram guardados à medida que iam sendo redigidos), um pouco seguindo o ritmo de livros anteriores do escritor, em que temas e gêneros se alternavam, e equilibrando o volume de textos, de modo a "realizar assim um conjunto harmonioso para, fugindo ao monótono, manter alerta e prisioneiro o leitor".[121]

Paulo não parou por aí. Continuou a escrever sobre Rosa em jornais,[122] preparando edições como *Seleta*,[123] parte da coleção da José Olympio, Brasil Moço, destinada ao público jovem e dirigida pelo próprio Rónai, e por anos se dedicou a reunir a correspondência do escritor[124] — projeto interrompido depois de um bom conjunto delas ter sido avaliado.[125] "Tenho tentado merecer esse galardão não somente aceitando a dolorosa tarefa de ajudar na publicação das obras póstumas do inesquecível amigo, como também não me esquivando a comentar a sua obra quando me pedem", declarou Rónai em palestra em 1972.[126]

Também para a tradução da obra de Guimarães Rosa, ao longo de sua vida, Paulo se mostrou fundamental.[127] O escritor muitas vezes recorria à opinião e às explicações de Paulo para esclarecer a seus tradutores aspectos de sua criação, como se verifica na correspondência entre Rosa e o tradutor alemão Curt Meyer-Clason[128] e também com seu tradutor italiano, Edoardo Bizzarri.[129] Nesses riquíssimos documentos sobre a prática da tradução, os meandros da obra rosiana e da relação afetiva que se estabelece entre o autor e seus tradutores, Rosa encaminhava os ensaios de Rónai sobre ele para que servissem como iluminadores de aspectos que julgava fundamentais em sua obra, muitas vezes sugerindo que fossem também traduzidos e publicados nas edições de seus livros. Após a morte de Rosa, Meyer-Clason manteve contato com Paulo. Em 1981, escreveu-lhe para esclarecer aspectos de *Sagarana*, cuja tradução terminava naquele momento ("[...] na medida em que se pode falar de uma tradução realmente terminada — conceito que para mim já não existe mais. *Helás!*").[130] Na mesma carta, Meyer-Clason pediu ajuda para seu projeto de verter para o alemão poemas de Drummond. A esse respeito, o tradutor e Paulo trocariam outras cartas. O alemão buscaria em Paulo luzes também para seu trabalho com outros autores brasileiros, como Clarice Lispector.[131]

Guimarães Rosa foi, ao lado de Ribeiro Couto, Drummond e Cecília Meireles, o autor ao qual Paulo Rónai mais se dedicou.[132] E a razão, em todos esses casos, não era somente afetiva. Em se tratando de Guimarães Rosa, Paulo encontrava em sua obra um agudo estímulo intelectual, os sentidos dessa produção realimentavam seu trabalho como filólogo e o apresentavam a um Brasil mais popular, íntimo. O país ao mesmo tempo real e mágico mostrado pela literatura de Guimarães Rosa se abria diante de Paulo através das vastas possibilidades da linguagem de Rosa. E era esse Brasil inventivo e reinventado por palavras que Rónai decifrava em suas apresentações e resenhas, ganhando também reconhecimento como um interlocutor gabaritado do escritor mineiro.

Nessa equação, em que Paulo somava à leitura de Guimarães Rosa sua bagagem de filólogo e poliglota, de leitor e tradutor da obra em seus múltiplos sentidos (literários, filosóficos e linguísticos), o resultado era de mútuo reconhecimento e enriquecimento. Paulo estava também na interseção entre o escritor e seu público leitor, como crítico autorizado, um salutar decifrador de segredos. Tornar-se interlocutor de Guimarães Rosa era, portanto, o arremate para sua inserção cultural no país. Como prova dessa afinada relação estão os livros. Quase todas as edições de Guimarães Rosa têm impressa uma palavra de Paulo Rónai, seja um prefácio, uma introdução, uma série de notas ou um texto explicativo. Entre os volumes das publicações de Rosa guardados lado a lado em sua biblioteca, todos carinhosamente dedicados pelo autor, Paulo guardou um pequeno papel com uma citação datilografada por ele mesmo em vermelho; uma passagem extraída dos grandes sertões do companheiro. Talvez para Paulo estaria naquelas poucas palavras o extrato afetivo de Guimarães Rosa:

> "Amigo, para mim, é só isto: é a pessoa com quem a gente gosta de conversar, do igual o igual, desarmado. O de que um tira prazer de estar próximo. Só isto, quase; e os todos sacrifícios. Ou -- amigo -- é que a gente seja, mas sem precisar de saber o por quê é que é."
>
> GUIMARÃES ROSA
> Grande sertão, veredas
> p.139 da 8ª ed.

Pela amizade, pelo afeto, pelo trabalho, pela língua e pela vontade, Paulo estava definitivamente integrado ao Brasil.

7.
Pois É, a pátria pequena e definitiva

Patria est ubicumque est bene.

Cícero, *Tusculanas V*

Morador de um apartamento de três quartos no terceiro andar de um edifício da rua Décio Vilares, em Copacabana, Paulo tinha o tempo bastante tomado pelas funções de catedrático no Colégio Pedro II. Nas férias escolares, sonhava em poder descansar no campo, fugir da agitação da cidade, para trabalhar em seus livros e suas traduções. Seguia com *Mar de histórias*, escrevia para jornais com frequência, preparava traduções e não negava os diversos pedidos para que escrevesse o prefácio ou a apresentação de livros.

Com certa frequência, viajava nas férias com a família para Nova Friburgo, "um enxerto de Suíça num país tropical",[1] como o editor Ênio Silveira definiu a cidade numa carta ao amigo Paulo no começo de 1958. No mesmo ano, Paulo e Nora, que durante o verão se hospedavam com a família em uma pensão simples da região, souberam por um amigo que havia um terreno à venda em Conselheiro Paulino, distrito de Friburgo. O dinheiro não estava sobrando, como nunca esteve, mas a oferta não era de se desprezar e o casal se convenceu de que seria um bom investimento para o futuro. Fizeram um esforço extra, juntaram um pouco mais de dinheiro, rasparam as economias e compraram os quase 10 mil metros quadrados da terra. Um terreno difícil, em aclive, que para uma arquiteta experiente como Nora era um convite ao desafio. Como não pensar em construir ali uma casa para a família? Muito espaço para as crianças brincar, ar puro, natureza e a almejada tranquilidade para os períodos de férias.

Não demorou para que esboços começassem a ganhar forma na prancheta da arquiteta. Nora cuidava de tudo: calculava, negociava a construção com a melhor firma de engenharia das redondezas em um plano de pagamento constituído de várias parcelas, preparando tudo para o começo das obras. Paulo, sempre detido em livros e na preparação de aulas, ouvia os projetos da mulher com meia atenção, apesar de repartir com ela o desejo de terem uma casa longe dos barulhos da cidade. Sabia que Nora se encarregaria com eficiência das questões práticas. Logo os pilares fincavam a terra e pouco a pouco o sonho do casal de imigrantes foi ganhando materialidade: uma confortável sala com amplas janelas voltadas para a varanda aberta ao jardim, três quartos, dois banheiros, cozinha, área de serviço e uma pequena garagem para as visitas, já que o casal não tinha automóvel. De inspiração moderna, o desenho arquitetônico de Nora era reto, limpo, funcional.

Como Paulo e Nora não podiam subir a serra regularmente por causa de seus compromissos de trabalho, confiaram a supervisão da obra à empresa de engenharia que a estava levantando. A construção demorou meses, caminhou de forma lenta, até que um dia a família foi inspecionar as obras e a nova casa já estava de pé. Sentados diante dela, observavam o feito. Como haviam conseguido realizar aquele sonho que parecera tão impossível de ser alcançado? Pararam um momento para pensar que nome dariam à casa que haviam erguido juntos numa terra tão distante de Budapeste e de Fiúme. "*Quand même*", sugeriu Paulo em francês. "Apesar de...", ou apesar de tudo? Mas convieram que o nome caberia bem a uma casa situada na França. O nome deveria ser em português, concluíram; afinal, aquele sítio era, acima de tudo, a afirmação plena do enraizamento brasileiro do casal. Pés na terra, como os pilares da casa. Paulo e Nora silenciaram por algum tempo, cada um buscando um nome mais apropriado. Paulo murmurou: "Pois é...". Nora entendeu de imediato. O marido refazia mentalmente seu percurso, remetera-se ao passado, lembrando as ameaças enfrentadas, a luta para sobreviver e se encaixar em um novo país, se reinventar, ser feliz. "Tudo aquilo que em *quand même* estava explícito, em 'pois é' estava subentendido. Você para e pensa no seu passado, nos perigos que correu, nos apertos que acabou superando e agora se vê dono de um sitiozinho de sonho... É, a vida às vezes dá cada volta...", diz Nora.[2]

Junto com sua mulher, em família, Paulo olhava uma casa que era sua, seu porto definitivo. Pois É... Um nome sob medida para batizar a casa síntese de sua história. Para lá, pouco a pouco foi levando seus livros e fazendo do sítio sua terceira pátria, como bem definiria o amigo Drummond.[3]

Em 1962, a família passou as primeiras férias inteiras no novo lar. Em seu diário, a primeira anotação do resumo do ano diz: "A casa de Pois É está terminada"; a família passou 103 dias lá. Em seguida lamentou o fato de o ensino de latim ter se tornado facultativo nas escolas. "Meus livros didáticos não serão mais vendidos."[4]

Um ano antes, Paulo havia completado vinte anos de sua chegada ao Brasil. A data foi celebrada com festa, primeiro na

Terreno em Conselheiro Paulino, Nova Friburgo, e a casa do sítio Pois É.

imprensa, com um muito elogioso artigo de Mário Teles no *Diário de Notícias*,[5] e em um jantar de adesões que reuniu em uma churrascaria na zona Sul do Rio de Janeiro nada menos que cem pessoas, com direito a um enaltecedor discurso de seu melhor amigo, Aurélio Buarque de Holanda. Aqueles que não compareceram lhe escreveram cartas, como Jorge Amado, enviaram telegramas ou fizeram referências gentis em jornal, como Rubem Braga e Brito Broca.[6]

O fraterno amigo Carlos Drummond de Andrade também tratou de fazer uma homenagem pública pela data, revisando do ponto de vista mais íntimo a trajetória brasileira de Rónai.

A notícia de que os amigos de Paulo Rónai comemoram nesse 3 de março o vigésimo aniversário de sua chegada ao Brasil contém duas inexatidões. Primeira: muitos amigos não participarão da homenagem (um jantar), pois a churrascaria, mesmo vasta, não os caberia todos: amigos de Rónai não são apenas os seus confrades das letras, mas também os seus alunos e os seus leitores espalhados por aí. Segunda: afirma-se que Rónai chegou ao Brasil em 1941, mas eu entendo que ele chegou pelo menos dois ou três anos antes. [...]

No momento em que teve de decidir sobre sua vida, pois a Hungria pré-nazista deixara de ser habitável para o intelectual e o homem que ele era, foi para o Brasil que ele se voltou. Na verdade, a escolha já fora feita, ele já "estava" no Brasil. [...]

Os motivos pessoais de angústia que trazia da Europa não afetariam esse abrasileiramento progressivo, semelhante a um crescer pacífico de árvore. Quatro anos depois chegaria à naturalização. E é confortador para seus amigos brasileiros sentir que foi aqui que ele encontrou paz de espírito e elementos para uma verdadeira ressurreição espiritual.

De tanto estimar nele o companheiro e admirar o homem de letras, sinto-me em apuros para falar de Rónai a quem porventura não o conheça. Que defeito posso atribuir-lhe, para tornar menos escandalosas as suas qualidades? É um sábio e não blasona a sua sabedoria; pelo contrário. Não tem inveja de talento alheio, proclama esse talento sempre que pode. Vive atento ao serviço dos amigos. Trabalha como um monstro e tem a placidez dos que cultivam a boa-vida. O ensino de francês e de latim devem-lhe uma nova orientação entre nós. Seus trabalhos literários recomendam-se pela probidade e alta competência do autor. Seu humor sem acidez é um encanto na conversa e na correspondência. Ele trouxe realmente alguma coisa ao Brasil, como hábitos de estudo e como técnica literária. Queria falar mal de Rónai, uma vez, por brincadeira: é impossível. O melhor é abraçá-lo e a também admirável Nora Rónai.[7]

Para Rónai, os vinte anos de Brasil significavam estar no país como qualquer outro brasileiro, portanto trabalhando sem exceção. No caso dele, devidamente assentado como professor, tradutor, crítico, resenhista, filólogo, dicionarista, revisor. Em carta a Ribeiro Couto, em meio a diversos assuntos, como comentários sobre os novos livros do amigo, Paulo lembrou a efeméride, uma forma de reforçar implicitamente o sempre declarado reconhecimento ao amigo:

Aqui a vida corre sem novidades, sempre na mesma rotina. Minha mulher e eu continuamos a trabalhar muito, e as meninas a crescer. [...] Em 3 de março fiz vinte anos de Brasil. Um jovem amigo, Mário Teles, lembrou-se da data e, além de publicar um artigo no *Diário de Notícias* (de que lhe mandou um exemplar), urdiu um jantar com a conivência de outros amigos. Com grande surpresa minha, assistiram cem pessoas e outras tantas aderiram por escrito. No artigo de Mário Teles, no discurso de Aurélio Buarque de Holanda e nos agradecimentos do homenageado foi devidamente ressaltada a sua culpa no acontecimento que dera ensejo à festa.[8]

As cartas a Ribeiro Couto continuavam sendo um canal íntimo através do qual Paulo relatava sua vida e, desse modo, também peças essenciais para uma apreensão biográfica e pessoal. Na correspondência com o amigo, Paulo narrava os acontecimentos que lhe pareciam os mais importantes, tanto os relacionados à sua vida profissional como os de âmbito familiar. "Por falar em coisas mais importantes, você sabe que a minha filha Cora (sete anos) já sabe ler e escrever, e gosta muito de leitura. A menorzinha, Laura (cinco anos), está começando também a ficar gente. Ambas falam com uma espontaneidade e um sabor que lhes invejo e que nunca poderei conseguir."[9] O português invejado na fala das filhas encontrava em Paulo a fala articulada, mansa, sempre bem projetada, e um remoto acento que era a marca de sua própria história.

Por seu intermédio, sua família húngara também havia se tornado brasileira. "Com minhas duas irmãs e meus dois cunhados (que se naturalizaram também brasileiros), dos dez membros da família só há dois estrangeiros, minha mãe e meu sogro. Mesmo eles, se por causa da idade não foram atrás dos papéis, estão perfeitamente integrados."[10] A terceira irmã, Catarina, não mencionada na carta, se suicidara em 1957, ingerindo veneno após uma discussão com o marido, Kálmán. Morreu imediatamente. Na verdade, o acontecimento nada teve a ver com a briga do casal. Kati, seu apelido familiar, nunca havia se perdoado pela morte do irmão Jorge, com quem morara por longo período na Turquia e que se matara em Nova York havia dez anos. Achava que de algum modo deveria ter pressentido e ajudado o irmão, por isso desenvolvera uma personalidade atormentada, cheia de apreensões e remorsos. "Veja como, doze anos depois da guerra, ainda lhe sofremos as consequências",[11] observara Paulo em uma carta a Ribeiro Couto, poucas semanas depois da tragédia.

A morte de Catarina abalou profundamente a família Rónai. Mas, batalhadores que eram — *fighting people*, como Guimarães Rosa os classificara —, continuaram sua jornada de vida, trabalho e confiança. "O pior foi dar a notícia a mamãe: não tivemos coragem para falar de suicídio. Agora já estamos mais ou menos conformados e, como tantas vezes, voltei a mergulhar-me no trabalho",[12] Paulo comentou com o amigo.

Às vésperas do Natal de 1962, já instalado em seu sítio Pois É, Paulo escreveu a Ribeiro Couto uma carta manuscrita, talvez a única de próprio punho enviada ao amigo em todos aqueles anos de correspondência. No mesmo envelope, remeteu um recorte de sua resenha publicada no *Diário de Notícias* sobre *Longe*, livro mais recente do diplomata, lançado em 1961. Paulo comentou que somente ali em Nova Friburgo, recolhido na serra, encontrara a paz, sentindo-se tranquilo e sereno, entregue às leituras agradáveis das crônicas de Drummond, Fernando Sabino e Rubem Braga publicadas pela Editora do Autor. Nora e Laura também estavam mergulhadas nos livros, entretidas com Monteiro Lobato. Paulo aconselhou que o amigo voltasse às crônicas e disse esperar revê-lo em breve.

Essa carta, a última que Paulo enviou ao amigo, ficaria no entanto sem resposta. Ribeiro Couto morreria em Paris meses depois, em maio de 1963, vítima de um infarto fulminante, e seria para sempre lembrado como o principal responsável pela vinda de Paulo Rónai ao Brasil.

Como Paulo sempre enfatizava, trabalhar era a forma como ele agradecia seu destino. A dedicação ao magistério, aos projetos editoriais e às leituras era constante. No início dos anos

1960, ele mantinha uma rotina atarefada: preparava aulas e corrigia provas para o Pedro II, continuava a selecionar e a traduzir contos para a coleção *Mar de histórias*, escrevia prefácios para obras de escritores que admirava, como Clarice Lispector e seu *Laços de família*, e Lygia Fagundes Telles e suas *Histórias escolhidas*. Também já escrevia com regularidade para *O Estado de S. Paulo*.

A relação com o jornal, iniciada em 1945 com a publicação de seus primeiros ensaios e resenhas, com destaque, nessa fase inicial, para Balzac, com o tempo perdera a regularidade. Em 1952, tentando uma reaproximação, Paulo escreveu a Sérgio Milliet, responsável pelas colaborações no veículo e que o levara para o jornal no primeiro momento, reconhecendo que não ter seus escritos publicados em São Paulo representava não apenas um prejuízo material, como também lhe infligia sério prejuízo moral.[13] Apesar de continuar colaborando com frequência para o *Correio da Manhã* e o *Diário de Notícias*, estar presente no meio literário paulista era de suma importância para Paulo, um atestado de relevância cultural. A resposta chegaria dias depois, em papel timbrado da Biblioteca Pública de São Paulo, a qual Milliet dirigia no momento. Na carta ele explicava não ser mais responsável pelos artigos de colaboradores do *Estado*, mas que havia conversado com o redator-chefe, Marcelino Ritter, que aceitou imediatamente a ideia. "Entretanto, o jornal não pode prometer regularidade. Tanto pode sair um artigo durante o mês como podem sair quatro. Tudo depende do espaço e este é sempre tomado pela publicidade", explicou Sérgio. A colaboração não engrenou.

Apenas em 1959 Rónai retomou uma relação contínua com o jornal. Nesse ano recebeu um questionário da empresa, que preencheu em sua máquina de escrever, com uma série de dados pessoais e biográficos. Mencionou sua significativa atuação na Hungria como redator da *Nouvelle Revue de Hongrie* de

Nora e Paulo em visita a *O Estado de S. Paulo*, com Osório Dutra, 1954.

1932 a 1940, a organização das antologias brasileiras (*Mensagem do Brasil* em 1939 e *Poemas de santos, seleção de poesias de Ribeiro Couto* em 1940) e a experiência no magistério. Na segunda página do documento, Paulo resumiu sua extensa lista de publicações no Brasil: traduções, ensaios, coleções de contos e da obra de Balzac, livros didáticos de latim (*Gradus primus, Gradus secundus* etc., somando quatro volumes) e de francês (também quatro títulos para o ensino ginasial, em colaboração com Pierre Hawelka). A partir dali teve início uma frutífera e duradoura relação com *O Estado de S. Paulo*, onde Paulo publicou, no Suplemento Literário do jornal — criado em 1956 —, uma série de resenhas e ensaios sobre temas variados, e também traduções de poemas, num total de 112 textos até o ano de 1974.

Sua inserção no meio literário pode ser medida não apenas por sua farta colaboração na imprensa, pelos livros que publicou, pelos comentários sobre sua produção vistos em colunas de escritores e críticos, como também pela avaliação de originais que lhe pediam em caráter privado. Também era chamado a dar opinião em coleções, a escrever apresentações e até mesmo — e muito comumente — a revisar livros. Algumas vezes o fez com o apoio de Nora. "Aos queridos amigos Nora e Paulo, que bondosamente me ajudaram na revisão deste livro. Agradecimento afetuoso de Cecília Meireles", escreveu a poeta na dedicatória de seu *Romanceiro da Inconfidência*.[14] De Cassiano Ricardo, recebeu uma carta remetida de Paris em 1953, agradecendo o trabalho de revisão de seu livro. "O receio de que o meu trabalho, embora despretensioso, pudesse sair com erros e incorreções está agora desfeito graças ao meu caro Rónai. Como poderei agradecer tão alto obséquio?"[15] "Estrangeiro leva muito a sério o que não sabe. Quer aprender", explica Nora, justificando a aptidão que o casal desenvolveu para revisar o português dos grandes escritores nativos.

A correspondência de Paulo também atesta um colaborador generoso e ativo. No início dos anos 1960, em carta trocada com Afrânio Coutinho,[16] Paulo envia seu verbete biográfico, que ele mesmo escrevera para a enciclopédia *Brasil e brasileiros de hoje*; com Antônio Callado,[17] discute a elaboração de um verbete sobre literatura húngara para a *Enciclopédia Britânica*; escreve artigos para a revista *Comentário*, publicada pelo Instituto Brasileiro-Judaico de Cultura e Divulgação, da qual foi secretário entre 1960 e 1963, assume a chefia do departamento cultural da Rádio Roquete Pinto, entre os anos de 1963 e 1964.

No começo de 1964, Fernando Sabino o convidou para colaborar com a Editora do Autor, criada por ele, Rubem Braga e Walter Acosta quatro anos antes. Em resposta, Paulo explica em uma carta ao escritor[18] que se preparava para viajar a convite das universidades de Neuchâtel, Budapeste e Toulouse. Partiria em 28 de março, com bilhete de volta marcado para 22 de junho.

Mesmo já tendo declarado que não desejava voltar à Europa, Paulo estava de malas prontas para atravessar mais uma vez o Atlântico, dessa vez ao lado de Nora, mais de vinte anos depois de deixar o porto de Lisboa, em fuga. Não era fácil pensar em rever a Hungria, que em 1940 havia carimbado em seu passaporte: SEM VALIDADE PARA RETORNO.

No dia 28 de março de 1964, Paulo e Nora estavam no cais da praça Mauá, prontos para embarcar no navio *Giulio Cesare*, levados por Edoardo Tausz, Cora, Laura, Clara, Américo, Aurélio e alguns outros amigos. Zarparam pouco depois do meio-dia, bem acomodados em uma confortável cabine da segunda classe. Nos primeiros dias, choraram de saudade das filhas, mas logo se viram obrigados a se ocupar das tarefas que tinham pela frente, como a organização do roteiro da viagem e das muitas palestras que Paulo iria proferir em três países, a maioria em francês: "L'Oeuvre de Guimarães Rosa: Synthèse de deux mondes", que ministraria aos estudantes de literatura da Universidade de Neuchâtel, na Suíça; "Variations sur un thème balzacien: La Mort du Mandarin", para estudiosos de literatura comparada, também na universidade suíça, primeira escala da viagem. Nora começou a escrever um detalhado diário da viagem para as filhas, o que fez Paulo se sentir desobrigado a documentar o itinerário.

Boa parte desses primeiros dias, Paulo e Nora também passaram lendo nas espreguiçadeiras do convés. E foi em meio ao cheiro da maresia, em alto-mar, que souberam do golpe militar deflagrado no Brasil na madrugada de 31 de março. Apreensivos com a segurança da família, logo conseguiram notícias de que todos estavam bem. Depois de uma parada em Barcelona, em 8 de abril chegaram a Cannes. No porto, receberam uma simpática carta de boas-vindas de Pierre Hawelka, parceiro de Paulo nos livros didáticos de francês e cujo primeiro volume unira Paulo e Nora — Paulo escrevendo o conteúdo, com Pierre, e Nora desenhando a capa. O destino seguinte foi a Suíça, onde Paulo reencontrou Martha, seu ex-amor e sua aluna no ginásio israelita de Budapeste. Das cinzas da paixão, nascera uma boa amizade. Ela havia conseguido fugir para Nova York e se casara com um importante empresário suíço da indústria relojoeira. A temporada suíça foi de ótimos restaurantes e de muita cortesia de Martha com o casal. Na embaixada brasileira, Paulo esteve com o poeta e diplomata João Cabral de Melo Neto, com quem tomou um clássico cafezinho brasileiro. Depois das palestras e de encontros em Genebra, o casal seguiu de trem para Viena, na Áustria, última parada antes do reencontro com a Rainha do Danúbio, Budapeste. No caminho, reviram neve, saltaram do trem, sentiram o gelo nas mãos. "Nem sabíamos que tínhamos essa saudade. Seria a última vez que veríamos a neve na vida", diria Nora.

No fim de abril, Paulo estava de volta a Budapeste. Saltou do trem na estação Keleti, a mesma onde estivera várias vezes cuidando de sua documentação, cheio de ansiedade e expectativa, antes de sua partida para o Brasil. Recebido com todas as honras, seu regresso tinha o sabor de uma reparação moral, de um desagravo. Os novos homens no poder, títeres do governo comunista da União Soviética, em grande parte ex-alunos seus, o tratavam com devoção. Ofereceram a Paulo e Nora almoços, jantares, transporte para todos os cantos e uma ótima hospedagem no Grande Hotel da Ilha Margarida por quase um mês. Paulo deu palestras na Faculdade de Filosofia e Letras da Universidade Eötvös Lóránd, onde havia se formado. Comunicava-se em húngaro, porém tratando de temas brasileiros, para estudantes de língua e literatura luso-brasileiras: "A vida do Brasil no espelho da língua", "Introdução à literatura brasileira". No sindicato dos pedagogos, discorreu sobre o ensino secundário no Brasil e, na Associação dos Escritores Húngaros, apresentou um panorama da literatura brasileira do passado e daqueles dias. Em um jantar oferecido pelo Pen Club local, reuniram-se mais de duzentas pessoas, entre professores, escritores e outros intelectuais. Cada um levou a Paulo um ramo de lilás e, em pouco tempo, sua mesa estava coberta de flores. Paulo se comoveu. Em Budapeste, o professor exilado ainda deu entrevistas a TV e rádio locais e, em uma cerimônia solene, doou uma coleção de livros brasileiros à Biblioteca da Academia Húngara de Ciências e Letras. Além dos compromissos formais, Paulo reviu amigos, ouviu relatos trágicos da guerra, percorreu novamente Buda e Peste, tentando se reconciliar com seu passado. Foram dias de emoção, de certa melancolia e de saudade do Brasil. Antes de deixar a Hungria e partir para a França, Paulo recebeu convites para voltar ao país, tanto da universidade nacional como do governo húngaro. Ganhou muitos presentes e uma série de homenagens. A viagem seguiu seu curso: Paris e Toulouse[19] vieram em seguida, depois Fiúme, terra de Nora e, àquela altura, não mais parte da Itália, e sim território da Iugoslávia (atualmente da Croácia). Por fim terminaram em Gênova, de onde embarcariam de volta para o Brasil. Nora, que chegara apátrida a terras brasileiras, sentiu seu cordão umbilical irreversivelmente cortado. Paulo, embora ainda cultivasse uma relação afetiva com sua terra natal, sabia que a Hungria não era mais o seu lugar.

No dia 22 de junho de 1964, Paulo e Nora prepararam-se para regressar ao Brasil. Como mais uma deferência, o governo húngaro havia oferecido ao casal passagens de avião. Paulo e Nora não aceitaram; queriam voltar na segunda classe do *Augustus*, para refazer o longo trajeto da viagem de 1941, quando atravessaram o Atlântico de navio. O mesmo percurso, porém outra viagem. Não estavam mais assustados num porão de terceira classe, fugindo da perseguição nazista em direção a um país distante e desconhecido. Agora contemplavam o horizonte com confiança e aguardavam ansiosos rever suas meninas no mesmo porto da praça Mauá, após avistarem os contornos do Rio de Janeiro. Estavam voltando para casa.

Paulo e Nora Rónai.

8.
Nota biográfica: Uma vida contra Babel

Paulo seguiu o curso de sua vida no Brasil da mesma forma concentrada, serena, múltipla. Junto às suas atividades no magistério, no mercado editorial, nos jornais e como leitor crítico, assumiu funções de classe, como a presidência da Associação de Professores de Francês do Rio de Janeiro, cargo que ocupou entre 1964 e 1965. Seu destacado papel pelo ensino de francês e pela divulgação da literatura francesa no Brasil (e também na Hungria) levou o governo da França a lhe conceder, em 1968, a condecoração de Chevalier de L'Ordre National du Mérite. Anos depois, em 1974, Paulo e alguns colegas tradutores fundaram a Abrates, Associação Brasileira de Tradutores, da qual ele seria sempre um membro ativo e combativo. A luta pela qualificação e valorização do trabalho do tradutor foi uma bandeira erguida por ele em diversas entrevistas e artigos em jornais.[1]

Em 1981, Paulo recebeu o prêmio Nath Horst, concedido a cada três anos pela Federação Internacional de Tradutores, pelo conjunto de sua obra. Uma espécie de Nobel da tradução. A notícia repercutiu em diversos jornais do Brasil, e no mesmo ano *O Globo* lhe conferiu o título de Carioca Honorário de 1981. Na Hungria também foram publicadas muitas reportagens sobre o prêmio Nath Horst recebido por Paulo — a maior parte ele guardou em uma de suas pastas de recortes.

Em uma das entrevistas que concedeu na ocasião, Paulo disse, sem amargura nem falsa humildade, que não tinha dinheiro para comparecer à festa de premiação que se realizaria em maio daquele ano em Varsóvia.[2] "Em espírito, mas estarei lá", brincou.[3]

Desde seu reencontro com o Velho Mundo em 1964, Paulo voltara outras duas vezes à Europa, sempre a convite de universidades e instituições de ensino e literatura: em 1973 esteve na Espanha e em 1977 na Espanha e em Portugal, realizando palestras sobre temas da tradução e da literatura brasileira, sobretudo Guimarães Rosa. Em janeiro de 1983, depois de uma nova série de conferências na cidade espanhola de Vigo, visitou pela última vez sua Budapeste natal.

Antes disso, ainda como professor, entre janeiro e junho de 1967, Paulo ensinou literatura brasileira na Universidade da Flórida, em Gainesville, nos Estados Unidos. Desses seis meses, resultaram trabalhos importantes como "Notas para facilitar a leitura de *Campo geral* de J. Guimarães Rosa",[4] um dos temas de seus cursos. De volta, aventurou-se no estudo de russo e hebraico, dedicando a maior parte do tempo aos seus temas diletos: o universo da tradução, literatura brasileira, Balzac. Também participava de conferências e bancas examinadoras, como a de livre-docência de Leyla Perrone-Moisés na Universidade de São Paulo em 1975 e a do concurso para professor-adjunto de língua e literatura russa de Boris Schnaiderman na mesma instituição, em 1976.

Em 1978, Paulo deixou as funções de professor no Colégio Pedro II, aposentado compulsoriamente pela direção. Já àquela altura, o sítio Pois É era seu porto permanente, sua "pátria definitiva". Em uma construção anexa, também projetada por Nora, ele instalara sua biblioteca, ou "Brilhoteca", como a batizara sua neta Beatriz, filha de Cora, aquele lugar sem sombra de dúvida iluminado. Ali, em sua mesa acomodada ao lado da janela, com "ar-comdicionário" (outra brincadeira linguística gravada em uma placa colocada na estante), Paulo produzia seus livros:

Babel & antibabel, de 1970, coletânea de artigos sobre a temática das línguas universais, derivação de seu *Homens contra Babel*, de 1964; *A tradução vivida*, de 1976, com uma nova série de ensaios sobre tradução; *Não perca seu latim*, de 1980, um resgate saboroso de termos latinos; e *Pois é*, de 1990, reunião de uma série de ensaios sobre literatura brasileira, francesa e húngara com artigos sobre linguística.

Com invejável fôlego para o trabalho, Rónai organizou para a editora Ediouro uma série de antologias individuais de contos — húngaros, ingleses, franceses, italianos, alemães, russos e norte-americanos — extraídos da coleção *Mar de histórias*. Também publicou dicionários, como o *Pequeno dicionário francês-português*, de 1977, e o *Dicionário universal Nova Fronteira de citações*, de 1985, seu último trabalho de fôlego. Nele, Paulo reuniu cerca de 25 mil citações da literatura universal e, depois de lançado, ainda o revisou integralmente, anotando a lápis correções a serem feitas para uma futura reedição. Paulo ainda colaborou com Aurélio em seu *Dicionário da língua portuguesa* no que se referia a palavras, locuções, frases feitas e provérbios de uso universal. Como ele sublinhara em *Babel & antibabel*: "Na luta contra a incompreensão, papel talvez ainda mais importante cabe aos tradutores e dicionaristas".[5]

Como tradutor, Rónai continuou com sua arqueologia de contos e, em 1980, verteu para o português *A tragédia do homem*, peça de seu conterrâneo Imre Madách, um dos trabalhos mais importantes e também mais difíceis que já fizera, de acordo com o próprio Paulo: "Levei uma hora para traduzir um verso de *A tragédia do homem*".[6] Mais uma vez ele contou com a leitura ilustrada de Aurélio e seus apontamentos certeiros na revisão. Em agosto do mesmo ano, Paulo foi a Alagoas comemorar o septuagésimo aniversário desse seu melhor e mais fiel amigo. O muito que citou, reverenciou e dedicou a Aurélio ao longo de sua vida no Brasil sempre lhe pareceu insuficiente para demonstrar a gratidão que sentia por um acolhimento que fora decisivo para sua entrada no universo da língua e do país. E, ainda mais significativo, no universo afetivo do amigo brasileiro. Aurélio é autor de uma das mais exatas traduções de Paulo Rónai: "Maestria larga e variada. Maestria em literatura, em línguas, em tudo que ficou dito — e na arte da amizade. O mestre perfeito, 'reto, discreto, sábio', é também, de quebra, amigo perfeitíssimo".[7]

Paulo recebeu muitas homenagens em vida. Em 1983, a Academia Brasileira de Letras lhe concedeu o Prêmio Machado de Assis pelo conjunto de sua obra, e a apresentação do laureado na cerimônia de premiação foi feita pelo amigo Aurélio. Em 1987, mais um prêmio conferido pela ABL: a medalha Machado de Assis, como reconhecimento à contribuição de Paulo ao desenvolvimento literário no Brasil. No mesmo ano, o governo da Hungria ofereceu a seu filho pródigo a Ordem da Estrela com Coroa de Louros pela divulgação da literatura húngara no Brasil e da literatura brasileira na Hungria. O prêmio foi recebido em uma cerimônia ocorrida no Copacabana Palace em 21 de agosto. Paulo tinha oitenta anos. Seu aniversário havia sido comemorado quatro meses antes com um reconhecimento afetuoso de muita gente, telefonemas e cartas de Mário Quintana, Lygia Fagundes Telles, José Olympio e Maria Julieta Drummond de Andrade, além de um telegrama do então presidente da República, José Sarney, e da Associação de ex-alunos do Colégio Pedro II.

Um ano antes, em 1986, em carta ao amigo Herbert Caro, que, assim como ele, era tradutor, crítico e ensaísta, Paulo falou de assuntos triviais, da "invenção mirabolante" que era a televisão, à qual, pela primeira vez na vida, passava a dedicar algum tempo em seus dias. Também contou que haviam comprado um carro, "naturalmente dirigido por Nora".

Mesmo motorizado, as visitas do casal ao Rio de Janeiro tornaram-se cada vez mais raras. Com a aposentadoria de Nora, no fim dos anos 1970, o casal vendera o apartamento em Copacabana e se transferira de vez para a serra com todos os livros e pertences da família. Paulo passou a dividir com Nora o espaço da biblioteca, ela com sua prancheta e seus livros de arquitetura, geometria descritiva, história. Na seção de obras nacionais, não havia um livro na estante que não contivesse uma palavra de admiração, respeito, agradecimento, amizade. Também para Nora. "A Nora e Paulo, com aquela admiração, de espírito e coração; com o grato, vivo apreço; com a universal amizade do Guimarães Rosa", escreveu o autor na edição de *Primeiras estórias*.[8]

Colaboradora assídua, Nora sempre foi a primeira leitora de artigos, palestras e conferências de Paulo. Também representou para sua vida a grande guinada, dando-lhe uma inédita estabilidade, acolhimento afetivo e uma família brasileira: "Nora foi o fato mais importante da minha vida, junto de minhas filhas Cora e Laura",[9] declarou em 1991, aos 84 anos, em entrevista a Nelson Ascher e Alcino Leite Neto, realizada em sua casa em Nova Friburgo. Nelson lembra que naquele dia Paulo estava bem, "em condições naturais para alguém de sua idade".[10] Um ano antes, ele havia recebido o Prêmio Jabuti como Personalidade Literária do Ano pelo conjunto de sua obra. A saúde já debilitada o impediu de comparecer à cerimônia em São Paulo.

Cora, jornalista, e Laura, flautista e professora, já muito bem encaminhadas na vida — afinal, como dizia Aurélio, "talento nessa gente é mal de família"[11] —, visitavam os pais com frequência no sítio Pois É. Nas férias, Friburgo era destino certo. Paulinho, o neto mais velho, não tinha os dias inteiros para diversão, sendo convocado usualmente para aulas de latim e ditados comandados pelo avô. As visitas das filhas, dos netos (além de Paulinho e Bia, filhos de Cora, havia Júlia e Manoela, filhas de Laura), de sua irmã Clara, do cunhado Américo e de amigos, Paulo registrava em seu diário/agenda com uma letra que se esforçava para apurar a firmeza. Lidando com uma saúde frágil, já não anotava mais nomes de livros, autores, traduções. Sua rotina estava pontuada por consultas médicas, exames, corte de cabelo, telefonemas do Rio. A vida ganhava sentido nos pequenos sinais de existência diária. A caligrafia ia perdendo nitidez, até seu diário ser interrompido em meados de 1992. Em 1º de dezembro desse ano, Paulo faleceu em sua casa, em decorrência de um câncer de garganta. Tinha 85 anos, 51 dos quais vividos em terras brasileiras.

Em sua mesa de trabalho e nas prateleiras de suas estantes, Paulo deixou edições marcadas por sua sempre insatisfeita revisão, uma série de documentos, recortes de jornais, cartas, bilhetes, extratos de uma vida ao mesmo tempo simples e absolutamente extraordinária. À sua volta se movimentava um mundo em constante diálogo. Coleção de postais de todo tipo e de diversos cantos do planeta, fichas com endereços de amigos no Brasil, em toda a Europa, na Austrália e no Japão, livros em variadas línguas, conchas. Sim, conchas. Talvez por seu sentido de universalidade, elas tenham se transformado numa espécie de símbolo para Paulo Rónai e se espalhavam pelas superfícies de vidro dos aparadores e gavetas de sua biblioteca. As conchas, que não conhecem fronteiras, não têm território, que habitam o mar absoluto, são um emblema da existência desse humanista de largas fronteiras e que em seus pouco mais de cinquenta anos de vida brasileira articulou-se entre (e em) várias línguas, com várias referências culturais. Costurando pontas com a linha resistente da palavra que traduz, narra, une tempos e geografias, que preserva, engaja e constrói novas narrativas para si a partir do outro. Paulo se empenhou em fazer da literatura um espaço de diálogo universal, a despeito de todas as diferenças que enfrentou, das contingências humanas, da geografia, da aparente incomunicabilidade. Paulo Rónai foi um homem contra Babel.

Por fim, o meio

A certa altura do ensaio "Pequena palavra", que escreveu como apresentação da *Antologia do conto húngaro*, organizada por Paulo Rónai e lançada em 1957, Guimarães Rosa declara: "Uma tradução é saída contra Babel". O escritor se referia ao notável trabalho do amigo, que àquela altura já era tradutor respeitado, contabilizando imensos empreendimentos na área, como a organização da edição completa de *A comédia humana*, de Balzac, e a edição da antologia do conto mundial, *Mar de histórias*, ao lado de Aurélio Buarque de Holanda. No entanto, no caso de Paulo Rónai, a tradução era apenas uma de suas armas contra o caos babélico, ou seja, contra as aparentes impossibilidades de comunicação, os desencontros humanos. Paulo ainda somava as funções de professor de idiomas, filólogo, dicionarista, crítico literário e antologista. Em todas elas, foi um mestre e assim reconhecido, mesmo mantendo-se sempre discreto e sóbrio.

O lugar de destaque ocupado por Paulo Rónai no meio literário brasileiro, e também internacional, é resultado de uma trajetória plenamente construída sobre o esforço pessoal. Paulo é um homem de méritos e virtudes, e que apostou no trabalho e na ação como caminho possível para se salvar, deixando sua Hungria natal rumo ao Brasil, o que viria a lhe garantir um fim diferente do de seus amigos escritores — como Antal Szerb, Ákos Molnár e Endre Gelléri —, assim como de sua primeira mulher, Magda Péter, todos mortos pela fúria antissemita de Adolf Hitler.

A opção pelo Brasil foi feita, portanto, não apenas como resultado de um interesse intelectual, mas também como uma escolha afirmativa pela vida. E esse interesse se dá quando, a partir de um horizonte, Paulo intensifica a relação com escritores, poetas e, sobretudo, com diplomatas brasileiros, como Otávio Fialho e Rui Ribeiro Couto, dando início a um admirável e persistente projeto voltado para o Brasil — que incluía o estudo dedicado do português —, uma costura árdua com a diplomacia, imprensa, instituições húngaras e brasileiras. Assim, não se tratou de sorte ou benefício gratuito a conquista do visto brasileiro, mas de resultado do empenho de um homem que quer viver e tem, certamente, chaves para uma porta de saída. De formação sólida e erudita, experiente no ofício de tradutor e professor, e com uma atividade reconhecida na imprensa, Paulo é o principal agente de seu próprio salvamento.

Como ele nunca declarou em sua produção as próprias tragédias, angústias e anseios, traçar sua trajetória de maneira mais detalhada, a partir da leitura de seus diários e de parte de sua correspondência (pois muitas cartas foram destruídas na fuga para o Brasil), pareceu ser a forma mais clara de apreendermos a intensidade com que Paulo assume esse projeto e também meio pelo qual se evidencia a postura determinada e os traços de sua personalidade. Essa abordagem permite uma compreensão mais justa de suas escolhas, de seu itinerário e também de sua obra.

Do momento em que avista o Brasil como possibilidade de futuro até a chegada ao país, há um extenuante período de dois anos, tempo em que lançou uma antologia de poesia brasileira, e viveu a angústia e o medo, ficando preso por cerca de seis meses em um campo de trabalho em uma ilha no Danúbio. Mas nessa época de grandes contrastes, em que se morria pela estúpida razão do ódio racial, do outro lado do mundo a cultura ainda era vista como valor humano distinto. E, por essa razão, Paulo consegue garantir sua entrada no Brasil.

Se, nos anos de juventude, a dedicação aos estudos e ao trabalho era reflexo de um insaciável apetite cultural, marca de sua própria geração e também meio de sobrevivência, após sua chegada ao Brasil, que representou efetivamente seu salvamento, a atividade intelectual ganha novos sentidos, somados a esses originais, que não se perdem. "Trabalho para merecer meu destino", ele escreve à primeira mulher, pouco antes de seu assassinato, em fins de 1944. Dessa maneira, Paulo faz do trabalho expressão de retribuição à vida e ao país que o acolheu. E seu itinerário de engajamento no país revela os sinais dessa consciência e desse notável esforço de integração, traço principal de sua vida no Brasil.

A aproximação com a produção literária brasileira, seus autores e principais articuladores (como editores e jornalistas), a presença na imprensa, por meio de uma significativa colaboração como crítico literário e ensaísta, somando mais de quinhentos textos, foram, mais que o resultado de uma profícua atividade intelectual, a evidência desse notável esforço empreendido a favor do Brasil. A partir de 1941, quando aporta no Rio de Janeiro, sua produção estará voltada para o país, sua pátria de adoção. Mesmo sem nunca deixar de lado suas referências intrínsecas (húngara, francesa, latina), é ao Brasil que se dedicará. Esse empenho em favor da nova pátria ele expressa em muitas frentes: traduzindo obras brasileiras para o francês e o húngaro, vertendo para o português clássicos da França e da Hungria, trazendo para o país um repertório mundial de contos e debates sobre temas da tradução e da filologia, apresentando em contextos estrangeiros conferências sobre a literatura brasileira (objeto também de artigos publicados no exterior). Além disso, torna-se um grande leitor de escritores nacionais, o que legaria uma admirável contribuição para a divulgação e o conhecimento mais profundo de obras de autores seminais, como Carlos Drummond de Andrade, Cecília Meireles e Guimarães Rosa. Sobre eles e sobre tantos outros autores brasileiros, Paulo dedicou artigos, ensaios e resenhas, parte deles publicada também em livros.

Em uma via de mão dupla, ao mesmo tempo que Paulo fez da literatura e da vida intelectual brasileiras seu principal foco na maior parte de sua vida (ao longo de cinquenta anos de país), ele também aprofundou seu abrasileiramento por meio do contato íntimo com escritores, editores e jornalistas brasileiros. Também foi através da própria língua portuguesa, na qual se tornou ele mesmo um escritor de estilo límpido, com consistência e graça, que Paulo afirmou sua plena integração. É impressionante pensar que no mesmo ano em que chegou ao país, Paulo já publicava artigos em jornal escrevendo na língua local. Nesse sentido, é fundamental destacar o papel de Aurélio Buarque de Holanda, seu segundo e mais próximo amigo brasileiro (segundo, já que Ribeiro Couto era seu amigo mesmo antes da chegada ao Rio de Janeiro). Aurélio foi seu confidente, professor, revisor, ponte para diversos novos amigos e personagens do meio intelectual. Por meio dessa amizade, Paulo pôde rapidamente se aproximar do português e contar, por longo período, com o olhar atento do amigo no aperfeiçoamento de seus textos. Aurélio, testemunha em seu processo de naturalização, em 1945, de seu casamento, e padrinho de sua primeira filha, Cora, foi, por múltiplas razões, peça fundamental nesse percurso de integração no Brasil.

A integração à vida brasileira é, enfim, um processo realizado gradativamente, que se inicia ainda em Budapeste, a partir da descoberta da nossa poesia, da correspondência com Ribeiro Couto, prosseguindo com a sua chegada ao país. Aqui, passa a construir uma rede de relações com personagens do meio intelectual, em muitos casos contando com ajuda de Ribeiro Couto e de Aurélio, e em outros conquistando amizades por via própria, como ocorrido com Cecília Meireles, Jorge de Lima e Carlos Drummond de Andrade.

Empenhado em desenvolver uma atividade no país, para merecer o convite brasileiro e também para sobreviver, Paulo se insere profissionalmente em diversos meios com espantosa rapidez. Primeiro, dá início às colaborações para a imprensa, logo depois conquista bons empregos como professor de idiomas em liceus no Rio; ainda exerce uma série de funções em editoras nacionais à frente de projetos vultuosos, como a organização da obra completa de Balzac e da coleção de contos universais *Mar de histórias*. Também desenvolve sua própria obra, tanto como tradutor quanto como ensaísta. A ampliação de seus contatos no meio intelectual e a consolidação de sua respeitabilidade se revelam nos inúmeros convites que ele recebe ao longo da vida para assinar prefácios e apresentações de livros, nas contribuições que faz para importantes obras, como enciclopédias e dicionários, e ainda em uma valiosa correspondência.

Com Guimarães Rosa, Paulo articula uma relação instigante. Através da obra do escritor mineiro, está, ao mesmo tempo, mais próximo do Brasil e do mundo. Pois é exatamente no cruzamento entre o caráter singular brasileiro e universal que a obra de Rosa afirma sua genialidade. E Paulo, como poucos, abrigando vastas referências, percebeu esse traço essencial de uma obra singular. Tradutor não apenas de línguas, mas de linguagens, Rónai se tornou um dos mais importantes interlocutores de Guimarães Rosa, ficando também responsável pela organização de suas obras póstumas. Sempre discreto, nunca reivindicou o devido lugar de grande referência nos estudos da obra rosiana. Esse contato íntimo com o universo do escritor é outro ponto de aprofundamento da relação com o Brasil.

Nas áreas de suas outras atividades, Paulo alcança sucesso da mesma forma. Como professor de línguas, a aprovação em primeiro lugar no intrincado concurso do Pedro II garante a ele a posição de catedrático de francês no mais tradicional colégio do Rio de Janeiro e uma estabilidade desejada. Para a consolidação do engajamento no Brasil é definitivo o encontro com Nora Tausz, italiana de nascimento e também naturalizada brasileira, com quem casa em 1952 e, pouco tempo depois, tem duas filhas, Cora e Laura. A constituição de uma família brasileira é não apenas o arremate de sua costura existencial no Brasil (para onde trouxe sua mãe, suas irmãs e seus cunhados, que conseguiram sobreviver à guerra), como também o fato mais importante de sua vida.

Com Nora, Paulo fincará os pés na terra brasileira de forma definitiva. Expressão material desse enraizamento no Brasil é, portanto, a casa, projetada por Nora, e construída pelo casal em Nova Friburgo, a partir do fim dos anos 1950. O sítio é batizado Pois É, como interjeição que remete ao próprio percurso de ambos, marcado por ameaças, angústia, privação e superação... Pois É poderia ser também "Quem Diria...". Depois de tantos apertos, uma casa própria, confortável, cercada de verde e visitada por passarinhos de todos os tipos e cores, em plena mata Atlântica brasileira.

Ao voltar para a Hungria, mais de vinte anos depois de deixar a pátria com um carimbo que impossibilitava o retorno em seu passaporte, Paulo atesta, sem que a constatação represente desamor ou corte cultural com a sua terra de nascimento, que seu lugar está no Brasil, mais especificamente em sua terceira pátria, pequena e definitiva, o sítio Pois É. Ao acompanhar esse itinerário, verifica-se o curso de um processo de integração bem-sucedido, que teve como chave a aposta no mérito, em um grande esforço pessoal marcado pela dedicação ao trabalho e pela diligente construção de uma rede de relações profissionais e afetivas.

Nesse sentido, a "Brilhoteca" de Paulo Rónai é índice evidente do engajamento pleno no mundo das letras, com uma seção brasileira em que todos os livros têm uma dedicatória de seus autores, como marca de admiração, profundo respeito e agradecimento. Sua própria obra, em conjunto, variada e instigante em temas e estilo, também demonstra o genuíno interesse de Paulo pela conexão entre línguas, tradições e pessoas. Este era, afinal, um de seus mais profundos objetivos: fazer dialogar, comunicar, circular conhecimentos, expandir o alcance da criação do homem. E se o projeto da língua universal era falácia histórica e tragicomédia, como ele mesmo aponta em alguns de seus estudos, sobretudo em *Babel & antibabel*, a sua própria trajetória atesta que não é preciso uma língua universal, quando existem homens universais.

O imenso acervo de documentos que Paulo guardou durante toda a vida tornou-se o principal atalho para esta reconstrução parcial de sua trajetória, múltipla em interesses e atividades, e por isso aberta a novas investigações e descobertas.

A Paulo Rónai, mestre em suas variadas atividades e na vida, exemplo de coerência, dedicação e crença nos valores da humanidade, cabe um permanente agradecimento do Brasil. E que novos esforços possam se somar a esta tentativa de dar conta de uma trajetória tão simples quanto extraordinária e de um legado que é, acima de tudo, uma declaração de amor ao homem e à sua capacidade de criação. Afinal, "criar é matar a morte".

Paulo no sítio Pois É, em Nova Friburgo (RJ).

Paulo no sítio Pois É*

Carlos Drummond de Andrade

Meu amigo Paulo encontrou sua terceira pátria num sítio de montanha a que deu o nome de Pois É. Expressão que diz muita coisa, ao servir de começo e remate de conversa pedestre ou filosófica. E também de síntese de uma vida espiritual, de trabalho generoso e belo. Pois é: meu amigo Paulo completa setent'anos em sua pátria nova.

A primeira pátria, na Europa, foi-lhe arrebatada por um cataclismo político-guerreiro, que subverteu instituições, sacrificou milhões de inocentes e destruiu livrarias. Menciono o pormenor das livrarias porque meu amigo nasceu praticamente numa delas. Seu pai era livreiro dos bons, desses que amam não só a profissão como as letras, e o filho começou a entender o mundo na lição dos escritores, a começar pelos clássicos latinos, hoje tão esquecidos mas imbatíveis. Estava destinado à carreira universitária — na Hungria, sua terra natal, na França, na Itália, por aí. E nela se destacaria fatalmente, pela preparação cultural rigorosa e metódica, pela intensa curiosidade intelectual que o fazia embrenhar-se no mistério das línguas mais diversas, e pela técnica de aprender e ensinar com a mais fina precisão e total ausência de pedantismo.

Os fados dispuseram de outro modo, e meu amigo veio a encontrar uma segunda pátria no Brasil, lá se vão exatamente 36

---

* Carlos Drummond de Andrade, "Paulo no sítio Pois É". *Jornal do Brasil*, Rio de Janeiro, 12 abr. 1977.

anos. Seu apetite de línguas valeu-lhe desembarcar em condições excepcionais: apto a enfrentar com galhardia o problema de comunicação oral em português, idioma radicalmente diverso do seu, e que lhe parecera mesmo, à primeira leitura de um texto, latim falado por crianças ou velhos desdentados, de tal modo que o surpreendera a falta de consoantes em palavras como lua, dor, pessoa.

Uns poucos brasileiros tinham consciência de que Paulo não era apenas um estrangeiro letrado, como tantos que se dispersaram pela América, em consequência da Segunda Guerra Mundial. Sabiam que esse homem de 34 anos se interessara espontaneamente pela poesia brasileira, ao acaso de suas aventuras literárias, e pusera-se a traduzir para o húngaro nossos poetas, editando em seu país a antologia *Brazilia Usen (Imagem do Brasil).** O contato com diplomatas brasileiros em Budapeste incentivara e ampliara o interesse pelo Brasil, de tal modo que Paulo não exagerou ao afirmar, outro dia:

— Eu já conhecia o Brasil sem nunca o ter visto.

Chegou, viu — ou melhor, conferiu, como ele também dizia — e ficou. Não digo que venceu, porque seria aproximá-lo de César, de que ele felizmente não tem nada. Que é a vitória, para um homem de espírito como ele, senão o contrário do conceito comum de vitória? Chega aos setenta como trabalhador de ideias, que sempre foi; ideias, palavras que significam ideias, mundo de papel e abstrações, tão diferente desse outro mundo triunfal dos que fazem carreira estrondosa. Paulo deu aulas no Colégio Pedro II, a que chegou mediante concurso brilhante. Lecionou aqui e ali, escreveu muitos livros, traduziu do e para o português, dirigiu a gigantesca empreitada de passar para o vernáculo as obras completas de Balzac — e aposenta-se, pela compulsória, como honesto, zeloso, perfeito servidor público. Mais nada.

---

* O título correto é *Brazilia üzen (Mensagem do Brasil)*.

A universidade brasileira não o chamou para continuar a carreira que se abria para ele na Europa. Não lhe deram a oportunidade, perdão, não souberam aproveitar a oportunidade de tê-lo como um dos mais ilustres mestres de letras que poderiam orientar a formação de nossos estudantes. Viveu vida de mouro, no cumprimento de tarefas literárias muitas vezes insignificantes em relação ao seu mérito superior; e todas, grandes ou pequenas, ele desempenhou com a mesma alta dignidade e discrição que caracterizam sua vida.

Nora, arquiteta e sua mulher, desenhou a forma de sua terceira pátria: a casa do sítio Pois É, em Friburgo, que ficou sendo a pátria pequena e definitiva, dentro da pátria grande do brasileiro naturalizado em 1945 com dispensa de prazo justificada por serviços culturais prestados ao Brasil. Do alto desse mirante sereno, Paulo contempla a vida passada entre livros e afetos, e há de sentir-se feliz, sem ressentimentos. O que ele fez, fez bem, e está expresso na multidão de obras publicadas e nas gerações que ensinou ou tentou ensinar alguma coisa. Deram-lhe títulos honorários, como de praxe, mas os verdadeiros títulos que alcançou consistem na família, na amizade que deu e mereceu, na tranquilidade de uma vida intelectual fiel aos valores da cultura, Deus sabe à custa de que fortaleza de ânimo nos dias escuros, individuais ou sociais. Esta, a glória autêntica do meu amigo Paulo Rónai: livro e coração aberto ao mundo são nele uma coisa só. Todos que o conhecem concordarão comigo:

— Pois é.

Paulo Rónai em sua biblioteca.

Agradecimentos

Agradeço a Karl Erik Schøllhammer, amigo orientador que acreditou de forma contínua na pesquisa que resultou na tese de doutorado defendida em 2016 na PUC-Rio, e que agora sai em livro, de forma adaptada.

A Eduardo Jardim, grande parceiro nessa trajetória, generoso em seu olhar, atento em suas leituras, de conselhos e apoio fundamentais.

A Maurício Parada, agradeço pelas conversas iluminadoras e, pontualmente, pela ajuda na obtenção dos documentos do processo de naturalização de Paulo Rónai no Arquivo Nacional.

A Marco Lucchesi, tão próximo aos temas que me ligam a Paulo Rónai, agradeço pela presença sempre estimulante e inspiradora.

A Eneida Maria de Souza, pelas contribuições e pela presença encorajadora na avaliação da pesquisa que deu origem a este livro.

A ajuda de Vicente Saul Moreira dos Santos e de Denilson Monteiro foi fundamental no levantamento de documentos. A eles agradeço muito pelo apoio.

Priscila Fraga foi valiosa parceira no intenso trabalho de digitalização dos diários de Rónai, fonte fundamental da pesquisa.

Agradeço também ao professor Pál Ferenc, da Universidade de Eötvös Loránd, em Budapeste, pela contribuição, essencial para o esclarecimento de temas húngaros. Ainda em Budapeste, Klara Anders, da embaixada do Brasil, prestou uma generosa ajuda na reconstituição geográfica da vida de Paulo Rónai na cidade.

Sou muito grata também a Maria Clara Rada, chefe do setor cultural da embaixada do Brasil em Budapeste, e a Daniela Neves, professora do departamento de português da Eötvös Loránd. A dissertação de mestrado de Zsuzsanna Spiry, *Paulo Rónai: um brasileiro made in Hungary*, foi uma fonte essencial para a pesquisa que originou este livro e para o mapeamento da obra completa de Rónai. Zsuzsanna tem sido uma dedicada pesquisadora da produção de Rónai, parceira muito querida nesse caminho.

Agradeço ainda a Monique Sochaczewski Goldfeld, amiga sempre atenta e inspiradora. A Cristiane de Andrade Reis, parceira cotidiana no trabalho com livros, cuja ajuda se deu em cada dia desse percurso.

Agradeço também a Maria de Andrade e Marília Rothier, pelas conversas.

A Mônica Peixoto, minha querida Tia Mônica, que me acompanhou em viagens ao sítio Pois É e me apoiou com imenso carinho em todo o processo da pesquisa.

A Luisa Mascarenhas e Paula Jovine, amigas-irmãs, cujo apoio tem sido sempre essencial.

Meu agradecimento comovido a Nora Rónai e também a Laura e Cora, que abriram todos os documentos do acervo de Paulo Rónai para minha pesquisa, me estimularam e ajudaram em todo esse processo de forma muito generosa. Para além dos esclarecimentos sobre Paulo Rónai, o convívio com Nora representou um aprendizado em larga medida. Também por isso lhe sou muito grata.

A Thierry Tomasi, companheiro de todas as horas (mesmo tendo estado, ao longo dessa pesquisa, quase sempre em fuso horário diferente), fundamental no deciframento do francês íntimo de Paulo Rónai e que continua a ampliar horizontes.

Agradeço também a Luli, Lua e Gilda (*in memoriam*), amores e estímulos permanentes — começo, meio, sempre.

Notas

1. Notas de um amante das letras [pp. 17-46]

1. Optei por traduzir para o português os nomes próprios húngaros da família Rónai, como o próprio Paulo fazia em muitos de seus textos. Já nos casos de escritores, mantive os nomes no original, porém na ordem: nome, sobrenome, diferentemente da onomástica húngara, que usa de forma invertida. Ex.: Rónai Pál. No caso das citações de Paulo Rónai, respeitei suas opções de grafia dos nomes próprios.

2. Quando sua construção terminou, em 1902, era o maior edifício de Parlamento do mundo. Alguns números denotam a suntuosidade da edificação, que contava com 27 portões e decoração feita com 40 quilos de ouro.

3. A tradição do café chegou a Budapeste no século XVI, por influência turca. Às cidades de Paris e Viena, chegaria apenas um século depois.

4. Citação feita em 1926 pelo escritor, jornalista e editor húngaro Jenö Rákosi, apud John Lukacs (*Budapeste, 1900*. Rio de Janeiro: José Olympio, 2009), p. 181.

5. Paulo Rónai, "A tradução mais difícil". In: *Escola de tradutores*. 7. ed. Rio de Janeiro: José Olympio, 2012, p. 168.

6. Atual Pázmany Péter.

7. Paulo Rónai, "Saldos de balanço". In: *A tradução vivida*. 4. ed. Rio de Janeiro: José Olympio, 2012, p. 191.

8. Como ministro da Educação e Religião, de 1849 a 1860, Leopold Graf von Thun realizou notável reforma no ensino do Império, modernizando escolas e métodos de aprendizagem e investindo na formação de professores, muitos deles trazidos da Alemanha.

9. John Lukacs, op. cit., p. 175.

10. Em *Budapeste, 1900*, o historiador John Lukacs desenha todo o cenário cultural da Budapeste do começo do século e encontra na educação elemento seminal para justificar o surgimento de todo um período de ouro para a cultura húngara na virada do século.

11. John Lukacs, op. cit., p. 41.
12. Babits, escritor, foi professor de literatura estrangeira e húngara na universidade de Budapeste (Eötvös Loránd, atual Pázmany Péter) por um breve período antes de 1919. Szép era dramaturgo, contista, poeta e jornalista.
13. Anos mais tarde, Rónai escreveria o ensaio "Do Ér ao Oceano" sobre o poeta, sublinhando esse seu caráter (*Correio da Manhã*, 22 dez. 1946; reunido em *Como aprendi o português e outras aventuras*. Rio de Janeiro: Ministério da Educação e Cultura; Instituto Nacional do Livro, 1956).
14. "Recordação de uma noite de verão". *Dicta & Contradicta*. Trad. de Nelson Ascher.
15. Paulo Rónai, "Do Ér ao Oceano", op. cit.
16. Ibid.
17. Ibid.
18. Paulo Rónai, "Confidências de tradutores". In: *Escola de tradutores*, op. cit., p. 89.
19. Ibid.
20. John Lukacs, op. cit., p. 127.
21. Devido ao processo de magiarização que tem início em 1830, reivindicando menor influência germânica e valorização da cultura e da língua húngaras. Um marco nesse curso de afirmação magiar acontece em 1867, com o Compromisso austro-húngaro, que estabeleceu uma monarquia dual, tirando a Hungria do pleno domínio do Império austríaco.
22. O grande número de judeus em Peste fez essa parte da cidade ganhar a alcunha de Judapeste.
23. Esse mesmo apetite cultural se refletiria também em outras áreas, como na imprensa e na indústria de livros, ambientes que Rónai viria a frequentar.
24. Documentos da prefeitura, obtidos com a ajuda da embaixada brasileira em Budapeste, atestam a existência do estabelecimento em nome de Miksa Rónai nos anos 1930, ainda em atividade em 1943, em plena guerra.
25. Para o levantamento de informações sobre a livraria, além da entrevista de Paulo Rónai à *Folha* ("Faz 50 anos que o tradutor e ensaísta chegou ao Brasil", *Folha de S.Paulo*, 27 abr. 1991), foram valiosas as conversas com Nora Rónai.
26. "Meu pai tinha uma livraria. Eu praticamente nasci numa livraria. O primeiro livro que meu pai me deu era de Balzac. Mas geralmente a livraria estava à minha disposição, e, como meus pais gostavam de ler, eu também comecei a gostar" (Entrevista a Egon e Frida Wolff. *Depoimentos*. Rio de Janeiro: [Edição dos autores], 1988).
27. Moeda húngara de 1927 a 1946.
28. A ajuda de Nora Rónai foi essencial para a leitura da parte do diário escrita em húngaro.

29. Guimarães Rosa, "Pequena palavra". In: Paulo Rónai, *Antologia do conto húngaro*. Rio de Janeiro: Civilização Brasileira, 1958, p. 20.
30. Ibid., p. 20.
31. Paulo Rónai, *Antologia do conto húngaro*, op. cit., p. 31.
32. Ibid., p. 22.
33. Em 1926 obtém certificado da Aliança Francesa para o ensino geral de francês.
34. Paulo Rónai, Diário pessoal [citado, daqui em diante, apenas como Diário], 29 fev. 1928.
35. Id., "Introdução". In: *Antologia do conto húngaro*, op. cit., p. 31.
36. O qual, anos depois, traduziria para o português.
37. Victorien Sardou e Pétros Botzarès, *Theodóra*. Budapeste: Singer; Wolfner, 1928.
38. Ao sair de Paris, Paulo escreveu: "Quem sabe eu não a reveja uma quarta vez?" (Diário, 3 jul. 1930).
39. Diário, 28 jul. 1930. Sendo um amante da literatura italiana, ao que tudo indica Paulo faz aqui uma referência ao livro *La vita nuova*, de Dante Alighieri.
40. Em sua *Antologia do conto húngaro*, Paulo grafou Kálmán Mikszáth, Sigismundo Móricz, Francisco Molnár, Desidério Kosztolányi. Aqui, optei pelos nomes no original, mesmo sem respeitar a onomástica húngara, em que o sobrenome antecede o primeiro nome.
41. Diário, 11 maio 1931.
42. Além da grande maioria de títulos franceses, como uma biografia de Proust escrita por León Pierre-Quint, livros de e sobre Balzac, como *La Rabouilleuse* e *La Vie amoureuse de Balzac*, este de J.H. Rosny Aîné, Pierre Benoit (*Le Déjeuner de Sousceyrac*), Georges Simenon (*La Nuit du carrefour*), e de autores italianos como Dante, Carpenetto (*Il segreto della pace*), clássicos como Petrarca e Boccaccio, nota-se, pela primeira vez, uma presença maior de autores ingleses, com destaque para Charles Dickens (*The Posthumous Papers of The Pickwick Club* e *A Christmas Carol*) e Virginia Woolf (*La Promenade au phare*), que Paulo lia em francês, numa tradução de *To The Lighthouse*.
43. "*Une vie finit, une autre commence*" (Diário, 3 jul. 1931).
44. Paulo Rónai publicou com o professor Calabrò um dicionário italiano--húngaro em 1935.
45. Paulo Rónai, "Definições da tradução e do tradutor". In: *A tradução vivida*, op. cit., p. 24.
46. Parte desses poemas foi publicada na França, em 1936, na antologia de poesia húngara de J. Hankis e L. Molnos, *Anthologie de la poésie hongroise* (Paris: Editions du Sagittaire, 1936).

47. Paulo Rónai, "Saldos de balanço". In: *A tradução vivida*, op. cit., p. 194.
48. Sobre o tema, ver tese defendida na universidade Eötvös Lórand (Budapeste) e na Universidade de Lyon por Henri de Montety, intitulada *La Nouvelle Revue Hongroise et ses amis français: 1932-44*. Disponível em: <https://scd-resnum.univ-lyon3.fr/out/theses/2009_out_montety_h.pdf>. Acesso em: 20 set. 2019.
49. Em "Saldos de balanço", Rónai apresenta alguns exemplos dessa operação entre o húngaro e versões em línguas ocidentais (*A tradução vivida*, op. cit., p. 196).
50. Paulo Rónai, "Andanças e experiências de um tradutor técnico". In: *Escola de tradutores*, op. cit., p. 147.
51. Ibid., p. 151.
52. Publicação diária, em inglês e francês, que circulou entre 1933 e 1934 em Budapeste.
53. Diário, 23 nov. 1933.
54. Diário, 20 abr. 1934.

2. Correio Universal [pp. 47-92]

1. Raphael Patai, *The Jews of Hungary*. Detroit: Wayne State University Press, 1996, p. 546.
2. Yuri Slezkine, *The Jewish Century*. Princeton: Princeton University Press, 2004.
3. As Leis de Nuremberg diziam defender "o sangue e a honra alemãs", decretando, entre outras restrições e segregações, a proibição de casamentos entre cidadãos alemães e judeus, que perdiam com a legislação seu direito de cidadão alemão.
4. Há também o uso Cruz de Flechas.
5. Diário, 6 jun. 1938. Durante o xadrez com o pai. "Cogita-se Islândia."
6. Poema de Corrêa Junior.
7. Era "Cariátide", de Manuel Carlos. Diário, 14 abr. 1938.
8. Diário, 26 maio 1938.
9. Entrevista a Silvio Castro. *Jornal das Letras*, jun. 1958, p. 14.
10. *Correio da Manhã*, 29 maio 1954.
11. No levantamento feito por Zsuzsanna Spiry, há publicação do poema em 27 de fevereiro de 1938. Em seu diário pessoal não existe essa menção.
12. No ensaio "Como aprendi o português". In: *Como aprendi o português e outras aventuras*, op. cit.
13. "Sonho-me às vezes rei, n'alguma ilha,/ Muito longe, nos mares do Oriente,/ Onde a noite é balsâmica e fulgente/ E a lua cheia sobre as águas brilha..."

14. Paulo Rónai, "Como aprendi o português". In: *Como aprendi o português e outras aventuras*, op. cit., p. 8.
15. Id., "Saldos de balanço" In: *A tradução vivida*, op. cit., p. 199.
16. Em sua peça *Novas diretrizes em tempos de paz* (vertida para o cinema como *Tempos de paz*, em 2009, com direção de Daniel Filho), o dramaturgo Bosco Brasil reproduziu esse trecho na voz do exilado polonês Clausewitz e também outras partes presentes no livro *Como aprendi o português e outras aventuras*.
17. Paulo Rónai, "Como aprendi o português". In: *Como aprendi o português e outras aventuras*, op. cit., p. 9.
18. Ibid.
19. Ibid., p. 10.
20. Palavras presentes nos poemas de Arsênio Palácios, Mário Júlio Silva (Orgs.). *Antologia de poetas paulistas*. São Paulo: Piratininga, 1933.
21. Cf. Paulo Rónai, "Faz 50 anos que o tradutor e ensaísta chegou ao Brasil", op. cit.
22. Arsênio Palácios, Mário Júlio Silva (Orgs.). *Antologia de poetas paulistas*, op. cit.
23. Mais de uma vez, tanto em "Como aprendi o português" como em "Saldos de balanço", ele se refere à má qualidade da edição.
24. Paulo Rónai. "Como aprendi o português", in: *Como aprendi o português e outras aventuras*, op. cit., p. 12.
25. Nos textos em que aborda o período, Paulo se contradiz. Em "Como aprendi o português" (op. cit., p. 13), ele diz que foi chamado pelo consulado, onde recebeu edições de Bilac, Vicente de Carvalho e números antigos do jornal *Correio da Manhã*. Já no texto "Notícias de Ribeiro Couto" (*Encontros com o Brasil*. Rio de Janeiro: Ministério da Educação e Cultura; Instituto Nacional do Livro, 1958), Rónai conta que lhe ofereceram na ocasião apenas "alguns jornais do Rio, pois obra literária o Consulado não tinha nenhuma". Alguns livros seriam oferecidos adiante.
26. Paulo Rónai, "Como aprendi o português". In: *Como aprendi o português e outras aventuras*, op. cit., p. 34.
27. Paulo Rónai não cita em seus escritos o nome do poeta nem sua avaliação do material recebido.
28. Diário, 23 dez. 1938.
29. Paulo narra o período no texto "Como aprendi o português".
30. Jorge de Lima, "Mira-Celi". In: *Poesia completa*. Rio de Janeiro: Nova Aguilar, 1997.
31. Paulo Rónai, "Saldos de balanço". In: *A tradução vivida*, op. cit., p. 201.
32. Ibid., pp. 199-200.
33. A segunda lei judaica foi decretada em 5 de maio de 1939.

34. Disponível em: <www.arqshoah.com/index.php/busca-arquivo/arq-848- -novas-medidas-contra-os-judeus-na-hungria>. Acesso em: 23 set. 2019.
35. Disponível em:<www.arqshoah.com/index.php/busca-arquivo/arq-1261- -circular-n-1127-entrada-de-estrangeiro-no-territorio-nacional>. Acesso em: 23 set. 2019.
36. Ibid.
37. Mário Moreira da Silva ao Itamaraty, Budapeste, 4 de abril de 1938, AHI, Lata 741, Maço 10.561. Apud Maria Luiza Tucci Carneiro, *Antissemitismo nas Américas*. São Paulo: Edusp; Fapesp, 2007, p. 391.
38. Budapeste, 10 set. 1938. AHI, Lata 741, Maço 10.561. Apud Maria Luiza Tucci Carneiro, op. cit., p. 392.
39. *Correio da Manhã*, 30 nov. 1938.
40. "*Soir copié poésies pour 'une anthologie'!*". Diário, 29 jan. 1939.
41. Paulo Rónai, "Notícias de Ribeiro Couto". In: *Encontros com o Brasil*, op. cit., p. 85.
42. Na entrevista concedida a Nelson Ascher e Alcino Leite Neto (*Folha de S.Paulo*, 27 abr. 1991), Paulo contou ter descoberto o nome de outra maneira: "Fui à embaixada e pedi alguns textos brasileiros. Na embaixada só tinham o número de um boletim comercial da embaixada do Brasil no Japão. Encontrei lá o nome de Ribeiro Couto, cônsul do Brasil na Holanda, que dava parabéns aos diretores do jornal".
43. Paulo Rónai, "Notícias de Ribeiro Couto". In: *Encontros com o Brasil*, op. cit., p. 85.
44. Carta a Ribeiro Couto, 4 fev. 1939. (Fundação Casa de Rui Barbosa – FCRB)
45. Ribeiro Couto relata em nota da segunda edição de *Cabocla* (Rio de Janeiro: Edições de Ouro, 1937) que era nas temporadas fora do Brasil que se encontrava mais intensamente com sua veia de escritor, sobretudo para tratar dos temas do Brasil.
46. Paulo Rónai, "Notícias de Ribeiro Couto". In: *Encontros com o Brasil*, op. cit., p. 83.
47. Na carta, Paulo assina "seu muito respeitoso leitor e tradutor". Carta a Ribeiro Couto, 14 fev. 1939. (FCRB)
48. Ibid.
49. Decreto-lei n. 878, 23 nov. 1938. Art. 1º É criado um consulado de carreira em Viena, com as dotações constantes do orçamento vigente. Art. 2º: É suprimido o consulado de carreira em Budapeste, ficando o serviço consular na Hungria a cargo da missão diplomática.
50. Diário, 21 fev. 1939.
51. Carta a Ribeiro Couto, 16 mar. 1939. (FCRB)
52. "*Cherché à donner du courage aux enfants*". Diário, 16 mar. 1939.

53. "*D. Casmurro*, de Machado de Assis, estudado na Hungria". *Dom Casmurro*, 19 ago. 1939. Meses antes, o artigo, que analisava a tradução francesa da obra, fora publicado em Budapeste, em francês (*Gazette de Hongrie*, 11 fev. 1939).

54. Carta a Ribeiro Couto, 22 abr. 1939. (FCRB)

55. Ibid.

56. Em seus textos, Paulo Rónai classifica como valiosa essa troca. No entanto, as cartas não constam em seus arquivos. Por ter trazido pouca coisa quando veio para o Brasil, essas cartas, trocadas no período em que estava em Budapeste, provavelmente ficaram por lá.

57. Paulo Rónai, "Faz 50 anos que o tradutor e ensaísta chegou ao Brasil", op. cit.

58. Id., "Notícias de Ribeiro Couto". In: *Encontros com o Brasil*, op. cit., p. 86.

59. Jorge de Lima, "Mira-Celi", op. cit.

60. Diário, 11 jul. 1939.

61. Versão traduzida para o português encontrada no arquivo pessoal de Paulo Rónai junto a um sumário da obra e à apresentação em francês.

62. No livro, o prefácio está escrito em húngaro. A versão em português foi descoberta quando se encontrou a carta com o texto original de Otávio Fialho, guardada em documentos de Paulo Rónai.

63. O historiador alemão radicado nos Estados Unidos Rudiger Bilden esteve no Brasil em 1926 estudando, com uma bolsa da universidade de Columbia, a raça e a formação do país. Nesse período, aproximou-se bastante de Gilberto Freyre e foi dessa experiência que cunhou o termo "laboratório da civilização", que deu nome a um artigo de sua autoria em que sugeria que a relação entre as raças no Brasil poderia servir de modelo para o mundo.

64. Os trechos da apresentação foram traduzidos por mim a partir de um folheto datilografado em francês, encontrado no arquivo de Paulo Rónai.

65. "*dans l'énorme alambic, les cent espèces de sang différents continuent de se mélanger et c'est là que la richesse nouvelle, l'éclat miroitant, le pathétique profondément humain de la poésie brésilienne puisent leurs sèves vitales*" (Paulo Rónai, "Introdução". In: *Brazilia üzen*. Budapeste: Vajda János, 1939, p. 7).

66. Ibid.

67. Nesta mesma carta, Paulo explica a Ribeiro Couto os critérios de organização que adotou na antologia, descrevendo o conceito e a composição dos quatro ciclos da edição.

68. "*Je vous réitère mes remerciements le plus chaleureux de l'aide extraordinaire que vous m'avez prêtée et sans laquelle ce livre n'aurait jamais pu être.*"

69. O ataque, desferido por um submarino alemão, matou mais de cem civis e toda a tripulação do transatlântico de passageiros que fazia a rota entre Inglaterra e Canadá.

70. "Apresentação" a *Brazilia üzen* (versão datilografada). (Acervo Paulo Rónai)
71. Paulo Rónai, "Como aprendi o português". In: *Como aprendi o português e outras aventuras*, op. cit., p. 17.
72. Diário, 11 set. 1939.
73. Ibid.: *"mes remerciements sincères vont à vous sans qui ce travail n'aurait jamais pu se réaliser. Merci de tout coeur de votre aide, de votre amitié".*
74. Ibid.: *"Ce soir même je pars pour une période de service militaire. Combien de temps durera-t-elle, je l'ignore: nous sommes dans la main des dieux. Je suis content, en tout cas, que mon livre ait pu paraître à temps et témoigner, en ces temps de guerre, mon attachement à la coopération et au rapprochement des peuples".*
75. Já no Brasil, Rónai emoldurou a carta e a pendurou em sua biblioteca, reconhecendo a importância dessa correspondência para a concretização de sua vinda ao país.
76. Carta a Ribeiro Couto, 22 dez. 2015. (FCRB)

3. Fazendo mel sobre o abismo [pp. 93-123]

1. "O mundo não é bom nem mau. Ele é (o que é mais terrível). Qualquer coisa que seja, devemos olhá-lo cara a cara, fazendo nosso mel acima do abismo" (Romain Rolland em carta a Stefan Zweig em 1919. Apud Alberto Dines. *Morte no paraíso*. 3 ed. ampl. Rio de Janeiro: Rocco, 2004, p. 173).
2. O isolamento total (o famoso e nefasto Gueto de Varsóvia, que aprisionou cerca de 400 mil judeus e matou de fome e doenças diversos deles antes do envio massivo aos campos de extermínio) ainda não era realidade na Polônia no início de 1940, mas os judeus que então habitavam o país já eram obrigados a usar, atada ao braço, a estrela de davi.
3. "A ave era antropomorfa como um anjo/ e solitária como qualquer poeta" (Jorge de Lima, *Poesia completa*, op. cit., p. 389. O poema faz parte de *A túnica inconsútil*, de 1938.)
4. Carta a Ribeiro Couto, 21 jan. 1940. (FCRB)
5. *"grand artiste que je regrette n'avoir pas connu plus tôt."*
6. Ribeiro Couto, *Santosi versek*. Org., trad. e introd. de Paulo Rónai. Budapeste: Officina, 1940.
7. Otávio Fialho refere-se à conferência apresentada em 13 de junho, em Budapeste, à qual compareceu.
8. Ofício de Otávio Fialho. Legação dos Estados Unidos do Brasil. Budapeste, 30 abr. 1939, n. 89. (Arquivo Histórico do Itamaraty)
9. Ibid., 6 jan. 1940, n. 7. (Arquivo Histórico do Itamaraty). Fialho refere-se à antologia de Ribeiro Couto.

10. Documento enviado em 1 mar. 1934, pp. 1-2. (Arquivo Ribeiro Couto — FCRB)
11. Circulares do Ministério das Relações Exteriores 1930-1939. *Cadernos do CHDD*. Brasília, Funag, ano V, n. 9, p. 129, 2006.
12. Decreto-lei n. 791, 14 out. 1938. Disponível em <www2.camara.leg.br/legin/fed/declei/1940-1949/decreto-lei-3175-7-abril-1941-413194-publicacaooriginal-1-pe.html>. Acesso em: 12 set. 2019.
13. Oswaldo Aranha assumiu o Ministério das Relações Exteriores em março de 1938, cargo que exerceu até agosto de 1944.
14. Péter Magda.
15. Paulo Rónai, "Faz 50 anos que o tradutor e ensaísta chegou ao Brasil", op. cit.
16. Diário, 16 jul. 1940.
17. Paulo Rónai, *Como aprendi o português e outras aventuras*, op. cit., p. 25.
18. Ibid., p. 26.
19. Diário, 23 set. 1940.
20. Paulo destaca a tradução de *Le Mauvais Médecin*, de Konztolányi.
21. Diário, 5 out. 1940: *"Ecrit une lettre désesperée à M. Balogh, demandé son intervention sous peine de suicide"*.
22. A grafia dos nomes é reproduzida do diário de Rónai, muitas delas sem confirmação possível.
23. Arquivo Histórico do Itamaraty. Missões Diplomáticas Brasileiras. Ofícios Recebidos. 9 mar. 12. Apud Adam von Brunn. "Paulo Rónai: Documentos inéditos do Itamaraty", *Tradterm*, revista do Centro Interdepartamental de Tradução Terminologia da FFLCH-USP, n. 1, pp. 31-7, 1994.
24. Documento não encontrado.
25. Apud Adam von Brunn, op. cit. No entanto, o número da circular aparece errado, pois ao que tudo indica ele se refere à circular n. 1127, que abria exceção para concessão de vistos no caso de pessoas de destaque.
26. Arquivo Histórico do Itamaraty. Missões Diplomáticas Brasileiras. Despachos. 9/4/1, 1931-1941. Apud Adam von Brunn, op. cit.
27. O nome é ilegível.
28. Diário, 25 dez. 1940. Paulo escreveu sem o verbo auxiliar: *"l'ai embrassée"*.
29. Paulo Rónai, "Notícias de Ribeiro Couto". In: *Encontros com o Brasil*, op. cit., p. 86.
30. Id., "Como aprendi o português". In: *Como aprendi o português e outras aventuras*, op. cit., p. 18.
31. Diário, 3 mar. 1941.

4. A costura do mundo [pp. 125-86]

1. Dois fotógrafos estrangeiros, o austríaco Kurt Klagsbrunn e a americana Genevieve Naylor, documentaram com um vasto material o Rio de Janeiro dos anos 1940, com destaque para a praia de Copacabana.
2. *Correio da Manhã*, 14 mar. 1941.
3. Paulo Rónai, "Ribeiro Couto, tradutor de si mesmo". In: *Encontros com o Brasil*, op. cit., pp. 91-2.
4. Ibid.
5. Os jantares do dia 13 eram uma verdadeira instituição, como lembra Francisco de Assis Barbosa: "Outra lembrança que me é grata recordar aqui: o jantar do dia 13, instituído pelo nosso irmão maior Ribeiro Couto, tão grande poeta como prosador. Amigo incomparável, era o homem cordial em pessoa. Tinha o dom da sociabilidade. Gostava de noitadas literárias, reunindo na mesma mesa os velhos e os novos amigos, confraternizando veteranos e calouros, à base de bacalhau e vinho verde. [...] Dos convivas dessas reuniões pertenciam à Academia Ribeiro Couto e Múcio Leão. Manuel Bandeira, já glorioso cinquentão, não tardaria a vestir o fardão aurifulgente, uma única vez, no dia da posse, tornando-se mesmo de casaca ou paletó saco o mais perfeito dos imortais. Vieram depois Peregrino Júnior, Magalhães Júnior, Afonso Arinos e Odylo Costa, filho. Sou, portanto, o sexto da turma. Ficamos aguardando outros comparsas: Sérgio Buarque de Holanda, Dante Milano, Luís Martins, Hélio Viana, Paulo Rónai. Mas não posso deixar de lembrar aqueles que não podem mais ser candidatos: Martins Castelo, Amadeu Amaral Júnior, Rafael Barbosa, Joaquim Ribeiro, Dante Costa" (Discurso de posse na Academia Brasileira de Letras, nov. 1970).
6. "Esplendores da literatura magiar", *A Noite*, 21 mar. 1941.
7. Sérgio Barbosa da Silva, "Paulo Rónai, 100 anos", publicado pelo Instituto Moreira Salles no centenário de Rónai. Disponível em: <www.casastefanzweig.org/sec_canto_view.php?id=50>. Acesso em: 23 set. 2019.
8. Paulo Rónai, "Introdução". In: *Encontros com o Brasil*, op. cit.
9. O livro integra a biblioteca de Paulo Rónai, hoje conservada no sítio Pois É, em Nova Friburgo (RJ).
10. Paulo Rónai, "Lembrança de Cecília Meireles". In: *Pois é*. Rio de Janeiro: Nova Fronteira, 1990, p. 45. (O texto foi escrito em 1969.)
11. Ibid.
12. Antes disso, Cecília Meireles fora casada com o pintor português Fernando Dias Correa, que se suicidou em 1935, enforcando-se em casa.
13. Paulo Rónai, "Lembrança de Cecília Meireles". In: *Pois é*, op. cit., pp. 45-6.

14. Id., "Encontro com a poesia de Jorge de Lima". In: *Encontros com o Brasil*, op. cit., p. 49.

15. Trechos do poema "A noite desabou sobre o cais", publicado originalmente em *Tempo e eternidade*, de 1935. Em 1947 foi incluído na antologia *Poemas negros*, publicada pela editora Revista Acadêmica, que reuniu 39 poemas de Jorge de Lima e ilustrações do judeu russo Lasar Segall, no Brasil desde 1923.

16. Carlos Drummond de Andrade, "Rónai, brasileiro", *A Tribuna*, 4 mar. 1961.

17. "Drummond continuaria, até o final do Estado Novo, a servir como ponte e filtro nos contatos entre a cultura brasileira e o ministério Capanema" (Simon Schwartzman et al., *Tempos de Capanema*. São Paulo: Paz e Terra; Fundação Getulio Vargas, 2000, p. 102).

18. A família Mesquita, proprietária do jornal, havia apoiado a Revolução Constitucionalista de 1932 contra Vargas. No episódio de 1940, militares forjaram depósito de armas no forro da sede do diário, justificando sua interdição por ameaça ao governo.

19. Getúlio só tomaria posse em 29 de dezembro de 1943, sendo saudado pelo acadêmico Ataulfo de Paiva, então presidente do Supremo Tribunal Federal.

20. Disponível em: <www.academia.org.br/academicos/getulio-vargas/biografia>.

21. Simon Schwartzman et al., op. cit., p. 102.

22. José Murilo de Carvalho, *Cidadania no Brasil: o longo caminho*. Rio de Janeiro: Civilização Brasileira, 2003, p. 110.

23. Nelson Werneck Sodré, *História da imprensa no Brasil*. Rio de Janeiro: Civilização Brasileira, 1966, pp. 443-4.

24. Em entrevista, o jornalista justifica sua participação no departamento como censor de cinema. Depoimento de Raimundo Magalhães Jr. ao repórter Gilberto Negreiros: "Eu era censor de cinema. Então, era um censor de cinema muito liberal. Dentro da censura havia elementos muito liberais. Basta dizer o seguinte: que colegas meus da censura eram Vinicius de Moraes, Pedro Dantas, Nazareth Prado, dos Prados de São Paulo" ("Jornalistas contam a história". *Folha de S.Paulo*, 6 jan. 1979).

25. Paulo Rónai, "O cacto roubado: Um livro do escritor tcheco Karel Capek", *Revista do Brasil*, ano IV, n. 41, pp.14-9, nov. 1941.

26. Forma de métrica poética muito presente na poesia épica grega e latina, especialidade de Rónai.

27. "*Commeçons à devenir amis. Causette*" (Diário, 28 maio 1941).

28. "*Décidé de com. vie nouvelle*" (Diário, 28 maio 1941).

29. "*três abattu*" (Diário, 27 maio 1941).

30. O próprio Schmidt ajudou a publicação do artigo no jornal do governo, com o qual tinha estreito contato. Paulo escreveu sobre isso em seu diário: "*Matin chez Schmidt: fera publier ma traduction dans O Jornal*" (Diário, 22 jun. 1941).

31. Paulo Rónai, "Latinidade na poesia de Augusto Frederico Schmidt", *O Jornal*, 29 jun. 1941.

32. Ibid.

33. *Latin Költök — Anthologia latina — Textus Carminum Latinorum*. Budapeste: Officina, 1941. Em seu diário, Paulo escreveu o dia em que recebeu seu exemplar em sua casa no Rio: 29 de abril de 1941.

34. Ele escreveu no diário: "*Soir chez Schmidt, lui exposé mon cas: il va m'aider pour faire venir Magdi*" (Magdi é diminutivo de Magda) (Diário, 26 maio 1941).

35. Em seu livro *Eu sou trezentos: Mário de Andrade, vida e obra* (Rio de Janeiro: Edições de Janeiro, 2015), Eduardo Jardim aponta carta em que o paulista se referiu com tom racista ao pintor judeu Lasar Segall.

36. Em *História da inteligência brasileira* (São Paulo: Cultrix; Edusp, 1977-1978), Wilson Martins mostra a existência de um pensamento antissemita no meio intelectual brasileiro nos anos 1930 e 1940, destacando, nesse sentido, nomes como Afonso Arinos de Mello Franco e Solidônio Leite Filho.

37. Maria Luiza Tucci Carneiro, *O antissemitismo na era Vargas*. São Paulo: Brasiliense, 1995, p. 253.

38. Ibid., p. 254.

39. Diário, 3 jun. 1941. Junto à anotação está: "*Levé après 8h. Lycée Benj. Constant: en vain. Légation: Alvári, Hertelendry, Horthy (presque gâté), bonne impression pour une demande: tel à Leprévost; montré lettre de Bgh — comment, vous juif, jouissez de la confiance des milieux officiels*". Tudo indica que "Bgh" seja Jozséf Balogh, responsável pela NRH.

40. Decreto-lei de 7 abr. 1941.

41. Em 18 de junho de 1939, Paulo escreveu no diário: "Legação da França: Leprévost parte para o Brasil".

42. Apud Laurence Hallewell, *A história do livro*. 3. ed. São Paulo: Edusp, 2012, p. 475.

43. José Olympio lançou edições de *Menino do engenho* e *Benguê* com tiragens inéditas. Foram 5 mil exemplares do primeiro título e 10 mil do segundo. Olympio inovou na capa, contratou desenhos de Cícero Dias e inaugurou a noite de autógrafos com autor. Ver Laurence Hallewell, op. cit., pp. 483-7.

44. A cena é descrita por Emeric Marcier em sua autobiografia *Deportado para a vida* (Rio de Janeiro: Francisco Alves, 2004), p. 76.

45. Simon Schwartzman et al., op. cit., p. 113.
46. Carta a Cassiano Ricardo, 28 abr. 1941 (cópia). (Acervo Paulo Rónai)
47. Carta a Manoelito de Ornellas, 30 ago. 1941 (cópia). (Acervo Paulo Rónai)
48. Carta a Adalgisa Nery, 20 set. 1941 (cópia). (Acervo Paulo Rónai)
49. Carnet Sud-Américain, "Les deux nouveaux livres de M. Ribeiro Couto", *Gazette de Hongrie*, Budapeste, 26 abr. 1941. Os dois livros novos são *Prima Belinha* e *Largo da Matriz*.
50. Carta a Ribeiro Couto, 15 jul. 1941. (FCRB)
51. "Conferência", *Correio da Manhã*, 23 jul. 1941.
52. Nenhum destes três projetos foi concretizado.
53. A carta que se encontra no arquivo de Paulo Rónai parece ser um rascunho da enviada e possui o espaço destinado à assinatura do remetente.
54. Carta a Otávio Fialho, 5 jun. 1941 (cópia). (Acervo Paulo Rónai)
55. Ibid.
56. "Brazíliai napló — I, Megérkezés" ("Diário do Brasil, I — A chegada"), *Új Idök*, Budapeste, 27 abr. 1941. A segunda parte sairia em agosto na mesma revista.
57. "Carnet Sud-Américain — Pedra Bonita", *Gazette de Hongrie*, Budapeste, I jul. 1941. Escrito em francês.
58. Estevão Fazekas, *O romance das vitaminas*. Rio de Janeiro: Cia. Editora Nacional, 1942.
59. Ibid., p. 11. Comentário de Dante Costa no prefácio.
60. Paulo creditou a Schmidt toda a demora no processo de obtenção do visto de Magda, uma vez que, confiando nas promessas do poeta, aguardava, sem tomar outras providências, a ajuda que nunca chegou.
61. Vasco Leitão da Cunha assumiu interinamente como ministro no Ministério da Justiça e Negócios Interiores de 20 de agosto de 1941 a 17 de julho de 1942.
62. Carta de Temístocles Graça Aranha, 23 out. 1941 (cópia). (Acervo Paulo Rónai)
63. Rascunho da carta datilografada, com muitas correções, datada à mão: "18.X.41". (Acervo Paulo Rónai)
64. Diz a historiadora Tania Regina de Luca: "A julgar pelos exemplares disponíveis na Latin American Library, a revista foi lançada em setembro de 1941 e circulou sem interrupção, no mínimo, até fevereiro de 1942. Em 1944, ressurgiu com o título *This is Brazil*, da qual se conservou apenas o primeiro número. Cf. Tania Regina de Luca, "A produção do Departamento de Imprensa e Propaganda (DIP) em acervos norte-americanos: estudo de caso", *Revista Brasileira de História*, v. 31, n. 61, 2011.
65. Celso Lafer, "Prefácio". In: Fábio Koifman, *Imigrante ideal*. Rio de Janeiro: Civilização Brasileira, 2012, p. 13.

66. "Declaração/ Antes de deixar a vida, de livre vontade e juízo perfeito, uma última obrigação se me impõe: agradecer do mais íntimo a este maravilhoso país, o Brasil, que propiciou a mim e à minha obra tão boa e hospitaleira guarida. A cada dia fui aprendendo a amar mais e mais este país, e em nenhum outro lugar eu poderia ter reconstruído por completo a minha vida, justo quando o mundo de minha própria língua se acabou para mim e meu lar espiritual, a Europa, se autoaniquila./ Mas depois dos sessenta anos precisa-se de forças descomunais para começar tudo de novo. E as minhas se exauriram nestes longos anos de errância sem pátria. Assim, achei melhor encerrar, no devido tempo e de cabeça erguida, uma vida que sempre teve no trabalho intelectual a mais pura alegria, e na liberdade pessoal, o bem mais precioso sobre a terra./ Saúdo todos os meus amigos! Que ainda possam ver a aurora após a longa noite! Eu, demasiado impaciente, vou-me embora antes./ Stefan Zweig/ Petrópolis, 22. 2. 1942"

67. Stefan Zweig, *Autobiografia: O mundo de ontem*. Rio de Janeiro: Zahar, 2014, p. 14.

68. Alberto Dines, op. cit., p. 491.

69. A casa, na rua Gonçalves Dias, foi convertida em centro de memória da imigração no Brasil, sob o nome de Casa Stefan Zweig.

70. Alberto Dines, op. cit., p. 17.

71. Ibid., p. 358.

72. Samuel Wainer, apud Alberto Dines, op. cit., p. 389.

73. Alberto Dines, op. cit., p. 401.

74. Ibid., p. 389.

75. Ibid., pp. 395-6.

76. A passagem é narrada em Maria José de Queiroz, *Os males da ausência ou A literatura do exílio* (Rio de Janeiro: Topbooks, 1998), pp. 34-6.

77. Maria José de Queiroz, op. cit., p. 36.

78. Stefan Zweig, op. cit., p. 364.

79. Paulo Rónai, "Advertência". In: *Encontros com o Brasil*, op. cit., 1958.

80. Darién J. Davis, Oliver Marshall, *Stefan & Lotte Zweig*. Rio de Janeiro: Versal, 2012, p. 207.

81. Ibid., p. 233.

82. Ibid., p. 243.

83. Alberto Dines, op. cit., p. 393.

84. Vilém Flusser, *Bodenlos: Uma autobiografia filosófica*. São Paulo: Annablume, 2007, p. 41.

85. Ibid., p. 48.

86. Ibid., pp. 68-9.

87. Ibid., p. 70.

88. Ibid., p. 70.

89. Ibid., p. 226.

5. "Trabalho para merecer meu destino" [pp. 187-224]

1. Carta a Magda, 2 abr. 1942 (cópia). (Acervo Paulo Rónai)

2. Os recortes não têm data, muitos são de anos posteriores, e todos foram guardados no mesmo envelope de documentos de seus primeiros anos no Brasil.

3. Em pleno governo do Estado Novo, Drummond fazia poemas políticos como este (também conhecido como "Quando Barcelona cair") e distribuía cópias mimeografadas aos amigos. Foi assim também com: "Carta a Stalingrado", "Telegrama de Moscou", "Com o russo em Berlim" e "Mas viveremos", mais tarde incluídos no livro *A rosa do povo* — com exceção deste que leu para Rónai. Cf. Antonio Candido, *Recortes*. São Paulo: Companhia das Letras, 1993, p. 22.

4. Drummond "tinha escrito, às vésperas da queda de Barcelona nas mãos dos franquistas, um longo, reiterado e apaixonado poema para ser distribuído clandestinamente, no qual são enumeradas numerosas cidades no mundo inteiro que restariam como cidadelas ainda a serem vencidas 'quando Barcelona cair'" (José Maria Cançado, *Os sapatos de Orfeu*. São Paulo: Globo, 2006, p. 160).

5. Sem assinatura. (Acervo Paulo Rónai)

6. Em seu diário, Paulo registrou o envio das cartas em 7 de junho de 1942. Os rascunhos, corrigidos à mão, foram guardados na pasta "Magdi".

7. Cópias das três cartas estão reunidas na pasta "Magdi", no acervo de Paulo Rónai.

8. Entrevista concedida a Sebastião Uchoa Leite e a Luiz Costa Lima, publicada na revista *José* (Rio de Janeiro, n. 1, jun. 1976).

9. Carta a Otávio Fialho, 24 out. 1942. (Acervo Paulo Rónai)

10. O trabalho sairia nos Anais da Biblioteca Nacional daquele ano e seria publicado em seguida (Paulo Rónai, *As cartas do P. David Fáy e sua biografia*. Anais da Biblioteca Nacional, Rio de Janeiro: Imprensa Nacional, v. 64, p. 192-273, 1942; Rio de Janeiro: Ministério da Educação e Saúde; Biblioteca Nacional; Imprensa Nacional, 1945. Tradução do húngaro e do latim).

11. Carta a Otávio Fialho, 24 out. 1942. (Acervo Paulo Rónai)

12. Paulo trabalhou no liceu por nove anos.

13. Paulo trabalhou apenas um ano no colégio, de março de 1943 a março de 1944.

14. Discurso na associação Brasileira de Tradutores (Abrates) em 27 de abril de 1987, na cerimônia em sua homenagem pelo Prêmio internacional de Tradução C. B. Nath Horst (Paulo Rónai, "A tradução mais difícil". In: *Escola de tradutores*, op. cit., p. 172).

15. Munk e Lukács haviam sido testemunhas do casamento por correspondência de Paulo e Magda.

16. Paulo Rónai, "A tradução mais difícil". In: *Escola de tradutores*, op. cit., p. 170.

17. Diário, 30 abr. 1943.

18. Carta sem data assinada à mão por Magda. (Acervo Paulo Rónai)

19. Em 14 de janeiro, a *Folha Carioca* publica "Primeiro contato com o Brasil", o segundo artigo que Paulo escreveu para o periódico.

20. Paulo Rónai, "Usos e abusos da tradução". In: *A tradução vivida*, op. cit., p. 108.

21. Ibid., p. 109.

22. Carta a Magda, 3 mar. 1944. (cópia). (Acervo Paulo Rónai)

23. Ibid. Com tantos compromissos, Paulo se esqueceu de informar a mudança de emprego ao Registro de Estrangeiros e, em 20 de março, foi multado pelo órgão.

24. Ibid.

25. "Eu sei que é por causa de um favor muito singular do destino que, enquanto tantos irmãos estão sofrendo e morrendo, ele me permitiu viver em um país hospitaleiro e amável, em condições propícias. Assim, eu tenho sempre tentado não abusar dele — e desde que eu estou aqui, eu não paro de trabalhar: trabalho para merecer meu destino, para te merecer, para aplacar minha tristeza, para poder ajudar vocês um dia."

26. Hannah Arendt, *Eichmann em Jerusalém*. São Paulo: Companhia das Letras, 1999, pp. 214-26.

27. Ibid., p. 221.

28. Ibid.

29. Nora Rónai, viúva de Paulo, narra o período, lembrando conversas com suas cunhadas.

30. Em 1º de junho, Paulo registrou em seu diário que ele e Aurélio foram se encontrar naquele dia com José Olympio. O editor gostou muito do título proposto para a antologia e sugeriu que terminassem o mais rápido possível a coleção. De lá, os dois foram encomendar livros russos na Livraria Kosmos e depois seguiram para o Hotel Vistamar, a fim de revisar as traduções de contos turcos.

31. Carta a Ribeiro Couto, 27 nov. 1944. (FCRB)

32. Paulo Rónai, "De quantas línguas precisa o homem". In: *Babel & antibabel*, São Paulo: Perspectiva, 1970, p. 185.

33. Diário, 6 jan. 1945.
34. Diário, 26 jan. 1945.
35. Carta a Ribeiro Couto, 20 jan. 1944. (FCRB)
36. Waldemar Cavalcanti fala sobre projetos de Paulo Rónai como *Mar de histórias* e a coleção Balzac (*Folha Carioca*, Boletim literário, 30 set. 1944).
37. Documentação encontrada no Arquivo Nacional. Agradeço muito ao professor Maurício Parada pelo acesso ao material.
38. Carta a Ribeiro Couto, 20 maio 1945. (FCRB)
39. Ibid.
40. Documento da Secretaria de Estado das Relações Exteriores, 21 dez. 1945. (Acervo Paulo Rónai)
41. Carta a Ribeiro Couto, 17 fev. 1946. (FCRB)
42. Ibid.
43. Cópia do processo do Tribunal Distrital de Budapeste, 1 set. 1947 [trad. para o português]. (Acervo Paulo Rónai)
44. Ibid.
45. Carta a Ribeiro Couto, 8 dez. 1945. (FCRB)
46. Na sessão de obras raras da Biblioteca Nacional, há um conjunto de documentos procedente de Jorge Rónai, doado por Paulo Rónai. Manuscritos sobre gramática e literatura árabe, tratados filosóficos muçulmanos. Aparentemente, material enviado a Paulo pelo irmão durante o período em que morou na Turquia. A informação foi levantada por Monique Sochaczewski Goldfeld para o projeto "O Oriente Médio no acervo da Biblioteca Nacional", realizado entre 2007 e 2008.
47. O segundo volume sairia seis anos depois, em 1951. O terceiro, em 1958. E seguiriam assim, em intervalos semelhantes, até 1963, data do lançamento do quarto volume, todos pela José Olympio. Edições parciais (*Contos franceses, Contos russos, Contos ingleses, Contos norte-americanos, Contos alemães, Contos italianos*) feitas pelas Edições de Ouro a partir de 1966. Em 1978, a Nova Fronteira retomou a coleção *Mar de histórias*, fazendo alterações nos títulos, revisões e lançando outros seis volumes, igualmente organizados pela dupla, e ampliando, assim, a coleção para dez volumes. Nova edição em 1998, também pela Nova Fronteira, que em 2014 lançou a reedição da coleção completa.
48. Paulo Rónai, *Mar de histórias*. Rio de Janeiro: José Olympio, 1945, v. 1, p. 10.
49. Não incluído na edição final. Ou pelo menos não com esse nome.
50. Paulo narra os bastidores do trabalho no texto "Saldos de balanço" (*A tradução vivida*, op. cit.), pp. 189-212.
51. Ibid., pp. 205-6.
52. Id., *Mar de histórias*, op. cit., v. 1, p. 18.

53. Id., "Saldos de balanço". In: *A tradução vivida*, op. cit., p. 205.
54. Volume II: de 1800 a 1860: século XIX (1ª parte), 1951. Volume III: século XIX (2ª parte), 1958. Volume IV: século XIX (3ª parte) e século XX (1ª parte), 1963. As reedições receberam outros títulos: volume I: Das origens à Idade Média. Volume II: Do fim da Idade Média ao Romantismo. Volume III: Romantismo. Volume IV: Do Romantismo ao Realismo.
55. Paulo Rónai, "A operação Balzac". In: *A tradução vivida*, op. cit., p. 214.
56. Em 1947 Paulo lançou pela Globo *Balzac e A comédia humana*, cinco ensaios que investigam diferentes aspectos da obra de Balzac. Uma edição revisada e aumentada saiu em 1957 e recentemente foi reeditada pelo selo Biblioteca Azul da Globo Livros, como parte do projeto de reedição de todos os volumes da obra de Balzac. Até setembro de 2015, nove dos dezessete volumes teriam reedições.
57. Em sua tese de doutorado, Marileide Esqueda aborda o processo de elaboração desse trabalho de Rónai com base na análise das notas de rodapé de *A comédia humana* Cf. Marileide Esqueda, *Paulo Rónai: O desejo da tradução e do traduzir*. Campinas: IEL, Unicamp, 2004. (Doutorado em Linguística Aplicada.)
58. Paulo Rónai, "*A comédia humana* no Brasil: História de uma edição", *Travessia Brasil/França*, revista do curso de pós-graduação em literatura brasileira da Universidade Federal de Santa Catarina (UFSC), p. 272, 1988-1989.
59. Ibid. Paulo conta que ambas as citações constam do fascículo *A comédia humana*, lançado pela editora Globo em 1950, em comemoração aos cem anos da morte de Balzac.
60. Paulo Rónai, "Definições da tradução e do tradutor". In: *A tradução vivida*, op. cit., p. 37.
61. A partir de 1959, inaugurou uma nova fase, passando a escrever de forma mais assídua para o jornal até o fim da década de 1970, tratando de assuntos literários, com destaque para resenhas de livros de interesse geral, e abrindo espaço para livros didáticos, dicionários e linguística. Andrea Aredes teve como tema de sua dissertação de mestrado a colaboração de Paulo Rónai em *O Estado de S. Paulo*, com foco no período do "Suplemento literário", uma produção que vai de 1959 a 1974. Cf. Andrea Aredes, *Um estrangeiro entre nós: A produção crítica de Paulo Rónai (1907-1992) no "Suplemento Literário" d'O Estado de S. Paulo*. Assis: Faculdade de Ciências e Letras de Assis, Unesp, 2007 (Mestrado em Letras).
62. 24 mar. 1948 (cópia). (Acervo Paulo Rónai)
63. Paulo Rónai, "A operação Balzac". In *A tradução Vivida*, op. cit., p. 219.
64. Em carta a Henrique Bertaso, de 1947, Paulo comenta o fato, dizendo que Maurício Rosenblatt calculava que logo teriam reimpressão.

65. Paulo Rónai, "Confidências de tradutores". In: *Escola de tradutores*, op. cit., p. 90.
66. Nelson Ascher, "Paulo Rónai: tradução e universalidade". In: *Pomos da discórdia*. São Paulo: Ed. 34, 1996, p. 57.
67. Paulo Rónai, "A tradução mais difícil". In: *Escola de tradutores*, op. cit., p. 172. Dedicado a Drummond, que, na sua opinião, era o melhor tradutor entre todos no Brasil. "Bandeira traduzia bem", confessa. "Mas com alguns erros. Em Drummond não encontrei erro" ("O drama da tradução", *Jornal do Brasil*, 10 maio 1975).
68. Id., "Introdução". In: *Encontros com o Brasil*, op. cit.
69. Id., "Saldos de balanço". In: *A tradução vivida*, op. cit., p. 212.

6. O arremate [pp. 225-77]

1. Carta a Ribeiro Couto, 14 mar. 1946. (FCRB)
2. Ibid.
3. Carta de Clara Rónai (assinando Mme. Imre Gárdos/Clara Rónai) a Ribeiro Couto, 31 jul. 1946. (FCRB)
4. Na época, Paulo vivia no Hotel Vistamar, na rua Cândido Mendes, na Glória.
5. Em carta de 13 de abril de 1948, ele contou a Ribeiro Couto como obteve a casa: "Foi a Rachel de Queiroz, muito nossa amiga, que me arranjou uma pequena casa na Ilha". (FCRB)
6. Carta a Ribeiro Couto, 17 fev. 1946. (FCRB)
7. Carta a Ribeiro Couto, 14 mar. 1946. (FCRB)
8. Ibid.
9. Carta de 13 de janeiro de 1947 (cópia). (Acervo Paulo Rónai)
10. "Faz 50 anos que o tradutor e ensaísta chegou ao Brasil", op. cit.
11. Paulo Rónai, "A arte de contar em *Sagarana*", *Diário de Notícias*, 14 jul. 1946.
12. Ibid.
13. Ibid.
14. Carta de Guimarães Rosa a Antônio F. Azeredo da Silveira, 25 set. 1946. In: Vilma Guimarães Rosa, *Relembramentos: João Guimarães Rosa, meu pai*. Rio de Janeiro: Nova Fronteira, 1999, p. 468.
15. Encontrado dentro do livro *Canções dos peregrinos*, da biblioteca de Guimarães Rosa. (IEB-USP)
16. Carta a Ribeiro Couto, 13 abr. 1948. (FCRB)
17. Ibid.
18. A revista seria encerrada no número 10 em razão dos prejuízos gerados. "A revista teve o maior sucesso moral, mas seus leitores são sobretudo

escritores que a recebem de graça: a editora teve um considerável déficit com esses dez números e não está disposta a aumentá-lo." Carta de novembro de 1947 ao professor romeno radicado em Portugal Victor Buescu. (Acervo Paulo Rónai)

19. Carta a Henrique Bertaso, 28 jul. 1947. Como P.S., Paulo diz ter recebido a notícia de que as vendas do primeiro volume de *A comédia humana* iam bem e que se alegrava com isso. Mas sublinha que gostaria de, numa reedição, fazer alguns ajustes. Já havia marcado uma série de emendas em seu exemplar: erros tipográficos, notas a melhorar etc. Paulo manteria o hábito de reler e corrigir seus livros editados por toda a vida (cópia). (Acervo Paulo Rónai)

20. Carta a Henrique Bertaso, 3 nov. 1948. (Acervo Paulo Rónai)

21. Carta a Paulo e Aurélio, 1 ago. 1956. (Acervo Paulo Rónai)

22. Sem data. (Acervo Paulo Rónai)

23. Celso escreveu do México em 17 de fevereiro de 1956. (Acervo Paulo Rónai)

24. Carta de 23 de agosto de 1958. (Acervo Paulo Rónai)

25. Victor Buescu era professor da Faculdade de Letras de Lisboa. Carta de novembro de 1947 (grifo de data feito à mão por Paulo Rónai). (Acervo Paulo Rónai)

26. Em 17 de fevereiro de 1946. (FCRB)

27. *Diário de Notícias*, 12 maio 1946.

28. Biblioteca Paulo Rónai. Todos os livros de Drummond com que o poeta presenteou Paulo Rónai trazem dedicatórias carinhosas. Em *Poesias*, de 1942, lê-se: "Ao caro Paulo Rónai, com um abraço brasileiro de Carlos Drummond de Andrade".

29. Biblioteca Paulo Rónai.

30. *Diário de Notícias*, 2 jun. 1946. O texto também integraria o livro *Encontros com o Brasil*.

31. Ibid.

32. "Gravado na pedra" foi publicado em: *O Estado de S. Paulo*, 19 jul. 1969; e *Correio Brasiliense*, 5 jul. 1969. "Romanceiro da Inconfidência, vinte anos depois", em: *Correio do Povo*, 1 set. 1973.

33. No prefácio de *Pois é*, Paulo explica dessa forma a origem de parte dos textos, inclusive dos conjuntos sobre Cecília Meireles, Drummond e Guimarães Rosa. No caso deste último, a maior parte dos textos de Rónai sobre ele havia sido publicada em jornais.

34. Paulo Rónai, "A poesia de Carlos Drummond de Andrade", *Revista do Brasil*, ano VI, n. 56, dez. 1943.

35. Ibid.

36. Carlos Drummond de Andrade, *José e outros poemas*. Rio de Janeiro: José Olympio, 1967. Paulo escreveu o texto "Tentativa de comentário para

alguns temas de Carlos Drummond de Andrade", que seria integrado ao livro *Pois é*.

37. Paulo Rónai, *Como aprendi o português e outras aventuras*, op. cit., p. 98.

38. Carta ao general-prefeito Ângelo Mendes de Morais, 4 mar. 1949 (cópia). (Acervo Paulo Rónai)

39. Em minhas pesquisas, contabilizei as edições de *Curso básico de latim: Gradus primus*, volumes I (1944), II (1945), III (1946) e IV (1949). Também: *Livres français à l'exposition de Rio de Janeiro e de São Paulo* (Centre d'Études Françaises, 1945), e *Balzac e A comédia humana* (Globo).

40. Carta ao general-prefeito Ângelo Mendes de Morais, 4 mar. 1949 (cópia). (Acervo Paulo Rónai)

41. Em 7 mar. 1949 (cópia). (Acervo Paulo Rónai)

42. A antiga casa ficara para Eva e Américo, em parte, e para a oficina da família, chamada Emeric Gárdos Fabricação de Entretelas.

43. Paulo Rónai, Pierre Hawelka, *Mon Premier Livre*. São Paulo: Cia. Editora Nacional, 1953.

44. Carta a Ribeiro Couto, 12 set. 1951. (FCRB)

45. Em 23 de fevereiro de 1952. (FCRB)

46. Em 12 de setembro de 1951. (FCRB)

47. "Um corte de linho", 12 abr. 1952.

48. Paulo Rónai, *Um romance de Balzac: A pele de onagro*. Rio de Janeiro: A Noite, 1952.

49. Por Nora ser agnóstica e Paulo, segundo Nora, declaradamente ateu, não houve batismo, mas registro no cartório, ocasião em que os padrinhos comparecem, firmando o compromisso.

50. "Estou-me tornando (e sentindo) cada vez mais brasileiro. Perdi quase todo o contato com a Hungria, assim como a vontade de voltar ainda à Europa." Carta de 19 de setembro de 1951. (FCRB)

51. *Diário de Notícias*, 18 jun. 1957.

52. Carta a Ribeiro Couto, 25 dez. 1957. (FCRB)

53. Em carta sem data, o editor Ênio Silveira comenta o evento, que acompanhou de perto, segundo demonstra, citando um dos membros da banca examinadora: "Com referência ao famigerado concurso, você já deve saber, a esta altura, que tudo correu bem no setor da Congregação. As ridículas e imbecis manobras do Accioly não tiveram menor resultado, tendo sido homologados, como deviam, os pareceres da banca examinadora. Não creio, e não creem o Ary da Matta e o Afrânio Coutinho, que ainda haja qualquer outra tentativa de sabotagem nas alçadas superiores. Estarão em jogo não apenas a lisura do concurso, mas o nome e o prestígio do caviloso e maquiavélico Waldyck, de modo que serão favas contadas". (Acervo Paulo Rónai)

54. Citações da reportagem "Prof. Paulo Rónai assume Cátedra apontando soluções para ensino de grau médio", *Jornal do Brasil*, 31 out. 1958.
55. Ibid.
56. Ibid.
57. Ibid.
58. Ferenc Molnár, *Os meninos da rua Paulo*. São Paulo: Saraiva, 1952. O livro já teve inúmeras reimpressões no Brasil.
59. Em "Livro de criança e mãos de adulto" (*Correio da Manhã*, 21 ago. 1949; recolhido em *Como aprendi o português e outras aventuras*), Paulo fala sobre o livro.
60. Paulo Rónai no prefácio de *Os meninos da rua Paulo*.
61. Edgard foi escritor, crítico e editor. Ocupou cargos como a presidência da Câmara Brasileira do Livro e, nesse papel, foi um dos criadores do Prêmio Jabuti.
62. Carta citada no prefácio de Paulo Rónai. O texto consta numa das reedições da obra (*Os meninos da rua Paulo*. São Paulo: CosacNaify, 2009).
63. Paulo Rónai, *Escola de tradutores*. Rio de Janeiro: Ministério da Educação e Saúde, 1952.
64. Paulo Rónai. *Como aprendi o português e outras aventuras*. Rio de Janeiro: Ministério da Educação e Cultura; Instituto Nacional do Livro, 1956.
65. Id., "Uma geração sem palavras". In: ibid., p. 99.
66. Id., "As cem maneiras de estudar idiomas". In: ibid., pp. 29-30.
67. Id., "Utilidade das ideias afins". In: ibid., p. 56. Aparentemente Paulo não tinha o escritor francês George Ohnet em alta conta.
68. Edição de 16 de fevereiro de 1957, primeiro caderno.
69. Carta de Raul Bopp a Paulo Rónai, 30 nov. 1957. (Acervo Paulo Rónai)
70. Edição de 10 de fevereiro de 1957.
71. Bernardo Gersen, "Um humanista moderno", *Diário de Notícias*, 6 jun. 1957.
72. Wilson Martins, "O homem e as línguas", *Estado de S. Paulo*, 29 jun. 1957.
73. Ibid. A certa altura do artigo, Wilson Martins questiona uma ou outra escolha vocabular que, para ele, demonstravam certo "excesso de correção". Na sua opinião às vezes faltava nos textos uma salutar dose de "incorreção espontânea". O texto inclui ainda alguns aspectos do livro anterior de Paulo, *Escola de tradutores*. Em carta de 7 de julho de 1957, Paulo diz a Wilson: "Se a gente pudesse escolher os seus críticos, eu escolheria você pela capacidade de penetração, compreensão e simpatia". (Acervo Paulo Rónai)
74. Paulo Rónai, *Encontros com o Brasil*, op. cit.
75. Publicado originalmente sob o título "O segredo de Guimarães Rosa" em *O Estado de S. Paulo*, 10 jun. 1956.

76. Incluem-se aqui os livros de sua autoria, também *Escola de tradutores* e *A tradução vivida*, que sairia em 1976, e *Pois é*, de 1990. A maior parte deles reunindo textos escritos para publicação na imprensa.

77. Aurélio Buarque de Holanda Ferreira, "O brasileiro Paulo Rónai", apresentação para *A tradução vivida*, op. cit., p. 16.

78. "*The best thing to be found in what is called 'Barthes' (the life and the works) was Barthes himself*" (Tzvetan Todorov, *Literature and Its Theorists: A personal View of Twentieth-Century Criticism.* Nova York: Cornell University Press, 1987, p. 67). Todorov também abre uma discussão sobre o que chama de crítica dialógica, o que, na minha visão, pode ser observado no método crítico de Paulo Rónai.

79. Em "Pequena palavra" (op. cit., p. 26), quando exalta a qualidade do trabalho de Paulo Rónai.

80. Entrevista a Silvio Castro, *Jornal das Letras*, jun. 1958, p. 14.

81. O gênero é adotado por outros exilados no Brasil, como Carpeaux, Vilém Flusser, Anatol Rosenfeld.

82. Ver Nelson Ascher. "Paulo Rónai: tradução e universalidade", op. cit., p. 56.

83. Theodor W. Adorno, "O ensaio como forma". In: *Notas de literatura I*. São Paulo: Duas Cidades; Ed. 34, 2003, p. 27.

84. Paulo é comumente lembrado na bibliografia sobre o assunto como tradutor. Sua contribuição na crítica ainda não foi devidamente reconhecida. E um trabalho de consolidar artigos publicados na imprensa e ainda inéditos em livros poderá ajudar a preencher essa lacuna. Nesse sentido, a recente reedição de suas obras também ajuda a afirmar este seu lugar de destaque na história da literatura brasileira.

85. Disse em carta a Ribeiro Couto em 11 de maio de 1959: "Cada escritor, você bem sabe disso, escreve para algumas pessoas. Até eu (que não me julgo escritor) escrevo pensando em quatro ou cinco pessoas, uma das quais é você". (Acervo Paulo Rónai)

86. Carta a Paulo Rónai, 15 mar. 1952 (cópia). (FCRB)

87. Carta a Paulo Rónai, 25 ago. 1961. (Acervo Paulo Rónai) É curioso que em ensaio tratando exatamente de Rosenfeld, em 1984, Roberto Schwarz comenta sobre a escrita de Rónai, comparando-o ao ensaísta alemão. "Ao lado de Paulo Rónai e Michel Debrun, é um dos estrangeiros cuja escrita ensaística encerra inspirações para o escritor brasileiro" ("Os primeiros tempos de Anatol Rosenfeld no Brasil", *Estado de S. Paulo*, 22 abr. 1984).

88. Paulo Rónai no prefácio de *Roteiro do conto húngaro*. Rio de Janeiro: Ministério da Educação e Cultura; Serviço de Documentação, 1954, p. 4.

89. Ibid., p. 5. No prefácio Paulo se refere a um livro anterior da mesma coleção, *Variações sobre o conto*, de Herman Lima, que citava alguns dos

autores húngaros. Paulo diz que sua seleção também buscava ilustrar o trabalho do amigo, ampliando, contudo, a amostra de autores.

90. Em 1º de setembro de 1954. (FCRB)

91. Em 21 de junho de 1956 (cópia). (Acervo Paulo Rónai)

92. Ibid.

93. Guimarães Rosa, *Sagarana*. 3 ed. Rio de Janeiro: José Olympio, 1951.

94. O mesmo que teria em *Encontros com o Brasil*.

95. "Eu quis escrever, por causa de falar de um país, belo, bravo, e digno de estima" ("Pequena palavra". In: *Antologia do conto húngaro*, op. cit., p. 28).

96. Ibid., pp. 11-2.

97. Ibid., p. 12.

98. Vale citar a primeira frase dessa rica investigação. "Os húngaros vieram da Ásia — de onde vem quase tudo o que pesa e importa: o sol, os filhos de Adão, o bem e o mal, os flagelos, a sabedoria, as religiões, os germes da ciência".

99. Paulo diz ter tido em mãos o livro *Chrestomathie Hongroise*, em que Rosa aprendera os rudimentos do húngaro em 1929. (Paulo Rónai, "A fecunda Babel de Guimarães Rosa", *O Estado de S. Paulo*, 30 nov. 1968; recolhido em *Pois é*, op. cit., p. 24.)

100. Ibid., p. 25.

101. No ensaio "A Hungria/sertão de Guimarães Rosa" (*Conexão Letras*, Porto Alegre, v. 10, n. 13, pp. 1-7, 2015), Eneida Maria de Souza faz uma detida análise do prefácio "Pequena palavra" à luz da obra do escritor mineiro.

102. Guimarães Rosa, "Pequena palavra". In: *Antologia do conto húngaro*, op. cit., p. 25.

103. Carta a Paulo Rónai, 1 set. 1958. (Acervo Paulo Rónai)

104. Paulo Rónai, "Três motivos em *Grande sertão: veredas*", *Diário de Notícias*, 16 dez. 1956. O texto seria incorporado à obra como prefácio a partir de sua 19ª edição, lançada em 2001, e seguindo assim em todas as edições da Nova Fronteira.

105. Edição de 13 de janeiro de 1957.

106. Em uma carta de 10 de setembro de 1964, Guimarães Rosa atestou esse interesse compartilhado, ao enviar ao amigo um livro sobre a língua vogul. "A você não pode deixar de interessar — filologicamente, ainda que de modo só subsidiário e ocasional — este alentado estudo da língua de uma gente aparentada com os húngaros. E, a mim, o vogul me parece também um belo idioma." (Acervo Paulo Rónai)

107. "Se me perguntassem qual das obras de João Guimarães Rosa me toca mais de perto, indicaria — apesar da profunda admiração que me inspiram outros trabalhos do autor — a novela 'Campo geral'" ("Palavras apenas mágicas". *O Estado de S. Paulo*, 9 maio 1970; recolhido em *Pois é*, op. cit., p. 35).

108. Carta a Paulo Rónai, 3 abr. 1967 (Guimarães Rosa datilografou erradamente "1937", o que foi corrigido à mão por Paulo Rónai). (Acervo Paulo Rónai)

109. O estudo só seria publicado postumamente, em *Matraga* (revista do Programa de Pós-Graduação em Letras da Uerj, Rio de Janeiro, Ed. Caetés, ano 9, n. 14, pp. 23-57, jan.-dez. 2002).

110. Carta a Paulo Rónai, 3 abr. 1967. (Acervo Paulo Rónai)

111. Carta a Guimarães Rosa, 31 jan. 1966 (cópia). (Acervo Paulo Rónai)

112. Carta a Guimarães Rosa, 19 mar. 1966 (cópia). (Acervo Paulo Rónai)

113. Ibid.

114. Quando estava traduzindo *Primeiras histórias*, o alemão Curt Meyer-Clason escreveu a Rónai agradecendo o envio do ensaio sobre a obra e dizendo que pediria ao editor que o publicasse junto com a coletânea de Rosa. Na carta ele comentou sobre este recente trabalho: "o trabalho — embora exaustivo, demorado e irritante — me deu muito prazer e um 'fascinum' singular". Carta a Paulo Rónai, 2 mar. 1966. (Acervo Paulo Rónai)

115. Carta a Vilém Flusser, 25 nov. 1967. Paulo escreveu em razão do artigo sobre Rosa que o filósofo e ensaísta publicara em *O Estado de S. Paulo*. Em resposta, Flusser enviou uma carta em dezembro de 1967 em que conta de outros ensaios que preparava sobre o escritor e convidou Rónai a escrever também um texto para alguma das revistas estrangeiras interessadas ou para a *Revista Brasileira de Filosofia*: "Creio que o perigo é este: Guimarães Rosa vai transformar-se em mito, dada a irresponsabilidade e leviandade de grande parte da *soi disant* crítica literária brasileira. É contra isto que devemos agir, não concorda?". Carta a Paulo Rónai, 8 dez. 1967. (Acervo Paulo Rónai)

116. *O Estado de S. Paulo*, 16 mar. 1968.

117. *O Estado de S. Paulo*, 23 mar. 1968. Os textos também foram publicados em *Correio do Povo* (2 mar. 1968 e 9 mar. 1968, respectivamente). Os dois textos seriam incorporados ao livro *Pois é* ("Especulações sobre *Tutameia*", pp. 13-21.). Nos textos, Paulo demonstra uma total intimidade com o escritor, narrando suas intenções, a partir de relatos de conversas com o amigo, e analisando em detalhes, mais uma vez, a vasta temática linguística da obra.

118. Os textos foram incorporados ao livro na terceira edição, em 1969.

119. Documento: "Esquema de partilha e publicações das obras de João Guimarães Rosa". Terceira cláusula: "Divisão dos direitos e contratação de sua divisão em conjunto". (Acervo Paulo Rónai) Por causa dessa determinação, Paulo veio a ser frequentemente consultado por editores e também pelo Instituto de Estudos Brasileiros, que passaria a ser responsável pelo acervo do escritor, a respeito de possíveis publicações. Há cartas desse teor no acervo de Paulo Rónai.

337

120. Paulo Rónai, "Nota introdutória". In: Guimarães Rosa, *Estas histórias*. Rio de Janeiro: José Olympio, 1969.
121. Id., "Nota da primeira edição". In: Guimarães Rosa, *Ave, palavra*. Rio de Janeiro: José Olympio, 1970.
122. Alguns exemplos são: "Presença de Guimarães Rosa" (*Jornal do Brasil*, 16 nov. 1968); "A fecunda Babel de Guimarães Rosa" (*O Estado de S. Paulo*, 30 nov. 1968); "Palavras apenas mágicas" (*O Estado de S. Paulo*, 9 maio 1970); "Guimarães Rosa e seus tradutores" (*O Estado de S. Paulo*, 10 out. 1970).
123. Guimarães Rosa, *Guimarães Rosa: Seleta*. Org., estudos e notas de Paulo Rónai. Rio de Janeiro: José Olympio, 1973. Todos os contos são precedidos de rica introdução explicativa.
124. No acervo de Rónai há listas de escritores com os quais Guimarães Rosa manteve correspondência e um conjunto de cartas reproduzidas e enviadas a Rónai, como as de Murilo Mendes e as do embaixador Antonio Azeredo da Silveira. Na lista, extensa, escrita à mão por Rónai, constam ainda nomes como João Cabral de Melo Neto, Raul Bopp, Pedro Xisto, Roberto Magalhães Jr., Alberto da Costa e Silva, Juan Rulfo.
125. Em carta de 10 de agosto de 1980 a Aracy Guimarães Rosa, Paulo disse ter lido as cartas e concluído que não deviam ser publicadas, por serem de caráter estritamente pessoal. (Acervo Aracy de Carvalho Guimarães Rosa. Instituto de Estudos Brasileiros – IEB-USP)
126. Palestra realizada no V Seminário Nacional de Literatura. Curitiba, dez. 1972.
127. Vale reproduzir uma curiosa passagem narrada por Paulo: "Éramos grandes amigos. Desde o primeiro contato tive a maior admiração por ele. Lembro inclusive um dia que, chegando a seu gabinete, ele escrevia uma longa carta à sua tradutora americana, que lhe pedira centenas de informações para a tradução de um conto. 'Se eu soubesse que me daria tanto trabalho, teria escrito como todo mundo!', me confidenciou Rosa" ("Um intraduzível caso de amor pelo Brasil". *Correio do Povo*, 23 maio 1982).
128. João Guimarães Rosa, *João Guimarães Rosa: Correspondência com seu tradutor alemão Curt Meyer-Clason (1958-1967)*. Ed., org. e notas de Maria Aparecida Faria Marcondes Bussoloti, trad. de Erlon José Paschoal. Rio de Janeiro: Nova Fronteira; Academia Brasileira de Letras; Belo Horizonte: Ed. da UFMG, 2003.
129. João Guimarães Rosa, João Guimarães Rosa: Correspondência com seu tradutor italiano Edoardo Bizzarri. 3 ed. Rio de Janeiro: Nova Fronteira, 2003.
130. Carta a Paulo Rónai, 20 out. 1981. (Acervo Paulo Rónai)
131. Carta a Paulo Rónai, 7 fev. 1982. (Acervo Paulo Rónai)
132. Charles Perrone, em seu artigo "Para apreciar Paulo Rónai e 'Notas para facilitar a leitura de *Campo geral* de J. Guimarães Rosa'" (*Matraga*, op. cit.), levantou uma rosiana de Paulo Rónai com 24 itens. O próprio

escreveu em um papel os ensaios e estudos feitos sobre o amigo (em seu acervo há um manuscrito apontando para dezessete textos). No *Cadernos de Literatura* publicado em 2006 pelo Instituto Moreira Salles em homenagem ao escritor, há menção a 28 itens, entre ensaios publicados em livros, artigos para imprensa e estudos acadêmicos, feitos por Paulo Rónai sobre Guimarães Rosa. Em seu livro *Pois é*, Paulo apresenta uma rosiana com textos publicados anteriormente, como prefácios das obras de Rosa e matérias de jornal. No levantamento de seus textos para a imprensa há mais de vinte artigos sobre o escritor mineiro, alguns, como apontado, também publicados em livros. Em 1983, Rónai publicou *Rosiana*, uma coletânea de conceitos, máximas e brocados de João Guimarães Rosa, pela Salamandra. Com 256 itens, o livro não teve distribuição comercial, foi produzido para ser distribuído como brinde da editora.

7. Pois É, a pátria pequena e definitiva [pp. 279-92]

1. Na carta, de 10 jan. 1958, Ênio explicou ter desistido de alugar uma casa na região por motivos domésticos. (Acervo Paulo Rónai)
2. Trecho da segunda parte de suas memórias, ainda inéditas. A primeira é *Memórias de um lugar chamado onde* (Rio de Janeiro: Casa da Palavra, 2014).
3. Cf. pp. 307-9.
4. Diário, 1962 (últimas páginas do caderno).
5. "Paulo Rónai: Vinte anos de Brasil", *Diário de Notícias*, 4 mar. 1961.
6. No acervo de Paulo Rónai há cópias de cartas em que ele agradeceu a ambos as menções à data.
7. Carlos Drummond Andrade, "Rónai, brasileiro", *A Tribuna*, 4 mar. 1961.
8. Carta de 15 de abril de 1961. (FCRB)
9. Carta a Ribeiro Couto, 10 out. 1960. (FCRB)
10. Ibid.
11. Carta de 5 de julho de 1957. (FCRB) Catarina havia se suicidado em 20 de junho.
12. Ibid.
13. Carta a Sergio Milliet, 18 fev. 1952. Paulo pediu ajuda para voltar a colaborar com *O Estado de S. Paulo* ou com outro jornal paulista e sugeriu receber dois contos de cruzeiros por mês. Remeteu oito artigos na mesma correspondência. Na cópia da carta que se encontra em seu arquivo, Paulo anotou no verso, a lápis, o título de todos eles: "Recife [Descoberta do Recife]", "[Notícias de] Ribeiro Couto", "Fantasmas [Contra os fantasmas dos dicionários]", "[A luta contra] Babel", "Lingualumina [Chabé Aban & Cia.]", "Menade Bal [Püki Bal]", "Grande cisma" e "[A] Língua azul". A maioria havia sido publicada no *Diário de Notícias* e alguns no *Correio da Manhã*.

14. Exemplar da biblioteca de Paulo Rónai, dez. 1952.
15. Em 8 de setembro de 1953. (Acervo Paulo Rónai) Na carta não é mencionado o título do livro, mas sabe-se que teve como editor José Simeão Leal, do Serviço de Documentação do Ministério da Educação e Saúde. De 1953 a 1955, Cassiano Ricardo dirigiu o escritório comercial brasileiro em Paris.
16. Carta de Afrânio Coutinho, 7 mar. 1960. (Acervo Paulo Rónai)
17. Carta de Antônio Callado, 22 maio 1961. (Acervo Paulo Rónai)
18. Em 9 de março de 1964 (cópia). (Acervo Paulo Rónai)
19. Na Sorbonne, Paulo falou sobre o tema balzaquiano, a morte do Mandarim. No Instituto de Estudos da América Latina, da Universidade de Paris, apresentou uma palestra sobre a poesia de Carlos Drummond de Andrade. Na mesma universidade, participou de uma mesa-redonda sobre o ensino de francês no Brasil. No Instituto Luso-Brasileiro de Toulouse, fez duas conferências, uma sobre Balzac e outra sobre o português, "A vida no Brasil no espelho da língua", que havia apresentado na Suíça.

8. Nota biográfica: Uma vida contra Babel [pp. 293-8]

1. O tema era recorrente em suas entrevistas, vide "O drama da tradução" (*Jornal do Brasil*, 10 maio 1975) e "Rónai: trabalho do tradutor ainda não é reconhecido" (*Diário de Petrópolis*, 21 set. 1980).
2. "A tradução premiada. O húngaro-brasileiro Paulo Rónai ganha o Nath Horst, considerado o Nobel dos tradutores", *Jornal do Brasil*, 25 abr. 1981.
3. "A missão de desvendar o mistério dos idiomas", *O Globo*, 17 abr. 1981.
4. Publicado postumamente em *Matraga*, op. cit.
5. Paulo Rónai, *Babel & antibabel*, op. cit., p. 13.
6. Id., "A tradução premiada", *Jornal do Brasil*, 25 abr. 1981. Paulo traduziu a obra com a colaboração do poeta e escritor brasileiro Geir Campos em mais de dois anos de trabalho.
7. "O brasileiro Paulo Rónai". In: Paulo Rónai, *A tradução vivida*, op. cit.
8. Exemplar da biblioteca de Paulo Rónai, com dedicatória datada de setembro de 1962.
9. "Faz 50 anos que o tradutor e ensaísta chegou ao Brasil", op. cit.
10. Entrevista pessoal, out. 2012.
11. Aurélio Buarque de Holanda, op. cit., p. 16.

Bibliografia de Paulo Rónai

Livros

Brazilia üzen. Budapeste: Vajda János, 1939.

Livres français à l'exposition de Rio de Janeiro e de São Paulo. Rio de Janeiro: Centre d'Études Françaises, 1945.

Balzac e a Comédia humana. Porto Alegre: Globo. 1947. (Coleção Tucano). (Prêmio Sílvio Romero, da Academia Brasileira de Letras.)

2. ed. rev. e aum. Porto Alegre: Globo. 1957.

4. ed. São Paulo: Globo, 2012

Um romance de Balzac: A pele de Onagro. Rio de Janeiro: A Noite, 1952. (Tese de concurso para a cátedra de francês do Colégio Pedro II.)

Escola de tradutores. Rio de Janeiro: Ministério da Educação e Saúde, 1952. (Os Cadernos de Cultura).

2. ed. rev. e aum. Rio de Janeiro: São José, 1956.

3. ed. rev. e aum. Rio de Janeiro: Edições de Ouro Culturais, 1967.

4. ed. rev. e aum. Rio de Janeiro: Educom, 1976.

5. ed. aum. Rio de Janeiro: Nova Fronteira, 1987.

6. ed. aum. Rio de Janeiro: Nova Fronteira.

7. ed. Rio de Janeiro: José Olympio, 2012.

Como aprendi o português, e outras aventuras. Rio de Janeiro: Ministério da Educação e Cultura; Instituto Nacional do Livro, 1956.

2. ed. rev. Rio de Janeiro: Artenova, 1975.

3. ed. Rio de Janeiro: Casa da Palavra, 2013.

4. ed. Rio de Janeiro: Edições de Janeiro, 2014.

Encontros com o Brasil. Rio de Janeiro: Ministério da Educação e Cultura; Instituto Nacional do Livro, 1958.

2. ed. Rio de Janeiro: Batel, 2011.

3. ed. Rio de Janeiro: Edições de Janeiro, 2014.

Homens contra Babel: Passado, presente e futuro das línguas artificiais. Rio de Janeiro: Zahar, 1964.

A vida de Balzac. Rio de Janeiro: Edições de Ouro, 1967.

2. ed. Rio de Janeiro: Edições de Ouro, 1999.

Guia prático da tradução francesa. São Paulo: Difusão Europeia do Livro, 1967.

2. ed. rev. e aum. Rio de Janeiro: Educom, 1975.

3. ed. rev. e aum. Rio de Janeiro: Nova Fronteira, 1983.

4. ed. rev. e aum. Rio de Janeiro: Nova Fronteira, 1989.

Babel & Antibabel. São Paulo: Perspectiva, 1970.

O Barbeiro de Sevilha e As bodas de Fígaro: Comédias de Beaumarchais recontadas em português para a juventude de hoje. Colaboração com Cora Rónai. Rio de Janeiro: Tecnoprint, 1972. (Coleção Ediouro.)

A tradução vivida. Rio de Janeiro: Educom, 1976.

2. ed. rev. e aum. Rio de Janeiro: Nova Fronteira, 1981.

3. ed. Rio de Janeiro: Nova Fronteira, 1990.

4. ed. Rio de Janeiro: José Olympio, 2012.

Não perca o seu latim. Rio de Janeiro: Nova Fronteira, 1980.

2. ed. aum. Rio de Janeiro: Nova Fronteira, 1980.

3. ed. aum. Rio de Janeiro: Nova Fronteira, 1984.

4. ed. aum. Rio de Janeiro: Nova Fronteira, 1988.

8. ed. Rio de Janeiro: Nova Fronteira, 1996.

9. ed. Rio de Janeiro: Nova Fronteira, 2002.

O teatro de Molière. Brasília: Universidade de Brasília, 1981. (A partir de conferências feitas no Teatro Municipal do Rio de Janeiro em 1973, tricentenário da morte do escritor francês.)

Pois é: ensaios. Rio de Janeiro: Nova Fronteira, 1990.

2. ed. Rio de Janeiro: José Olympio, 2014.

Participação em livros

COUTO, Ribeiro. *Santosi versek* [Poemas de santos]. Org., trad. e intr. de Paulo Rónai. Budapeste: Officina, 1940.

"Introdução ao estudo de Balzac". In: *Curso de altos estudos*, vol. V. Rio de Janeiro: Colégio Pedro II, 1967.

"Os prefácios de *Tutameia* — As histórias de *Tutameia*". In: ROSA, Guimarães. *Tutameia: Terceiras estórias.* Rio de Janeiro: José Olympio, 1967.

"Nota introdutória". In: ROSA, Guimarães. *Estas histórias.* Rio de Janeiro: José Olympio, 1969.

"Os vastos espaços". In: ROSA, Guimarães. *Primeiras estórias.* Rio de Janeiro: José Olympio, 1969.

"Nota da primeira edição" e "Nota introdutória". In: ROSA, Guimarães. *Ave, palavra.* Rio de Janeiro: José Olympio, 1970.

"A princesa dengosa". In: BENEDETTI, Lúcia (Org.). *Teatro Infantil.* v. 2. Rio de Janeiro: Ministério de Educação e Cultura; Serviço Nacional do Teatro, 1971.

"Organização, estudos e notas", "Orientação de pesquisa", "Perfil de Guimarães Rosa" e "Trajetória de uma obra". In: ROSA, Guimarães. *Guimarães Rosa: Seleta*. Rio de Janeiro: José Olympio, 1973.
2. ed. Rio de Janeiro: José Olympio, 1978.
HOLANDA FERREIRA, Aurélio Buarque de. *Aurélio em prosa e verso*. Org., estudos e notas de Paulo Rónai. Rio de Janeiro: Nova Fronteira, 1999.

Livros didáticos

Curso básico de latim I: Gradus primus. Rio de Janeiro: Casa do Estudante do Brasil, 1944.
Gradus primus. 2. ed. ampl. Rio de Janeiro: Globo, 1949.
18. ed. São Paulo: Cultrix, 2006.
Gradus primus et secundus. Rio de Janeiro: F. Briguiet, 1951.
2. ed. Rio de Janeiro: Globo, 1953.
8. ed. aum. Rio de Janeiro: F. Briguiet, 1958, 1959.
1. ed. São Paulo: Cultrix, 1985.
2. ed. São Paulo: Cultrix, 1986.
3. ed. São Paulo: Cultrix, 1998.
18. ed. São Paulo: Cultrix, 2006.
Curso básico de latim II: gradus secundus. Rio de Janeiro: CEB, 1945.
Rio de Janeiro: F. Briguiet, 1955.
6. ed. rev. aum. Rio de Janeiro: F. Briguiet, 1958.
1. ed. São Paulo: Cultrix, 1986.
8. ed. São Paulo: Cultrix, 2006.
Gradus tertius. Rio de Janeiro: CEB, 1946.
2. ed. Rio de Janeiro: F Briguiet, 1954.
3. ed. Rio de Janeiro: F. Briguiet, 1955,
4. ed. Rio de Janeiro: F. Briguiet, 1959.
Gradus quartus. Porto Alegre: Globo 1949.
2. ed. Rio de Janeiro: F. Briguiet, 1955.
3. ed. Rio de Janeiro: F. Briguiet, 1957.
4. ed. Rio de Janeiro: F. Briguiet, 1959.
Gramática completa do francês moderno. Rio de Janeiro: J. Ozon, 1969.
2. ed. São Paulo: Lisa, 1973.
Mon Premier Livre. São Paulo: Cia. Editora Nacional, 1953. (Com Pierre Hawelka.)
25. ed. São Paulo: Cia. Editora Nacional, 1965.
São Paulo: Lisa, 1973.
Mon Second Livre. São Paulo: Cia. Editora Nacional, 1954. (Com Pierre Hawelka.)
16. ed. São Paulo: Cia. Editora Nacional, 1960.
Notre Second Livre de Français: primeiro grau. São Paulo: Lisa, 1973.

Notre Second Livre de Français: Manual do professor. São Paulo: Lisa, 1973. (Com Pierre Hawelka.)

Mon Troisième Livre. São Paulo: Cia. Editora Nacional, 1954. (Com Pierre Hawelka.)

12. ed. São Paulo: Cia. Editora Nacional, 1959.

Mon Quatrième Livre. São Paulo: Cia. Editora Nacional, 1955. (Com Pierre Hawelka.)

9. ed. São Paulo: Cia. Editora Nacional, 1958.

10. ed. São Paulo: Cia. Editora Nacional, 1961.

Lectures, langage, littérature I: Para o primeiro ano do curso colegial. Rio de Janeiro: J. Ozon, 1958. (Com Roberto Corrêa e Yvonne Guillou.)

São Paulo: Cia. Editora Nacional, 1961.

2. ed. São Paulo: Cia. Editora Nacional, 1962.

Lectures, langage, littérature II: Para o segundo ano do curso colegial. São Paulo: Cia. Editora Nacional, 1962. (Com Roberto Corrêa e Yvonne Guillou.)

Os verbos franceses ao alcance de todos. São Paulo: Editora Didática Irradiante, 1970. (Com Clara Gárdos.)

Le Mystère du Carnet Gris. São Paulo: Cia. Editora Nacional, 1969.

São Paulo: Cia. Editora Nacional, 1970.

Antologias de contos

Mar de histórias: Antologia do conto mundial. Org. e trad. de Paulo Rónai e Aurélio Buarque de Holanda Ferreira. 10 v. Rio de Janeiro: José Olympio, 1945-1963.

2. ed. Rio de Janeiro: Nova Fronteira, 1986.

4. ed. Rio de Janeiro: Nova Fronteira, 1998.

5. ed. Rio de Janeiro: Nova Fronteira, 2014.

Roteiro do conto húngaro. Sel., trad. e notas de Paulo Rónai. Rio de Janeiro: Ministério da Educação e Cultura; Serviço de Documentação, 1954. (Os Cadernos de Cultura.)

Antologia do conto húngaro. Pref. de João Guimarães Rosa. Rio de Janeiro: Civilização Brasileira, 1957.

2. ed. Rio de Janeiro: Civilização Brasileira, 1958.

3. ed. Rio de Janeiro: Artenova, 1975.

4. ed. Rio de Janeiro: Topbooks, 1998.

Contos húngaros. Rio de Janeiro: Biblioteca Universal Popular, 1964.

Ed. rev. e aum. São Paulo: Edusp, 1991.

Contos ingleses. Rio de Janeiro: Ediouro, 1966. (Extraídos de *Mar de histórias*.)

Contos franceses. Rio de Janeiro: Ediouro, [19--]. (Extraídos de *Mar de histórias*.)

Contos russos. Rio de Janeiro: Ediouro, [19--]. (Extraídos de *Mar de histórias*.)

Contos italianos. Rio de Janeiro: Ediouro, [19--]. (Extraídos de *Mar de histórias*.)

Contos alemães. Rio de Janeiro: Ediouro, [19--]. (Extraídos de *Mar de histórias*.)

Contos norte-americanos. Rio de Janeiro: Ediouro, [19--]. (Extraídos de *Mar de histórias*.)

Antologia do conto francês. Rio de Janeiro: Tecnoprint, 1966. (Coleção Universidade de Bolso.) (Extraídos de *Mar de histórias*.)

Antologia do conto italiano. Rio de Janeiro: Ediouro, 1982. (Extraídos de *Mar de histórias*.)

2. ed. Rio de Janeiro: Ediouro, 1993.

Antologia do conto inglês. Rio de Janeiro: Ediouro, 1988.

2. ed. Rio de Janeiro: Ediouro, 1993.

Antologia do conto norte-americano. Rio de Janeiro: Tecnoprint, 1967. (Extraídos de *Mar de histórias*.)

2. ed. Rio de Janeiro: Ediouro, 1993.

Antologia do conto alemão. Rio de Janeiro: Tecnoprint, 1966.

Antologia do conto russo. Rio de Janeiro: Tecnoprint, 1975.

2. ed. Rio de Janeiro: Tecnoprint, 1983.

Dicionários

Dicionário gramatical. Porto Alegre: Globo, 1953.

2. ed. Porto Alegre: Globo, 1955.

3. ed. Porto Alegre: Globo, 1962.

Pequeno dicionário francês-português. Rio de Janeiro: Larousse, 1977.

Dicionário francês-português. Rio de Janeiro: Nova Fronteira, 1978.

Dicionário universal Nova Fronteira de citações. Rio de Janeiro: Nova Fronteira, 1985.

2. ed. aum. Rio de Janeiro: Nova Fronteira, 1985

4. ed. Rio de Janeiro: Nova Fronteira, 1991.

6. reimpr. Rio de Janeiro: Nova Fronteira, 2004.

Dicionário francês-português, português-francês. 3. reimpr. Rio de Janeiro: Nova Fronteira, 1989. (Segundo Spiry (2009), em edições anteriores denominava-se *Dicionário essencial francês-português, português-francês*. A primeira parte, francês-português, deriva do *Dicionário francês-português*. Rio de Janeiro: Nova Fronteira, 1978.)

7. reimpr. Rio de Janeiro: Nova Fronteira, 2004.

Participação em dicionário

HOLANDA FERREIRA, Aurélio Buarque de. *Novo dicionário da língua portuguesa*. 2. ed. rev. e ampl. Rio de Janeiro: Nova Fronteira, 1986. (Segundo Spiry (2009), colaboração especializada em: palavras, locuções, frases feitas e provérbios de uso universal.)

Referências bibliográficas

ALMINO, José (Sel.). *Ribeiro Couto: melhores poemas*. São Paulo: Global, 2002.

ADORNO, Theodor W. "O ensaio como forma". In: ____. *Notas de literatura I*. São Paulo: Duas Cidades; Ed. 34, 2003.

ANDRADE, Carlos Drummond de. *A rosa do povo*. Rio de Janeiro: Record, 2002.

____. *José e outros*. Rio de Janeiro: José Olympio, 1967.

ARENDT, Hannah. *Eichmann em Jerusalém: Um relato sobre a banalidade do mal*. São Paulo: Companhia das Letras, 1999.

ASCHER, Nelson. "Paulo Rónai: tradução e universalidade". In: ____. *Pomos da discórdia*. São Paulo: Ed. 34, 1996.

BACH, Susan Eisenberg. "French and German Writers in Brazil: Receptions and Translations", In: MOELLER, Hans-Bernhard (Org.). *Latin American and the Literature of Exile*. Heidelberg: Winter Universitätsverlag, 1983.

BASTIDE, Roger. *Brasil, terra de contrastes*. São Paulo: Difel, 1975.

BOMENY, Helena (Org.). *Constelação Capanema: Intelectuais e políticas*. Rio de Janeiro: Editora FGV, 2001.

BOSI, Alfredo. *História concisa da literatura brasileira*. São Paulo: Cultrix, 1994.

____ (Org.). *O conto brasileiro contemporâneo*. 3. ed. São Paulo: Cultrix, 1978.

BUSSOLOTTI, Maria Aparecida F. M. (Org.). *João Guimarães Rosa: Correspondência com seu tradutor alemão Curt Meyer-Clason (1958-1967)*. Trad. de Erlon José Pascoal. Rio de Janeiro: Nova Fronteira; Academia Brasileira de Letras; Belo Horizonte: Editora da UFMG, 2003.

CANÇADO, José Maria. *Os sapatos de Orfeu: Biografia de Carlos Drummond de Andrade*. São Paulo: Globo, 2006.

CANDIDO, Antonio. *Recortes*. São Paulo: Companhia das Letras, 1993.

____. *Formação da literatura brasileira: Momentos decisivos, 1750-1880*. 12. ed. Rio de Janeiro: Ouro sobre Azul; São Paulo: Fapesp, 2009.

____. "Notas de crítica literária — *Sagarana*". In: ____. *Textos de intervenção*. Org. de Vinicius Dantas. 2 v. São Paulo: Duas Cidades; Ed. 34, 2002. (Publicado inicialmente em: *Diário de São Paulo*, 11 jul. 1946).

CARDOSO, Marília Rothier. "Uma aprendizagem transcultural nos cadernos de Guimarães Rosa". In: OLINTO, Heidrun Krieger; SCHØLLHAMMER, Karl Erik. *Literatura e cultura*. Rio de Janeiro: Ed. PUC; São Paulo: Loyola, 2003.

CARNEIRO, Maria Luiza Tucci. *O antissemitismo nas Américas: Memória e história*. São Paulo: Edusp; Fapesp, 2007.

CARVALHO, José Murilo de. *Cidadania no Brasil: o longo caminho*. Rio de Janeiro: Civilização Brasileira, 2003.

CASTRO, Nelson Werneck de. *História da imprensa no Brasil*. Rio de Janeiro: Civilização Brasileira, 1966.

CAVALCANTI, Povina. *Jorge de Lima, vida e obra*. Rio de Janeiro: Edições Correio da Manhã, 1969.

COSTA, Cristiane. *Pena de aluguel: Escritores jornalistas no Brasil 1904-2004*. São Paulo: Companhia das Letras, 2005.

COUTINHO. Afrânio. *Introdução à literatura no Brasil*. 16. ed. Rio de Janeiro: Bertrand, 1995.

COUTO, Ribeiro. *Longe*. Rio de Janeiro: Civilização Brasileira, 1961.

_____. *Cabocla*. Rio de Janeiro: Edições de Ouro, 1937.

DAVIS, Darién J.; MARSHALL, Oliver. *Stefan & Lotte Zweig: Cartas da América. Rio, Buenos Aires e Nova York, 1940-42*. Rio de Janeiro: Versal, 2012.

DINES, Alberto. *Morte no paraíso: A tragédia de Stefan Zweig*. 3. ed. ampl. Rio de Janeiro: Rocco, 2004.

DUTRA, Eliane de Freitas; MOLLIER, Jean-Yves (Orgs.). *Política, nação e edição: O lugar dos impressos na construção da vida política*. São Paulo: Annablume, 2006.

FÁZEKAS, Estevão. *O romance das vitaminas*. Rio de Janeiro: Cia. Editora Nacional, 1942.

FLUSSER, Vilém. *Bodenlos: Uma autobiografia filosófica*. São Paulo: Annablume, 2007.

FILHO, Daniel (Org.). *Todos os tempos de tempos de paz*. Roteiro de Bosco Brasil. Rio de Janeiro: Casa da Palavra, 2009.

GIUCCI, Guillermo; JAGUARIBE, Beatriz; SCHØLLHAMMER, Karl Erik. "Viajantes estrangeiros do século XX". In: *Brasiliana da Biblioteca Nacional: Guia das fontes sobre o Brasil*. Rio de Janeiro: Fundação Biblioteca Nacional; Nova Fronteira, 2001.

GOMES, Ângela Maria de Castro; OLIVEIRA, Lúcia Lippi; VELLOSO, Mônica Pimenta. *Estado Novo: ideologia e poder*. Rio de Janeiro: Zahar, 1982.

HALLEWELL, Laurence. *A história do livro*. 3. ed. São Paulo: Edusp, 2012.

HOBSBAWN, Eric. *Tempos interessantes: Uma vida no século XX*. São Paulo: Companhia das Letras, 2002.

HOLANDA FERREIRA, Aurélio Buarque de. "O brasileiro Paulo Rónai". In: RÓNAI, Paulo. *A tradução vivida*. Rio de Janeiro: José Olympio, 2012.

IGEL, Regina. *Imigrantes judeus, escritores brasileiros*. São Paulo: Perspectiva; Associação Universitária de Cultura Judaica, 1997.

JARDIM, Eduardo. *Eu sou trezentos: Mário de Andrade, vida e obra*. Rio de Janeiro: Edições de Janeiro, 2015.

KÉRTÉSZ, Imre. *A língua exilada*. São Paulo: Companhia das Letras, 2004.

KESTLER, Izabela Maria Furtado. *Exílio e literatura: Escritores de fala alemã durante a época do nazismo*. São Paulo: Edusp, 2003.

KOIFMAN, Fábio. *Imigrante ideal: O Ministério da Justiça e a entrada de estrangeiros no Brasil (1941-1945)*. Rio de Janeiro: Civilização Brasileira, 2012.

LIMA, Jorge de. *Poesia completa*. Rio de Janeiro: Nova Aguilar, 1997.

LIMA, Luiz Costa (Org.). *Teoria da literatura em suas fontes*, v. 2. Rio de Janeiro: Civilização Brasileira, 2002.

_____. *O controle do imaginário & a afirmação do romance: Dom Quixote, as relações perigosas, Moll Flanders, Tristam Shady*. São Paulo: Companhia das Letras, 2009.

LISPECTOR, Clarice. *Laços de família*. Rio de Janeiro: Francisco Alves, 1960.

LUKACS, John. *Budapeste, 1900*. Rio de Janeiro: José Olympio, 2009.

LÖWI, Michael. *Redenção e utopia: O judaísmo libertário na Europa Central*. Trad. de Paulo Neves. São Paulo: Companhia das Letras, 1989.

MAGALHÃES JR., Raimundo. "Prefácio". In: RÓNAI, Paulo. *Guia prático da tradução francesa*. 3. ed. rev. Rio de Janeiro: Nova Fronteira, 1983.

MARCIER, Emeric. *Deportado para a vida*. Rio de Janeiro: Francisco Alves, 2004.

MARTINS, Wilson. *História da inteligência brasileira*. São Paulo: Cultrix; Edusp, 1977-1978. (2. ed., v. 7: 1933-60. São Paulo: T. A. Queiroz, 1996.)

_____. *A crítica literária no Brasil*. 2 v. Rio de Janeiro: Francisco Alves, 1983.

MEIRELES, Cecília. *Mar absoluto*. Rio de Janeiro: Nova Fronteira, 1983.

MERCIER, Emeric. *Deportado para a vida: Autobiografia*. Rio de Janeiro: Francisco Alves, 2004.

MICELI, Sergio. *Intelectuais à brasileira*. São Paulo: Companhia das Letras, 2001.

MILBAUER, Ashee Z. *Transcending Exile: Conrad, Nabokov, J. B. Singer*. Miami: Florida Internacional University Press, 1985.

MOLNÁR, Ferenc. *Os meninos da rua Paulo*. São Paulo: CosacNaify, 2009.

NOVAES, Adauto (Org.). *O olhar*. São Paulo: Companhia das Letras, 2003.

OLINTO, Heidrun Krieger; SCHØLLHAMMER, Karl Erik (Orgs.). *Literatura e crítica*. Rio de Janeiro: 7Letras, 2009.

PALÁCIOS, Arsênio; SILVA, Mário Júlio (Orgs.). *Antologia de poetas paulistas*. São Paulo: Piratininga, 1933.

PATAI, Raphael. *The Jews of Hungary*. Detroit: Wayne State University Press, 1996.

PEREIRA, Astrojildo. "O brasileiro Paulo Rónai". In: _____. *Crítica impura: Autores e problemas*. Rio de Janeiro: Civilização Brasileira, 1963.

QUEIROZ, Maria José de. *Os males da ausência ou A literatura do exílio*. Rio de Janeiro: Topbooks, 1998.

RÓNAI, Nora Tausz. *Memórias de um lugar chamado onde*. Rio de Janeiro: Casa da Palavra, 2014.

349

ROSA, Guimarães. *Sagarana*. Rio de Janeiro: José Olympio, 1974.

_____. "Pequena palavra". In: RÓNAI, Paulo. *Antologia do conto húngaro*. Rio de Janeiro: Civilização Brasileira, 1957.

_____. *Grande sertão: veredas*. 19. ed. Rio de Janeiro: Nova Fronteira, 2001.

_____. *Corpo de baile*. Rio de Janeiro: José Olympio, 1956.

_____. *Primeiras histórias*. Rio de Janeiro: José Olympio, 1962.

_____. *Tutameia: Terceiras histórias*. Rio de Janeiro: José Olympio, 1967.

_____. *Estas histórias*. Rio de Janeiro: José Olympio, 1969.

_____. *Ave, palavra*. Rio de Janeiro: José Olympio, 1970.

_____. *João Guimarães Rosa: correspondência com seu tradutor italiano Edoardo Bizzarri*. 3. ed. Rio de Janeiro: Nova Fronteira, 2003.

ROSA, Vilma Guimarães. *Relembramentos: João Guimarães Rosa, meu pai*. Rio de Janeiro: Nova Fronteira, 1999.

SAID, Edward. *Fora do lugar: Memórias*. São Paulo: Companhia das Letras, 2004.

SARDOU, Victorien; BOTZARÈS, Pétros. *Theodóra*. Budapeste: Singer; Wolfner, 1928

SARTRE, Jean-Paul. *O existencialismo é um humanismo*. Petrópolis: Vozes, 2010.

_____. *Que é a literatura?*. São Paulo: Ática, 1989.

SLEZKINE, Yuri. *The Jewish Century*. Princeton: Princeton University Press, 2004.

SCHWARTZMAN, Simon et al. *Tempos de Capanema*. São Paulo: Paz e Terra; Fundação Getulio Vargas, 2000.

SIMPSON, John. *The Oxford Book of Exile*. Oxford: Oxford University Press, 2002.

SORÁ, Gustavo. *Brasilianas: José Olympio e a gênese do mercado editorial brasileiro*. São Paulo: Edusp; Com-Arte, 2010.

SOUZA, Eneida Maria de. *Janelas indiscretas: Ensaios de crítica biográfica*. Belo Horizonte: Editora UFMG, 2011.

SULEIMAN, Susan Rubin. *Exile and Creativity*. Durham: Duke University Press, 1998.

TELLES, Lygia Fagundes. *Histórias escolhidas*. São Paulo: Boa Leitura, 1961.

TODOROV, Tzvetan. *Literature and Its Theorists: A Personal View of Twentieth-Century Criticism*. Nova York: Cornell University Press, 1987.

_____. *L'Homme depaysé*. Paris: Éditions du Seuil, 1996.

VENTURA, Mauro Souza. *De Karpfen a Carpeaux: Formação política e interpretação literária na obra do crítico austríaco-brasileiro*. Rio de Janeiro: Topbooks, 2002.

WOLFF, Egon; WOLFF, Frida. *Participação e contribuição de judeus ao desenvolvimento do Brasil*. Rio de Janeiro: [Edição dos autores], 1985.

_____. *Depoimentos: Um perfil da coletividade judaica brasileira*. Rio de Janeiro: [Edição dos autores], 1988.

WYLER, Lia. *Línguas, poetas e bacharéis: Uma crônica da tradução no Brasil*. Rio de Janeiro: Rocco, 2003.

ZWEIG, Stefan. *Autobiografia: O mundo de ontem*. Rio de Janeiro: Zahar, 2014.

_____. "Brasil, país do futuro". In: *Obras completas de Stefan Zweig*, tomo XIV. Rio de Janeiro: Delta, 1956.

Teses e dissertações

AREDES, Andrea. *Um estrangeiro entre nós: A produção crítica de Paulo Rónai (1907-1992) no "Suplemento literário" d'O Estado de S. Paulo*. Assis: Faculdade de Ciências e Letras de Assis, Unesp, 2007. (Mestrado em Letras.)

ESQUEDA, Marileide. *O tradutor Paulo Rónai: O desejo da tradução e do traduzir*. Campinas: IEL, Unicamp, 2004. (Doutorado em Linguística Aplicada.)

SPIRY, Zsuzsanna Filomena. *Paulo Rónai: um brasileiro made in Hungary*. São Paulo: FFLCH-USP, 2009. (Mestrado em Estudos Linguísticos e Literários em Inglês.)

Periódicos

Cadernos de Literatura brasileira: *João Guimarães Rosa*, n. 20-21. São Paulo: Instituto Moreira Sales, dez. 2006.

Cadernos do CHDD. *Brasília*. Funag, ano V, n. 9, 2006.

Correio da Manhã, 29 maio 1954.

Diário de Notícias, 12 maio 1946; 10 fev. 1957.

Diretrizes, 30 abr. 1942.

Letras e Artes, 16 maio 1948.

Artigos, reportagens e entrevistas

ANDRADE, Carlos Drummond de. "Mestre-aprendiz". *Correio da Manhã*, Primeiro Caderno, Crítica de Domingo, 16 fev. 1957.

_____. "Rónai, brasileiro". *A Tribuna*, 4 mar. 1961.

_____. "Paulo no sítio Pois É". *Jornal do Brasil*, 12 abr. 1977.

ASCHER, Nelson; LEITE NETO, Alcino. "Faz 50 anos que o tradutor e ensaísta chegou ao Brasil". *Folha de S.Paulo*, 27 abr. 1991.

"A TRADUÇÃO premiada". *Jornal do Brasil*, 25 abr. 1981.

BRUNN, Adam von. "Paulo Rónai: Documentos inéditos do Itamaraty". *Tradterm*, revista do Centro Interdepartamental de Tradução Terminologia da FFLCH-USP, São Paulo, n. 1, pp. 31-7, 1994.

CASTRO, Silvio. Entrevista a Silvio Castro. *Jornal das Letras*, jun. 1958.

CAVALCANTI, Waldemar. "Boletim literário". *Folha Carioca*, 30 set. 1944.

"CONCURSO e filhotismo". *Correio da Manhã*, 23 jun. 1957.

"CONFERÊNCIA". *Correio da Manhã*, 23 jul. 1941.

"D. *CASMURRO*, de Machado de Assis, estudado na Hungria". *Dom Casmurro*, 19 ago. 1939.

"ESTÁ no Rio o filósofo Paulo Rónai". *Correio da Manhã*, 14 mar. 1941.

ENEIDA. *Diário de Notícias*, 18 jun. 1957.

"ESPLENDORES da literatura magiar". *A Noite*, 21 mar. 1941.

"FORA do tempo e meio". *Correio da Manhã*, 30 nov. 1938.

GERSEN, Bernardo. "Um humanista moderno". *Diário de Notícias*, 6 jun. 1957.

LEITE, Sebastão Uchôa; LIMA, Luiz Costa. "Entrevista de Otto Maria Carpeaux". *José*, Rio de Janeiro, n. 1, jun. 1976.

LUCA, Tania Regina de. "A produção do Departamento de Imprensa e Propaganda (DIP) em acervos norte-americanos: estudo de caso". *Revista Brasileira de História*, São Paulo, v. 31, n. 61, 2011.

MARTINS, Wilson. "O homem e as línguas". *Estado de S. Paulo*, 29 jun. 1957.

"O DRAMA da tradução". *Jornal do Brasil*, 10 maio 1975.

"PAULO Rónai: vinte anos de Brasil". *Diário de Notícias*, 4 mar. 1961.

PERRONE, Charles. "Para apreciar Paulo Rónai e 'Notas para facilitar a leitura de *Campo Geral* de J. Guimarães Rosa'". *Matraga*, revista do Programa de Pós-Graduação em Letras da Uerj, Rio de Janeiro, Ed. Caetés, ano 9, n. 14, pp. 23-57, jan.-dez. 2002.

"PROF. Paulo Rónai assume Cátedra apontando soluções para ensino de grau médio". *Jornal do Brasil*, 31 out. 1958.

QUEIROZ, Rachel de. "Um corte de linho". *O Cruzeiro*, 12 abr. 1952.

RÓNAI, Paulo. "Latinidade na poesia de Augusto Frederico Schmidt". *O Jornal*, 29 jun. 1941.

_____. "O cacto roubado: Um livro do escritor tcheco Karel Capek". *Revista do Brasil*, ano IV, n. 41, pp. 14-9, nov. 1941.

_____. "A poesia de Carlos Drummond de Andrade". *Revista do Brasil*, ano VI, n. 56, dez. 1943.

_____. "A arte de contar em *Sagarana*". *Diário de Notícias*, 14 jul. 1946.

_____. "Do Ér ao Oceano". *Correio da Manhã*, 22 dez. 1946. (Reunido em *Como aprendi o português e outras aventuras*. Rio de Janeiro: Ministério da Educação e Cultura; Instituto Nacional do Livro, 1956.)

_____. "*A comédia humana* no Brasil: História de uma edição". *Travessia Brasil/ França*, revista do curso de pós-graduação em literatura brasileira da Universidade Federal de Santa Catarina (UFSC), p. 272, 1988-89.

SCHWARZ, Roberto. "Os primeiros tempos de Anatol Rosenfeld no Brasil". *Estado de S. Paulo*, 22 abr. 1984.

SOUZA, Eneida Maria de. "A Hungria/sertão de Guimarães Rosa". *Conexão Letras*, Porto Alegre, v. 10, n. 13, pp. 1-7, 2015.

Arquivos e acervos

Acervo Paulo Rónai. Sítio Pois É, Nova Friburgo (RJ)
Arquivo Histórico do Itamaraty
Associação Brasileira de Imprensa (ABI)
Fundação Biblioteca Nacional (Periódicos)
Fundação Casa de Rui Barbosa (FCRB)
Instituto de Estudos Brasileiros (IEB-USP)

Sites na internet

Casa Stefan Zweig: <www.casastefanzweig.org>
ARQSHOAH: <www.Arqshoah.com>
Academia Brasileira de Letras: <www.academia.org.br>
CPDOC FGV: <www.fgv.br/cpdoc>

Índice remissivo

Números de páginas em *itálico* referem-se a imagens e fotografias

A

ABI (Associação Brasileira de Imprensa), 130-1, 138, 244
Abrates (Associação Brasileira de Tradutores), 293
Abreu, Casimiro de, 85
Academia Brasileira de Letras (ABL), 73, 76, 130, 132, 140, 157, *159*, 163, 169, 221, *222*, 228, 231, 273, 296, 322n
Academia de Letras e Ciências (São Paulo), 58
Academia do Paraná, 94
Academia e a poesia moderna, A (Del Picchia), 96
Academia Húngara de Ciências e Letras (Budapeste), 291
"Acalanto do seringueiro" (Mário de Andrade), 56, 79
Acosta, Walter, 288
"Adão e Eva" (Machado de Assis), 198
Adorno, Theodor, 262
Ady, Endre, 21-4, 36, 38, 109, 111, 158
Aîné, J. H. Rosny, 315n
Alemanha, 42, 49, 55, 62, 86, 87, 93, 104, 119, 144, 151, 169,
183, 206-7, 230; *ver também* nazismo; Terceiro Reich
alemão, idioma, 25, 29, 32-3, 54, 196, 217-8, 220, 246, 276
Alguma poesia (Drummond), 241
Aliança Francesa, 25, 30, 34, 58
Alkotmány utca (rua de Budapeste), 17-8, 26, 63, 119, 225, 251
Almeida, Manuel Antônio de, 195, 201, 259, 271
Almeida, Miguel Osório de, 158
Almeida Filho, Augusto de, 80-1
Alpes, 178
Altmann, Lotte, 172, 175, 177
Alto da Boa Vista (Rio de Janeiro), 127
Alvári, Mme., 147, 158
Alves, Castro, 78, 85
Amado, Jorge, 148, 154, 176, 195, 282
Amar, verbo intransitivo (Mário de Andrade), 194
América Latina, 181
Américo (cunhado de Paulo Rónai) *ver* Gárdos, Américo
Amor e psique (Apuleio), 255
"Amores da aranha, Os" (Bilac), 79
"Anatomia do lugar comum" (Rónai), 256
Andrade, Mário de, 56, 79, 81, 85, 131, 138, 150, 169, 177, 194, 324n
Andrade, Oswald de, 194

Andrade, Rodrigo de Melo Franco de, 131

Andromaque (Racine), 107

Anjo, O (Lima), 135

Anschluss (anexação da Áustria), 47

antissemitismo, 15, 44, 48-9, 62, 65-6, 150-1, 207, 299, 324*n*; *ver também* judeus; Holocausto

Antologia de poetas paulistas, 54, 70

Antologia do conto húngaro (org. Rónai), 266-8, 299

Antuérpia, 32

Apuleio, Lúcio, 255

árabe, idioma, 85

Aranha, Graça, 162

Aranha, Oswaldo, 61-2, 89-90, 92, 96, 102, 114, 137

Arany (poeta magiar), 24

Aredes, Andrea, 330*n*

Arendt, Hannah, 170

Argentina, 59, 125

Ariosto, Ludovico, 38

Aristófanes, 24

Aristóteles, 191

Arte de traduzir, A (Silveira), 255

artistas húngaros, 23-5

Ascher, Nelson, 223, 297, 318*n*

Ascher, Oscar, 226

"Aspectos da *Comédia humana* de Balzac I: Gênese e organização da *Comédia humana*" (Rónai), 220

"Aspiração à estrada de ferro" (Ribeiro Couto), 80

"Aspiração" (Oliveira), 79

Assis, Machado de, 51, 140, 150, 153, 198, 236, 257, 296

Associação Beneficente Israelita, 227, 229, 246

Associação de Estudantes (Paris), 31

Associação de Professores de Francês (Rio de Janeiro), 293

Associação dos Escritores Húngaros (Budapeste), 290

ateísmo de Paulo Rónai, 333*n*

Ateneu, O (Pompéia), 153

Athayde, Austregésilo de, 155

Augustus (navio), 292

Auréola cinzenta (Kosztolányi), 164

Auschwitz (campo de concentração), 206

Austrália, 50, 67, 81, 117, 298

Áustria, 47, 60, 62, 75, 93, 119, 172, 290

autores húngaros *ver* escritores e poetas húngaros

"Ave" (Lima), 95

Ave, palavra (Guimarães Rosa, org. Rónai), 275

Aymé, Marcel, 236

Azevedo, Aluízio, 153

Azevedo, Álvares de, 85

B

Babel & antibabel (Rónai), 295, 305

Babits, Mihály, 21, 24, 38, 73, 223

"Babits" (Rónai), 145

Baden Baden (Alemanha), 230

Baianinha e outras mulheres (Ribeiro Couto), 73

Bálint, Imre, 37, 63, 74-5, 87-9, 109, 117

Bálint, Jorge, 215

Balla, M., 104

Balogh, Joseph, 40, 110-2

Balzac e A comédia humana (Rónai), 221, 228, 330*n*

Balzac, Honoré, 11, 13, 26, 31-5, 203-5, 209, 219-23, 234, 236, 238,

249, 254, 286-7, 294, 299, 303, 308, 328-9n, 330n, 340n
Bandeira, Manuel, 71, 78-80, 85, 131, 135, 138-9, 157-8, 162, 215, 221, 243, 322n, 331n
Bangué (Lins do Rego), 170
banhos turcos, 18, 226
Bárány, Robert, 21
Barbosa, Francisco de Assis, 130, 155, 157-8, 322n
Barcelona, 327n
Barreto Filho, 151, 188
Barth, Edith, 183
Barthes, Roland, 261
Bartók, Béla, 20, 24
Bassarabescu, Ion A., 237
Bastide, Roger, 236
Baudelaire, Charles, 24, 34, 220
Beata Maria do Egito, A (Queiroz), 260
Beatriz (neta de Paulo Rónai), 294, 297
Beaumarchais, Pierre de, 32
Becher, Ulrich, 174
Békésy, Georg, 21
Bélgica, 206
Belgrado, 228
Belles Infidèles, Les (Mounin), 255
Belo, José Maria, 96
Belvarós (Budapeste), 40
Benedetti, Lucia, 259
Benoit, Pierre, 315n
Berlim, 86
Bernanos, Georges, 174
Bernheim, Hubert, 158, 197
Bertaso, Henrique, 234-6
Bérzsenyi Dániel (ginásio público de Budapeste), 19
Biblioteca Central (Paris), 31
Biblioteca da Academia Húngara de Ciências e Letras, 291

biblioteca de Paulo Rónai ("Brilhoteca"), 13, 37, 69, 135, 156, 171, 294, 297-8, 304-5, *310*
Biblioteca Nacional (Rio de Janeiro), 130, 138, 148, 161, 205, 329n
Biblioteca Pública (São Paulo), 286
Bilac, Olavo, 54, 71, 78-9, 85, 317n
Bilden, Rudiger, 84, 319n
Bizzarri, Edoardo, 276
Blonde Venus (filme), 42
Boccaccio, Giovanni, 200, 217, 315n
Bodenlos: Uma autobiografia filosófica (Flusser), 183
Bogotá, 230
Boneco de neve, O (Molnár), 163
Bopp, Raul, 258
Borgonha, 178
Botafogo (Rio de Janeiro), 147
Boulevard St. Germain (Paris), 30
Braga, Dominique, 50, 76
Braga, Rubem, 176, 282, 285, 288
Brahma, bar (Rio de Janeiro), 194
Branquinho, Carlos Teixeira, 213
Brasil, Bosco, 317n
Brasil e brasileiros de hoje (enciclopédia), 288
"Brasil mais perto de nós, O" (Bálint), 75
Brasil, país do futuro (Zweig), 175-6
Brassaï, 24
Brazilia üzen (Bálint), 89
Brazilia üzen: Mai Brazil költök ver *Mensagem do Brasil: Os poetas brasileiros da atualidade* (org. Rónai)
Brejo das almas (Drummond), 241
Bretanha, 178
Breuer, Marcel, 24
Brill, Alice, 174
Britannicus (Racine), 107
Brito Broca, 219, 282

Bruges, 32

Bruxelas, 32

Buda (parte antiga de Budapeste), 18, 25, 104, 212, 291

"Budapest, a cidade dos cafés" (Rónai), 163

Budapeste, 11, 13, 17-20, 23, 25, 27, 31-4, 38-9, 41-4, 45, 46, 48, 52, 54-5, 58, 61-2, 65-6, 75, 79, 82, 86, 94-5, 100, 104-5, 110, 112, 114, 116-7, 119, 126, 132, 135, 150, 152, 157, 161, 163, 190-1, 193, 195, 203, 206, 208-9, 213, 215, 222, 225-6, 244, 254-6, 280, 288, 290, 294, 302, 308, 313n; *ver também* Peste (parte jovem de Budapeste)

Budapeste 1900 (John Lukács), 313n

Budapesti Kurir (jornal), 41, 45, 50, 59, 67

Buenos Aires, 172

Buescu, Victor, 238, 332n

Bulgária, 81

Buzzati, Dino, 236

C

"Cabeças" (conto judaico), 218

Cabo de Hornos (navio), 122, 243

Cabocla (Ribeiro Couto), 73, 318n

Cabral de Melo Neto, João, 290, 338n

Cacto roubado, O (Capek), 145

Cadernos de Literatura (Instituto Moreira Salles), 339n

Cádiz, 122

Caetés (Ramos), 148

Café Szabadság (Budapeste), 109, 118-9

cafés de Budapeste, 18, 313n

Calabrò, Paolo, 38

Callado, Antônio, 260, 288

Calunga (Lima), 134-5, 153

"Caminhante que há de vir, O" (Meireles), 79

Caminho para a distância, O (Moraes), 148

Camões, Luís de, 76, 84, 179

campo de trabalho de Háros-Szigeti, 14, 105, 106, 109, 115, 300

Campo geral (Guimarães Rosa), 271-2, 294

campos de concentração, 62, 104, 206, 215-6

Campos, Francisco, 167-8

Canadá, 319n

Cancioneiro de dom Afonso (Ribeiro Couto), 97

Candido, Antonio, 232

Capanema, Gustavo, 89, 137-8, 140, 190-3, 210

Capek, Karel, 145

"Cárcere das almas" (Cruz e Sousa), 79

Cardoso, Lúcio, 148, 154

"Cariátide" (Manuel Carlos), 53, 80

Carioca (revista), 140

Carioca Honorário (título dado a Paulo Rónai em 1981), 293

Carlos V, rei da Espanha, 29

Carnaval, 168, 175

Carnaval carioca, 189

Carneiro, Levi, 158, 159, 162, 169, 173

Caro, Herbert, 296

Carpeaux, Otto Maria, 174, 194, 196-8, 200-1, 260

Carpenetto, 315n

"Carta a Stalingrado" (Drummond), 327n

cartão de visitas de Paulo Rónai, *44*
Cartas a um jovem poeta (Rilke), 240
"Cartas a V. S." (Carvalho), 79
Cartas de Inglaterra (Eça de Queirós), 121
"Cartomante, A" (Machado de Assis), 198
Carvalho, Aracy Moebius de, 230, 338*n*
Carvalho, Ronald de, 76, 78
Carvalho, Vicente de, 54, 79, 81, 85, 317*n*
Casa-grande & senzala (Freyre), 148
Casais Monteiro, Adolfo, 122
Cascatinha da Tijuca (Rio de Janeiro), 127
Cassino da Urca (Rio de Janeiro), 198
Castelo Real (Budapeste), 18
catolicismo/católicos, 148, 151
Catulo, 19
Cavalcanti, Waldemar, 210, 219
Cavalheiro, Edgar, 254
Céline, Louis-Ferdinand, 42
"Cem maneiras de estudar idiomas, As" (Rónai), 256
Cem melhores poesias da língua italiana, As (antologia), 51
Cem melhores poesias da língua portuguesa, As (antologia), 52
Cervantes, Miguel de, 120, 217
César Birotteau (Balzac), 34
César, Júlio, 19
Chanson de Roland, La (épico francês), 33
Chantilly (França), 32
Chão de França (Ribeiro Couto), 73
Chaplin, Charles, 239
Chateaubriand, Assis (Chatô), 131
Chevalier de L'Ordre National du Mérite (condecoração francesa), 293

Chile, 50
Chrestomathie Hongroise (manual húngaro), 336*n*
Cícero, 19, 33, 34, 279
Cidadão Kane (filme), 168
cientistas húngaros, 21, 166
Cigarra, A (revista), 71
"Cinco sentidos, Os" (Garrett), 53
Cine Plaza (Rio de Janeiro), 168
Cinza do purgatório, A (Carpeaux), 198
Civilisation (Duhamel), 33
Clemenceau, Georges, 93
CLT (Consolidação das Leis Trabalhistas), 141
Clube das esposas enganadas (Ribeiro Couto), 73
Coelho Neto, 71
Coeur et les chiffres, Le (Imann), 31
Coeur simple, Un (Flaubert), 34
Colégio Benjamin Batista (Rio de Janeiro), 152
Colégio Paiva e Souza (Rio de Janeiro), 197
Colégio Pedro II (Rio de Janeiro), 243, 248-51, 253-4, 279, 286, 294, 296, 304, 308
Colômbia, 50, 81
Colônia (Alemanha), 32
"Com o russo em Berlim" (Drummond), 327*n*
Comédia humana, A (Balzac), 11, 219-21, 235-6, 242, 299, 330*n*, 332*n*
Comédie Française (Paris), 32, 58
Comentário (revista), 288
Como aprendi o português e outras aventuras (Rónai), 106, 256-8, 317*n*
Companhia Editora Nacional, 154, 165, 189, 204, 245

Compromisso austro-húngaro (1867), 314n
"Conceito de beleza em *Mar absoluto*, O" (Rónai), 239
"Concurso e filhotismo" (Eneida de Morais), 250
Conde de Abranhos, O (Eça de Queirós), 121
Condenados, Os (Oswald de Andrade), 194
Conferência de Evian (1938), 65
Confession de minuit (Duhamel), 32
Conselheiro Paulino (Nova Friburgo), 279, *281*
"Consolações do caboclo devoto" (Ribeiro Couto), 97
Contes de la bécasse, Les (Maupassant), 32
"Conto da Semana" (coluna no *Diário de Notícias*), 146, 236-7
"Conto de Escola" (Machado de Assis), 198
Conversa inocente (Ribeiro Couto), 73
Copacabana (Rio de Janeiro), 127, 132-3, 145, 202, 246, 279, 297, 322n
Copacabana Palace, 296
Corcovado (Rio de Janeiro), 127
Cordisburgo, mestre de, 29
Corneille, Pierre, 190
Corpo de baile (Guimarães Rosa), 260, 265-6, 269, 271
Corrêa Júnior, 54, 74, 80, 85
Correa, Fernando Dias, 322n
Correia, professor, 250
Correio da Manhã (jornal), 54-5, 67, 70, 78, 127, 158, 175, 194-5, 238, 250, 253, 257, 286, 317n
Correio do Povo (jornal), 337n
Correio Paulistano (jornal), 71
Cosme Velho (Rio de Janeiro), 126

Costa, Dante, 130, 158, 166, 169
Costa Filho, Odylo, 130, 155
Costa Rica, 81
Cousine Bette, La (Balzac), 26
Coutinho, Afrânio, 84, 248, 250-1, 288
Couto, Ribeiro, 11, 51, 54, 69-78, 80-1, 86, 89-92, 94-7, *98*, 99-102, 108, 114, 118, 125, 127, 129, 130, 135, 139, 150, 157-8, 164, 170, 197-8, 207-9, 212, 225-6, 228-9, 238, 241, 246, 249, 251, 259-60, 262-4, 276, 283-5, 300, 302, 318n, 322n, 331n
Crawford, Joan, 42
Crime do estudante Batista, O (Ribeiro Couto), 208
Crime et châtiment (Dostoiévski), 34
"Crítica de Domingo" (coluna no *Correio da Manhã*), 257
crítico literário, Paulo Rónai como, 90, 224, 299, 301
Croácia, 47, 243, 292
Cruls, Gastão, 154
Cruz e Sousa, 79, 81, 85
Cruz Flechada (partido húngaro), 49, 207
Cruz Vermelha, 191, *192*, *193*, 214
Cruzeiro, O (revista), 231, 247
Csokonai (poeta magiar), 24
cultura brasileira, 54, 83, 100, 186
cultura húngara, 25, 40, 313n
Cunha, Euclides da, 153
Cunha, Vasco Leitão da, 167-70, 190, 325n

D

Daniel Filho, 317n
Dantas, Pedro, 323n

Dantas, San Tiago, 205
Dante Alighieri, 315*n*
Dante Alighieri, 24
Danúbio, rio, 14, 17-9, 22, 37, 103-4,
  108, 215, 290, 300
Dárányi, Kálmán, 49
Darlan, François, 197
Daudet, Alphonse, 34
De Luca, Tania Regina, 325*n*
Debrot, professor, 250
Debrun, Michel, 335*n*
"Declaração" (Zweig), 171-2, *173*,
  326*n*
"Defesa e ilustração do trocadilho"
  (Rónai), 256
Del Picchia, Menotti, 74, 79, 81,
  85, 88, 94, 96, 114, 139, 153,
  155, 169
Departamento de Imprensa e
  Propaganda (DIP), 88, 139, 144,
  147, 151, 155, 164, 169
Departamento de Propaganda e
  Difusão Cultural (DPDC), 139
Departamento Nacional de
  Propaganda (DNP), 139
"Depois que Barcelona cair"
  (Drummond), 189-90, 327*n*
Deux Maîtresses, Les (Musset), 32
Dévény (Hungria), 21-2
Dia longo (Ribeiro Couto), 229
dialetos africanos, 85
"Diálogo da felicidade" (Ribeiro
  Couto), 80-1, 226-7
Diário de Notícias (jornal), 146, 232,
  236-9, 250, 255, 258, 262, 265,
  269, 282-3, 285-6
diário de Paulo Rónai, 12-4, 17, *27*,
  30-1, 33-4, *35*, 38, 42, 46-7, 50,
  55, 58-9, 63, 75-6, *77*, 78-9, 81-
  2, 87, 90, 92-4, 96, 102-6, 108,
  110, 115-6, 118, 120, 122, 126, 142,

144-6, 150, 152-3, 156, 159, 163-4,
  165, *166*, 167-9, 188, 196-8, 200,
  203, 209, *211*, 218, 234, 244-6,
  248, 281, 297-8, 300, 328*n*
Diário de São Paulo (jornal), 232
Dias, Cícero, 324*n*
Dias, Gonçalves, 85
*Dicionário universal Nova Fronteira
  de citações* (Rónai), 295
Dickens, Charles, 204, 236, 315*n*
Diderot, Denis, 220
Dietrich, Marlene, 42
Dines, Alberto, 176, 183
Diretrizes (revista), 163-4, 166
Disney, Walt, 170
Distrito Federal *ver* Rio de Janeiro
Divisão de Cooperação Intelectual
  do Ministério das Relações
  Exteriores, 102, 160, 190;
  ver também Ministério das
  Relações Exteriores; Serviço
  de Cooperação Intelectual
"Do caderno de um estudioso de
  idiomas" (Rónai), 256
Dois mundos (Buarque de Holanda),
  260
Dom Casmurro (Machado de Assis),
  50-1, 76, 257
Dom Casmurro (revista), 145, 163
"Dos monólogos de um professor
  de línguas" (Rónai), 256
Dostoiévski, Fiódor, 34, 204, 237
Dragão dengoso, O (filme), 170
Dreyfus, Alfred, 176
Drummond de Andrade, Carlos,
  12, 14, 74, 79, 85-6, 94, 132, 137,
  144, 152, 158, *159*, 162, 176, 189-
  91, 193, 196, 200-3, 205, 210,
  219, 238, 240-1, 249, 253, 255,
  257, 260, 271, 281-2, 285, 302-3,
  307, 323*n*, 327*n*, 331-2*n*, 340*n*

Drummond de Andrade, Maria
Julieta, 296
Du Gard, Roger Martin, 42
Duhamel, Georges, 32-3, 37
Dutra, Osório, 76, *287*

E

Éclogas (Virgílio), 34
Ediouro (editora), 295
Editora Atlântica (Rio de Janeiro),
200, 204, 208
Editora Casa do Estudante do
Brasil (Rio de Janeiro), 201
Editora do Autor (Rio de Janeiro),
285, 288
Editora Guanabara, 172
Editora José Olympio *ver* Livraria e
Editora José Olympio (Rio de
Janeiro)
Editora Nacional *ver* Companhia
Editora Nacional
educação e currículos escolares na
Hungria, 20
Egito, 217
Eichmann, Adolf, 206
"Elegia para uma rapariga doente"
(Ribeiro Couto), 75
Enciclopédia Britânica, 288
Encontros com o Brasil (Rónai), 240,
259-60, 317*n*
"Encontros de guaranis e tapuias"
(Ribeiro Couto), 97
Eneida (Virgílio), 104, 149
"Entre Santos" (Machado de Assis),
198
"Escândalo" (Setúbal), 80
Esclusa, L' (Pirandello), 46
Escola de tradutores (Rónai), 255,
334*n*

escritores e poetas húngaros, 21, 24,
36, 38, 145, 163, 263
Eslováquia, 47, 60
Esopo, 217
Espanha, 115, 120, 207, 294
espanhol, idioma, 29, 84-5, 146,
220, 253
Esqueda, Marileide, 330*n*
Esqueleto na Lagoa Verde (Callado),
260
"Esquema de partilha e publicações
das obras de João Guimarães
Rosa" (documento), 337*n*
"Essa nega fulô" (Lima), 56, 79, 85
"Está no Rio o filólogo Paulo Rónai"
(entrevista no *Correio da
Manhã*), 127, *128*
Estado de S. Paulo, O (jornal), 131,
139, 183, 220, 255, 259, 265, 270,
274, 286, *287*, 330*n*, 337-9*n*
Estado Novo, 63, 88, 138, 151, 155,
175-6, 323*n*, 327*n*
Estados Unidos, 65, 120-1, 169, 172,
181, 207, 294
Estas estórias (Guimarães Rosa, org.
Rónai), 274
Estevão (marido de Eva Rónai) *ver*
Soltész, Estevão
Estocolmo, 229
"Estórias de *Tutameia*, As" (Rónai),
274
Estrela da vida inteira (Bandeira),
138
Estrela sobe, A (Rebelo), 195
Estrela Solitária (Schmidt), 148
*Eu sou trezentos: Mário de Andrade,
vida e obra* (Jardim), 324*n*
Europa, 15, 20-3, 25, 30, 50, 55, 63,
65-6, 82-3, 87, 90-1, 93, 120, 125,
127, 129, 133, 137, 144, 149, 156,
160, 172, 174-5, 180, 182-3, 192,

196-7, 204, 225, 227, 229, 265,
282, 289, 294, 298, 307-8
"European's Impression of Rio in
1941, A" (Rónai), 169
Exército húngaro, 45
Exército Vermelho, 197, 209
exilados pela guerra *ver* refugiados
Express du matin (jornal), 41
Ey, Luísa, 52, 54, 57

F

Faculdade de Filosofia da
Universidade Pázmany Péter
(Budapeste), 19
Faculdade de Filosofia e Letras da
Universidade Eötvös Lóránd
(Budapeste), 290
Faculdade Getúlio Vargas (Rio de
Janeiro), 233
Faculdade Nacional de Filosofia
(Rio de Janeiro), 205
Faguet, Émile, 33
Farkas, Desidério, 189
Farkas, Thomas, 189
fascismo, 49, 207
favelas, 79
Fáy, David, 195, 201
Fazekas, Estevão, 165
Federação Internacional de
Tradutores, 293
Fejér, Lipót, 24
Ferenczy, Károly, 24
Ferreira, Ascenso, 157
Ferreira, Octalles Marcondes, 154
Fialho, Otávio, 75, 78, 82, 86, 89-
90, 92, 94-5, 99-100, 102-3, 108,
113-4, 160-2, 168, 195, 300
Figueiredo, Guilherme, 194
"Filho pródigo, O" (Lima), 79

filólogo, Paulo Rónai como, 12, 19,
33, 35, 53, 218, 223, 233, 260,
270, 276-7, 283, 299, 301
finlandês, idioma, 29
Fiúme (Itália/Croácia), 243, 280, 292
Flamengo (Rio de Janeiro), 123, 125-
7, 129, 147, 170, 188, 196
Flaubert, Gustave, 34, 194, 204
Floresta da Tijuca (Rio de Janeiro), 127
Flusser, Vilém, 183-6, 337n
Folha de S.Paulo (jornal), 314n, 318n,
323n
Fontainebleau, 32
Fontoura, João Neves da, 168, 230
"Fora do tempo e meio" (matéria do
Correio da Manhã), 67, 68, 69
Fotoptica (São Paulo), 189
França, 23, 36, 39, 46, 51, 95, 103,
152, 183, 206, 220, 280, 291,
293, 301, 307
France, Anatole, 41, 194
francês, idioma, 13, 25-6, 29, 31, 34,
36, 38-41, 44, 50-1, 59, 71, 75, 79,
85, 87, 107, 146, 147, 152, 157, 167,
182, 191, 195, 198-9, 208, 218,
222, 224, 244, 251, 253, 280, 287,
289, 293, 301, 304, 340n
François-Primo, Jean, 39
Frankfurt, 32
Freire, Ernani, 191
Freud, Sigmund, 36
Freyre, Gilberto, 131, 148, 154, 319n
Furtado, Celso, 237

G

Gabinete de Identificação, 142, 147
Gábor, Dennis, 21
Gainesville (Flórida), 271, 294
Gáldi, László, 100

Garbo, Greta, 42
Garcia, Rodolfo, 130, 243
Gárdonyi, Géza, 263
Gárdos, Américo, 104, 119, 207, 225,
    233, 244, 289, 297
Gargantua (Rabelais), 33
Garrett, Almeida, 53
Gautherot, Marcel, 174
Gazette de Hongrie (revista), 164
Gelléri, Endre, 37, 63, 215, 263-
    4, 299
Genebra, 102, 209, 290
Gênova, 34, 292
Geórgicas (Virgílio), 187
Gersen, Bernardo, 258
Gestapo, 206, 212-3, 216
Gide, André, 34
Ginásio Metropolitano (Rio de
    Janeiro), 152, 163, 242
Giulio Cesare (navio), 289
Globo (editora) *ver* Livraria e
    Editora Globo (Porto Alegre/
    Rio de Janeiro)
Globo, O (jornal), 177, 293
Glória (Rio de Janeiro), 202
Gödöllö (Hungria), 104, 117
Goebbels, Joseph, 62
Goethe, Johann Wolfgang von, 220
Goldoni, Carlo, 38
golpe militar (1964), 289
Gomes, Eugênio, 220, 243
Görgen, Herman, 174
Graça Aranha, Teresa Maria, 153
Graça Aranha, Themístocles da,
    126, 153, 167
Gracie, Samuel de Souza Leão, 60-1,
    75, 78, 86
*Gradus primus: Curso básico de
    latim I* (Rónai), 201, 287
*Gradus secundus: Curso básico de
    latim II* (Rónai), 209, 287

Grand Dictionnaire français-hongrois
    (Sauvageot), 40
Grande Hotel (filme), 42
Grande Hotel da Ilha Margarida
    (Budapeste), 290
Grande sertão: veredas (Guimarães
    Rosa), 260, 269-70
"*Grande sertão: veredas*" (Rónai), 270
"Gravado na pedra" (Rónai), 240
grego, idioma, 20, 25, 100, 205, 218
Grilo, Heitor Vinícius da Silveira,
    133
Groenlândia, 178
Grünfeld, família, 243-5
Grünfeld, Judite, 243
Gueto de Varsóvia, 320n
Guimarães, Alphonsus de, 96
Györgyi, Szent, 166

H

Habsburgo, dinastia, 18
Haia, 70, 73, 95
Hamburgo, 230
Háros-Szigeti, ilha de, 104, *109*, 112,
    115, 265
Harsányi, Zsolt, 163
Hawelka, Pierre, 287, 289
hebraico, 294
Heine, Heinrich, 19
Herczeg, Ferenc, 158
Héritage, L' (Maupassant), 32
Hertz, Geraldo, 201
História da inteligência brasileira
    (Martins), 324n
História da literatura brasileira (org.
    Álvaro Lins), 242
Histórias escolhidas (Fagundes
    Telles), 286
Hitler, Adolf, 15, 42, 47, 93, 299

Hoch, sr., 117
Hofer, Charles, 208
Hoffer, Johannes, 178, 179
Holanda (Países Baixos), 70, 73, 95, 206
Holanda, Aurélio Buarque de, 11, 131-2, 134, 145-6, 154-5, 164, 169, 191, 194, 197, 200, 209-10, 217, 218-9, 236-7, 241, 243, 249-50, 253, 259-60, 268, 271, 282, 284, 289, 296-7, 299, 302, 328n
Holanda, Marina Buarque de, 209, 217, 245
Holanda, Sérgio Buarque de, 131, 138, 169, 243
holandês, idioma, 29
Hollywood, 42
Holocausto, 62, 206, 213
Homem na multidão, Um (Ribeiro Couto), 76
Homens contra Babel (Rónai), 295
"Hora vergiliana" (Schmidt), 149
Horácio, 19, 32, 45, 149
Horthy, Miklós, 48
Hotel Elite (Rio de Janeiro), 126, 202
Hotel Quitandinha (Petrópolis), 245
Hotel Vistamar (Rio de Janeiro), 202, 204, 208, 228, 328n
Hugo, Victor, 32, 34, 41, 44
húngaro, idioma, 13, 19, 25, 27, 28-31, 37, 51-3, 55, 67, 69, 78-9, 90, 95, 97, 100, 129, 147-8, 150, 160, 165-7, 195, 198-9, 201, 209, 211, 218, 244-6, 267, 290, 301, 308, 314n, 336n; *ver também* literatura húngara/magiar
Hungria, 11, 13-5, 21-5, 36, 38, 40-2, 44, 46-9, 60-2, 67, 69, 75-6, 80, 82, 84, 87, 89-91, 93, 95-6, 99-100, 104, 108, 111, 119, 121-2, 125, 132, 134, 137, 144, 148, 150, 152, 155-8, 160, 162-3, 167, 169, 179, 181, 188-90, 197-9, 201, 206-9, 213, 215-6, 227, 229, 234, 246, 254-5, 264, 266, 268, 282, 286, 289, 291, 293, 296, 299, 301, 304, 307, 314n; *ver também* Budapeste
Hunyady, Alexandre, 163

I

Ilha do Governador (Rio de Janeiro), 228, 233-4, 235, 242-7
Illusions perdues (Balzac), 34
Imann, Georges, 31
Immoraliste, L' (Gide), 34
Império Austro-Húngaro, 18, 47, 174; *ver também* Áustria; Hungria
"Impressão sobre a poesia de Cecília Meireles, Uma" (Rónai), 240
In silenzio (Pirandello), 42
Infância (Ramos), 238
Inglaterra, 87, 169, 172, 183, 319n
inglês, idioma, 67, 169, 182, 218, 253
Instituto Brasileiro-Judaico de Cultura e Divulgação, 288
Instituto de Estudos Brasileiros, 337n
Instituto Italiano de Cultura (Budapeste), 38
Instituto Luso-Brasileiro (Toulouse), 340n
Instituto Moreira Salles, 339n
Instituto Nacional do Livro, 88, 138, 140, 155, 205, 210
intelectuais brasileiros, 155
intelectuais húngaros, 23-5

Ipanema (Rio de Janeiro), 127
Islândia, 50
Itália, 99, 103, 151, 169, 183, 292, 307
italiano, idioma, 29, 34, 36, 38, 41,
    43, 53, 59, 107, 147, 182, 218
Itamaraty, 73, 82, 100, 126, 130, 198,
    230; *ver também* Ministério das
    Relações Exteriores
Iugoslávia, 58, 81, 144, 292
Ivo, Lêdo, 236

J

Japão, 298
Jardim das confidências (Ribeiro
    Couto), 75-6
Jardim de Luxemburgo (Paris), 32
Jardim, Eduardo, 324n
Jardim, Luís, 154, 217
Jesus Cristo, 134
João Miguel (Queiroz), 148
Joias da família, As (Hunyady), 163
Jornal do Brasil, 73, 147, 255
Jornal do Commercio, 71, 145
Jornal, O, 148
José (Drummond, org. Rónai), 241,
    255
Jouvet, Louis, 174
Joyce, James, 266
Juca Mulato (Del Picchia), 81, 85
judeus, 12, 14, 18, 25, 46, 48-9, 60-
    6, 71, 88, 93, 96, 103-5, 107,
    114, 117, 133, 150, 152, 170, 176,
    183, 186, 189, 195, 198, 206-
    7, 212-3, 215-6, 230, 244, 252,
    263, 314n, 320n; *ver também*
    antissemitismo; Holocausto
Julia (neta de Paulo Rónai), 297
Junqueiro, Guerra, 111

K

Kafka, Franz, 44, 237
Kálmán (marido de Catarina Rónai),
    244, 284
Kálmán, Emmerich, 24
Kálmán, Imre, 115
Karam, Francisco, 80, 151, 188
Kathasaritsagara (coletânea hindu),
    208
Keleti, estação (Budapeste), 290
Keller, Gottfried, 33, 255
Kemény (jovem húngaro), 117
Kertész, André, 24
Klagsbrunn, Kurt, 322n
Klári, Betz, 60
Kleist, Heinrich von, 217
Koogan, Abrahão, 172
Kosztolányi, Dezsö, 21, 36-7, 52, 71,
    164, 189, 236, 263
Krúdy, Gyula, 21, 236, 263
Kupferschmied, Martha, 46, 60,
    121, 290

L

Lacerda, Félix de Barros Cavalcanti
    de, 101
Laços de família (Lispector), 286
Lafer, Celso, 171
Lapa (Rio de Janeiro), 177, 189, 197,
    202
Laranjeiras (Rio de Janeiro), 126-7,
    147, 150, 152, 169
latim, 19-20, 25, 29, 34, 38, 39, 41,
    52, 85, 100, 145-6, 148, 150, 152,
    157, 197, 201, 205, 218, 224, 242,
    248, 256, 273, 281, 283, 287,
    295, 297, 308

"Latinidade na poesia de Augusto Frederico Schmidt" (Rónai), 148

Leal, José Simeão, 243, 263

Lei 3.175 (7/4/1941, sobre estrangeiros no Brasil), 142-, 151-2

Leis de Nuremberg, 49, 316*n*

Leite Filho, Solidônio, 324*n*

Leite Neto, Alcino, 297, 318*n*

Leiteria Ouvidor (Rio de Janeiro), 188

"Leituras e releituras francesas" (Rónai), 256

"Lembrança de Cecília Meireles" (Rónai), 240

Leprévost (diplomata francês), 152

Letras e Artes (jornal), 256

"Libertino penitente" (Karam), 80

Liceu Anglo-Americano (Rio de Janeiro), 152

Liceu Bérzsenyi (Budapeste), 38, 43

Liceu Francês (Montevidéu), 58

Liceu Franco-Brasileiro (Rio de Janeiro), 152, 157, 163, 188, 197, 200, 205, 242

Liceu Glücksthal (Budapeste), 38

Liceu Kölcsey (Budapeste), 43

Liceu Markó (Budapeste), 38, 43

Liceu Metropolitano (Rio de Janeiro), 152, 188, 198

Lima, Alceu Amoroso, 148

Lima, Herman, 335*n*

Lima, Jorge de, 55-6, 79, 81-2, 85, 87, 94-5, 134-5, 137, 147, 153, 158, 170, 194, 197, 243, 259-60, 303, 323*n*

Lima Sobrinho, Barbosa, 73

língua portuguesa *ver* português, idioma

"Língua portuguesa, A" (Seixas), 80

"Línguas que não aprendi, As" (Rónai), 106

línguas neolatinas, 19, 33, 35

Lins, Álvaro, 242-3, 248, 253

Lins, Osman, 236

Lipótváros (Budapeste), 18

Lira dos cinquent'anos (Bandeira), 138

Lisboa, 120-3, 195, 207, 213, 225, 289

Lispector, Clarice, 276, 286

literatura brasileira, 50-2, 54, 71, 78, 83-4, 96, 127, 149, 161, 210, 248, 260, 262, 290, 294-6, 301; *ver também* poesia brasileira

literatura húngara/magiar, 20-1, 40, 100, 130, 157, 197, 263-4, 288, 296; *ver também* húngaro, idioma

"Literatura da Hungria" (Rónai), 145

literatura mundial, 11, 218-9, 223, 261, 299

Livraria Católica (Rio de Janeiro), 148

Livraria e Editora Globo (Porto Alegre/Rio de Janeiro), 203-4, 219-21, 228, 234, 236, 242, 330*n*

Livraria e Editora José Olympio (Rio de Janeiro), 153-4, 169, 177, 194, 200, 202, 204, 217, 275, 329*n*; *ver também* Olympio, José

Livraria Kosmos (Rio de Janeiro), 150, 154, 328*n*

Livro de Isa (Seixas), 150

Lobato, Monteiro, 131, 140, 154, 285

Londres, 37

Longe (Ribeiro Couto), 285

Louvre (Paris), 32

Lucrécio, 34

Lugar ao sol, Um (Verissimo), 147, 153

Lukács, Georg, 24, 262

Lukacs, John, 313*n*

Lukács, Márton, 200, 245-6
Lukács, Mme., 59
Lusíadas, Os (Camões), 76, 179
Luxemburgo, 32

M

Maceió (AL), 134
Machado, Aníbal, 154, 237
Madách, Imre, 127, 295
Madame Butterfly (ópera), 32
Madri, 120
Magalhães Jr., Raimundo, 144, 154, 323n
Magalhães, Raimundo, 130
Magda (primeira esposa de Paulo Rónai) *ver* Péter, Magda
magiar *ver* húngaro, idioma; literatura húngara/magiar
Magma (Guimarães Rosa), 231
Maias, Os (Eça de Queirós), 121
Maistre, Xavier de, 31
Malamud, Samuel, 172
Malasarte (Lima), 194
Maleita (Cardoso), 148
Mandarim, O (Eça de Queirós), 76, 121
Manhã, A (jornal), 139
Mann, Thomas, 36, 172, 203
Manoela (neta de Paulo Rónai), 297
Mansfield, Katherine, 200
Manuel Carlos (poeta), 53, 80, 85
Manzon, Jean, 174
Maquiavel, Nicolau, 217
Mar absoluto e outros poemas (Meireles), 239-40, 260
Mar de histórias (org. Rónai e Holanda), 11, 146, 207, 217, 236-7, 254, 279, 286, 295, 299, 303, 328-9n

Mar morto (Amado), 195
Maranhão, 195
Marcier, Emeric, 147, 154, 170-1, 174, 194
Marcondes Filho, 210
Mariano, Olegário, 78
Marinetti, Filippo Tommaso, 42, 63
"Marinheiro triste" (Bandeira), 79
Marion des neiges (Martet), 37
Marselha, 73
Martet, Jean, 37
Martha (namorada de Paulo Rónai) *ver* Kupferschmied, Martha
Martim Cererê (Cassiano Ricardo), 85, 155
Martins, Luis, 237
Martins, Wilson, 258-9, 324n, 334n
Martins Moreira, Thiers, 144, 152
"Mas viveremos" (Drummond), 327n
Matarazzo, família, 248
Matos, Lobivar, 80-1
Maupassant, Guy de, 31-2, 44, 204, 236-7
Mauriac, François, 42
Medalha Machado de Assis (Academia Brasileira de Letras), 296
Médecin de campagne, Le (Balzac), 34
Méier (Rio de Janeiro), 152, 157, 188
Meireles, Cecília, 12, 79-80, 85-6, 94, 96, 132-3, 153, 159, 168-70, 194-6, 239-41, 249, 260, 271, 276, 288, 302-3, 322n, 332n
Mello, Arnon de, 243
Mello Franco, Afonso Arinos de, 324n
Melo Neto, Arquimedes de, 201
Memórias de um sargento de milícias (Almeida), 195, 208

Mendes, Murilo, 134, 154, 243, 338n
Meninos da rua Paulo, Os (Molnár),
236, 254-5, 263
*Mensagem do Brasil: Os poetas
brasileiros da atualidade* (org.
Rónai), 80, 82, 85-7, 89-91, 94,
100, 148, 160, 210, 215, 264,
287, 308
Mérimée, Prosper, 220
Mesquita, família, 323n
Mesquita, Júlio, 131
"Mestre aprendiz" (Drummond),
258
México, 237
Meyer, Augusto, 138, 155, 205, 243
Meyer-Clason, Curt, 276, 337n
Michaelis de Vasconcelos, Carolina,
52
Mikszáth, Kálmán, 36
Milano, Dante, 77, 198
Milliet, Sérgio, 243, 286
Minas Gerais, 73, 94, 231
"Minha mãe, A" (Heine), 19
Ministério da Defesa Nacional, 112
Ministério da Educação, 67, 89,
139-40, 144, 152, 162, 190, 210,
242, 263
Ministério da Justiça, 142, 143,
168, 211
Ministério das Relações Exteriores,
11, 60, 63, 65-6, 73, 78, 82, 96-
7, 99-100, 108, 111-3, 126-7, 142,
151, 160, 162, 167, 190, 230
Ministério do Trabalho, 162, 166,
210, 242
Miomandre, Francis de, 51
"Mira-Celi" (Lima), 56, 79, 81
Miranda, Murilo, 194
"Mito" (Drummond), 238
"Moça da estaçãozinha pobre, A"
(Ribeiro Couto), 69-70, 80

"Moço do Rio" (Ribeiro Couto), 80
modernismo, 79, 85, 148, 194
Moholy-Nagy, Lászlo, 24
Molière, 32
Molnár, Ákos, 42, 63, 215, 254, 264,
299
Molnár, Ferenc, 21, 36, 158, 163, 236,
254, 263
Mon premier livre (Paulo e Nora
Rónai), 244-5
Montaigne, Michel de, 44
Monteiro, Clóvis, 243
Montello, Josué, 243
Montevidéu, 58
Moraes, João C. de, 86
Moraes, Vinicius de, 148, 323n
Moraes Neto, Prudente de, 131, 231
Morais, Ângelo Mendes de, 242
Morais, Eneida de, 250
Moreira, Álvaro, 188
Móricz, Zsigmond, 36, 158, 263
morte de Paulo Rónai (1992), 298
"Morte de Taguimegera, A" (Matos),
80
Moses, Herbert, 131
Moulin Rouge (Paris), 32
Mounin, Georges, 255
Mozart, Wolfgang Amadeus, 170
Mulato, O (Azevedo), 153
Mulher ausente, A (Nery), 156
Munique, 30, 59, 120
Munk, Paulo, 200
Munkácsi, Márton, 24
Munthe, Axel, 237
Muricy, Andrade, 151, 158, 188
Musée Indochinois (Paris), 32
Música ao longe (Verissimo), 153
Musset, Alfred, 32

N

Nagy, Zoltán, 87-8
Não perca seu latim (Rónai), 295
nascimento de Paulo Rónai (1907), 17
Nath Horst (prêmio de tradução),
 293
naturalização brasileira de Paulo
 Rónai, 210-1, 265, 282, 302, 309
Naylor, Genevieve, 322*n*
nazismo, 42, 55, 62, 88, 106, 119,
 170, 172, 183-4, 189, 208, 215,
 227, 229, 247, 252, 282, 292
Negreiros, Gilberto, 323*n*
Neron, le poète sanglant
 (Kosztolányi), 189
Nery, Adalgisa, 79-80, 85, 139, 154,
 156, 237
Nicarágua, 81
"No meio do caminho"
 (Drummond), 79
Nobel, Prêmio, 20-1, 166, 293
Nogueira, Hamilton, 148
Noite de luar (Seixas), 150
"Noite desabou sobre o cais, A"
 (Lima), 136-7, 323*n*
Noite dos Cristais (Alemanha,
 1938), 62
Noite estranha, Uma (Török), 255
Noite, A (jornal), 130, 139
Noroeste e outros poemas do Brasil
 (Ribeiro Couto), 70, 73, 75-6, 97
nostalgia do regresso, 174, 179, 182;
 ver também refugiados
"Notas para facilitar a leitura de
 Campo geral de J. Guimarães
 Rosa" (Rónai), 294, 338*n*
"Notícias de Ribeiro Couto" (Rónai),
 317*n*
*Nouveaux essais de critique et
 d'histoire* (Taine), 33

Nouvelle Revue de Hongrie (revista),
 39-40, 42-5, 59, 74, 81, 88, 92,
 102-3, 107, 110-2, 115, 117, 119,
 121, 164, 286
Nova Friburgo (RJ), 12, 15, 279, *281*,
 285, 297, 304, *306*, 309
Nova Política do Brasil, A (Vargas),
 140
Nova York, 172, 216, 246, 284, 290
Novas diretrizes em tempos de paz
 (Bosco Brasil), 317*n*
Novo Testamento, 217
Nuremberg, 32, 49, 316*n*
Nyugat (revista), 21

O

Ocidente, 21, 25, 39
"Œuvre de Guimarães Rosa:
 Synthèse de deux mondes, L'"
 (palestra de Rónai), 289
Ohnet, Georges, 257
Oliveira, Alberto de, 71, 78-9, 81
Oliveira, Cavaleiro de, 125
Oliveira, Tasso de, 80
Olympio, José, 153-4, 189, 204, 219,
 231, 242-3, 273-4, 296, 324*n*,
 328*n*
Ordem da Estrela com Coroa
 de Louros (condecoração
 húngara), 296
Origens e fins (Carpeaux), 260
Ornellas, Manoelito de, 156
Oscarina (Marques Rebelo), 148
ostiaco, idioma, 29
Ottlik, Georges, 40
"Outro Brasil, O" (conferência de
 Paulo Rónai), 78
Ovídio, 31

P

País do Carnaval, O (Amado), 148
Pál, sargento, 116
Palácio do Catete (Rio de Janeiro), 210
Palácio Guanabara (Rio de Janeiro), 126
Palácio Monroe (Rio de Janeiro), 142
Paraguai, 67
Paraná, 94
Paris, 13, 23, 30-1, 33-5, 37, 39, 51, 58, 73, 102, 103, 166, 222, 285, 288, 292
Parlamento húngaro, 17, 313n
parnasianismo, 85
Pascal, Blaise, 255
Paulinho (neto de Paulo Rónai), 297
Payró, Roberto J., 237
"Pé de açucenas, Um" (Saturnino), 69, 80
Pearl Harbor, ataque a (1941), 170
Pedra Bonita (Lins do Rego), 153
Peixoto, Afrânio, 162
Pen Club Internacional, 158
pengös (moeda húngara), 26, 37
Penido Filho, Raul, 249
Pensamentos (Pascal), 255
"Pequena palavra" (ensaio de Guimarães Rosa), 266-8, 299
Pequeno dicionário francês-português (Rónai), 295
Peregrino Júnior, 130, 154-5, 157, 169, 231, 243
Pereira, Ana Jacinta, 125
Pereira, Astrogildo, 188, 195
Pereira, Lúcia Miguel, 154
Perrone-Moysés, Leyla, 294
Perugia (Itália), 34

Peste (parte jovem de Budapeste), 18, 25, 40, 43, 207, 291; *ver também* Budapeste
Pesti Napló (jornal), 75
Péter, Ferenc, 212, 213
Péter, Magda (primeira esposa de Paulo Rónai), 103-4, 106-7, 109, 111-2, 115-9, 122, 126, 150, 157-8, 161-3, 167-71, 181, 187-91, 195-6, 201-2, 204-7, 209-10, 212-3, *214*, 215-7, 265, 299, 301, 325n
Petöfi (poeta magiar), 24, 93, 158
Petrarca, Francesco, 315n
Petrópolis (RJ), 172, 175, 177, 181, 245
Picard, sr. e sra., 123
Pierre-Quint, León, 315n
Piha, Maurice, 39
Pirandello, Luigi, 42, 44, 46, 232
Pitigrilli, 44
Platão, 240
Poe, Edgar Allan, 220, 237
poesia brasileira, 11, 50-1, 54-5, 69, 74, 77, 79, 83-8, 96, 134, 300, 308; *ver também* literatura brasileira
"Poema da minha companheira de trem" (Almeida Filho), 80
"Poema do recém-nascido" (Nery), 79
Poemas de santos, seleção de poesias de Ribeiro Couto (org. Rónai), 91, 97, 287
Poemas escolhidos (Lima), 135
Poemas negros (Lima), 323n
"Poemetos de ternura" (Ribeiro Couto), 76
"Poesia de Carlos Drummond de Andrade, A" (Rónai), 240
"Poesia e poética em *A rosa do povo*" (Rónai), 238, 240
"poesia em Cristo", 134

poetas e escritores húngaros, 21, 24, 36, 38, 145, 163, 263
Pois é (Rónai), 240, 295, 332n, 337n, 339n
Pois É (sítio em Nova Friburgo), 12, 14-5, 279-92, 281, 294, 297, 304, 306, 307-9
Polongi (amigo húngaro de Paulo Rónai), 32
Polônia, 86, 88, 93, 119, 206, 320n
Pompéia, Raul, 153
Pope, Alexander, 24
Pôr de sol (Seixas), 150
Porto Alegre, 203
Portraits littéraires (Sainte-Beuve), 33
Portugal, 76, 115, 118, 121-2, 130, 191, 195, 207, 209, 212-3, 216, 294
português, idioma, 13, 50-4, 57, 59, 69, 71, 75-6, 79-80, 84-5, 101, 109, 111, 120-1, 128-30, 137, 145-6, 157-8, 163, 165-6, 183, 191, 194-6, 198, 201, 204, 207-8, 218, 223, 233, 249, 256, 264, 267, 270, 280, 284, 288, 295, 300-2, 307-8, 340n
"Pote d'agua, O" (Oliveira), 80
Prado, Nazareth, 323n
Praga (Tchecoslováquia), 76, 183, 229
"Prefácios de Tutameia, Os" (Rónai), 274
Prêmio Jabuti, 297
Prêmio Machado de Assis (Academia Brasileira de Letras), 296
Prêmio Sílvio Romero (Academia Brasileira de Letras), 221, 222, 228
Préséances (Mauriac), 42
Primeira Guerra Mundial, 18, 22-3, 44, 47, 151, 254

Primeiras estórias (Guimarães Rosa), 272-3, 297, 337n
Prisionniers du Caucase, Les (Xavier de Maistre), 31
Prochnik, dr., 229
professor de línguas, Paulo Rónai como, 37-8, 41, 45, 49-60, 66, 69, 76, 107, 117, 132, 145-6, 147, 152, 157, 161, 164-5, 171, 197, 200, 205, 224, 256, 258, 260, 263, 271, 280, 283, 286, 297, 299, 300, 303, 308-9
"Propósito de Ossian, O" (Rónai), 145
Proust, Marcel, 203-4, 315n
Província (Ribeiro Couto), 73, 75-6
"Província/História local" (Ribeiro Couto), 80
Przewodoski, professor, 250

Q

"Quatro amigas do poeta triste, As" (Corrêa Júnior), 50, 54, 80
Queirós, Eça de, 76, 121
Queiroz, Rachel de, 148, 154, 194, 228, 247, 260, 270, 331n
Quental, Antero de, 51-2
Quincas Borba (Machado de Assis), 153
Quintana, Mário, 203, 219-20, 296
Quinto Distrito (Budapeste), 17-8, 225
Quinze, O (Queiroz), 194

R

Rabelais, François, 33
Racine, Jean Baptiste, 41, 107, 253

Rádio Nacional, 139
Rádio Roquete Pinto, 288
Radnóti, Nicolau, 215
Ramos, Graciliano, 134, 140, 148,
154, 194, 231, 236, 238, 259-60,
270-1
Real Comissão do Estado Húngaro,
38
Rebelo, Marques, 148, 154-5, 195,
198, 231
Recherche de l'absolu, La (Balzac), 34
redes de dormir, 54
"Reflexões de um professor
secundário" (Rónai), 252
reformas Thun (sistema
educacional húngaro), 20
refugiados, 65, 133, 135, 170, 172, 174,
176-7
Rego, José Lins do, 134, 153-4, 164,
169-70, 177, 188, 243, 270-1
Reich *ver* Alemanha; Terceiro
Reich
Reims, 32
Reis, Ernani, 168, 190, 210, 243
Reis, Maria Adelaide Rabello
Albano, 249
Relíquia, A (Eça de Queirós), 121
Renault, Abgar, 152, 201
"Resíduo" (Drummond), 238
Rêve, Le (Zola), 154
revisor, Paulo Rónai como, 71, 208,
283, 288
Revista Acadêmica, 145
Revista Brasileira de Filosofia, 337n
Revista do Brasil, 131, 145, 161, 164,
200, 240
Revista Província de S. Pedro, 234
Revolução Constitucionalista
(1932), 323n
Revue de Presse (revista), 41
Revue Mondiale (revista literária), 36

Ricardo, Cassiano, 78-9, 81, 85, 96,
139, 155-6, 162, 288
Riesz, Frigyes, 24
Rilke, Rainer Maria, 220, 240
Rio Comprido (Rio de Janeiro),
244-6
Rio de Janeiro, 12, 15, 55, 71, 78, 90,
96, 99, 113-4, 122-3, *123*, 129,
134, 137, 152-3, 155, 159, 162,
166, 172, 183, 194, 203, 216, 225,
230, 242-4, *245*, 282, 292-3,
296, 301-2, 304, 322n
"Rio de Janeiro" (Ribeiro Couto), 80
Rio Magazine (revista), 163
Rio Minho, restaurante (Rio de
Janeiro), 188
Rippl-Rónai, József, 24
Ritter, Marcelino, 286
Roccaberti, condessa de, 125
Rocha, Maria Augusta de
Camargos, 275
Rolland, Romain, 187, 320n
Romains, Jules, 44
Roman expérimental, Le (Zola), 33
Romance das vitaminas, O (Fazekas),
165, 189, 195
*Romance de Balzac: A pele de onagro,
Um* (Rónai), 249-51
Romanceiro da Inconfidência
(Meireles), 288
"Romanceiro da Inconfidência vinte
anos depois, O" (Rónai), 240
Romênia, 47, 212
Rónai, Catarina (irmã de Paulo
Rónai), 17, *45*, 88, 94, 103, 119,
122, 157, 187, 197-9, 201, 216,
225, 244, 284-5
Rónai, Clara (irmã de Paulo Rónai),
17, 28, *45*, 58, 81, 86, 104, 109,
115, 119, 205, 207, 225-6, 233,
244, 289, 297

Rónai, Cora (filha de Paulo Rónai), 12, 249, 264, 271, 284, 289, 294, 297, 302, 304

Rónai, Eva (irmã de Paulo Rónai), 17, 45, 119, 205, 207, 225, 233-4, 244

Rónai, família, 38, 66, 119-20, 207, 213, 229, 244, 248, 281, 284-5, 313n

Rónai, Francisco (irmão de Paulo Rónai), 13, 17, 45, 45-6, 58, 119, 197, 201, 228

Rónai, Gisela Lövi (mãe de Paulo Rónai), 17, 26, 46, 119, 122, 202, 206-7, 212, 216, 225-30, 233-4, 235, 244, 245, 246, 250, 285, 304

Rónai, Jorge (irmão de Paulo Rónai), 17, 45, 50, 67, 81, 94, 103, 119, 157, 187, 197-9, 202, 212, 216, 284, 329n

Rónai, Laura (filha de Paulo Rónai), 12, 249, 271, 284-5, 289, 297, 304

Rónai, Miksa (pai de Paulo Rónai), 13, 17, 26, 28, 33, 43, 46, 50, 66, 88, 119, 197-200, 222, 225, 255, 314n

Rónai, Nora Tausz (esposa de Paulo Rónai), 12-3, 15, 243-6, 248-50, 253, 268, 271, 279-81, 283, 285, 287, 288-90, 291, 292, 294, 296-7, 304, 309, 333n

Rónai, Paulo (fotografias), 27, 36, 43, 45, 109, 123, 159, 222, 245, 287, 291, 306, 310

"Rondando os segredos de Guimarães Rosa" (Rónai), 260, 265-6

Ronsard, Pierre de, 34

Roosevelt, Franklin D., 207

Rosa do povo, A (Drummond), 238-40, 260, 327n

Rosa, Guimarães, 12, 14, 28-9, 224, 229-32, 233, 259-61, 264-6, 269-77, 285, 289, 294, 297, 299, 302-3, 332n, 336-9n

Rosenblatt, Luiza Russowsky, 204

Rosenblatt, Mauricio, 203-4, 220, 234, 245

Rosenfeld, Anatol, 174, 263, 335n

Rosiana, uma coletânea de conceitos, máximas e brocados de João Guimarães Rosa (Rónai), 339n

Rosier, Le (Maupassant), 32

Roteiro do conto húngaro (org. Rónai), 263-4

Rouen, 32

Rousseau, Jean-Jacques, 34

russo, idioma, 200, 217-8, 220, 294

Ruy Blas (Hugo), 32

S

Sabino, Fernando, 285, 288

Sagarana (Guimarães Rosa), 231-2, 260, 265, 269, 274, 276

Sainte-Beuve, Charles Augustin, 33

Salacrou, Armand, 47

Salomé (Del Picchia), 96, 153

Salústio, 19, 31

Salvador (BA), 134

"Salvados do incêndio" (Rónai), 256

Salzburgo, 30

Samuel (cão da família Rónai), 234, 235

"Sanfona do menor imperial" (Ribeiro Couto), 97

Sansão e Dalila (ópera), 32

Santa Rosa, Tomás, 154

Santa Teresa (Rio de Janeiro), 73

Santos, Labienno Salgado dos, 113
Santosi versek ver *Poemas de santos, seleção de poesias de Ribeiro Couto* (org. Rónai)
São Bernardo (Ramos), 194, 260
"São João Batista do Modernismo" (Bandeira), 85
São Paulo, 53-4, 58, 71, 73, 139, 183-4, 189, 194, 286, 294, 297
Sapho (Daudet), 34
Sarney, José, 296
Saturnino, Pedro, 69, 74, 80, 85
"Saudade brasileira e saudade húngara" (Rónai), 163
Sauvageot, Aurélien, 40
Schmidt Editora (Rio de Janeiro), 148
Schmidt, Augusto Frederico, 78, 85, 131, 134, 147-9, 155, 158-9, 167, 324-5n
Schnaiderman, Boris, 294
Schwarz, Roberto, 335n
Seara Nova (revista), 122
Segall, Lasar, 323-4n
Segunda Guerra Mundial, 11, 14, 80, 86, 93, 151, 170, 174, 183, 264, 308
Segundo Distrito (Budapeste), 18
Seixas, Aristeo, 74, 80, 150
Sentimento do mundo (Drummond), 241
Sertões, Os (Cunha), 153
Sérvia, 47
Serviço de Alimentação da Previdência Social, 166
Serviço de Cooperação Intelectual (Rio de Janeiro), 78, 100-2, 126; *ver também* Divisão de Cooperação Intelectual do Ministério das Relações Exteriores

Serviço de Registro de Estrangeiros, 130, 141-2, 144, 147, 198, 202
serviço militar, 45, 89-90, 105, 119
Servitude et grandeur militaires (Vigny), 32
Sete lendas (Keller), 255
Setúbal, Paulo, 78, 80-1
Shakespeare, William, 24
Sibéria, 29, 197
Silva, Maria Helena Vieira da, 133, 174, 196
Silva, Mário Moreira da, 58-60, 62-3, 65-6, 75, 86, 93-6, 126, 191
Silveira, Breno, 255
Silveira, Ênio, 279, 333n
Silveira, Joel, 176, 188
Silveira, Nise da, 73
Silveira, Tasso da, 82, 94, 126, 169, 188
simbolismo, 85
Simkó, tenente, 107
sinagogas, 62
"Sinal do céu" (Cassiano Ricardo), 79
sintaxe portuguesa, 85
sionismo, 206
Sobral Pinto, 148
Sociedade Vajda János (Budapeste), 77
Società Dante Alighieri (Budapeste), 38
Société Scientifique d'Hygiène Alimentaire (Paris), 166
Sodré, Nelson Werneck, 141, 154
Soltész, Estevão, 207, 225, 233, 244
"Soneto" (Del Picchia), 79
"Sonho Oriental" (Quental), 51-2
Sorbonne, 30, 34, 36, 340n
Souza, Cláudio de, 158, 173, 177

Souza, Otávio Tarquínio de, 131, 154, 243
Spásfalvi, sargento, 108
Stello (Vigny), 32
Stelmann, Béla, 104
Stendhal, 34, 44, 204
Sterne, Laurence, 33
Subirat, Salas, 220
Sudetos, 59, 62
Suécia, 207, 227-8
Suíça, 115, 178, 207, 279, 289-90, 340n
Superstição, A (Harsányi), 163
Suplemento Literário de *O Estado de S. Paulo*, 259, 274, 287, 330n
Szabadság, praça (Budapeste), 18
Szabó, Dezsö, 21
Szabó, Lörinc, 38
Szálasi, Ferenc, 207
Szenes, Árpád, 133, 168, 174
Szent-Györgyi, Albert, 20-1
Szép, Ernö, 21
Szerb, Antal, 37, 215, 263-4, 299
Szönek, família, 123, 125, 127

T

Taberna da Glória (Rio de Janeiro), 177
Taine, Hippolyte, 33
Talmude, 218
Tarde, A (jornal), 89
Tasso, Torquato, 38
Tausz, Edoardo, 244, 245, 250, 253, 271, 289
Tausz, Giorgio, 244
Tausz, Iolanda, 244
Tausz, Nora (esposa de Paulo Rónai) *ver* Rónai, Nora Tausz
Tchecoslováquia, 47, 61, 76, 93

"Telegrama de Moscou" (Drummond), 327n
Teleki, Lázló, 115
Teles, Mário, 282-4
Telles, Lygia Fagundes, 222, 286, 296
Tempo e eternidade (Lima e Mendes), 134, 136, 323n
Tempo e o vento, O (Verissimo), 260
Terceiro Reich, 47, 49, 62, 89, 93, 206; *ver também* Alemanha
Terêncio, 34
Théâtre de L' Œuvre (Paris), 32
Théâtre de la Michodière (Paris), 32
Théâtre Mogador (Paris), 32
Theodóra (romance), 31, 33
Thibault, Les (Du Gard), 42
Thun, Leopold Graf von, 20, 313n
Tijuca (Rio de Janeiro), 127, 150
Tito Lívio, 19
Todorov, Tzvetan, 261, 335n
Torga, Miguel, 236
Török, Alexandre, 255
Tóth, Árpad, 24
Toulouse, 288, 292, 340n
"Tradução mais difícil, A" (Rónai), 255-6, 331n
Tradução vivida, A (Rónai), 295
traducere (etimologia latina), 39
tradutor, Paulo Rónai como, 11-2, 19, 30, 33, 36-7, 39, 41, 53-4, 57, 74, 76, 78, 90, 94-5, 100, 131, 160, 163, 195, 203-4, 217, 219-20, 222-4, 226, 239-40, 263, 266, 276-7, 283, 293, 295, 299-300, 303, 335n
Tragédia do homem, A (Madách), 127, 295
Tralecz, oficial, 107-8
Transilvânia, 23, 47
Tratado de Trianon (1920), 47

Travel in Brazil (revista), 169
"Três motivos em *Grande sertão: veredas*" (Rónai), 260
Trocadéro (Paris), 32
Túnica inconsútil, A (Lima), 135
turaniana (família linguística), 29; *ver também* húngaro, idioma
turco, idioma, 29, 50, 217
Turquia, 50, 81, 88, 94, 103, 119, 157, 212, 225, 284, 329n
Tusculanes (Cícero), 279
Tutameia (Guimarães Rosa), 273-4

U

ugriano-finês (ramo linguístico), 29; *ver também* húngaro, idioma
Új Idök (revista), 19, 51, 164
Ulysses (Joyce), 220
Unamuno, Miguel de, 237
União dos Palmares (AL), 134
União Soviética, 290
Universidade Autônoma do México, 237
Universidade da Flórida, 271, 273, 294
Universidade de Neuchâtel (Suíça), 289
Universidade de São Paulo (USP), 183, 294
Universidade do Brasil (Universidade Federal do Rio de Janeiro), 244, 249
Universidade Eötvös Lóránd (Budapeste), 290, 314, 316
Universidade para Estrangeiros (Perugia), 34
Universidade Pázmány Péter (Budapeste), 17, 19, 35, 313-4

Uruguai, 50, 58
"Utilidade das ideias afins" (Rónai), 257

V

Vaga música (Meireles), 195, 240
Vajda János (editora húngara), 215
Valéry, Paul, 44, 220
Vamos ler! (revista), 140, 163, 177
Vargas, Getúlio, 62, 75, 88-9, 91, 94, 101, 119, 137, 139-41, 151, 159, 161, 168, 175-6, 191, 210, 323n
Variações sobre o conto (Lima), 335n
"Variations sur un thème balzacien: La mort du Mandarin" (palestra de Rónai), 289
Varsóvia, 87, 294, 320n
Vaszary, János, 24
Vaticano, 244
Vautrin (Balzac), 32
Veneza, 58
Verissimo, Erico, 147, 153, 203, 220, 243, 259-60
Viagem (Meireles), 132
viajantes húngaros, 127
"Viajantes húngaros no Brasil" (Rónai), 131, 145
Viana, Hélio, 94, 198
Vicaire des Ardennes, Le (Balzac), 32
"Vida no Brasil no espelho da língua, A" (Rónai), 340n
Viena, 18, 30, 58, 60, 66, 120, 180, 290
Vigny, Alfred de, 32
Vigo (Espanha), 294
Vilela, Lobo, 158, 191
Villar, Aurora, 237
Virgílio, 19, 34, 104, 187
Visionário, O (Mendes), 134

vitamina C, descoberta da, 166
vogul, idioma, 29, 336n
Voltaire, 217, 236
Vörösmarty (poeta magiar), 24
Voyage au bout de la nuit (Céline), 42
Voyage sentimental à travers la France et l'Italie (Sterne), 33

W

Wainer, Samuel, 176
"We Refugees" (Arendt), 171
Welles, Orson, 168
Wigner, Eugene P., 21
Woolf, Virginia, 315n

X

xadrez, 28, 33, 43, 50, 60, 116, 198
xenofobia, 62, 65, 151

Z

Ziembinski, Zbigniew, 174
Zola, Émile, 33, 154
Zweig, Stefan, 171-82, 189, 320n, 326n

Créditos das imagens

A imagem de capa e todas as outras fotografias
pertencem ao Acervo Paulo Rónai.
pp. 72 e 98: Arquivo Ribeiro Couto — Fundação Casa de Rui Barbosa

*Todos os esforços foram feitos para encontrar os detentores de direitos
autorais das imagens incluídas neste livro. Em caso de eventual
omissão, a Todavia terá prazer em corrigi-la em edições futuras.*

© Ana Cecilia Impellizieri Martins, 2020

"Paulo no sítio Pois É", de Carlos Drummond de
Andrade, publicado no *Jornal do Brasil*, 12 abr. 1977.
Carlos Drummond de Andrade © Graña Drummond
www.carlosdrummond.com.br

Todos os direitos desta edição reservados à Todavia.

Grafia atualizada segundo o Acordo Ortográfico da Língua
Portuguesa de 1990, que entrou em vigor no Brasil em 2009.

capa
Flávia Castanheira
tratamento de imagens
Carlos Mesquita
preparação
Ciça Caropreso
checagem
Gabriel Vituri
índice remissivo
Luciano Marchiori
revisão
Huendel Viana
Valquíria Della Pozza

Dados Internacionais de Catalogação na Publicação (CIP)

— —

Martins, Ana Cecilia Impellizieri (1977-)
O homem que aprendeu o Brasil: A vida de Paulo Rónai:
Ana Cecilia Impellizieri Martins
São Paulo: Todavia, 1ª ed., 2020
384 páginas

ISBN 978-65-80309-81-8

1. Biografia 2. Perfil biográfico 3. Paulo Rónai
4. Literatura I. Título

CDD 928

— —

Índice para catálogo sistemático:
1. Biografia: Perfil biográfico 928

todavia
Rua Luís Anhaia, 44
05433.020 São Paulo SP
T. 55 11. 3094 0500
www.todavialivros.com.br

fonte
Register*
papel
Munken print cream
80 g/m²
impressão
Geográfica